《2016中国区域经济发展报告》

学术委员会

上海财经大学创新基地建设项目资助

国家社科基金重大项目"新型城镇化背景下城市边界调整与城市综合承载力提升路径研究"阶段性成果

2016

中国区域经济发展报告

——长江经济带建设与中国城市群发展

2016 ZHONGGUO QUYU JINGJI FAZHAN BAOGAO

上海财经大学区域经济研究中心

张学良 刘乃全 主编

人民出版社

前　　言

　　2003 年以来，上海财经大学区域经济研究中心根据我国区域经济发展的重大命题，邀请国内相关学者共同参与进行专题研究，每年编写并出版《中国区域经济发展报告》，针对中国区域经济发展中的重大理论及现实问题进行专题研究，2003 年的主题是"国内及国际区域合作"，2004 年的主题是"东北老工业基地振兴"，2005 年的主题是"长江三角洲区域规划及统筹发展"，2006 年的主题是"长江经济带区域统筹发展及'黄金水道'建设"，2007 年的主题是"中部塌陷与中部崛起"，2008 年的主题是"西部大开发区域政策效应评估"，2009 年的主题是"长江三角洲与珠江三角洲区域经济发展比较"，2010 年的主题是"长三角区域一体化研究"，2011年的主题是"从长三角到泛长三角：区域产业梯度转移的理论与实证研究"，2012 年的主题是"同城化趋势下长三角城市群区域协调发展"，2013 年的主题是"中国城市群的崛起与协调发展"，2014 年的主题是"中国城市群资源环境承载力"，2015 年的主题是"中国城市群可持续发展"。2007 年还以"区域发展总体战略与城市群规划"为专题撰写了《2007 年中国区域经济发展报告特刊》。2003 年至今这一系列报告已连续出版了 13 年共 14 本，在社会上形成了很好的口碑，成为上海财经大学的一大品牌。

　　从 2013 年开始，我们在听取了国内外区域经济研究专家学者的建议基础上，将研究方向进一步聚焦，重点关注中国城市群，编写体例也更为成熟。《中国区域经济发展》2013 年的主题确定为"中国城市群的崛起与协调发展",初步提出了"城市群经济"的理论体系,形成了"总论""专题报告"与"数据分析"三部分的编写体例。2014 年的主题确定为"城市群资源环境承载力",继续进行深入研究。2015 年的主题为"中国城市群可持续发展"。2015 年中央城市工作会议提出创新、协调、绿色、开放与包容的发展理念,为城市可持续发展注入了新理念。2016 年 1 月习近平召开推动长江经济带发展座谈会,强调推动长江经济带发展是国家一项重大区域发展战略,要优化长江经济带城市群布局,坚持大中小结合、东中西联动,依托长三角、长江中游、成渝这三大城市群带动长江经济带发展。我们将"长江经济带建设与中国城市群发展"定为 2016 年《中国区域经济发展报告》的主题,继续深化中国城市群研究。

本报告的研究思路和整体框架如下:第一部分为总论,包括第 1 章和第 2 章。第 1 章分析 2014 年中国城市化与城市群经济的发展新特征;第 2 章结合本报告的主题,重点介绍了城市群与经济带的关系。第二部分为专题研究,是本报告的主体部分,包括从第 3 章到第 8 章的内容。第 3 章完善了城市群可持续发展竞争力的理论分析基础,继续将中国城市群划分为成熟型城市群、发展型城市群与形成型城市群这三大类,并运用规范分析方法,对中国城市群的可持续发展进行了详细分析;第 4—7 章根据第 3 章对中国城市群的划分,分别就成熟型城市群、发展型城市群与形成型城市群展开分析,同时,对于长江经济带上的城市群进行对比分析;第 8 章围绕长江经济带建设与城市群发展提升路径展开研究。第三部分为数据分析,包括第 9 章,重点整理了中国城市群的主要统计资料。需要说明的是,本研究报告参考了许多文献,在此表示感谢,没有一一列出,敬请读者谅解。

本研究报告是上海财经大学双一流引导项目,也是国家社科重大项目"新型城镇化背景下城市边界调整与城市综合承载力提升路径研究"的阶段性成果。报告的主题设计、框架确定由张学良负责,、观点整合、课题组织由刘乃全负责。各章撰写工作如下:第 1 章,刘乃全、东童童;第 2 章,夏飞、胡彬;第 3 章,张学良、郑璐、李娇娇;第 4 章,邓涛涛、刘爽;第 5 章,张祥建、彭娜、赵素君;第 6 章,王婧、王碧军、舒晓晴;

第7章，何骏、胡雅莹、文芳；第8章，刘乃全、刘传玉；第9章，王旻隽、张学良。

张学良

2017 年 2 月

于上海财经大学红瓦楼

目　录

第一部分　总　论

第二部分　专题研究

第三部分　数据分析

第一部分　总　论

1

中国区域经济与城市群发展的新趋势

1.1 中国区域经济发展的新趋势

1.1.1 中国区域经济发展总体态势

改革开放以来，我国经历了不同阶段的区域经济政策和区域发展战略，使我国区域经济发展格局产生了深刻的变化。近几年，我国正在经历着经济下行的压力，经济形势正在发生变化，区域间经济增长格局呈现分化态势，经济增长和发展模式各不相同。尽管增速放缓，但东部地区依然是我国经济增长的主要引擎；中西部地区经济增速加快，但经济总量依然明显落后于东部地区；东北地区经济增速明显落后，处于新一轮振兴发展的重要关头。

（1）区域经济增长格局呈现分化态势

整体看，近年来，我国区域经济增长呈现出更加明显的分化态势。中西部地区经济增速较快，东部地区增速放慢，部分地区增速明显放缓。从GDP总量看，2014年位列前五位的省份分别是广东、江苏、山东、浙江、河南，位列后五位的省份分别是西藏、青海、宁夏、海南、甘肃，2015年排名情况与2014年一致。从GDP增速看，位列前五位的省份，2014年分别是重庆、贵州、西藏、天津、新疆，2015年分别是重庆、西藏、贵州、天津、福建；位列后五位的省份，2014年分别是山西、黑龙江、辽宁、吉林、河北，2015年分别是辽宁、山西、新疆、黑龙江、吉林。从总量排名看，并未发生明显变动，但增速排名发生一定变化。尽管西部地区省份GDP总量水平较低，但增速总体较高，增速均达到8%以上。东部地区尽管整体增速放慢，但个别省份仍实现了较高增长，如福建、山东、江苏、广东、浙江五省GDP增速均达到7.5%以上。中部地区湖北、湖南、安徽、河南四省增长势头迅猛，GDP增速均达到8.5%以上。

可以看出，山西以及东北三省GDP增速明显放缓，资源依赖性以及老工业基地省份受经济下行压力影响较大，"自耗型"区域发展模式越来越难以适应新常态下经济发展环境的变化。中西部省份得益于"一带一路"

（亿元）   （%）

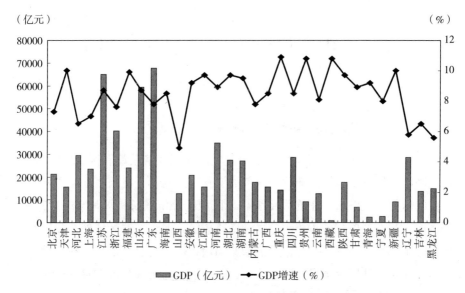

图 1-1　2014 年各省份 GDP 总量及增速情况

（亿元）   （%）

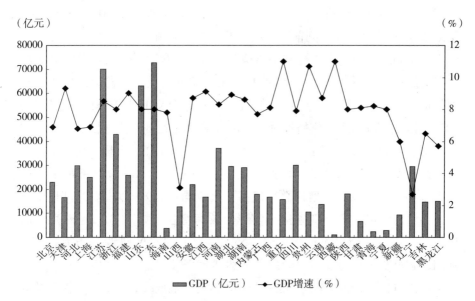

图 1-2　2015 年各省份 GDP 总量及增速情况

战略布局和长江经济带建设的有效推进，经济发展保持良好向上势头。东部地区对外开放水平较高，产业结构多元化，加之经济基础雄厚，经济依然保持较快速度增长。

（2）区域经济增长模式呈现多样化态势

整体看，我国不同区域呈现出显著不同的经济增长模式，从而在新常态发展背景下经济增速呈现显著差异。图 1-3 和图 1-4 是 2014 年和 2015 年各省份三次产业占比情况。图中数据显示，这两年来，各省份三次产业构成并未发生明显变化。从区域之间三次产业构成看，东部地区二、三产业同步协调发展，制造业与服务业成为推动区域经济增长的主要力量；对于中西部地区和东北地区，第二产业依然是支撑地区经济增长的主要产业驱动力，第三产业正在逐步崛起和发展，农业经济的重要性和地区优势依然存在。

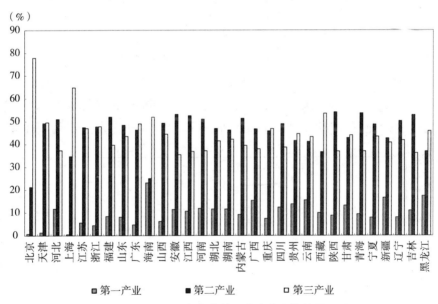

（%）

■ 第一产业　　■ 第二产业　　□ 第三产业

图 1-3　2014 年各省份三次产业占比情况

图 1-5 和图 1-6 是 2014 年和 2015 年各省份 R&D 项目数和有效专利发明数。从科技创新情况看，区域间差异十分显著。在 R&D 项目数和有效发明专利数上，东部地区遥遥领先，中部地区、西部地区的四川省以及东北地区的辽宁省正在形成追赶态势，而西部地区和东北地区其余省份则明显处于落后行列。图 1-7 和图 1-8 是 2014 年和 2015 年各省份进出口总额

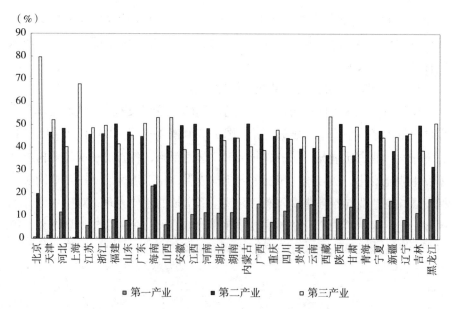

图 1-4 2015 年各省份三次产业占比情况

情况。图中数据显示，2015 年进出口总额比上一年有小幅回落。从区域间差异看，各区域之间进出口情况差异十分显著。东部地区具有明显优势，西部地区和东北地区除四川、重庆和辽宁外，其余省份对外贸易情况不容乐观。

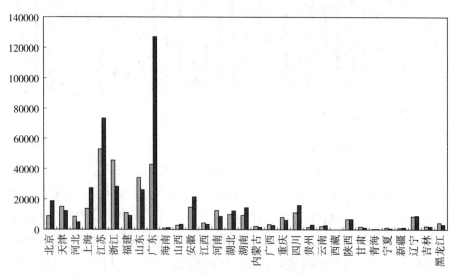

图 1-5 2014 年各省份科技创新情况

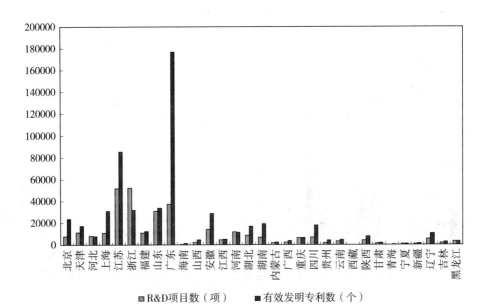

图 1-6　2015 年各省份科技创新情况

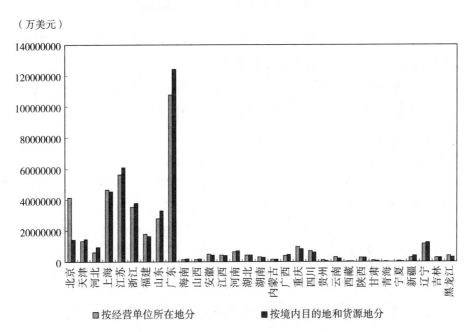

图 1-7　2014 年各省份进出口总额情况

（万美元）

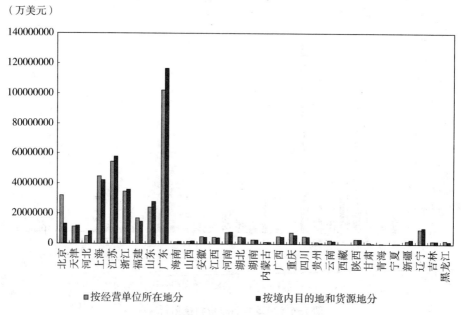

■ 按经营单位所在地分　　　■ 按境内目的地和货源地分

图 1-8　2015 年各省份进出口总额情况

近年来，创新驱动、中国制造 2025、互联网+行动等一系列国家战略相继实施，东部地区利用自身优势牢牢把握发展机遇，以创新发展为核心，在产业创新、技术创新、扩大对外开放和国际合作等领域取得了显著成效，有效推动了区域经济增长和发展。中西部地区在产业转移过程中，一方面积极对接东部地区新兴产业，另一方面发展壮大自身优势产业，不断推进区域产业转型升级；与此同时，中西部地区的城镇化建设、基础设施和公共服务领域建设均实现较快增长与发展。2016 年 4 月，国务院颁布《关于全面振兴东北地区等老工业基地的若干意见》，在"十三五"开局之际明确了新一轮东北振兴战略的发展方向。但由于近些年来东北地区经济整体疲软，经济增长和发展模式面临重大转型，实现新一轮全面振兴计划依然需要假以时日。

1.1.2　中国区域发展三大战略与区域经济发展新趋势

针对我国经济发展中不断产生的新情况和新问题，我国区域经济政策也发生了一系列变化。"一带一路"战略、长江经济带建设以及京津冀协同发展三大战略相继实施,进一步明确了我国现阶段区域经济发展的总体战略布局和发展方向。

(1)"一带一路"战略取得阶段性进展

2013年9月和10月,中国国家主席习近平在出访中亚和东南亚国家期间,先后提出共建"丝绸之路经济带"和"21世纪海上丝绸之路"的重大倡议,得到国际社会高度关注。2014年10月24日,包括中国、印度、新加坡等在内21个首批意向创始成员国的财长和授权代表在北京签约,共同决定成立亚洲基础设施投资银行。2015年3月,为推进实施"一带一路"战略,让古丝绸之路焕发新的生机活力,以新的形式使亚欧非各国联系更加紧密,互利合作迈向新的历史高度,中国政府特制定并发布《推动共建丝绸之路经济带和21世纪海上丝绸之路的愿景与行动》。从2013年"一带一路"构想的提出到2015年相关书面文件的制定与发布,"一带一路"战略的终极版图最终确定。这一战略是我国对外开放格局的重大调整,对我国区域经济发展格局将产生重大和深远的影响。

截至2016年,"一带一路"战略已取得阶段性成果,与周边国家和地区的经贸合作实现突破性进展。已与部分国家签署了共建"一带一路"合作备忘录,与一些毗邻国家签署了地区合作和边境合作的备忘录以及经贸合作中长期发展规划。2014年5月李克强总理访问肯尼亚期间,中肯签署了蒙巴萨—内罗毕铁路相关合作协议。2015年6月6日,签署了《中华人民共和国政府和匈牙利政府关于共同推进丝绸之路经济带和21世纪海上丝绸之路建设的谅解备忘录》,这是中国同欧洲国家签署的第一个此类合作文件。推动亚洲基础设施投资银行筹建。2015年6月29日,《亚洲基础设施投资银行协定》签署仪式在北京举行;2015年12月25日,亚洲基础设施投资银行正式成立;2016年1月16日至18日,亚投行开业仪式暨理事会和董事会成立大会在北京举行。2015年12月22日,中国建筑股份有限公司与巴基斯坦国家高速公路管理局正式签署巴基斯坦卡拉奇—拉合尔高速公路(苏库尔—木尔坦段)项目EPC总承包合同。2016年1月10日,在距离巴基斯坦首都伊斯兰堡50多公里处的吉拉姆河畔,三峡集团承建的卡洛特水电站主体工程开工。2016年1月21日,印尼雅万高铁开工奠基仪式举行。2016年2月6日，伊朗总统鲁哈尼出席了德黑兰—马什哈德铁路电气化改造项目的开工仪式。

（2）长江经济带发展格局初步形成

2014年9月，国务院印发了《关于依托黄金水道推动长江经济带发展的指导意见》，部署将长江经济带建设成为具有全球影响力的内河经济带、东中西互动合作的协调发展带、沿海沿江沿边全面推进的对内对外开放带和生态文明建设的先行示范带。这标志着长江经济带正式上升为国家战略。

2015年，长江经济带建设有效推进，长江经济带发展格局初步形成，具体表现在以下几个方面。上海自贸区推动长江经济带发展的集聚辐射效应不断显现，自贸区境外投资平台显著推动企业境外投资增长，长江黄金水道的通关效率不断提升。2015年5月，国家发展改革委印发了《长江经济带综合立体交通走廊建设中央预算内投资安排工作方案》，该方案指出，为发挥中央资金对地方和社会资金的引导和带动作用，国家发展改革委从中央预算内投资中设立专项，用于补助长江经济带综合立体交通走廊相关项目建设，着力提高长江干支线航道通过能力。长江沿线安徽、湖北等11省市相继出台了贯彻国家推动长江经济带发展战略的实施意见，积极融入长江经济带发展战略。一系列重大项目启动建设：长江南京以下12.5米深水航道二期工程在镇江开工，工程2019年全部竣工后，南京港将实现由内河港向海港的实质性转变，南京作为国际江海转运大港和长三角辐射带动中西部地区发展的重要门户地位将进一步凸显；此外，商丘经合肥至杭州铁路建设、贵州省遵义至贵阳高速公路扩容等重大项目正在建设。

（3）京津冀协同发展有效推进

2014年2月，习近平总书记在北京主持召开座谈会，专题听取京津冀协同发展工作汇报，强调实现京津冀协同发展是面向未来打造新的首都经济圈、推进区域发展体制机制创新的需要，是探索完善城市群布局和形态、为优化开发区域发展提供示范和样板的需要，是探索生态文明建设有效路径、促进人口经济资源环境相协调的需要，是实现京津冀优势互补、促进环渤海经济区发展、带动北方腹地发展的需要，是一个重大国家战略，要坚持优势互补、互利共赢、扎实推进，加快走出一条科学持续的协同发展路子来。2015年3月23日，中央财经领导小组第九次会议审议研究了《京津冀协同发展规划纲要》。中共中央政治局 2015 年 4 月 30 日召开会议，审议通过《京津冀协同发展规划纲要》。该纲要指出，推动京津冀协同发展是一个重大国家战略，核心是有序疏解北京非首都功能，要在京津冀交通一体化、生态环境保护、产业升级转移等重点领域率先取得突破。这意味着，经过一年多的准备，京津冀协同发展的顶层设计基本完成，推动实施这一战略的总体方针已经明确。

2015 年，京津冀地区出台了一系列相关规划、工作要点、重点项目等政策性文件，在交通建设、生态环境联防联控、产业对接等重点领域取得重大进展，确定了 113 项重点建设任务。交通建设方面，《京津冀地区城际铁路网规划》编制完成，并于 2016 年 11 月批复；一批国道省道改建提级建设工作在加速推进；石家庄、保定、廊坊、张家口四市与北京、天津两市公交一体化建设初见成效。生态环境联防联控方面，2015 年 4 月，京津冀钢铁行业节能减排产业技术创新联盟成立；2015 年 12 月，京津冀环境执法与环境应急联动工作机制联席会议召开，签署了《京津冀区域环境保护率先突破合作框架协议》。产业对接方面，重点推进曹妃甸协同发展示范区、北京新机场临空经济合作区、张承生态功能区、天津滨海—中关村科技园建设等；2015 年 11 月，"2015 京津冀产业转移系列对接活动"顺利开展，签署合作项目金额达 4500 亿元。

1.2　中国城市群发展的新趋势

改革开放以来，"大都市"与"城市群"已成为增强中国综合实力、提升国家竞争力极为重要的板块与核心结构。2014 年《国家新型城镇化规划》明确提出"把城市群作为主体形态"，既不是长期以来一直占据主流的"小城镇"，也不是 2000 年以后异军突起的"大都市"，而是以大都市为领头羊的城市群成为我国新型城镇化的主导和基调。自 2006 年《国家"十一五"规划纲要》首次提出"把城市群作为推进城镇化的主体形态"

以来，城市群在我国城镇化进程中的"主体形态"地位愈加明确。长三角、珠三角和京津冀城市群作为体现我国城市群发展最高水平和发展方向的代表，不断引领我国经济实现更高更快发展。2014 年以来，对中国城市群总体格局影响最大的长江中游城市群建设正式开启，使我国城市群建设进入新的发展阶段。

1.2.1 中国城市群发展呈现加速态势

近年来，我国城市群经济发展进入加速时期，城市群整体竞争力不断攀升，城市群经济发展从数量规模增长逐步过渡到质量内涵增长。我国城市群总面积已达到全国面积的 25%，城市群总人口和经济总量占比分别达到全国水平的 62% 和 80%。东部地区的京津冀、长三角和珠三角城市群，以及山东半岛城市群、中原经济区和成渝经济区，成为我国城市群经济发展的主体力量。其中，东部三大城市群 GDP 总量超 25 万亿，约占全国 GDP 总量的 37%。除此之外，中部地区的武汉城市圈、环长株潭城市群、环鄱阳湖城市群发展也逐步加快。2015 年 3 月，这三个城市群被纳入长江中游城市群体系，未来将成为我国城市群经济发展的重要力量。以上九个城市群总面积超过 128 万平方公里，占全国总面积的 13.3%，人口规模达到 6.3 亿，占全国总人口的 47%，GDP 总量占全国 GDP 总量的比重达到 66%。

近些年，国家相继发布若干城市群发展规划和政策性文件，为我国城市群发展注入政策推动力。2010 年，《全国主题功能区规划——构建高效、协调、可持续的国土空间开放格局》正式颁布实施。该规划实质上是给各区域分层分级，将国土空间规划划分为优化、重点、限制、禁止开放四类，并设计了"两横三纵"城镇化总体战略。2014 年，《国家新兴城镇化规划（2014—2020 年）》正式颁布实施。该规划以"两横三纵"为基本空间构架，对我国不同区域和城市的城镇化发展进行战略安排和制度搭建。2016 年，《国民经济和社会发展第十三个五年规划纲要》提出，未来要进一步优化城镇化布局与形态，加快以城市群为载体的城镇化发展建设，优化提升东部京津冀、长三角、珠三角三大世界级城市群，提升山东半岛、中原地区、长江中游、成渝地区、关中平原城市群，规划引导北部湾、晋中、呼包鄂榆、黔中、滇中、兰州—西宁、宁夏沿黄、天山北坡城市群发展，形成更多支撑区域发展的增长极。

表 1-1 全国九大城市群基本情况

城市群	人口总量	总面积	城市群	人口总量	总面积
京津冀	1.1 亿	22 万平方公里	成渝经济区	约 1 亿	24 万平方公里
长三角	9400 万	10 万平方公里	武汉城市圈	5100 万	12.5 万平方公里
珠三角	3000 万	5.4 万平方公里	环长株潭城市群	3900 万	9.8 万平方公里
山东半岛	4000 万	7.4 万平方公里	环鄱阳湖城市群	3600 万	12.8 万平方公里
中原经济区	1.5 亿	28 万平方公里			

1.2.2 中国三大城市群继续发挥领跑作用

整体来看，东部三大城市群在全国城市群中"领头羊"的地位在短期内无法撼动，并且引领着整个中国经济的快速发展。2014 年，京津冀、长三角和珠三角城市群 GDP 总额分别达到 6.6 万亿、10.6 万亿和 7.8 万亿元，分别占全国 GDP 总额的 10%、16% 和 12%。

（1）京津冀城市群实现协同联动发展

京津冀城市群整体定位为"以首都为核心的世界级城市群、区域整体协同发展改革引领区、全国创新驱动经济增长新引擎、生态修复环境改善示范区"。2015 年《京津冀协同发展规划纲要》正式颁布。该规划纲要对北京、天津及河北的城市发展分别进行了不同定位，战略核心为疏解北京非首都功能，促进区域协调发展。明确了"一核、双城、三轴、四区、多节点"的网络型空间格局构架；构建高效密集的轨道交通网络；优化配置港口资源，提升综合运输能力；建立一体化环境准入和退出机制；合理规划产业布局，形成区域间产业合理分布和上下游联动机制。

（2）长三角城市群实现扩容发展

2016 年 5 月，国务院通过《长江三角洲城市群发展规划》，提出培育更高水平的经济增长极，到 2030 年，全面建成具有全球影响力的世界级城市群。至此，长三角城市群由原先的上海、江苏、浙江一市二省的 16 个城市扩展到包括上海、江苏、浙江、安徽在内的 26 个城市。该发展规划明确指出，长三角城市群要建设成为面向全球、辐射亚太、引领全国的世界级城市群，要建设成为最具经济活力的资源配置中心、具有全球影响力的科技创新高地、全球重要的现代服务业和先进制造业中心、亚太地区重要国际门户、全国新一轮改革开放排头兵、美丽中国建设示范区。同时，规划提出，要发挥上海中心城市作用，推进南京都市圈、杭州都市圈、合肥都市圈、苏锡常都市圈和宁波都市圈的同城化发展，要大力吸引外资，扩大服务业对外开放，探索建立自由贸易港区，强化装备制造、信息技术、生物制药、汽车、新材料等高端制造业关键领域创新，发展金融、研发、物流等现代服务业。

（3）珠三角城市群继续发挥改革开放"试验田"作用

珠三角城市群内城市同属于广东省管辖，其资源整合协调能力明显优于长三角和京津冀城市群。这使得珠三角城市群能够更好地在统一规划和安排下整合城市群内部各城市资源，充分发挥各城市优势，形成良好的分工合作体系。近10年来，珠三角城市群经济发展模式发生了较大变化。原来的外资导向型工业化发展模式转变为国际国内共同发展模式，民间资本也显著壮大。同时，珠三角城市群形成了以广州为中心的内部交通网络，以及以香港为中心的外部交通网络，为珠三角的迅速发展奠定了基础。目前，珠三角城市群正在向城市主导区域阶段演化，城市主导区域是超越了多中心网络化阶段的更高级阶段，它推动着珠三角地区向着世界级城市群快速发展。

1.2.3 中西部城市群发展加速

随着中部崛起和西部大开发战略的深入推进，以及东部沿海地区产业转移步伐的加快，中西部地区城市群发展呈现加速态势。其中，成渝城市群、中原城市群和长江中游城市群发展加速，成为引领该区域经济发展的主要力量。

2016年3月，国务院通过《成渝城市群发展规划》，该规划提出，要根据资源环境承载能力，优化提升核心地区，培育发展潜力地区，促进要素集聚，形成集约高效、疏密有致的空间开发格局，建设引领西部开发开放的国家级城市群。同时，该规划还明确提出构建"一轴两带、双核三区"的空间发展格局，优化城市规模结构，做强区域中心城市，促进川渝毗邻地区合作发展。该规划的实施将有力地推动成渝一体化，实现两地真正意义上的同城化发展。

中原城市群是长三角、珠三角、京津冀城市群之间，城市规模最大、一体化程度最高、人口最密集的城市群，是中西部地区承接发达国家及我国东部地区产业转移、西部地区资源输出的枢纽和核心区域，是促进中部崛起、辐射带动中西部地区发展的核心增长极。2015 年底，中原城市群总面积为 28.7 万平方公里，总人口达到 1.58 亿，GDP 规模为 5.56 万亿元，位列全国城市群第四位。2016 年 12 月，国务院正式批复《中原城市群发展规划》，规划正式将中原城市群由原河南的 9 座地级市扩充为河南、山西、河北、山东、安徽 5 省 30 座地级市。该规划提出，将中原城市群建设成为中国经济发展新增长极、重要的先进制造业和现代服务业基地、中西部地区创新创业先行区、内陆地区双向开放新高地和绿色生态发展示范区。

1.2.4 长江经济带建设上升为国家发展战略

2014 年 9 月，国务院印发《关于依托黄金水道推动长江经济带发展的指导意见》，这标志着长江经济带建设正式上升为国家发展战略。2016 年 9 月，《长江经济带发展规划纲要》正式印发。纲要从规划背景、总体要求、大力保护长江生态环境、加快构建综合立体交通走廊、创新驱动产业转型升级、积极推进新型城镇化、努力构建全方位开放新格局、创新区域协同发展体制机制、保障措施等方面描绘了长江经济带发展的宏伟蓝图，是推动长江经济带建设这一重大国家发展战略的纲领性文件。同时，纲要确立了长江经济带"一轴、两翼、三极、多点"的发展新格局。长江经济带第一次真正改变了我国传统的三级阶梯格局，系统推动东中西联动和全域开放，对于实现中华民族伟大复兴的中国梦具有重要的现实意义和深远的战略意义。

（1）长江经济带沿江城市群发展现状

经济带的成长与发展往往要以大型城市群为依托，特别是依靠城市群的辐射带动而繁荣。长江经济带的发展也必须依托城市群作为经济增长极，以其强大的辐射力拉动整个经济带的经济社会发展。长江经济带是一个具有不同经济区域层次的区域，主要包括长三角城市群、长江中游城市群、成渝城市群三大城市群。总体来看，要充分发挥长三角城市群对整个经济带的辐射带动作用，发挥长江中游城市群和成渝城市群的引领和衔接作用，同时挖掘周边其他沿江城市群的支撑作用，使长江经济带建设成为一个经济发展有机联系的整体，真正成为 21 世纪中国最强大的驱动轴之一。

长三角城市群是我国综合实力最强、对国家经济发展贡献最大、经济外向度最高的超级城市群。然而，与全球其他世界级城市群相比，长三角城市群依然存在一定差距。在国家强调长江经济带建设的重大战略背景下，加之"一带一路"对沿海港口发展提出了新的更高要求，未来要形成以上海国际经济、金融、贸易和航运中心为核心，与其他城市相配套衔接、以大都市圈为组织架构的综合经济区。

长江中游城市群是联系中国西部与沿海地区的重要枢纽，但其中心城市武汉和长沙的总体发展，与国家现有中心城市相比存在明显差距。尽管如此，也从另一个角度说明，长江中游城市群具有巨大的发展潜力。从战略方向看，要加快推进武汉城市群、长株潭城市群的建设步伐，以武汉为中游核心城市，建设成为全国重要的综合交通枢纽、科技教育基地、汽车钢铁基地，建设成为区域性信息产业、新材料、科技创新基地和物流中心，增强辐射带动能力。

成渝城市群位于我国西南地区，是与西部丝绸之路相接的节点区域。从目前发展看，成渝城市群发展与东部三大城市群相比，依然存在较大差距，主要表现为城市群内部经济发展差距大，成都和重庆作为双核心城市的发展优势明显优于其他城市，从而不利于城市群整体发展。对于成渝城市群而言，要着力提升重庆、成都中心城市功能和国际化水平，发挥双引擎带动和支撑作用，推进资源整合与一体化发展。同时，要打破地域分割，促进分工与协作，加强对外开放。

（2）长江经济带当前面临的挑战

第一，上中下游经济发展差距大，区域之间的经济梯度较大。长江经济带由东至西贯穿我国 11 省市、三大主要城市群，不同省市和区域之间经济发展水平和产业基础差距很大，经济和产业发展模式各不相同。长江上游地区和中游地区正处于快速工业化阶段，当前主要依靠资源进行产业要素集聚；而长江下游地区已进入工业化后期阶段，正处于经济结构转型的重要节点。另一方面，我国当前正面临传统的人口红利消失问题，劳动力成本上升使得我国传统的比较优势正在逐步削弱，这将为长江经济带上中下游之间的产业转移带来负面效应。因此，长江经济带上中游地区要充分发挥资源市场的整合优势，创造更加优良的要素集聚环境，推动产业结构的优化升级，切实提高竞争能力。

第二，省份之间各自为政，缺乏协调性。长江经济带沿江城市群和省份都有各自的发展规划，这造成城市群之间、省份之间在经济发展方向上存在不一致性，产业发展规划上存在产业重构等现象，使得经济带内整体发展缺乏一体性和协调性。因此，这要求长江经济带要制定统一的区域发展规划和产业规划，沿江城市群和省份之间要加强交流合作，打破行政界线，有效合理地实现分工与合作，促进经济和产业的协同发展。

第三，生态环境压力巨大。长江经济带生态岸线过少，同时生产岸线利用过多，导致沿江污染物排放规模较大。上下游之间的用水与排水矛盾突出，多年的过度开发和持续污染使得长江沿线众多生态功能区主导功能退化严重。为此，长江经济带沿岸地区要实行严格的水资源管理和污染治理制度，统筹水资源利用、污水排放和治理，加强重点断面的监测与治理。在产业转移过程中借鉴负面清单管理模式，促进中上游地区生态功能区域产业布局与资源生态环境相协调，避免污染转移和环境风险。同时，探索多样化的生态补偿模式，建立区域生态补偿转移支付机制。

1.3　中国区域经济与城市群发展的新挑战

1.3.1　中国区域经济与城市群发展面临的主要问题

（1）中国区域经济发展缺少世界级城市群

早在 1976 年葛特曼发表《全球大都市带体系》时就提到，"以上海为中心的城市密集区"，并把它看作是"世界第六大城市群"。据长三角城市群经济发展报告预测，单纯从经济指标看，在 2013 年长三角城市群经济总量就已超过了纽约城市群，到 2018 年能够赶上东京城市群。因此，从数据考量，中国已经具有世界级城市群了。但从实际发展看，情况并非如此。国务院在 2010 年批复的《长三角区域发展规划》中提出要建成"具有较强国际竞争力的世界级城市群"的战略定位，这表明，从目前来看长三角并不是世界级城市群。另一方面，目前尚未形成一个明确且被普遍认同的世界级城市群评价标准。从我国城市群发展看，尽管我国城市群数量已达到一定规模，经济体量也不错，但在整体发展上依然存在明显缺陷。比如，城市层级和分工体系不明确、城市群内部发展不平衡、物质发展与文化发展不协调等。

从大城市向城市群发展，是一个全球性的主流趋势。从世界城市群发展过程看，成长为世界级城市群基本都经历了漫长的发展过程。对于我国东部地区三大城市群而言，必须充分意识到应当从过去粗放式的成长过程向成熟、高级形态的城市群过渡，勇于承担中国区域经济发展和区域一体化进程中的重要责任，以真正海纳百川、兼容并蓄的城市群理念和胸襟实现成长和发展。

（2）东部城市群尚未形成合理分工体系

从城市群发展理论以及世界城市群发展规律来讲，理想的城市群体系是一个在人口、经济、社会、文化等各个方面具备合理完善结构的空间组织形式，并且它在空间边界、资源配置、产业分工、文化交流等方面具有功能互补性和良好的协调机制。从我国城市群发展现状看，我国东部沿海四大成熟型城市群长三角、珠三角、京津冀和山东半岛城市群，并未形成理想的城市群应具备的合理的城市层级和分工体系，这与我国的发展现实密不可分。一方面，与世界级城市群相比，我国城市群缺乏明确的战略定位和重点发展方向；另一方面，在动力机制上，世界级城市群的发展主要依靠市场机制作用，我国城市群主要依靠行政手段，市场作用的力量亟待释放。

前面章节的分析可以看出，东部四个城市群的发展水平处于持续提升阶段，但整体增幅有限。这一方面在于前些年的高速增长，使这些城市群的开发程度普遍较高，已达到发展阈限，人口、资源等优势领域的利用回报率普遍下降，在空间资源和环境条件的约束下，很难再像过去一样实现高速增长。另一方面，东部四个城市群是在改革开放初期就已开始规划和布局的国家战略之一，经历了长时间的发展和磨合期，这几个城市群取得了快速发展，但也出现了资源低效率配置、发展成本较高等"发展后遗症"。综合可以看出，我国东部"成熟型"城市群的发展已进入以中高速发展为主要特征的"新常态"，构建合理分工体系是实现新一轮高速增长的重要突破点。

（3）中部城市群面临"隐形塌陷"问题

以中原城市群、环长株潭城市群、武汉城市群和环鄱阳湖城市群为代表的四个中部城市群，主要在环境保护、城市群层级以及人口资源发展等方面面临一系列问题，存在"隐形塌陷"的困扰。中原城市群教育发展较为落后，因此，在人才发展和就业形式上明显落后于中部地区其他城市群，与东部城市群相比差距更大，甚至落后于个别西部城市群。相比而言，武汉城市群高等院校密集，各类人才较多，在人才发展和就业形式上明显优于中部地区其他城市群，甚至可以与东部城市群媲美。但武汉城市群面临的重大问题在于，该城市群实质上是一个放大的武汉，城市群层级差距极大，在武汉与城市群内其他城市之间没有中等级别城市来弥补它们之间形成的"空隙"。因此，在城市群层级体系建设上，武汉城市群还需要较长一段时间来发展和完善。从整体看，环鄱阳湖城市群在中部城市群中排名最后，经济发展水平落后的同时，更面临生态环境脆弱的问题。因此，环鄱阳湖城市群发展的困难更多，也更加复杂。从整体看，环长株潭城市群在中部城市群中发展最为全面和均衡，问题也最小，甚至有赶超成渝城市群的趋势，发展势头强劲。

（4）西部城市群面临发展条件限制等问题

西部城市群中仅有成渝城市群发展最为成熟和完善，其余城市群均处于形成和建设阶段，各方面发展都比较落后，尚未形成真正意义上的城市群。从近五年的数据看，成渝城市群在经济发展、人口结构、文化交流等方面都取得了不错的发展。但由于西部地区城市群在地理位置上与东中部地区相比处于劣势，使其在区域竞争中受到一定限制，在人力资源争夺中明显处于劣势地位。因此，突破地域限制等种种客观现实约束，是西部地区城市群发展面临的主要问题。

（5）城市群文化生态建设成效不明显

我国城市群建设存在"重经济、轻文化"现象，城市群整体发展与"城市让生活更美好"的理想还有较大差距。城市群代表了当今城市发展的最高水平，拥有巨大物质财富和良好公共服务能力，是当代城市美好生活的核心空间。近些年，中国城市群发展似乎患上了"文化病"，城市群发展在硬件、硬实力与软件、软实力之间出现了严重的不协调和不平衡。一方面，目前我国城市群规划多是以产业、交通为中心的经济规划，评价标准也主要是一系列经济指标，这就在顶层设计上决定了其必然走上"经济型城市群"的发展之路。尽管在一些规划和实施方案中"文化"一词频频出现，但规划编制的基本立场和评价标准并未改变。另一方面，尽管我国城市群涵盖了巨量的区域文化资源和生活方式资产，但后者对城市群建设和发展的实际贡献却极其有限。众所周知，中原城市群和山东半岛城市群拥有丰富的文化底蕴，但从实际发展情况看，这两个城市群的文化资源所带来的经济效应和社会影响力还没有挖掘出来。

1.3.2 实现中国城市群全面发展的战略与对策

（1）应充分遵循城市群成长的演化规律

西方城市群的概念源于葛特曼的地理学及其对城市空间演化的研究。该理念认为，自然空间演化、城市形态蔓延、空间距离改变等是城市群成长和发展的重要内容。西方城市群理念认为"空间因素"是城市和城市群发展主导因素，西方城市群发展的实践问题也可以归结为空间成长与发展问题。因而，西方城市群发展中的许多问题更多是从空间视角寻求解决方案。相比而言，中国城市群理论和现实发展更多受制于"时间因素"。我国城市群规划与建设过程主要是人为规划、建设和推动发展的。因此，我国城市群发展过程更多地注入了时代特征和时间因素。这一发展过程在一定程度上存在违背城市群自然演化规律的问题，导致城市群发展过程中问题频发。因此，在我国城市群快速发展过程中，应当充分遵循城市群自然演化规律，顺应全球城市化进程的主流趋势和基本原理。将"时间因素"

与"空间因素"有机结合，将为现阶段我国城市群发展注入新活力，也能够为我国城市群建设过程中存在的各种问题提供新的视角和行之有效的解决方案。

（2）东部城市群要探索"四位一体"均衡发展模式

城市化主要有"单体式"和"城市群"两种发展模式。"单体式"发展模式的主要弊端突出表现为"单打独斗""以邻为壑"，造成区域内资源、资金和人才的巨大浪费和低效配置。城市群则是通过建立合理的城市分工和层级体系，促进都市、城市、乡镇和农村的协调、均衡和可持续发展。我国城市群的主要问题不是数量问题，而是质量不高，其中最突出的是层级体系混乱和一体化内生动力缺乏，与真正的城市群发展要求"貌合神离"。对此，东部城市群应当探索通过自上而下的机制体制改革，合理划定城市群的层级体系与边界，理顺城市层级间的资源配置关系，建立合理的利益协调和补偿机制，从而构建符合我国城市群发展的协调协同发展机制，把"浅表合作"延伸到实质性合作的新阶段，实现人口、经济、生活、文化四位一体的均衡发展。

（3）中部城市群要建立构建联动发展机制，提升整体实力

中部地区自古是中华民族生存发展的主要空间地域，在全面建成小康社会的"十三五"时期承担着巨大职责，而总体发展水平不高，全面脱贫的任务艰巨，特别是要应对人才与人力资源的"隐形坍陷"困境，必须走就业、产业和基础设施联动发展的新路。面对这些问题和挑战，提升中部地区城市群整体和经济发展水平是关键。要根据城市群内部各城市的人力禀赋特点，建立就业、产业和基础设施三者的联动机制，向人口、经济、环境和文化协调统一的发展方向迈进。通过城市内部的人力禀赋特点和产业布局的双向互动，逐步调整产业和就业结构，积极解决就业问题，实现就业、产业和其他基础设施的合理配置。

（4）西部城市群要切实做到把城市群作为城市化发展的主体形态

在过去30年，西部城市群发展相对滞后，主要缘于地理和区域位置上的劣势。以丝绸之路沿线6省22市（州）为代表的西部城市群体系，土地面积为163.33万平方公里，是长三角的14.62倍、珠三角的29.80倍、京津冀的8.94倍。但其生产总值仅为长三角的22.24%、珠三角的42.46%、

京津冀的 38.65%。由于缺乏城市群理念和战略引领，西部地区在城市建设、产业规划、投资布局等方面缺乏合理层级设计和系统安排。由此导致在"一带一路"沿线尤其是经济欠发达地区"同质发展"和"恶性竞争"，进而成为影响"一带一路"沿线省份经济振兴的主要矛盾。从未来发展理念和战略定位看，西部城市群应切实遵循《国家新型城镇化规划(2014—2020 年)》提出的把城市群作为主体形态。具体来讲，同时拥有长江黄金水道和"渝新欧"国际铁路的成渝经济区，应尽早规划布局建设突破自然环境约束的"国际化城市群"，而丝绸之路沿线城市应尽早谋划布局建设"中国丝绸之路城市群"。

（5）深度探索区域文明传统，推进文化城市群战略

从现实发展看，中部地区城市群丰厚的文化底蕴优势在发展中并没有得到充分体现，后发城市群通过交通和产业发展难以得到充分的发展，更缺乏城市群内部的文化一致性和认同感，而发展较为成熟的城市群也同样存在这一问题。无论是国际性的城市群建设，还是中国古代城市体系规划，都离不开文化的建设和发展。通常情况下，衡量城市群发展水平的主要指标体现在产业发展和交通建设两个方面。对此，许多国外学者普遍认为，城市群或城市体系的文化共同性是城市群建设的一个深层次因素。特别是长江经济带沿江三大城市群，亟须制定整体文化发展战略，通过文化共同性和认知共同感的深化，为城市群以及整个黄金水道实现可持续发展注入文化支撑力。

改革开放以来，我国走的主要是一条经济型城市群发展道路，尽管城市群在经济发展、交通建设和人口规模上实现了快速增长，但"城市病"也日趋严重，甚至威胁到城市的可持续发展。城市的本质是文化，文化城市群代表了城市群发展的更高形态。未来，应当依托我国的新型城镇化和文化强国两大国家战略，将"文化城市群"发展作为重要发展方向，完善城镇化健康发展的体系建设。从顶层设计和核心框架转变经济型城市群发展模式，大力培育环境、经济、社会和文化协调发展机制，从根本上解决城镇化中的深层次问题和综合性矛盾，最大程度上降低成本，在不断探索中走出城市群全面协调发展的新路子。

参考文献

［1］段学军、邹辉、王磊：《长江经济带建设与发展的机制体制探索》，《地理科学进展》2015 年第 11 期。

［2］范恒山：《国家区域政策与区域经济发展》，《甘肃社会科学》2012 年第 5 期。

［3］方创琳、毛其智、倪鹏飞：《中国城市群科学选择与分级发展的争鸣及探索》，《地理学报》2015 年第 4 期。

［4］高国力、李爱民：《长江经济带重点城市群发展研究》，《广东社会科学》2015 年第 4 期。

［5］黄金川、陈守强：《中国城市群等级类型综合划分》，《地理科学进展》2015 年第 3 期。

［6］侯晓菲：《长江经济带一体化发展面临的挑战与应对策略》，《区域经济评论》2015 年第 5 期。

［7］雷运清、赵继伦：我国主要城市群发展轨迹及新型城镇化途径研究》，《中山大学学报（自然科学版）》2016 年第 5 期。

［8］彭建、魏海、李贵才、陈昕、袁媛：《基于城市群的国家级新区区位选择》，《地理研究》2015 年第 1 期。

［9］秦尊文：《推动长江经济带全流域协调发展》，《长江流域资源与环境》2015 年第 3 期。

［10］孙久文、原倩：《我国区域政策的"泛化"、困境摆脱及其新方位寻找》，《改革》2014 年第 4 期。

［11］童中贤、曾群华：《长江中游城市群空间整合进路研究》，《城市发展研究》2016 年第 1 期。

［12］徐长乐、徐廷廷、孟越男：《长江经济带产业分工合作现状、问题及发展对策》，《长江流域资源与环境》2015 年第 10 期。

2

经济带建设与城市群
发展理论分析框架

2.1　经济带与城市群"分工—合作—治理"理论分析框架的确立依据

无论是经济带还是城市群，都强调内部城市间密切的经济联系，这表现在资源及要素在城市间的分配和流动，城市间的专业分工、协调合作，以及如何缓解城市间经济活动带来的负外部性——诸如拥挤、污染等常见的城市病等，所以我们沿着"分工—合作—治理"的思路确立经济带建设与城市群发展的理论分析框架。作为总论，本章首先界定什么是经济带与城市群，并给出其经济学内涵；其次，从城市群与经济带内的城市间关系出发，阐述经济带与城市群的层级结构；进一步，论述经济带与城市群内的优势互补；最后，谈谈城市群城市治理的问题。

2.1.1　经济带、城市群的概念与基本内涵

城市群，顾名思义，就是城市集群，但字面含义仅仅描述了城市群在空间上的形态，而忽视了其大部分特征。目前，学术界关于城市群的定义多从城市群内城市间关系入手。对城市群经济研究较早的姚士谋（1998）指出：城市群指在特定的地域范围内具有相当数量的不同性质、类型和等级规模的城市，依托一定的自然环境条件，以一个或两个超大或特大城市作为地区经济的核心，借助于现代化的交通工具和综合运输网的通达性，以及高度发达的信息网络，发生与发展着城市个体之间的内在联系，共同构成的一个相对完整的城市集合体。周一星（1991）提出大都市连绵区概念：以都市区为基本组成单元，以若干大城市为核心并与周围地区保持强烈交互作用和密切的社会经济联系，一条或多条交通走廊分布的巨型城乡一体化区域。

与城市群类似的提法较多，甚至在某些场合，研究者并不对这些概念加以区分。从上面的分析我们看到，无论是城市群、都市圈、大都市连绵

区，都强调了：第一，核心城市在整个经济中发挥的重要作用；第二，城市间存在密切的经济关联；第三，城市间形成的层级结构较为合理，整体功能完善。对城市群的定义，应该把握以上重要特征。参照以往研究，我们认为城市群是由单个或多个核心城市为主导，依靠发达的交通和信息网络连接而成的具有密切经济关系、合理层级结构以及完整功能的城市集合体。

与城市群概念相对应，经济带强调了城市集合体在空间组织形式上的带状结构。带状空间形态的产生主要由于区域间的经济活动依赖某一重要的条形基础设施，例如长江经济带是沿长江流域延展开来，大部分的沿海经济带在连绵的海岸线上分布。黄学征（2014）指出经济带是依托重要的线状基础设施（交通干线、能源输送线、水源及通信干线等）连接若干个城市群或中心城镇而形成的人口、产业、城镇、经济要素相对密集的带状区域。孙久文等（2015）定义经济带为在某个特定的区域范围内，依托于某交通网络干线，服从于某种地理疆界的划分，以一个或两个以上的超大城市为核心，联合其他相邻城市和城镇，逐渐形成区域城市间和产业间频繁的人流、物流、资金流、信息流、技术流交互作用，同时又独具特色的狭长的带状城市群。从以上两个定义可以看出，经济带的概念严格来说是属于城市群概念范畴的，不同的是，经济带以其线性的地理特征区别了城市群较为普遍的"圈层"结构，而这种形态特征的差异，会影响到中心城市与周边城市的经济辐射关系，以及城市与城市之间经济活动流的拓扑结构，进而影响到两种城市集合体中分工合作程度、多样化程度等。

陆大道（1995）的"点—轴"观点为我们理解经济带提供了很好的视角。增长极理论中，区域经济的发展主要借助于几个增长极的不平衡增长，即初期的极化效应使得资源不断向增长极流入，增长极内集聚效应不断发挥，增长速度超过周围地区，后期则不断发挥扩散效应，将增长成果辐射到周围区域，带动整个地区的经济发展，这也就是城市群的发展模式，其中的核心城市，就是增长极。而在经济带里，增长极转变为"增长轴"——陆大道指出"轴"为"在一定的方向上联结若干不同级别的中心城镇而形成的相对密集的人口和产业带"，增长轴上分布着经济带内核心城市，它们发挥着集聚效应和扩散效应，带动着增长轴周围城市、地区的经济发展，从而在长期内形成一条带状区域的、经济活动高度关联与繁荣的城市集合体。

总体而言，城市群强调城市集合体之间的层级结构体系，表现在单个城市与城市群整体之间的网络关系，城市与城市之间的"中心—外围"关系。从空间分布来看，城市群多以一个核心城市或多个核心城市为辐射中心，向周边城市辐射开来，呈现出散点式的布局结构，表现出明显的"圈层"特性。而经济带强调城市集合的空间狭长形态，城市与城市之间的关系更多是轴向的线性关系，表现出显著的"点—轴"关系。

2.1.2 城市与区域间层级结构和极化效应、扩散效应

一个国家的城市化进程，不仅在于城市数量的增长，城市规模的扩张，同时伴随着城市与城市间、区域与区域间相对关系的动态变化，这主要表现在城市层级结构的合理优化。从早期的古典区位理论出发，经济学家不断探寻从着眼于城市内部的理论向城市体系理论突破。

发展经济学研究表明，城市、区域间经济发展水平、规模、等级的差异是空间内非平衡发展的结果，这种非平衡发展的动力机制，来源于极化效应。缪尔达尔认为，某些地区因为经济发展水平积累到一定的高度，就拥有不断吸收有利于自己发展的经济因素的能力。这些地区初始的经济优势，可能来源于丰厚的自然禀赋、有利的地理位置，或者是外生性的政策冲击等，这些地区，通常被称为"增长极"。在资源充分流动的前提下，要素为了追求更高的报酬，不断流向增长极，在要素不断向增长极极化的过程中，集聚效应和规模经济的优势不断显现出来：一方面，同一行业内部因为规模的扩张，规模经济的优势不断体现出来，同时，技术溢出使得行业生产率得到进步，也即 MAR 外部性发挥作用；另一方面，差异性的要素不断涌入，丰富、优化了增长极的产业结构，不同产业之间由于地理位置的邻近，导致运输成本的下降、信息获取的便利、交易成本的降低、加强了产业间的关联程度、知识溢出，增长极经济活动的多样性，使得行业间呈现出外部经济，也即 Jocobos 外部性。在这种自发的市场经济机制下，要素流入地经济不断发展，要素流出地则因为资源抽空而发展缓慢，形成区域间的经济发展差距。极化效应的典型特征，就是要素追求高报酬

流入极化地，在集聚经济和规模经济的作用下，极化过程加强了极化地区的初始优势，又进一步地吸收更多的经济资源，不仅在经济水平与规模上取得进一步发展，同时其经济结构，例如产业结构，又趋向优化合理。

当然，极化效应并非是个线性的过程，否则整个区域经济就会随着极化效应的加强而形成单中心的黑洞经济。与极化效应相对，扩散效应则呈现出与极化效应相反的作用，它的出现本质上是集聚不经济所造成的。随着要素追求高回报而不断流入增长极，增长极的集聚不经济逐渐暴露出来：一方面，过度的竞争导致产品、要素价格不断上涨，对于劳动力而言，如果工资报酬的增长无法抵消生活成本的高速增长，则选择在增长极地区就业反而是不明智的选择；另一方面，环境的污染，交通的拥挤，都降低了劳动者的福利水平；此外，对于企业而言，不断上升的要素价格使得部分企业难以承受高昂的生产成本。这时，扩散效应就逐渐发挥作用，相对低生产率的劳动力会向增长极周边地区回流，选择在生活成本较低的地区就业，部分企业也会为了降低成本，将工厂设置在要素价格更低的周边地区。这时，非增长极的欠发达地区因为要素的流入，经济有所起色，同时，这些要素的流入，带来了增长极地区的先进生产技术、管理模式。知识、技术在区域间的溢出更好地促进了欠发达地区的经济发展。增长极的经济结构在不断升级的过程中，原有的优势产业会因产业周期的进程而处于劣势，对于这些企业，理想的区位选择是将生产地从中心地区转移出来，迁入周边地区，从而降低生产成本，提高企业收入。从产业转移的角度看，周边欠发达地区因为承接了产业的转移、利用了当地的比较优势而充分发展，增长极中心地区则通过产业转出，自身的产业结构得到了升级优化，从整体区域经济发展的角度而言，扩散效应使得区域间得到了帕累托改进。

可以看出，极化效应和扩散效应的共同作用，形成了区域间、城市间经济水平、规模、等级的差异。中心城市（也即上述分析中的增长极），表现出较高的经济发展水平与较大的经济规模，结构上表现为多样化经济，是集聚经济、规模报酬下的综合体现，外围城市（也即上述分析中的非增长极地区、欠发达地区）则表现出较为简单的产业结构，经济水平和规模相对中心城市较低，是利用了比较优势所形成的经济格局。从分工角度看，中心城市呈现出多样化，外围城市则偏向于专业化。这种中心—外围的城市等级结构，是整个区域间经济动态演进的结果，是资源、要素充分流动，追求最大化经济效益的结果。所以，城市层级结构的形成，是资源空间优化的结果。

正因为城市与区域间的层级结构是资源优化配置在空间中的表现形式，在城市群与经济带的建设中，我们更要注重形成合理的城市、区域间层级结构，不能片面为了经济指标的提高而追求所有城市、区域"同等发展""无差别发展"等，在制定城市群与经济带的发展政策时，对中心城市与外围城市应做客观的识别，在处理中心城市与外围城市的关系时，应注重资源共享、要素充分流动，消除城市间、区域间市场壁垒。

2.1.3　城市与区域间的优势互补

在共同利益的驱使下，地区间通过优势互补带来各自和整体经济的协同发展，其内在机理就是通过地区间发挥比较优势与规模经济，从而形成良好的专业化分工与集聚经济效应。由于区域内行政界线的划分以及不同利益主体的存在，在强调资源充分流动的同时，为保证合作、发展的良性互动与长期延续，就有必要形成区域内利益转移与补偿机制，化解区域经济内个体与个体之间的利益冲突、个体与整体之间利益不一致带来的矛盾。

就经济带和城市群而言，我们着重于两种典型的城市关系来讨论地区间优势互补问题：一是中心城市与非中心城市的关系，二是非中心城市与非中心城市的关系。经济带与城市群的差别，重点在于线性的带状结构与圈层结构的空间形态差异，这就决定了两种不同城市集合中，中心城市与非中心城市之间，地理位置、经济活动网络的拓扑结构异同。陆大道（1995）的"点—轴"理论里，经济带是中心城市集中在一条轴线上，把其经济活动扩散到两边的城市当中；城市群则是中心—外围的模式——以中心城市为极点，外围城市形成圈层结构不断辐射开来，前者是"增长轴"驱动区域经济发展模式，后者是"增长极"驱动区域经济发展模式。为了统一经济带和城市群内的相关分析，我们使用"中心城市"和"非中心城市"这两个正式概念。

中心城市和非中心城市之间的优势互补，主要体现在中心城市利用规模经济，发挥集聚效应，形成多样化经济促进城市发展，非中心城市则由于规模限制，资源、要素的整合能力相对较弱，往往偏向于专业化生产，所以中心城市与非中心城市之间的优势互补，是建立在规模经济下的多样化与专业化之间的互补。从中心城市过渡到非中心城市，是集聚经济与集聚不经济的权衡，虽然中心城市的多样化与完备的基础设施会对生产有正向的促进，但集聚引致的过度竞争、拥挤、高地租等问题，会使得部分企业处于规模经济最优点的右侧，此时集聚不经济突出，对于这些企业，周边的非中心城市则是合理的区位选择。中心城市因其多样化经济的特点，处于产业链上的较高环节，周边城市则集中于原材料供应、加工制造等产业链的初级、低端环节。这种产业梯度的存在，也是产业结构在中心城市与非中心城市动态演进的结果。实际上，中心城市中最初具有优势的产业，随着产业生命周期的不断更替，会逐渐不再适应产业优化升级的需要，而被转移到非中心城市。所以，从产业的空间分布而言，非中心城市承接了中心城市的产业转移，一方面有利于中心城市优化升级产业结构，另一方面促进了非中心城市的就业与发展。

非中心城市之间的优势互补，主要表现在非中心城市之间利用好各自的比较优势，形成合理的专业化分工。非中心城市的资源禀赋差异、地理区位的不同等，都是其形成专业化分工的前提。合理有效的城市间分工格局，会在整体上促进城市群、经济带经济水平的提升，而这一目标的实现，是建立在地区间对自身比较优势的有效识别和地区间资源、要素充分流动基础上的。目前我国地区间由于片面追求发展，忽视自身比较优势，同质竞争局面广泛存在，地方保护主义的抬头，为要素流动设置壁垒，导致城市间的优势无法得到很好的互补。

无论是中心城市与非中心城市，还是非中心城市之间，要形成合理的优势互补，必须协调好城市间的利益关系，若一个城市的发展是以损害另一个城市的发展为代价，城市群与经济带的整体发展不会达到合理的目标，只会陷入"囚徒困境"这种最差的局面。

2.1.4 城市群、经济带的治理

城市群（由于城市群与经济带在这一问题上具有共性，所以以下分析

都仅针对城市群）治理是一种区域治理，结合城市群的概念，将城市群治理定义为在城市群内的城市密集区，通过整合公共部门、私营部门和民间组织的关系，充分发挥其组织作用，协调城市间的关系，共同解决城市群内存在的区域问题，从而推动城市群健康合理发展的一种机制。

城市群治理的特征主要有以下四个方面：第一，行为主体的多元化。城市群治理的行为主体包括公共部门、私营部门和民间组织，公共部门主要为政府机构，私营部门主要为企业机构，常见的民间组织有非政府组织、非营利机构、社区互助组织等，在城市群治理中，这些行为主体共同发挥协调作用。第二，城市群治理的基础是"协调"。传统的治理模式强调行为主体对客体的控制，但是城市群治理并不以支配或控制为目的，而是以协调为手段调动，即通过协调公共部门、私营部门和民间组织的关系，调动多元主体的积极性。第三，城市群治理的制度安排具有多样性。城市群治理的制度安排既可以是正式的，也可以是非正式的。城市群治理的多元主体通过制度安排来实现区域内的集体行动，例如设定发展目标、制定公共决策、组织集体活动等。第四，城市群治理的目的是实现区域效益的最大化。城市群治理就是要通过建立有效的冲突解决机制、利益分配机制等途径，解决单个城市无法解决的问题，促进城市群内的协调发展。

根据分类标准的不同，城市群治理模式有多种划分方式，分类标准主要有治理主体、行政职能、治理方式和治理层次四类。根据城市群治理主体的不同，城市群治理模式可以划分为政府主导型、非政府主导型和多主体参与型，我国相应的城市群治理模式为政府主导型。根据治理主体的行政职能，城市群治理模式可以划分为官方型、半官方型和松散型，在这种划分标准下我国的城市群治理模式以松散型为主，例如长三角市长联席会。根据治理方式的不同，城市群治理模式又可以划分为签订协议、编制规划、调整行政区划、召开座谈会等类型。从治理层次划分，即根据城市群概念中的大都市区、都市圈和城市群三个层次对治理模式进行相应分类，城市群一般空间范围大，需要解决的问题较多而且难度较大，如长三角、珠三角城市群；都市圈多指一个省区范围，空间范围处于城市群和大都市区之间，如南京都市圈、郑州都市圈；大都市区指经济联系非常密切的区域，如福州大都市区、温州大都市区。

　　随着我国市场经济的深入发展，工业化和城市化进程不断加快，以城市群为主体的区域经济形态成为经济发展的重要特点，随之产生了相应的城市群治理模式。城市群治理模式的产生与发展，主要是因为传统的行政区划分下各自为政的治理模式，无法应对由地区间不断加强经济合作所带来的公共问题，从而阻碍了城市群协同发展的进程。周光霞（2013）以长三角经济带为研究对象进行实证分析发现，与经济带的中心城市相比，省会对外围城市的发展作用更为重要，说明行政区域的划分在一定程度上阻碍了区域经济的协同发展。苗丽静（2015）发现行政区管理体制阻碍了城市群的形成，要形成常规有效的合作协调机制，必须弱化行政区概念，建立多层次跨区域的城市群治理协调组织，并积极引导民间组织参与城市群治理。

　　目前，在国际上对城市群治理模式的探索过程中，针对这一问题主要形成了三种理论流派：第一，单中心主义，对应的治理机制为科层制。该理论建立在规模经济的理论基础上，主张抛弃现存的地方政府，建立统一的全功能区域管理政府，认为辖区的合并有利于政府规模的合理化，促进资源在区域内的自由流动。第二，多中心主义，对应的治理机制为市场机制。该理论建立在市场机制的理论基础上，认为多个政府的存在，会为企业和居民在服务和税收方面提供可选择性，而且功能重叠的政府并不意味着低效率，反而可以满足需求的异质性，竞争机制会提高政府的效率。第三，新区域主义，对应的治理机制为组织网络。该理论认为解决区域问题要结合竞争与合作两种机制，在公共部门、私营部门和民间组织之间建立合作关系，以确保在提供公共服务和建设基础设施方面更有效，由于区域治理问题具有复杂性和多样性，政府的数量和规模并不是很重要。这三种机制在城市群治理的实践中，都有一定的适用性和各自的局限性。

　　针对城市群治理问题，多位学者的研究结论中都提出要建立多层次的协调治理关系。对城市群治理模式一般可以划分为三个层次，上层为统一的城市群规划协调委员会，中层为行业协会等民间组织，下层为城市群的治理机构，包括非政府机构和公民社团等。这三个层次在城市群治理过程中的关系表现为：规划协调委员会必须将城市群内协同发展置于优先地位，对城市群的治理进行统筹规划；治理机构负责相关治理政策的实施和具体治理活动的开展；行业协会等非政府组织在区域内逐渐成长，逐步扩大发展规模和地域范围，在城市群的发展过程中进一步发挥作用。总的来说，多层次的城市群治理模式有利于保证经济要素的自由流动和交换，是一种更有效的区域治理协调机制。

目前，我国的城市群治理模式以政府为主导，多元主体参与治理的模式发展缓慢，也就难以形成多层次的城市群治理协调组织。主要是因为，除政府以外的其他主体在区域治理方面的潜力难以发挥。具体来看，私营部门方面，我国行业协会制度亟须完善，缺少城市群内的行业协会组织机构；民间组织方面，社区、居民等行为主体参与城市群治理的意识有待提高，也没有形成良好的民间组织参与城市群治理氛围。在上述原因的影响下，现阶段我国私营部门和民间组织无法深入参与城市群的治理决策。李丹（2014）以四川省城市群为研究对象，通过对国际城市群发展经验的比较分析发现，组织网络治理模式可以广泛调动各地方政府及部门的积极性，并且有利于把私营部门和民间组织加入到协同治理关系中来，使其能够在规划、决策和执行的各个阶段更好地发挥作用。所以，在发展条件还没有成熟的情况下，我们要鼓励城市群治理模式的多样化。随着市场经济的深入发展，多元主体参与模式将成为城市群治理模式的发展趋势。

2.2　经济带与城市群的分工关系

2.2.1　经济带、城市群内分工与专业化的测度方法

经济带与城市群内分工、专业化的测度方法类似于区域分工、专业化的测度方法。虽然经济带在空间形态上与城市群存在差异，但针对两者的分工、专业化度量，是一致的。所以本节分析中，统一讨论针对城市群的分工、专业化测度方法。

（1）区位熵（location quatient）法

区位熵法是较早也较为经典的测度专业化的方法。假设 i 为城市群内的城市指标，取值为 1，2……I，I 为城市群内城市个数；j 为产业指标，取值 1，2……J，J 为产业数目。定义 E_{ij} 为 i 城市 j 产业的经济活动指标，则 j 产业在 i 城市中的区位熵表达式为：

$$LQ_{ij} = \frac{E_{ij}}{\sum\limits_{j=1}^{J} E_{ij}} \Big/ \frac{\sum\limits_{i=1}^{I} E_{ij}}{\sum\limits_{i=1}^{I} \sum\limits_{j=1}^{J} E_{ij}} \qquad (2.1)$$

其中，分子 $\dfrac{E_{ij}}{\sum\limits_{j=1}^{J} E_{ij}}$ 表示 i 城市 j 产业的规模占 i 城市经济规模的比

重，分母 $\dfrac{\sum\limits_{i=1}^{I} E_{ij}}{\sum\limits_{i=1}^{I} \sum\limits_{j=1}^{J} E_{ij}}$ 表示城市群中 j 产业规模占整个城市群总经济规模的

比重。E_{ij} 作为 i 城市 j 产业的经济活动指标，可以表示其就业水平，也可以代表总产值、增加值、销售额等，具体指标的选取视研究对象而定。从（2.1）式看出，i 城市 j 产业的区位熵，就是该产业经济活动水平占该城市所有产业经济活动水平的份额，与城市群内相应份额的比值。所以，区位熵 LQ 是以城市群平均水平为参照，考察 j 产业在某一城市中的相对重要性。LQ 的经济含义很直观，其中 $LQ>1$，表明该城市中所考察的产业占比高于城市群内的平均水平，说明此产业在该城市中专业化水平较高；若 $LQ=1$，则该城市中 j 产业的份额与城市群内水平一致，处于平均状态；$LQ<1$ 则说明该城市中 j 产业的专业化水平较低。总而言之，LQ 水平越高，专业化水平越高。需要注意的是，区位熵是一个相对专业化指数，其测度的是特定产业相对于城市群水平而言在某一特定城市的专业化程度。

（2）Herfindahl 指数法、产业集中度法和地区熵指数法

在产业组织理论中，Herfindahl 指数用来测度市场集中度，将其移植到地区分工专业化问题上，构建 Herfindahl 专业化指数，可以考察城市专业

化程度。定义城市 i 的 Herfindahl 指数为：

$$H_i = \sum_{j=1}^{J} \left(\frac{E_{ij}}{\sum_{j=1}^{J} E_{ij}} \right)^2 \tag{2.2}$$

其中，$\dfrac{E_{ij}}{\sum_{j=1}^{J} E_{ij}}$ 表示 j 产业在城市 i 中所占份额（具体可以使用就业、产出等指标）。如果城市 i 的 J 个产业份额完全相同，则 H_i 取值为 $1/J$，此时说明 i 城市的专业化水平较低；若城市 i 完全专业化，只进行一种产业的生产，则 H_i 取值为 1，所以，H_i 取值越大，表明 i 城市的专业化水平就越高。

上述 Herfindahl 指数的构造是在城市层面上的，当然可以类推到城市群层面。即为了反映某个特定的城市群分工状况，将（2.2）式中 i 指标修正为城市群 i，E_{ij} 表示城市群 i 内 j 产业的经济活动水平，代入便可得到城市群层面的 Herfindahl 专业化指数。

Haaland 等（1999）提出 Herfindahl 指数的修正，具体形式为：

$$HH_i = \sqrt{\frac{H_i}{J}} \tag{2.3}$$

HH_i 代表修正后的 Herfindahl 指数，它是原 Herfindahl 指数除以产业数目后开方的结果。

既然能够使用 Herfindahl 指数构建某个城市内专业化水平的程度，也能就某个具体的产业构建其在城市群内的集中程度。将（2.2）式稍作变化：

$$H_j = \sum_{i=1}^{I} \left(\frac{E_{ij}}{\sum_{i=1}^{I} E_{ij}} \right)^2 \tag{2.4}$$

需要说明的是，（2.4）式与（2.2）式都用 H 代表 Herfindahl 指数，但前者的角标 i 是针对特定城市而言，反映的是城市专业化水平；后者的角标 j 是针对特定产业而言的，描述的是具体产业在城市群内的地区集中度，两者内涵不同，不能混淆。

其中，$\dfrac{E_{ij}}{\sum\limits_{i=1}^{I} E_{ij}}$ 表示 i 城市中 j 产业的经济活动水平占城市群内 j 产业总

经济活动水平的比例。如果产业 j 在城市群的城市之间按比例均匀分布，则 H_j 取值为 $1/I$，这说明产业 j 在城市群内完全分散，不存在专业化分工；如果产业 j 只存在于城市群内的某个城市 i，则 H_j 取值为 1，此时产业 j 在城市群内的专业化水平最高，地区集中度最强。

除了 Herfindahl 指数法外，产业集中度同样可以被我们引入用来分析特定城市的专业化水平：可以使用给定城市排名前五（具体数值视研究而定）的产业规模与该城市总产业的规模相比，此指数越大，说明该城市的专业化水平较高；反之，则说明专业化水平较低。或者从特定产业在城市群内的地理集中度入手，考察给定的产业中，占比最大的前五个城市其产业规模之和，占本产业规模的比重。同样的，此比例越高说明该产业在城市群内的专业化水平较高，越小则表明专业化水平越低。产业集中度的测量方法，相对 Herfindahl 指数而言，数据的搜集更为方便，计算简单，不过存在的问题也较突出：首先，选择是排名前五还是前四或者其他数值，对指标取值影响较大；其次，具体取排名前多少，并没有一个合理的参考标准。

从 Herfindahl 指数的构建可以看出，其是以产业占比为权重的一种自身加权平均指标，规模越大的产业，权重就越大。地区熵指数的构造恰恰相反，特定城市中如果某个产业的规模较大，其权重反而较小。地区熵指数的表达式为：

$$E_i = \sum_{j=1}^{J} S_{ij} \log_2 S_{ij}^{-1} \, , \; S_{ij} = \frac{E_{ij}}{\sum\limits_{j=1}^{J} E_{ij}} \qquad (2.5)$$

其中，S_{ij} 为城市 i 中 j 产业的经济规模占城市 i 总经济规模的比重，地区熵指数由 S_{ij} 的加权平均数求得，权重为 S_{ij} 倒数的对数（或者说对数的相反数），我们看到，城市 i 内规模大的行业，权重较小；规模小的行业，权重较大。E_i 取值在 0 到 $\log_2 J$ 之间，其越趋于 0，表明城市内专业化水平越高。

如同 Herfindahl 指数，地区熵指数 E_i 反映了特定城市内分工专业化程度。类似的，我们可以从产业的视角，构建产业熵指数：

$$E_j = \sum_{i=1}^{l} S_{ij} \log_2 S_{ij}^{-1} \, , \; S_{ij} = \frac{E_{ij}}{\sum\limits_{i=1}^{l} E_{ij}} \qquad (2.6)$$

S_{ij} 表示 i 城市 j 产业规模占城市群内 j 产业总规模的比重。E_j 越小，越接近 0，说明 j 产业在城市群内分布越不均衡，j 产业呈现出明显的地区集中，在城市群内的分工、专业化水平较高。

对于（2.5）式，将地区熵除以 i 城市内产业数目 J 的对数，即可得到相对熵指数 rE_i：

$$rE_i = \frac{E_i}{\log_2 J} \qquad (2.7)$$

相对熵取值对应的地区专业化水平与变换之前的熵指数一致，对于（2.6）式中构建的产业熵指数，可作类似变换得到相对熵，不再赘述。

（3）Hoover 系数法、空间基尼系数法

Hoover 系数法本质上是洛伦兹曲线的推广。计算 Hoover 系数首先需要构造地方化曲线：将城市群内 I 个城市按照 j 产业的区位熵降序或升序排列，然后计算出每个城市所属 j 产业的累积占比，绘制在纵轴上，相对应的，计算出每个城市总产业对城市群水平的累积占比，标注在横轴上，这就得到了所谓的 j 产业地方化曲线。Hoover 地方化系数定义为：地方化曲线与 45 度线围成的面积，与所在三角形面积之比。与基尼系数一样，Hoover 地方化系数的取值范围从 0 到 1，其中，j 产业在城市群内各城市间按比例均衡分布，则 Hoover 地方化系数取值为 0；若 j 产业全部集聚在某一个城市，则地方化系数取值为 1。总的来说，Hoover 地方化系数取值越大，表明该产业在城市群内的专业化水平越高。

Hoover 地方化系数测度的是一个产业在城市群内的分布状况，为了对整个城市群的分工水平进行度量，根据樊福卓（2007），一是计算 Hoover 地方化系数的算术平均值，用以反映城市群内城市间分工、专业化水平；二是计算 Hoover 地方化系数的加权平均值，用以反映城市群内城市间的分工、专业化水平。

Krugman（1991）在此基础之上，构造了区位基尼系数。首先，计算城市 i 总经济规模占全国总经济规模的比重，与城市 i 产业 j 规模占全国产业 j 规模的比重；其次，将两个指数进行降序排列，并计算各比重的累计值。这就构建了产业 j 的区位基尼曲线。Krugman 计算区位基尼系数的方法是直接计算产业 j 的区位基尼曲线与 45 度线相交部分的面积，由于横纵坐标的取值都是从 0 到 1，所以区位基尼系数相当于将一般的基尼系数缩小一半，于是，当区位基尼系数取值为 0 时，表明产业 j 按比例均匀分布在城市群内，此时，产业 j 在城市群内体现不出分工，专业化程度为 0；当产业 j 的区位基尼系数为 0.5 时，表明此产业全部集中在某个城市内，这个时候，产业 j 在城市群内的专业化水平最高。

洛伦兹曲线反映的是两种分位数之间的对应关系，得到产业地方化曲线和产业的区位基尼曲线过程十分烦琐，更不用提计算基尼系数，为此，Ellison 与 Glaeser（1994）提出空间基尼系数法：

$$G_j = \sum_{i=1}^{I} \left(\frac{E_{ij}}{\sum_{i=1}^{I} E_{ij}} - \frac{\sum_{j=1}^{J} E_{ij}}{\sum_{j=1}^{J} \sum_{i=1}^{I} E_{ij}} \right)^2 \qquad (2.8)$$

E_{ij} 的记法与前面相同，表示第 i 个城市产业 j 的经济活动指标，$\dfrac{E_{ij}}{\sum_{i=1}^{I} E_{ij}}$

表示城市 i 产业 j 的规模占城市群内产业 j 总规模的份额，$\dfrac{\sum_{j=1}^{J} E_{ij}}{\sum_{j=1}^{J} \sum_{i=1}^{I} E_{ij}}$ 表示城

市 i 的总经济规模占城市群总经济规模的比重。E_{ij} 可使用 i 城市 j 产业的就业量、产出、增加值等。G_j 从一定程度上测度了特定产业 j 在城市群的每个城市中，j 产业占城市群规模的比重与城市总产业占城市群规模比重的偏离关系，所以 j 产业等比例的分布在城市群内的各个城市中时，$G_j = 0$，体现不出产业 j 在城市群内有专业化的倾向；G_j 取值越大，说明 j 产业在城市群内集中度越高，专业化程度越深。

根据 Ellison 与 Glaeser 的空间基尼系数构建方法，也可以建立城市空

间基尼系数，只需将（2.8）式中平方求和项稍作变化，改为"i 城市 j 产业占 i 城市的比重，减去 j 产业占城市群规模比重，并对产业指标 j 求和"即可。当然，将考察对象由城市扩大到城市群，计算方法是完全一样的。

（4）γ_j 指数法

前述的各种测度城市群分工、专业化的指标，都没有考虑企业集中度这个变量。Ellison 与 Glaeser（1997）将这一因素引入进来，结合空间基尼系数与 Herfindahl 指数，建立了 γ_j 指数：

$$\gamma_j = \frac{G_j - \left(1 - \sum_{i=1}^{I} Z_i^2\right) H_j}{\left(1 - \sum_{i=1}^{I} Z_i^2\right)(1 - H_j)} \ , \ Z_i = \frac{\sum_{j=1}^{J} E_{ij}}{\sum_{j=1}^{J} \sum_{i=1}^{I} E_{ij}} \qquad (2.9)$$

Z_i 表示城市群中城市 i 的经济总量占城市群经济总量的比重，G_j、H_j 的记法与前述保持一致，分别是 j 产业的空间基尼系数和产业集中度。

2.2.2 要素禀赋、比较优势与规模经济

目前对区域分工、专业化的研究，大多借鉴发展成熟的国际贸易理论。从古典经济、新古典经济到垄断竞争经济，国际贸易理论关于国家与区域间分工、专业化研究，形成了一系列完整的认知。亚当·斯密在其《国富论》中，提出绝对优势理论，又称绝对成本理论。该理论认为，一个国家或地区应该生产成本绝对低的商品，并以此来交换绝对成本高的商品，如此，国家间、地区间的资源、要素能得到最有效的利用。学界普遍认为，亚当·斯密的绝对优势理论是国际分工理论的起源。但现实是，两个存在贸易关系的国家，可能其中一个国家相对另一个国家，不存在任何生产率或成本的绝对优势，这就使绝对优势理论解释现实经济的能力大打折扣。为了弥补绝对优势理论的缺陷，大卫·李嘉图提出了比较优势理论。

比较优势理论的内涵是，一个国家或地区应该集中生产相对优势较大的产品，或者是集中生产相对劣势较小的产品。考虑一个两种商品、两个国家的简单贸易模型。假设一个国家在两种商品的生产上都具有绝对优势，但绝对优势的程度可能并不相同。如果此国家仅仅按照绝对优势理论

也去生产绝对优势并不大的商品，那么此国的机会成本就相对较高，为了实现贸易中的利益最大化，即使一个国家在两种商品上都具有比较优势，很明显，在有限的资源约束下，应选择生产相对优势更大的商品，这样才会实现最大的贸易利得。绝对优势国的相对劣势，或者说相对优势不大的商品，对于其贸易对手绝对劣势国家，反而是相对优势。在这里，绝对劣势国家的相对优势，可以理解为两种绝对劣势中相对而言较轻的那个。与分析绝对优势国的生产类似，绝对劣势国必然选择绝对劣势较轻的商品生产，也即其自身的比较优势商品进行生产。于是我们看到，即使贸易中的一国不存在绝对优势，贸易依然可以增大产出，改善两国的福利水平。李嘉图的比较优势理论我们又可以用一句话概括为"两优择其重，两劣择其轻"。"两优择其重，两劣择其轻"的原则，实际上就决定了参与贸易的两国形成的国际分工、专业化格局。事实上，用规范的经济学语言来说，开放贸易的两国按照比较优势进行生产，本质上是两国在各自的生产可能性边界上移动的过程，移动的终点，是两国在边界上斜率相等的点（如若不然，则出现角点解，即至少有一国全部生产某一种商品）。

大卫·李嘉图的比较优势理论相对于亚当·斯密的绝对优势理论，是一个重要的进步，前者证明了在几乎大多数情况下（除了少数极端情形外），贸易的开放以及相应国际与地区分工、专业化的形成，会从整体上促进福利水平的提高。萨缪尔森认为，李嘉图的比较优势理论"为国际贸易提供了不可动摇的基础"。

由于建立在劳动价值理论之上，亚当·斯密的绝对优势理论与大卫·李嘉图的比较优势理论都是古典贸易理论，它们的假设都建立在劳动是唯一的生产要素这一前提之上，这与现实中贸易国存在多元禀赋相矛盾。为此，H—O 理论作出了进一步的修正。

瑞典经济学家俄林（Ohlin）在 1933 年的《地区间贸易与国际贸易》一书中，详细阐述了因要素禀赋差异而导致的国际（地区）贸易、国际（地区）分工格局。由于其思想承袭他的老师赫克歇尔（Hecksher），所以该理论称为 H—O 理论。

为了方便阐述 H—O 理论的内涵，我们首先明确 H—O 理论分析的前提：

第一，各国生产函数满足新古典假设，且国别间不存在差异。

第二，各国的需求结构相同，且忽略收入水平对需求的影响。

第三，不存在要素密集度逆转。

H—O 理论的核心可表述为：一国的比较优势由其要素禀赋所决定。在贸易中，一国应出口密集使用本国丰裕要素的产品，进口密集使用本国稀缺要素的产品。H—O 理论是建立在比较优势理论基础之上的，在 H—O 理论之中，比较优势简单地反映为两种商品的相对价格。在完全竞争框架下，决定产品价格的，是投入要素价格。不妨假设参与贸易的两国各自拥有两种投入，因为禀赋的差异，决定了要素相对稀缺度，或者说要素价格之比存在差异。就一国而言，密集使用相对丰裕的要素，其产品价格相对要低，这在贸易中就存在比较优势，并成为一国的出口品，进而决定了本国在分工上专业化生产密集使用本国丰裕要素的产品。贸易格局和分工格局由此确立。

H—O 理论相对李嘉图的比较优势理论，注重考查比较优势的来源。由于大部分贸易国之间存在普遍的要素禀赋差异，H—O 理论的科学性得到了广泛的承认。因为建立在新古典框架之下，所以 H—O 理论属于新古典贸易理论。

要素禀赋差异构成了区域分工、生产专业化的理论依据。城市群内城市之间的分工，大部分是依照其比较优势形成的，而比较优势的确立，基本上是禀赋差异造成的。

以李嘉图为代表的古典贸易理论和新古典贸易理论关于贸易成因和分工形式的讨论都是基于比较优势原理出发的，不同点在于，李嘉图的比较优势理论着重考察了单要素投入下，生产率不同造成的比较优势；而以 H—O 为代表的新古典贸易理论，则是强调要素禀赋差异导致的比较优势。H—O 理论认为，贸易品之间的要素密集度差异和贸易国家间的要素禀赋差异成为贸易的前提条件，这也就意味着，贸易应该发生在产业间，并且是要素禀赋差距较大的国家之间。但现实经济却是：愈来愈多要素禀赋相似的国家之间贸易蓬勃发展，特别是发达工业国家之间的贸易；同时，产业内贸易也在要素相似的国家间如火如荼地进行着。这些都是传统贸易理论无法解释的。

以克鲁格曼（Krugman）为代表的经济学家放弃了新古典经济理论中的基本假设，从规模报酬递增、垄断竞争的角度出发，解释了新形式下贸易格局的成因，称为"新贸易理论"。新贸易理论指出，即使国别间不存在明显的比较优势差异，因为规模经济的存在，处于同一产业结构的差异化商品集中于某一国家或地区生产要比分散在国家间或地区间生产更能利用规模报酬递增的优势，随着集中生产产量的不断扩大，平均成本会随之下降，这样，国家间集中生产，再通过交换，使得每个国家都在贸易中获利，从而表现出国家间或地区间产业内贸易。偏好的多样化和产品差异性是重要前提，如果一国国民加总的偏好仅仅满足于本国集中生产的规模报酬递增产品，则本国没有任何动力去进口别国集中生产的产品，正因为偏好的多样性，国家间通过贸易消费到了不是本国生产的差异化商品，福利水平得到了显著的提升。

由于规模报酬递增的存在，这就使得国家间即使要素禀赋相似，生产率没有显著差别，依然能够形成明显的专业化生产，形成国家间专业分工，这很好地解释了现今发达国家间的贸易、分工格局。相比于 H—O 理论只能解释产业间贸易和以要素禀赋差距为前提的国别、区域间贸易，例如发达国家与发展中国家之间的贸易，新贸易理论迈出了重大的一步。

新贸易理论的重要贡献，是在市场结构上相对于新古典贸易理论有了重大突破，垄断竞争的分析框架使得研究规模报酬递增的生产函数有了可能。原有的新古典理论中，生产函数的规模报酬不变与完全竞争是紧密相连的，这就决定了新古典贸易理论在描述现代工业化国家大规模生产与产品异质性方面存在明显缺陷。新贸易理论之后，克鲁格曼等又在此基础上考虑企业区位选择、要素流动等有关资源在空间上的分布问题，产生了新经济地理这门学科，为区域经济等理论注入了新的活力。

2.2.3 政府行为与经济带、城市群内的分工模式

考察经济带、城市群内的分工模式，特别是在我国的经济环境下，就不能忽略政府行为对城市间分工产生的影响。我国自分税制改革以来，地方政府被赋予了较大的自主权力，并在一套相应的政治晋升激励制度下，为地方发展而不断竞争。

就经济带与城市群内的组成单元——城市而言，每个城市作为相对独立的行政单位，在"政治晋升锦标赛"体系下，都有在经济发展指标上，如 GDP 等，超出其他城市的激励。如果城市群作为一个较高的城市层级结构而无法通过整体利益协调和制度手段来平衡城市间的竞争与合作关系，则城市、地区间容易跌入为发展而恶性竞争的"囚徒困境"。最典型的就是地方保护的产生，通过在区域、城市间设置贸易壁垒、实行差别对待等，片面维护自身的利益和发展。

地方保护作为一种人为的扭曲，必然导致资源的配置偏离帕累托最优水平，造成低效率，典型的就是城市间违背要素禀赋而形成的比较优势，导致同质化生产、同质化竞争，这对城市群形成合理的分工格局是不利的。白重恩等（2004）指出，产业地区集中度与区域专业化程度受地方保护这一因素的显著影响，与中央政府的行政体制和财政体制整合程度较高的地区，地方保护程度相对较低，专业化生产的程度相对较高；利税率较高和国有化程度较高的产业，地方保护更严重，产业的地区集中度更低。李善同等（2004）总结了我国地方保护的主要八种形式，包括：（1）对劳动力市场方面的干预；（2）阻止外地产品进入的其他非正式的无形限制；（3）工商质检等方面的歧视；（4）对技术方面的干预；（5）价格限制和地方补贴；（6）直接控制外地产品的销售数量；（7）对外来企业原材料投入方面的干预；（8）对投融资方面的干预。李善同进一步指出，前三种地方保护形式最为严重。

正如白重恩等（2004）所指出的，地方保护的实施手段相对来说更为隐蔽，所以常见的经验分析中，多是寻找地方保护的代理变量进行回归分析。Yang（2000）的研究显示，地方政府的保护行为导致市场分割与产业结构趋同，因此，市场分割程度就成为地方保护的一个代理变量。另外，平新乔（2004）强调，因为国有经济作为地方政府最容易控制的产权形式，所以地方政府对国有资产的控制既是地方保护的实现形式，又是地方保护的物质基础。平新乔使用地方政府对国有控制企业的相对指标，来作为地方保护程度的代理变量。陈敏等（2005）认为，相对于地方的经济活动总量来说，政府的财政收支比重越大，地方政府越是有激励通过分割市场来对本地企业进行支持与保护。故在有些文献中，将地方政府财政收入占 GDP 比重作为地方保护程度的代理变量。

就经验分析而言，为了考察经济带、城市群内地方保护与分工格局之间的关系，可以使用前述的度量方法进行回归分析。能够预见的是，这种关系是负向的：随着城市群内城市地方保护主义的加深，越是不利于城市群内城市之间形成合理的专业化分工局面。然而我们更应该关注的是，如何避免或缓解地方保护主义的抬头，使经济带、城市群内分工更加合理。

根本而言，经济带、城市群内地方保护主义的产生，代表了城市集合与城市个体利益之间的不一致。如果把经济带、城市群视为更高的行政级别，而将其中的城市视为较低的行政级别，那么，方才提到的"不一致"，就是高、低行政级别之间的利益两难问题。一个自然的想法是，能否通过高一级别的行政协调来达到两难困境的缓解，避免地方保护主义抬头，进而优化城市集合的专业化分工？白重恩等（2005）指出，如果一个地方的领导人在更高一级的政府中同时任职，他或她将更加关心与上级政府政策的一致性和整体层面上的经济利益，从而会相对减少地方保护并实现更高水平的区域专业化。白重恩的这一结论为我们思考这一问题提供了出路。

2.2.4　经济带、城市群内的功能分工

前几节内容从要素禀赋、比较优势、规模经济等方面阐述了经济带、城市群内的分工机理，描述的是区域产业间分工和产业内分工——前者对应不同地区、城市生产不同产业的产品，属于垂直分工类型，主要理论依据是比较优势；后者对应的情形则是，虽然不同地区同处于一个产业内，但生产差异化的商品，属于水平分工类型，理论依据主要是外部经济、规模报酬递增等。随着区域经济的不断发展，分工、专业化的逐步深化，在经济带、城市群中出现了新的分工形式，称之为功能分工。

所谓功能分工，是指在同一价值链上不同环节的分工，比如生产同一件产品，有设计、研发环节，原材料采购环节，生产、加工环节，以及销售和售后服务环节等。经济带、城市群内的功能分工就是价值链上各个环节、模块分散到不同城市的专业化生产。由于功能分工的特点，学术界又将其称为"产业链分工""价值链分工""职能分工"等。与产业间分工和产业内分工相比，价值链的宽度和长度决定了功能分工既包含了垂直分

工类型，也包含了水平分工类型，而专业化的动机，既有规模经济，也有生产率差异引致的比较优势。

表 2-1 区域产业分工的基本类型和特点

分工类型	传统区域分工	新型区域分工	
	部门间分工	部门内分工	产业链分工
专业化形式	部门专业化	产品专业化	功能专业化
分工特点	在不同产业之间进行	在同一产业不同产品之间进行	按产业链的不同环节、工序、模块进行
产业边界	清晰	较清晰	弱化
分工模式	以垂直分工为主	以水平分工为主	混合分工
空间分异	不同产业在空间上的分离	同一产业不同产品在空间上的分离	价值链的不同环节、工序、模块在空间上的分离
形成机理	地区比较优势或资源禀赋差异	产品差别、消费者偏好差别、需求的重叠、规模经济	资源禀赋和技术水平差异、规模经济、产业关联经济

资料来源：魏后凯：《大都市区新型产业分工与冲突管理——基于产业链分工的视角》，《中国工业经济》2007 年第 2 期。

就区域功能分工的格局而言，以城市群的中心—外围层级结构为例，中心城市的分工往往处在价值链的首尾两端，多从事与产品相关的研发、设计、销售、售后服务等，偏向生产性服务业集聚；外围城市则偏向制造业集聚，多从事生产加工、中间品供给，处于价值链的中间位置。正如魏后凯（2007）指出，大都市中心区着重发展企业总部与批发零售，形成中间细、两头粗的哑铃结构；大都市郊区及大中型城市，侧重发展高新技术与先进产业，形成中间大、两头小的菱形结构；外围小城镇发展一般制造业和零部件生产，形成中间粗、两头细的棒形结构。

针对城市间功能分工的特点，Duranton 与 Puga（2005）使用城市内管理人员对生产人员的比重与全国范围内管理人员对生产人员的比重两者之比来表示城市管理部门或生产部门的集聚程度，比例大于 1 表示所考察城市的功能偏向管理，且此比例越大，说明功能分工的专业化程度越高；若此比例小于 1，表明城市主要承担生产制造功能。赵勇和白永秀（2012）利用类似方法对我国主要城市群的功能分工做了具体测度，其研究结果表明，城市群的功能分工水平与其经济发展水平密切相关，所考察的十大城市群功能分工排名情况基本上与经济水平排名相一致。就单个城市群而言，中心城市的功能分工水平远远高于外围城市，这与理论预期完全一致。

2.3 经济带与城市群内的互补关系

2.3.1 产业的空间分布与区域经济的纵向关联

关于产业空间分布的定义，诺德豪斯（Nordhaus，2006）认为，产业空间分布是经济活动在地球表面的地理位置。袁凯（2013）认为产业空间分布是制造业在地理空间上的布局及其演化。吴三芒等（2010）定义产业空间分布主要是制造业或工业的空间分布。从以上三个定义可以看出，产业空间分布的主体都是经济活动，对象都是地理空间分布，区别在于不同学者对产业空间分布主体的范围界定不同。综合以上观点，可将产业的空间分布定义为，经济活动在地理空间上的布局及演化。产业空间分布的形式包括均衡分布和非均衡分布，均衡分布表现为城市群内存在多个地位平等的中心城市，不同城市之间协同发展；非均衡分布在地理上表现为"中心—外围"模式。与产业空间分布相关的常见概念有：产业集聚、产业转移和产业集群等。克鲁格曼（1991）定义产业集聚为，同一产业在某个地理区域内高度集中，资本要素在空间范围内不断聚集的过程。陈建军（2002）定义产业转移为产业从某一特定国家或地区转移到另一国家或地区的过程，包括商品、要素、投资等的流动。波特（Porter，1990）将产业集群定义为，在特定区域内具有竞争与合作关系，在地理位置上集中，且有交互关联性的厂商和机构等组成的群体，不同厂商或机构之间具有内部网络化互动共生的关系。产业集聚的过程中伴随着产业转移，产业集聚的最终结果是形成产业集群。

无论是国际市场，还是国内市场，产业的空间分布都处于不断变化的过程之中。袁凯（2013）通过对产业区域转移和主要国家出口份额的数据分析发现，世界工厂的地理位置变迁经历了从英国到欧洲大陆和美国，到日本、亚洲"四小龙"，再到中国大陆的变迁。中国国内市场开放后，由于国内的劳动力价格具有绝对优势，中国把握住了发达国家转移制造业的契机，国际市场上诸多制造商将生产线转移到了中国。从而，中国作为世界制造业的一个主要集中地，成为了新的世界工厂。

改革开放之后，我国各地区均实现了不同程度的经济增长。但是，不同地区之间的经济水平差距仍然很大，我国整体形成了以中西部为外围的"中心—外围"模式。而且，即使在同一城市群内部也存在很大的发展差距。例如，京津冀城市群内，河北各市与京津之间无论是在基础设施建设、公共服务水平还是经济发展水平方面都存在明显差距。总的来说，我国产业呈现出显著的空间分布不均衡特征，即以"中心—外围"模式为主要的产业空间分布形式。从产业价值链的角度来看，这种模型呈现出的特点是，外围的欠发达地区主要从事资源密集型和劳动力密集型经济活动，位于产业价值链的上游；而作为中心的发达地区主要从事技术密集型和资本密集型经济活动，位于产业价值链的下游。产业价值链可以客观地反映产业活动的技术经济联系，产业的经济活动加入空间要素的考量之后具有了区域经济特性。所以，通过上述分析可以发现，在产业价值链所处的位置来看，产业的空间分布与区域经济呈纵向关联的关系。

经济带或城市群内产业的空间分布与区域经济呈现纵向关联，这是因为我国经济带与城市群内不同城市之间在区位优势及资源禀赋等方面的互补关系。根据赫 H—O 理论，一国或地区的比较优势由其要素禀赋决定，禀赋的差异决定了要素相对稀缺度。要素空间分布的非均衡性，促使不同地区进行商品交换和生产要素流动，从而形成一种互补竞争的关系。而经济带与城市群的建立和发展，可以降低交易成本并且弱化地区间的竞争关系，有利于实现要素的效用最大化和帕累托最优状态的改进。

京津冀城市群的产业合作模式为典型的产业价值链纵向分工合作，具体表现为北京市重点发展现代服务业和高新技术产业；天津市以打造现代制造业基地为目标，重点发展化工业、电子信息产业和与制造业相互促进的服务业；河北各市走新型工业化道路，提高传统优势产业的技术水平。这种产业价值链纵向分工模式与地区的要素禀赋呈现出对应的关系：北京市拥有人力、技术和资本要素的比较优势，有充足的条件和空间发展高新技术产业；天津市是一个传统的港口城市，并且是北方国际航运的核心区，发展现代制造业可以充分利用天津的人力资本、物质资本以及区位优势；河北省煤炭、石油、天然气等资源相对丰富，具有自然资源禀赋的比较优势，并且人口数量较多，为京津提供了充足的劳动力供给。此外，我国的主要城市群中，长三角、珠三角城市群同样也是"中心—外围"的发展模式，产业价值链的分布与京津冀城市群具有相同的特点，但是这两个城市群逐渐呈现出向多中心模式转变的态势。

在产业的空间分布与区域活动的关联方面，龚勤林（2007）从地理位置的角度考察，发现产业价值链表现出显著的空间非集中分布特征，这种地理位置上的非集中性与城市的区位优势和国家宏观产业布局密切相关，并且产业价值链的这种分布特征是与城市群的发展模式相对应的，这一结论也验证了上文的分析结果。

需要注意的是，这种"中心—外围"的城市群发展模式，虽然短期内有利于提高城市群内不同城市的经济发展水平，但是以可持续发展的视角来看，这种模式无法消除不同区域间的发展差距。孙军（2011）研究江苏省产业的空间分布发现，虽然苏北地区承接了产业转移，但是江苏省"中心—外围"模式反而有继续强化的趋势，阻碍了江苏区域间的协调发展。由我国近年的经济发展状况也可以发现，地区间产业转移的经济活动在不断进行，产业集聚程度不断提高，产业集群的数量随之不断增加，但是区域间的发展差距反而有扩大的趋势，无法从根本上消除这一模式的缺陷。所以，只有打造新的增长极才能缓解区域间经济发展不平衡的问题。

2.3.2　地区间经济活动的空间溢出

外部经济的概念由马歇尔首次提出，是指由于企业外部的相关企业的发展水平、市场区位和地区分布等因素对本企业所产生的生产费用减少和收益递增的影响。空间经济与外部经济的定义类似，区别在于空间经济的描述对象为处于不同地理位置的两个或多个经济区域。空间溢出，是溢出的空间经济，是指处于不同地理位置的一个经济主体对另一个经济主体福利的影响，这种影响既可以是正面的也可以是负面的，不过一般以正面影响为主。空间溢出有两种实现方式，一是非市场交易途径，即技术外部性；二是市场交易途径，即金融外部性。空间溢出可以分为不同的类型，但是不同学者的分类标准有所差异，闫迁迁（2015）根据导致空间溢出的原因不同，将地区间经济活动的空间溢出分为知识空间溢出、基础设施空间溢出、产业转移空间溢出以及产业链空间溢出；张浩然（2012）根据空间溢出的结果不同，将其分为劳动生产率的空间溢出和城镇就业的空间溢出。目前，空间溢出并没有统一的分类标准，一般是针对研究对象来选择合适的划分方式。

产业集聚往往导致空间溢出，产业集聚一般包括两个维度，一种是同一产业的空间集聚可以称为部门集聚，如美国的硅谷；另一种是多种产业的空间集聚可以称为地区集聚，如中国的长三角和珠三角地区。两个维度的产业集聚都会导致空间溢出，这是因为产业集聚会形成产业集群，带来空间物质要素的整合优化，提高地区生产要素的效用以及劳动力和资本的运行效率与密度，从而使产业布局得到整体优化。整体来看，我国的产业集聚类型以地区集聚为主。针对产业集聚导致空间溢出的原因，李红、王彦晓（2014）用中国城市面板数据研究金融集聚的空间溢出发现，导致城市间经济发展差距的一个重要原因是金融业的人力资本、集聚规模和产出密度存在差异，发达地区城市会显著受到附近城市金融集聚的空间溢出影响。

对空间溢出进行研究，可以更全面地了解经济活动在空间中"点—轴—面"多维度的动态变化。目前，关于地区间经济活动的空间溢出的研究比较丰富，以实证研究为主，研究方法主要有空间杜宾模型、Conley-Ligon 模型、空间马尔可夫链、空间计量模型等，研究对象包括城市间的空间溢出以及城市群之间的空间溢出。关于城市间经济活动的空间溢出，毕秀晶（2013）发现，长三角城市群内中心城市的发展具有显著的空间溢出效应，具体表现为城市群内的外围城市存在明显的人口集聚现象，经济发展速度也逐渐提高。上述研究中的空间溢出均为正面影响，但是地区间经济活动的空间溢出也可能为负面影响。张学波（2016）发现京津冀经济带内的县域空间溢出以负向溢出为主，这种负向溢出导致经济水平较低的地区很难向上转移，经济类型转移的概率较小。

我国区域经济正在由行政区经济逐步向城市群经济转变，以江苏省为例，在一般意义上的省区范围内，又可以分为苏南、苏中和苏北三大经济区域。三个区域间的发展差异非常明显，同一区域间不同市级行政区的经济发展水平则相对较为均衡。从要素禀赋的情况来看，苏南地区是先进制造业的集中地，拥有技术优势，苏中地区拥有教育资源优势，苏北地区则有自然资源优势，不同区域间形成了互补的空间体系。在这种空间体系下，如果苏南地区要提高制造业水平，就需要利用苏北地区的自然资源，并且引进苏中地区优秀的技术人才。所以，结合上文的分析可以看出，经济带或城市群内部通过资源禀赋形成的互补关系导致了地区间经济活动的空间溢出效应。

经济活动的空间溢出并不局限于经济带或城市群内部，经济带或城市群之间也会存在空间溢出效应。陈明华（2016）研究了我国五大城市群（长三角、珠三角、京津冀、长江中游、成渝）之间的空间溢出现象，发现长三角、珠三角城市群间没有显著的空间溢出，长三角、珠三角城市群对其他城市群有单向溢出效应，京津冀、长江中游、成渝城市群间具有双向溢出效应。这一研究成果也验证了本书的结论，结合上文内容进行具体分析：长三角与珠三角城市群的产业集聚都是多种产业的空间集聚，以现代服务业和先进制造业为主，两个城市群的中心都是国内一线港口城市，资源禀赋、产业价值链分布和区位优势方面均没有互补关系；长三角、珠三角城市群对其他城市群存在单向溢出效应是因为长三角、珠三角城市群作为我国经济规模最大的两个城市群，经济发展平均水平明显高于其他三个城市群，在高端人才和科学技术方面具有绝对优势，所以长三角、珠三角城市群与其他三个城市群在产业价值链分布方面形成了互补关系；京津冀、长江中游和成渝城市群间具有双向空间溢出效应，可能的原因是这三个城市群优势产业之间存在互补性，另外，随着市场经济的深入发展，地区间的商品自由贸易与生产要素自由流动不断加强，也增强了区域间的经济联系。

综上所述，互补关系是导致地区间经济活动空间溢出效应的根本原因，不过影响这种空间溢出效应的因素是多方面的：首先，距离是影响空间溢出的重要原因，空间距离会直接影响区域间的运输成本，相应地也会削弱技术外部性的传递。张浩然（2012）用我国的城市面板数据进行研究发现，劳动生产率的空间溢出在 170 公里内最显著，280 公里以外溢出效应几乎完全消失。其次，基础设施的完善程度也会影响空间溢出。这是因为基础设施越完善，区域的通达性越高，对高端技术人才的吸引力更大，能够提高生产要素的自由流动程度，有效地降低空间距离所造成的壁垒。最后，空间溢出效应的程度和范围与产业性质有关，劳动密集型产业对劳动力投入的依赖程度高，其技术溢出效应很小，但是相应地就业溢出效应很大；技术密集型企业则反之，就业溢出效应很小，技术溢出效应很大。

总的来说，经济带、城市群的建设与发展必须结合我国的国情。面对产业的空间经济结构非常复杂的情况，要充分利用区域间的互补关系，加强区域合作，整合区域资源，促进区域间和区域内的产业对接融合发展，推动区域经济实现更高层次的协调发展。

2.4 经济带与城市群的合作关系

2.4.1 经济带、城市群内的经济一体化

所谓经济带、城市群内的经济一体化，就是指内部城市以市场为纽带的分工协作，在过程上表现为各地区商品、要素等资源的充分流动，最终的结果表现为生产力、要素收入、商品价格、福利水平在城市间的收敛。经济带、城市群内的经济一体化本质，是建立在城市间分工、专业化上的利益共享。不存在共同利益目标或是利益共享机制缺失，必然会阻碍城市间一体化的进程。共同利益作为经济带、城市群经济一体化的根本推动力，在经济发展的不同时期，不同的外生经济环境下，具有不同的表现形式。经济带、城市群内成员对不同情况下共同利益的认知、识别、把握，

很大程度上决定了城市间合作的动力、经济一体化的水平。

资源优化配置是经济带、城市群实现一体化经济的前提条件。要素跨城市间的充分流动，从中心城市与外围城市的角度而言，在发展前期，有利于中心城市利用规模经济，发挥集聚效应，同时，差异性的要素流入中心城市，提高了商品多样性，满足了人们的差异化需求；在发展后期，中心城市达到规模经济的相对最优点，集聚经济的成果开始向周边城市扩散，而要素向外围城市的流动，为外围城市提供了优质的劳动力，并通过溢出提高外围城市的技术、管理水平。另一方面，从非中心城市之间的要素流动而言，要素在追求更高收入的驱使下，从一个城市向另一个城市转移，在价格机制充分发挥作用的条件下，城市间的比较优势得以体现，初始的要素收入差异会在要素的不断跨区域流动中抵消，此时，要素的一价定理得以成立，资源配置达到帕累托最优状态。为保证资源跨城市充分流动，除了城市间资源流动制度壁垒的消除以外，城市间公共物品的供给应该达到合理且相对均等化的水平，因为城市公共品的外部性会对要素的边际产出造成溢出，公共品质与量越高的城市，对要素生产率的提升效应就越大，如果城市间公共品差异过大，就会导致要素流向分布的不合理；同时，公共品代表了城市生活质量水平，拉动着追求更高城市生活福利水平的劳动力不断涌入公共品供给充分的城市，而如果城市间公共品供给差距过大，也会导致劳动力城市间分布差异的扩大，不利于经济一体化的形成。

经济带、城市群经济一体化的测度，一是测度城市间的经济活动流量，包括商品、要素在区域间单位时间内的流量；二是直接从经济一体化的结果与特征入手，考察城市间的各项经济指标的差异程度。第一种方法往往应用于空间尺度较大的国家间区域经济一体化的考察，由于国与国之间贸易数据较易获取，便于考察任意两国间的经济关系，但因为国家内的经济带、城市群经济一体化研究中，城市间贸易数据几乎不可得，所以测度本研究针对的一体化，多使用第二种方法。千慧雄（2010）对长三角的经济一体化水平进行了测度，指出长三角的经济一体化经历了"制度变迁推进型一体化""制度与市场角力型一体化""市场推进型一体化"三个阶段。

与经济一体化相对立，市场分割则表现出经济带、城市群内保护主义兴起、城市间恶性竞争、同质化生产、重复建设等问题。在我国财政分权体制下，政府官员的晋升目标函数中并不正向包含周边城市、地区的经济状况，地方政府各自为政，为自身经济发展争夺资源，从而导致经济一体化水平下降，诸侯经济丛生。中央政府利用转移支付来降低地方发展竞争带来的增长差异与市场分割，这在一定程度上缓解了区域间经济一体化程度低的局面，不过因为财政转移支付对经济产生作用的机制相对复杂，其政策效果还有待进一步分析、讨论。徐现祥等（2007）的研究显示，晋升锦标赛机制并不一定造成地方官员选择本地经济保护、市场分割，政府的发展偏向（是偏向本地市场分割还是偏向一体化经济）因外部条件而定；一旦时机成熟，地方政府会自发选择地区间合作，从而走向经济一体化。

从上面分析可以看出，影响经济带、城市群经济一体化的关键因素在于城市间利益协调机制与城市群制度创新（王红霞，2006），即如何在不伤害单个城市经济发展积极性的前提下，通过制度设计，如恰当的城市群内收入转移办法，政府绩效考核方式等，促进城市间合作，从而有效提升城市群与经济带的经济发展水平。

2.4.2　资源流动与基础设施、公共品共享

资源的充分流动是实现经济带、城市群经济一体化的重要途径，基础设施、公共品则是实现资源充分流动的制度、物质基础。在传统发展经济学理论中，例如赫希曼、罗斯托等人都强调了基础设施对经济发展的重要作用。内生增长理论里，基础设施、公共品对经济活动产生的溢出作用、外部性效果等特点，是个体经济规模报酬递增的源泉，从而内生决定了经济长期增长。就经济学概念而言，基础设施本身包含在公共品的范畴内，前者多指代物质形式，例如交通基础设施等，后者的内涵更加广泛，除了物质形式的公共品外，还指代制度等。

区域间公共品，特别是交通基础设施，降低了商品地理位置转移成本，促进贸易的繁荣，更有利于要素的跨区域流动；另一方面，一个城市、地区良好完备的公共服务会成为要素流动的拉力，引导着优质劳动力不断涌入，成为城市、地区发展的引擎。

我国的经济环境、发展历史和背景，决定了我国区域间差距较大，尤其是基础设施、公共品的差异突出。就经济带与城市群而言，公共品在地理分布上的不平等会阻碍资源在区域间的充分流动，不利于城市间的合作与一体化经济的实现。如果这种不平等的程度较为严重，甚至会导致城市、地区间利益矛盾冲突的激化，影响社会和谐。因此，针对我国区域经济的现实，公共服务均等化成为研究热点。

公共服务主要包括就业保障、医疗卫生、文化生活及环境安全等。武力超等（2014）使用医疗卫生类公共服务、教育类公共服务、环境保护类公共服务、能源基础设施类公共服务、交通运输类公共服务构建了省内基本公共服务均等化指数，同时考察了省际内相应指标的基尼系数，结果显示，在较发达的省份，地区公共服务均等化程度较高；经济水平相对落后的省份，公共服务均等化程度较低，区域间公共品分布明显不均衡。虽然武力超等的分析是针对省际行政区域，但从结果的稳健性而言，我们可以推测在经济带、城市群内，合理的公共品均等化程度有利于资源跨区域流动，有利于城市、地区间经济活动的展开，从而更好地促进经济带与城市群内部分工、合作的良性互动，促进经济增长，这与理论预期也是相一致的。目前我国关于地区公共服务均等化的研究，在识别、度量上有了一定的文献积累，例如安体富等（2010）、魏厚凯（2014）等，下一步，针对经济带、城市群的研究，应该在相应方法的基础上建立一套体现经济带、城市群经济特点的公共服务均等化识别、度量方法，从理论和实践上方便对基础设施、公共物品与经济带、城市群经济关系的考察。

地区间公共服务差异的存在，本质上是地区间经济发展水平悬殊，导致了地区财政能力差距扩大，造成公共品供给的差异。我国的财政分权制度给予地方政府较大的经济发展自主权，在以中央政府为主导的政治晋升锦标赛制度下，地方有较大的激励发展本地经济，提升经济考核指标，这也从整体上推动了中国经济的增长。但是，财政分权和晋升锦标赛导致的地区发展竞争，会造成地方保护主义的兴起，而公共服务这类溢出很高的投入会由于区域间外部性导致的收益—成本难以内部化，引起供给不足；另一方面，正如周黎安（2007）指出的，政治晋升锦标赛制度下，地方政府倾向于建设性和行政性支出项目，在人力资本和公共服务上缺乏动力、供给不足（傅勇与张宴，2007）。乔宝云等（2005）发现财政分权下的地方政府间发展竞争，会导致义务教育的财政支出被挤占；平新乔与白洁（2006）研究显示，财政分权背景下的地方公共支出会出现偏差，而且这种偏差同时出现在预算内和预算外；尹恒与朱虹（2011）强调，过分追求经济指标的提升，是县级政府存在的生产性支出偏向的根本原因。经济水平的固有差距与财政分权、政治晋升激励，会导致地区间偏离公共服务均等化的合理水平。

从上面的分析可以看出，资源的充分流动、基础设施与公共品的共享是区域经济合理发展的前提保证和有效助推力。促进城市群与经济带内的资源流动、完善基础设施与公共品共享，必须有有效的区域间、城市间合作机制加以保证。在中国目前的财政分权背景下，如何避免地区间恶性、同质化竞争，是当下城市群与经济带建设时所要思考的关键。

2.4.3 区域间合作与制度安排

互惠互利和协同发展是区域间经济合作的前提和最终目的，在解释区域间经济合作的动机时，应用较为广泛的理论之一是共生理论。共生是一种生物现象，指的是共生单元之间在一定的共生环境下按某种共生模式形成的关系。共生现象在经济系统中，指区域单元间相互影响、相互促进的状况。共生理论包括三个层面：微观层面，共生单元为单个独立企业；中观层面，共生单元为不同企业之间的合作；宏观层面，共生单元为不同地区、国家，甚至洲际、全球范围的合作网络。区域共生是实现区域要素效用最大化和区域间协同发展的重要路径。肖东生（2011）利用共生理论分析湖南 3+5 城市群共生合作的模式和机制选择，发现建立多渠道多形式的合作机制以及互惠互利的调整机制——对称性互惠共生模式，是城市群合作的较佳选择。朱俊成（2010）在共生理论的基础上，提出了区域多中心嵌套共生结构模式，由不同等级的区域中心构成，通过共生环境、共生媒介建立关联场，形成"中心—副中心—外围"的横向关联与纵向嵌套的共生结构模式。

在经济全球化和市场化的背景下，国际区域合作的广度和深度快速发展，与此同时，各国国内的区域间经济合作也在飞速发展。在国际市场的竞争与合作中，以经济合作为特征的一体化区域逐渐成为基本参与单位，如以纽约为中心的美国东北部大西洋沿岸城市群、以伦敦为中心的英伦城市群、以巴黎为中心的欧洲西北部城市群等。在我国，国内的区域间经济合作也取得了一系列的成果。改革开放之后，区域间经济合作成为我国完善市场经济体制的重要手段，为我国经济社会的发展提供了新动力。目前，我国形成了三大区域合作经济带，珠江三角洲、长江三角洲以及京津冀城市群。其中，以上海为中心的长江三角洲城市群位列世界六大城市群之一。但是，我国区域间经济发展不协调的现象依然广泛存在，我国经济社会发展空间布局中的区域优化与协调发展问题亟须解决。

就国内城市群的发展现状来看，长三角与珠三角城市群是我国经济规模最大的两大城市群，经济增长速度位居前列。与长三角、珠三角城市群相比，京津冀城市群的协同发展效果欠佳。2013 年，我国将实现京津冀协同发展作为一项重大国家战略，提出加强环渤海及京津冀地区经济协作的要求。目前，京津冀地区在公共服务一体化、物流一体化、民航一体化、农业产业一体化、交通一体化等方面均取得了突破性的进展。2017 年 3 月 5 日，国务院总理李克强在政府工作报告中提出，研究制定粤港澳大湾区城市群发展规划，将粤港澳大湾区建设提上重要日程。粤港澳大湾区，包括广东的广州、深圳、珠海、佛山等 9 市和香港、澳门两个特别行政区，将成为我国改革开放的前沿和经济增长的重要引擎。

区域间的经济合作，带来了很多跨行政区的公共问题，从而对传统的行政制度和模式带来了挑战。制度环境是区域间经济合作的基础保障，能否构建起良好的制度环境对区域间合作的效果起着至关重要的作用。下面以京津冀城市群为例，分析区域间经济合作的制度安排问题。京津冀协同发展战略提出后，一系列政策相继出台，推动了京津冀一体化建设的发展。在公共服务方面，以 2022 年冬奥会为契机，北京与张家口市开展基本公共服务的深度合作，以提升其医疗卫生水平。从保障和改善民生的角度出发，实现了交通一卡通互联互通、取消长途漫游费、打造京津冀互联网门户等一系列与居民生活密切相关的具体措施。此外，北京针对京津冀协同发展部署了 58 项合作任务，京冀两地签署了七项协议，推动区域一体化的发展，在交通一体化、大气治理、产业合作三方面均实现了突破性的进展。

通过对国内和国际相关制度安排及合作经验进行梳理发现，在区域间经济合作的制度安排方面要注意以下方面：

第一，在区域公共品的供给方面，要突出地方政府的主导性角色。基础设施是经济发展的重要载体，区域间合作的一个重要方面是公共品的一体化，而公共品的非竞争性和非排他性的属性决定了其供给主体必须是政府。斯蒂格勒从信息的完备程度和激励约束的角度分析发现，地方政府比中央政府更接近本地居民，更了解本地居民的效用和需求。所以，突出地方政府的主导性角色可以激发地方政府降低交易成本的积极性，从而对不同行政区内居民的偏好进行有效回应并合理分担成本，达到效率与公平的双重效果。

第二，重视民间组织在区域间合作中的作用，创立多层次的组织机构。区域间合作要通过区域合作组织进行，区域合作组织的成立使得利益主体的获利空间扩大了，而建立多层级的组织机构可以减少行政区域的划分对区域经济的影响。从国际实践经验来看，以欧盟各国的合作为例，将竞争机制引入到公共组织中，打破了政府机构的垄断从而提升了合作效率。从我国的区域间合作实践来看，江浙沪地区为推动区域旅游一体化的建设，江浙沪三地的旅游行业协会共建了区域旅游客运网络，并就售票网络、日常业务的合作等达成协议，推动了江浙沪地区旅游集散中心的建设。民间组织在推动区域合作，促进区域资源的整合方面发挥了地方政府无法取代的作用。但是，整体来看，我国在民间区域合作组织方面的发展仍然有所欠缺。

第三，对城市群内原行政区的发展规划进行适当调整，将区域一体化的发展置于优先地位。建立区域间合作关系之后，要优先考虑区域一体化的发展，避免区域内的重复建设和产业趋同建设，推进产业合理布局的发展。以京津冀城市群为例，三个地区在煤炭开采洗选业、石油加工炼焦业以及医药制造业存在主导产业重合，产业同构问题比较严重。产业同构会带来争夺资源及恶性竞争等问题，同时就京津冀地区来看，这种重工业的重合也不利于该区域空气环境的改善。这是因为长期以来，京津冀三地分属于三个不同的行政主体，制定发展纲要时缺乏统筹规划的意识。所以，在制定发展规划时应该优先考虑区域一体化的发展，适当调整原行政区的发展规划，改善产业同构现象，提高区域内的资源利用效率。

第四，改革合作区域内的金融制度。地区的经济发展与金融环境密切相关，金融对现代经济的发展具有关键性的推动作用。所以，在区域间的经济合作中，要善用金融市场这一工具，就要对金融制度进行相应改革，为企业的融资、重组等方面提供更多的保障与便利，从而降低融资壁垒，促进资金的合理流动。

第二部分　专题研究

3

中国城市群可持续发展竞争力分析

3.1 城市群可持续发展竞争力

3.1.1 城市群可持续发展竞争力的内涵

如今各国之间的经济联系越来越紧密，世界已然成为了一个地球村。城市群已经成为了世界经济重心转移的重要承载地。改革开放以来，我国大力推进城镇化、工业化建设，城市的规模、数量都得到了进一步的提升，城市与城市之间的联系也日趋紧密，城市群作为一种新的区域空间组织形态应运而生。城市群可以在更大的空间范围内进行资源配置，具有很强的空间溢出效应和规模示范效应，解决了行政体系条块分割导致的产业趋同、市场壁垒等问题，是全球经济与社会发展最基本的核心组织与最主要的空间载体。另一方面城市群推动城市规模扩张，进一步加剧了交通拥堵、空气污染、资源消耗、环境污染等问题。探寻如何提升中国城市群的可持续发展竞争力，保障社会、生态、环境的平衡发展，是未来城市群发展所应关注的焦点。针对中国城市群的可持续发展问题，学者选取不同指标采取基于变异系数的灰色关联分析方法、多层次主成分分析和层次聚类分析等定量研究法对城市群可持续发展竞争力进行了评价分析，并分析了不同城市群的经济社会与环境协调度（张辽，2013；曾鹏、毕超，2015；宋建波、武春友，2010；黄焕春、运迎霞，2011；张伟等，2013）。

基于现有研究可以发现，相比一般的竞争力分析更多地聚焦产业和企业层面、关注经济的繁荣和增长，可持续发展则围绕人的需求进行，更加注重人的发展。"既要金山银山，又要青山绿水"成为了人们的共识，经济增长只是必要条件，在发展经济的同时还要注重社会和谐与生态保护，坚持"发展中和谐"与"和谐的发展"。

城市群可持续发展依赖于区域内各个城市的可持续发展能力，但与城市可持续发展相比，将城市群作为可持续发展的载体又具有其特定的优势。空间集聚已从"产业集聚"演化为"城市集聚"，即"城市群经济"。"城市群经济"是经济活动空间组织及运行的一种形式，是基于社会分工深化、市场深度扩张、要素高度空间聚集而演化出来的一种区域经济形态，是集聚经济在区域尺度上的体现（张学良，2013）。"城市群经济"作为中国区域总体发展战略的载体，引领着经济发展方式转变，对经济发展具有重要的意义。第一，以中心城市为核心、以产业分工形成的专业化城市与多样性城市为基础，能够有效发挥各个城市的比较优势，提高资源利用效率；第二，"城市群经济"能够推动生产的专业化，同时促进劳动力、资本和信息的充分流动，这有利于技术的创新、知识的溢出和信息的共享，从而提高生产的集约化程度和经济环境效率；第三，城市集聚为建设资源节约型和环境友好型社会提供了优势，为生态保护的联动和社会公共服务的共享提供了条件。通过城市群内各个城市之间建立相对完整的产业体系、相应的合作机制，来共同推动地区的可持续发展。

由此可见，城市群可持续发展是一项系统工程，通过对比一般竞争力和可持续发展竞争力、城市可持续发展和城市群可持续发展的联系和区别，本书认为城市群可持续发展竞争力应该具有这样的内涵：在全球化和信息化背景下，通过城市群各个城市之间的协同发展来实现经济、社会和生态三个子系统的统筹，妥善平衡和处理好"城与城""城与自然""人与城""人与自然""人与人"之间的关系，从而维护和拓展由一定资源环境条件构成的城市群地理空间，同时提高地理空间转化为经济空间和人文空间的能力，最终实现城市群空间价值的最大化。

3.1.2　城市群可持续发展竞争力指标体系设计

指标体系的设计需要随着时间的推移和研究的深入不断地深化，每一种指标体系都是对要描述的经济现象和问题进行系统整体的表述，它是一个系统动态的概念。本书在现有研究的基础上，考虑当下发生的一些新情况，对城市群可持续发展竞争力指标体系进行了调整和更新，从经济、社会和生态三个角度搭建整个指标体系框架，分别一一对应的是经济可持续发展、社会和谐稳定发展、人与自然和谐发展，在综合前人的研究和结合研究领域发生的新情况的基础上有了进一步的完善。

3.1.2.1 城市群经济可持续发展竞争力

城市之间的联动集聚，并最终形成城市群，离不开一个重要的基本前提就是城市的经济发展到一定的程度，产生了和外面进行联动的需求。可见，经济是关系到城市群可持续发展的决定性因素，没有经济起支柱性的作用，城市群其他方面的发展都无从谈起。

在城市群经济可持续发展方面，我们重点关注以下几个方面：

（1）经济规模。城市之间发展到一定的经济规模，产生了和外面周边城市进行联动的需求，才产生对城市群可持续发展研究的必要。我们主要采用 GDP 总量、规模以上工业总产值、工业用电量和社会消费品零售总额来度量经济规模。

（2）产出效率。经济学的本质就是在有限的选择中优化求解，即对稀缺资源进行合理的优化配置来达到效用最大化的科学。最优化的问题即达到效用最大化，不能全部靠无限制的要素投入，技术的进步和要素配置效率的提升也起到了关键性的作用，产出效率是核心，在度量投入和产出的比值这方面，我们用的是人均 GDP 和地均 GDP 来度量产出效率。

（3）收入水平。衡量城市群中的城市人口的幸福程度的最重要指标就是收入水平，城市群的可持续发展的宗旨之一就是让城市群的城市居民的可支配收入能够增加，能够得到更多的商品和服务，能够享受发展带来的红利，这也折射出城市群生产力水平高低。这里用在岗职工平均工资、城镇居民人均可支配收入和农村居民人均纯收入来衡量收入水平。

（4）增长潜力。索罗古典增长模型中，技术、劳动力、资本、土地是决定一个地区和国家在一定时期里所能生产的产品和服务的市场价值总和的关键因素。城市群的可持续发展不仅要看当下它的发展水平，更要关注后期的变化，因此我们用 GDP 增长率、就业人数、全社会固定资产投资总额、每万人在校大学生数、政府科技支出来作为这些因素的代理变量。

（5）产业结构。产业是城市群可持续发展的承载介质，由于不同产业之间的资源消耗、产出效率对城市环境的压力是不一样的，能够优化产业的结构直接影响着城市圈的未来，这里用非农产业比重和第三产业与第二产业产值比来衡量产业结构。

（6）金融财政。金融和财政对城市群的发展至关重要。我们采用地方财政一般预算收入和金融机构人民币贷款额来反映城市群的金融和财政状况。

（7）对外开放。城市群对外开放主要包括内向和外向两个方面：即一方面城市群外面的经济体对城市群进行投资，包括直接和间接投资方式；另一方面城市群和外面的经济体进行合作。两方面都有利于各种要素的高效流通，提升城市群自身可持续发展水平。这里我们采用货物进出口总额和外商直接投资实际使用额来表示对外开放水平。

（8）基础设施。基础设施的建设是城市群能够正常运营下去的根本保障，城市群不仅需要不同的要素能够基本顺畅流通，包括人力、资本、商品等城市群必备要素，而且需要不断提升和完善基础设施水平来满足日益增长的城市圈各方面的需求。在当下，大流通概念中的人流、物流、资金流、信息流以及商品流对城市群的基础设施要求越来越高，基础设施作用日益凸显。我们采用公路网密度、人均城市道路面积、每万人拥有公共汽车、邮电业务总量、移动电话用户数、国际互联网用户数来衡量基础设施水平。

3.1.2.2 城市群社会可持续发展竞争力

城市群可持续发展更加注重人的发展，根据马斯洛的需求层次理论，人的需求从低到高分别为生理需求、安全需求、社交需求、尊重需求和自我实现需求。经济发展和财富增加是满足人的需求的必要条件，而社会可持续发展则是为需求实现提供相应的保障，尤其是高层次需求的实现，更加需要一个和谐稳定的社会环境。城市群的可持续发展是践行以人为本的社会主义核心价值观的一种途径。霍桑实验曾经得出过学界普遍接受的一个重要结论：人是社会人，而非完完全全的经济人。良好的社会环境为城市可持续发展提供了必不可少的保障。

具体来说，城市群社会可持续发展应包含以下几个方面：（1）社会稳定。改革开放以来，我国经济飞速发展，一跃成为全球第二大经济体，而这个过程中，以往收入分配机制随着经济的高速发展显得越来越不适应，城乡差别以及二次收入分配不合理这些社会问题日益凸显，严重影响到城市群社会可持续发展。虽然我国在城乡社会保障方面做出了许多重要改革，但是农村劳动力到城市就业和享受的公共服务仍然有差别。由于数据的缺失，无法衡量城市内部的二元结构。这里只采用城乡收入比和城镇登记失业率来反映社会稳定度。（2）人口结构。合理的人口结构能为整个城市群的可持续发展提供源源不断的劳动力，对地区的经济发展带来极强的活力。人口结构中一定比例的农村人口与城市人口流动也是至关重要的，它有利于生产效率的提升。我们在此考虑人口城市化和人口老龄化两个重要方面，这里采用城镇人口比重和65岁以上人口比重来度量城市化和老龄化。（3）社会保障。社会保障能让低收入者和贫困人口有最基本的社会生活条件，是城市群安定发展和经济平稳运行的基石，也是能够反映社会公平的重要窗口，对整个城市群社会可持续发展的意义不言而喻。这里我们采用城镇养老、医疗和失业保险参保比重来度量社会保障水平。（4）居民住房。住房是居民最基本的生活需求，随着经济的发展，房价不断攀高、城市人口的上升对居民住房需求的满足产生了不小的压力。提升住房条件水平是维护社会稳定的重要方法，对城市群可持续发展具有重要意义。这里我们采用农村人均住房面积和城镇人均住房建筑面积来表示居民住房水平。（5）教育文化。教育文化对城市群中居民整体素质的提升，以及熟练工人的培养、高端人才的培育、人力资本的提升，对社会可持续发展的软环境的建设不可替代。这里我们采取普通中学师生比、生均财政教育支出、每百人拥有公共图书馆藏书和影院、剧场以及公共图书馆个数来衡量教育文化水平。（6）医疗卫生。一个地区医疗卫生体系的健全对城市群中伤病患者、重大疾病的防御以及居民平均寿命的延长等方面至关重要。这里我们采用每万人拥有医生数和每万人拥有卫生机构床位数来进行度量。

3.1.2.3 城市群生态可持续发展竞争力

资源环境构成了支撑城市群可持续发展的地理空间，但是由于粗放型的经济发展模式和环保理念的薄弱，我国城市群的生态环境问题日益凸显，雾霾天气、PM 2.5 超标更是引起了极大关注，这严重威胁到了城市群未来的经济社会发展，实现生态环境的可持续发展是城市群目前面临的最重要的任务。根据生态可持续发展的特征，我们主要从城市群自然条件禀赋和人类行为活动对环境的影响两个方面进行研究。

改革开放以来，由于一段时期的粗放式经济发展路径和唯 GDP 论的错误思想在一些地区盛行，生态环境保护一定程度上遭到忽视，不论是东部沿海地区，还是内陆省份都出现了一些人为的生态环境破坏。经济转型过程中，在城市群可持续发展的要求下，生态环境建设将是必须要研究的一项课题。根据城市发展的特征，我们主要从以下两个方面来研究：城市群自然条件禀赋和人类行为活动对环境的影响。

具体包含以下几个方面：（1）资源禀赋。现代经济理论中，一个地区和国家的发展蓝图都需要根据它本身具备的资源禀赋来进行定位，较好的资源禀赋和合理的发展方式是城市群可持续发展的不竭动力。我们采用人均生活用电量、人均生活用水量、人均煤气用量和人均液化石油气用量来度量资源禀赋。（2）绿化状况。绿化状况是一个城市生态环境的参考指标，随着城镇化的推进，绿化用地的保留比例和建设用地的扩张情况都是城市群生态可持续发展的掣肘，这里用人均绿地面积和建成区绿化覆盖率来度量绿化状况。（3）环境污染。环境污染是一个地区和经济体发展过程中必须正面面对的问题，一个环境污染严重的城市群是不可能持续发展下去的，国际上公认的成熟可持续发展城市群环境都比较良好，"三废"都得到了良好的控制。我们用单位 GDP 工业废水排放量、单位 GDP 工业二氧化硫排放量和单位 GDP 工业烟（粉）尘排放量来反映污染状况。（4）环境治理。环境治理是城市群生态可持续发展面临的挑战，环境治理一定是从系统整体的角度出发，统筹规划，协调推进，城市与农村、工业与农业都得兼顾。我们选取一般工业固体废物综合利用率、城镇生活污水处理率和生活垃圾无害化处理率来度量环境治理水平。

根据上述分析，城市群可持续发展竞争力评价指标体系如表 3-1 所示。

表 3-1 城市群可持续发展竞争力评价指标体系

目标层	一级指标	二级指标	序号	三级指标
城市群可持续发展竞争力	经济可持续	经济规模	1	GDP（亿元）
			2	规模以上工业总产值（亿元）
			3	工业用电量（万千瓦时）
			4	社会消费品零售总额（亿元）
		产出效率	5	人均GDP（元）
			6	地均GDP（万元/平方公里）
		收入水平	7	在岗职工平均工资（元）
			8	城镇居民人均可支配收入（元）
			9	农村居民人均纯收入（元）
		增长潜力	10	GDP增长率
			11	就业人口数（人）
			12	全社会固定资产投资总额（亿元）
			13	政府科技支出（万元）
			14	每万人在校大学生人数（人）
		产业结构	15	非农产业比重（%）
			16	第三产业与第二产业产值比
		金融财政	17	地方财政一般预算收入（元）
			18	金融机构人民币贷款额（元）
		对外开放	19	货物进出口总额（万美元）
			20	外商直接投资实际使用额（万美元）
		基础设施	21	公路网密度（公里/万人）
			22	人均城市道路面积（平方米）
			23	每万人拥有公共汽车数（辆）
			24	邮电业务总量（万元）
			25	移动电话用户数（万户）
			26	互联网宽带接入用户数（万户）
	社会可持续	社会稳定	27	城镇登记失业率（%）
			28	城乡居民收入差距（元）
		人口结构	29	人口城市化率（%）
			30	人口老龄化率（%）
		社会保障	31	城镇职工基本养老保险参保比例（%）
			32	城镇基本医疗保险参保比例（%）
			33	失业保险参保比例（%）

续表

目标层	一级指标	二级指标	序号	三级指标
城市群可持续发展竞争力	社会可持续	居民住房	34	农村人均住房面积（平方米）
			35	城镇人均住房建筑面积（平方米）
		教育文化	36	普通中学师生比
			37	生均财政教育支出（元）
			38	每百人拥有公共图书馆藏书量（册）
			39	影院、剧场以及公共图书馆个数（个）
		医疗卫生	40	每万人拥有医生数（人）
			41	每万人拥有卫生机构床位数（张）
	生态可持续	资源禀赋	42	人均用电量（千瓦时）
			43	人均用水量（吨）
			44	人均煤气用量（立方米）
			45	人均液化石油气用量（吨）
		绿化状况	46	人均绿地面积（平方米）
			47	建成区绿化覆盖率（%）
		环境污染	48	单位 GDP 工业废水排放量（万吨/元）
			49	单位 GDP 工业二氧化硫排放量（吨/元）
			50	单位 GDP 工业烟（粉）尘排放量（吨/元）
		污染治理	51	一般工业固体废物综合利用率（%）
			52	城镇生活污水处理率（%）
			53	生活垃圾无害化处理率（%）

3.1.3 数据来源和指标说明

本书指标体系数据统计口径是以全市为单位，数据来源于 2015 年《中国城市统计年鉴》和第六次人口普查的数据。各项指标简要说明如下：

（1）对于指标总量，城市群的数据是城市群范围内各个城市数据的叠加。

（2）对于人均 GDP、地均 GDP、在岗职工平均工资、非农产业比重、第三产业与第二产业产值比、公路网密度、人均城市道路面积、每万人拥有公共汽车数量、城镇职工基本养老保险参保比例、城镇基本医疗保险参保比例、失业保险参保比例、普通中学师生比、生均财政教育支出、每百人公共图书馆藏书量、每万人拥有医生数、每万人拥有卫生机构床位数、人均生活用电量、人均生活用水量、人均煤气用量、人均液化石油气用量、人均绿地面积、建成区绿化覆盖率、单位 GDP 工业废水排放量、单位 GDP 工业二氧化硫排放量和单位 GDP 工业烟（粉）尘排放量这些指标，采取的是总量比值的计算方法，其中人口采用的是常住人口，各个指标的来源就是分别对应的加总分子和加总分母相除。另外，人均城市道路面积、每万人拥有公共汽车数量、人均生活用电量、人均生活用水量、人均煤气用量、人均液化石油气用量、人均绿地面积、建成区绿化覆盖率的统计口径为市辖区，由于市区常住人口的数据在年鉴中统计不完全，因此市区常住人口在这里采用的是第六次全国人口普查的相应数据。

（3）对于城镇居民人均可支配收入、农村居民人均纯收入、每万人在校大学生数、城镇登记失业率、农村人均住房面积、城镇人均住房建筑面积和生活垃圾无害化处理率这些指标，城市群的指标数据是以常住人口作为权重对各个城市相应的数据进行加权平均。

（4）对于一般工业固体废物综合利用率和生活污水处理率这些指标，城市群的数据是以规模以上工业总产值为权重对各个城市相应的数据进行加权平均。

（5）对于 GDP 增长率指标，城市群的指标数据是以地区生产总值作为权重对各个城市相应的数据进行加权平均。

（6）对于城乡居民收入差距指标，城市群的指标数据是通过城市群的农村居民人均纯收入与城市群的城镇居民人均可支配收入相比得到。

（7）对于人口城镇化率指标，由于城镇人口数据在年鉴中统计也不完全，在这里城镇人口和常住人口采用的都是第六次全国人口普查的相应数据，此指标是基于第六次全国人口普查数据求得。所以人口城镇化率指标是以城市群总的常住人口为权重，用城市群总的城镇人口作为分子除以得到。

（8）对于人口老龄化率指标，由于分年龄段人口在年鉴中没有统计，此指标也是基于第六次全国人口普查数据求得，所以人口老龄化率指标是以城市群总的常住人口为权重，用城市群 65 岁及以上人口数量作为分子除以得到。

（9）由于一些指标定义的特殊性，对城镇登记失业率和人口老龄化率指标采用取负值法，对单位 GDP 工业废水排放量、单位 GDP 工业二氧化硫排放量、单位 GDP 工业烟（粉）尘排放量采用取倒数法。这些指标逆向代表城市群可持续发展竞争力，本书采取了负值法和倒数法处理。

（10）由于各个指标的度量单位不一样，采取主成分分析的时候对数据都进行无量纲标准化处理。

3.2 中国城市群可持续发展竞争力评价分析结果

3.2.1 中国城市群划分及其发展阶段

现有文献在对中国城市群的可持续发展水平进行测度和评价时，多是以十大主要城市群或某些特定城市群为研究对象（张辽、杨成林，2014；曾鹏、毕超，2015），指标体系不健全。而本书则基本延续《2015 中国区域经济发展报告》的划分，以中国 21 个城市群作为评价对象。由于将徐州和连云港划入到长三角城市群，日照则属于山东半岛城市群，因此为避免重复计算，本书的研究对象不再包括东陇海城市群。中国主要城市群及其空间范围如表 3-2 所示。

表 3-2 中国主要城市群及其空间范围

序号	城市群名称	空间范围
1	京津冀城市群	包括两个直辖市北京、天津以及河北省的石家庄、秦皇岛、唐山、廊坊、保定、沧州、张家口、承德共 10 个城市
2	长三角城市群	包括一个直辖市上海以及江苏省的南京、无锡、徐州、常州、苏州、南通、连云港、淮安、盐城、扬州、镇江、泰州、宿迁和浙江省的杭州、宁波、温州、嘉兴、湖州、绍兴、金华、衢州、舟山、台州、丽水共 25 个城市
3	珠三角城市群	包括广东省的深圳、广州、珠海、佛山、江门、肇庆、惠州、东莞、中山共 9 个城市

续表

序号	城市群名称	空间范围
4	辽中南城市群	包括辽宁省的沈阳、大连、鞍山、抚顺、本溪、辽阳、丹东、营口、盘锦、铁岭共 10 个城市
5	山东半岛城市群	包括山东省的济南、青岛、烟台、淄博、威海、潍坊、东营、日照共 8 个城市
6	哈长城市群	包括黑龙江省哈尔滨、大庆、齐齐哈尔、牡丹江及吉林省的长春、吉林、松原、延边朝鲜族自治州共 8 个市州
7	江淮城市群	包括安徽省的合肥、芜湖、马鞍山、铜陵、安庆、滁州、池州、六安、宣城共 9 个城市
8	海峡西岸城市群	包括福建省的福州、厦门、莆田、三明、泉州、漳州、南平、龙岩、宁德共 9 个城市
9	中原城市群	包括河南省的郑州、济源、开封、洛阳、平顶山、新乡、焦作、许昌、漯河共 9 个城市
10	武汉城市群	包括湖北省的武汉、黄石、鄂州、黄冈、孝感、咸宁、仙桃、天门、潜江共 9 个城市
11	环长株潭城市群	包括湖南省的长沙、株洲、湘潭、岳阳、衡阳、常德、益阳、娄底共 8 个城市
12	环鄱阳湖城市群	包括江西省的南昌、景德镇、鹰潭、九江、新余、抚州、宜春、上饶、吉安共 9 个城市
13	成渝城市群	包括一个直辖市重庆以及四川省的成都、德阳、绵阳、眉山、资阳、遂宁、乐山、雅安、自贡、泸州、内江、南充、宜宾、达州、广安共 16 个城市
14	关中—天水城市群	包括陕西省的西安、铜川、宝鸡、咸阳、商洛、渭南和甘肃省的天水共 7 个城市
15	太原城市群	包括山西省的太原、晋中、阳泉、吕梁、祁州共 5 个城市
16	北部湾城市群	包括广西省的南宁、北海、钦州、防城港共 4 个城市
17	兰州—西宁城市群	包括甘肃省的兰州、白银、定西、临夏回族自治州和青海省的西宁共 5 个市州
18	滇中城市群	包括云南省的昆明、曲靖、玉溪和楚雄共 4 个市州
19	黔中城市群	包括贵州省的贵阳、遵义、安顺、毕节、黔东南州、黔南州共 6 个市州
20	呼包鄂榆城市群	包括内蒙古的呼和浩特、包头、鄂尔多斯和陕西省的榆林共 4 个城市
21	宁夏沿黄城市群	包括宁夏的银川、石嘴山、吴忠和中卫共 4 个城市
22	天山北坡城市群	包括新疆的乌鲁木齐、克拉玛依、石河子、昌吉回族自治州、伊犁哈萨克自治州、博尔塔拉蒙古自治州、塔城地区、吐鲁番地区、哈密地区共 9 个市州地区
23	藏中南城市群	包括西藏的拉萨、日喀则地区、那曲地区、山南地区、林芝地区

资料来源：《2015 中国区域经济发展报告——中国城市群可持续发展》，人民出版社 2015 年版。由于天山北坡和藏中南城市群数据缺失较多，因此本书评价对象仅包括其他 21 个城市群。

3.2.2　中国城市群可持续发展竞争力格局

本书从经济、社会和生态三个方面构造了城市群可持续发展竞争力评价指标体系。由于三级指标数量太多，每个方面都涵盖了 5 个以上的指标，所以在以整个指标体系对我们选取的 21 个城市群样本做 2016 年城市群可持续发展分析的过程中，我们首先对每个方面指标做主成分分析，得到每个城市群的经济、社会和生态的因子得分，然后根据每个城市群的因子得分取其平均值计算出城市群可持续发展的综合得分，最后对各个城市群的可持续发展竞争力做出总体评析。各城市群各方面指标的排名情况如表 3-3 所示。

表 3-3　2014 年中国城市群可持续发展竞争力因子分析结果

城市群	经济可持续发展		社会可持续发展		生态可持续发展		可持续发展竞争力	
	因子得分	排名	因子得分	排名	因子得分	排名	因子得分	排名
珠三角城市群	1.1217	2	1.2663	1	1.3720	1	1.2533	1
长三角城市群	2.3229	1	0.7426	2	0.3631	2	1.1429	2
京津冀城市群	0.9536	3	0.3365	3	0.2783	4	0.5228	3
山东半岛城市群	0.3311	4	0.1569	7	0.3072	3	0.2651	4
海峡西岸城市群	-0.0267	7	0.3025	4	0.1987	5	0.1582	5
武汉城市群	-0.1458	9	0.2720	5	0.0676	9	0.0646	6
环长株潭城市群	-0.1737	10	0.1781	6	0.1054	8	0.0366	7
辽中南城市群	-0.0218	6	0.1074	8	-0.1211	15	-0.0118	8
成渝城市群	0.2769	5	-0.4102	18	-0.1250	16	-0.0861	9
哈长城市群	-0.2785	12	-0.1435	14	0.1590	6	-0.0877	10
中原城市群	-0.0736	8	-0.0401	10	-0.2102	17	-0.1080	11
呼包鄂榆城市群	-0.3748	15	0.0338	9	-0.1093	14	-0.1501	12
环鄱阳湖城市群	-0.3705	14	-0.0830	12	-0.0617	11	-0.1718	13
关中—天水城市群	-0.2727	11	-0.1976	15	-0.0711	13	-0.1805	14
江淮城市群	-0.2798	13	-0.3958	17	-0.0460	10	-0.2406	15
滇中城市群	-0.4950	19	-0.2826	16	-0.0679	12	-0.2818	16
北部湾城市群	-0.5147	20	-0.4697	19	0.1240	7	-0.2868	17
太原城市群	-0.4699	17	-0.0963	13	-0.5389	20	-0.3684	18

续表

城市群	经济可持续发展		社会可持续发展		生态可持续发展		可持续发展竞争力	
	因子得分	排名	因子得分	排名	因子得分	排名	因子得分	排名
宁夏沿黄城市群	-0.6395	21	-0.0798	11	-0.5032	19	-0.4075	19
黔中城市群	-0.3834	16	-0.7075	21	-0.3515	18	-0.4808	20
兰州—西宁城市群	-0.4855	18	-0.4898	20	-0.7693	21	-0.5816	21

资料来源：根据《中国城市统计年鉴（2015）》、第六次全国人口普查数据以及相关网站数据，作者计算得到。

3.2.2.1　城市群经济可持续发展分析

城市群的经济发展水平无疑是人们最关注的城市群特征，图3-1给出了中国城市群的经济可持续发展竞争力得分排名。总体上来看，经济可持续发展竞争力得分在东中西部呈递减趋势。优先开发的东部地区城市群得分具有显著优势，长三角、珠三角和京津冀城市群，是东部地区的三大经济增长极，也是我国经济可持续发展能力最强的城市群。中部地区城市群也具有较强经济可持续发展竞争力，中原、武汉、环长株潭等城市群得分处于中等水平，存在一定的发展空间。西部地区城市群经济可持续发展竞争力较弱，黔中、兰州—西宁、滇中、北部湾和宁夏沿黄城市群排名比较

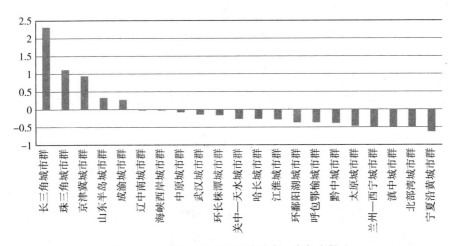

图 3-1　中国城市群经济可持续发展竞争力得分

靠后，经济可持续发展竞争力亟待提高。另外，将东中西部得分递减趋势具体到单个城市群并不成立，西部地区的成渝城市群，其经济可持续发展能力较强，远超过中东部地区的哈长城市群。而位于中部地区的太原城市群，经济可持续发展能力较弱，低于西部地区的成渝和黔中城市群。

在经济可持续发展竞争力的得分中，长三角城市群的表现异常抢眼，远远领先于排名第二名的珠三角城市群。长三角城市群在消费需求、对外开放和金融财政等方面均领先于其他城市群。其 GDP、规模以上工业总产值、社会消费品零售总额、就业人口、全社会固定资产投资总额、政府科技支出、货物进出口总额、外商直接投资实际使用额、金融机构贷款额、地方财政一般预算收入等指标傲居首位，这与其打造全球经济、金融、航运、贸易和科创中心相呼应。长三角城市群 2015 年地区生产总值和规模以上工业总产值分别达到 130853.61 亿元和 239295.50 亿元，占所有城市群的 23.91% 和 27.09%，是我国经济体量最大的城市群。排在前七位的长三角、珠三角、京津冀、山东半岛、成渝、辽中南和海峡西岸城市群创造了我国城市群 68.76% 的生产总值和 72.29% 的工业产值。东部地区城市群不仅在经济规模和产值总量上具有明显优势，而且在生产效率、收入水平和产业结构等方面也都优于中西部城市群，长三角、珠三角、京津冀、山东半岛、辽中南和海峡西岸城市群的人均 GDP、地均 GDP、职工工资、城乡居民收入、非农产业比重都远高于全国城市群的平均水平，其中珠三角城市群具有最高的城乡居民收入和非农产业比重，而京津冀城市群的第三产业则最为发达。在经济增长潜力方面，总体上中西部地区的 GDP 增长率超过了东部地区，但这在很大程度上依靠的是投资驱动和政策扶持，是不可持续的。作为西部地区的主要增长极，成渝城市群依托长江经济带，通过重庆和成都两个核心城市的带动，经济得到不断发展，形成了一定的产业集群，经济总量居于全国第五。中原城市群涵盖 5 省 30 市，是我国中部崛起和黄河经济带发展的重要战略平台，同时居于京广铁路和陇海铁路交汇的枢纽地位，交通条件优越，要素集聚度较高，已跻身七大国家级城市群。中原城市群涵盖范围虽广，但城市之间联系不够紧密，没有形成有机互动，并且第三产业尤其是现代服务业发展不足，第三产业与第二产业产值比排名靠后，这些因素制约着中原城市群的经济可持续发展。武汉城市群和环长株潭城市群都是长江中游城市群的重要组成部分，也是中部崛起和长江经济带发展的重要战略平台，区位条件和产业基础较好，同时具有较为完善的城际交通网络，经济规模和经济效率在中西部地区处于较高水平。呼包鄂榆城市群作为一个跨省区的资源型城市群，矿产资源丰富，其人均GDP、居民收入和非农产业比重都较高，其中人均GDP达到了136235.90元，仅次于珠三角城市群。哈长城市群建设方向与目标为"中国面向东北亚合作的前卫城市群"，作为我国老工业基地，哈长城市群具备一定的经济基础和要素资源，但目前其经济活力下降，面临着巨大的经济转型压力。关中—天水城市群是我国西北地区综合经济实力最强的地区，战略目标之一是打造以装备制造业和高技术产业为重点的全国先进制造业重要基地，作为中国新亚欧大陆桥中段重要的节点城市群，处于承东启西、联接南北的战略要地，也是丝绸之路经济带上重要的城市群，虽然核心城市西安具有一定的辐射带动作用，但城市群产业结构状况及分工情况不甚合理，以致城市群整体的经济可持续发展水平不高。江淮城市群和环鄱阳湖城市群经济起步较晚，依靠长三角城市群的辐射和长江水道的优势，尤其是接受长三角地区产业转移，得到了较快发展。而对于西部地区大部分城市群，如黔中、滇中、北部湾、宁夏沿黄和兰州—西宁城市群，由于其地理位置和经济基础的原因，要素集聚水平较低，无论是经济总量还是产出效率都较为落后，想要增加经济发展潜力，需要加强科技创新投入和人力资源投入，并进一步完善交通基础设施以支撑城市群的经济发展。

相比2013年的经济可持续发展排名，名次变动比较大的城市群有呼包鄂榆城市群、黔中城市群和兰州—西宁城市群。呼包鄂榆城市群的经济可持续发展排名由2013年的第11名下降为2014年的第15名，作为资源型城市群，呼包鄂榆城市群的人均GDP、居民收入和非农产业比重都较高，但是公路网密度和货物进出口总额较低，这在一定程度上影响了其经济可持续发展竞争力。黔中城市群和兰州—西宁城市群的经济可持续发展排名有所上升，分别由2013年的第19、21名上升到2014年的第16、18名，两个城市群的人均城市道路面积、每万人拥有公共汽车指标上均处于较低水平，但是黔中城市群的互联网宽带接入用户数、政府科技支出较多，兰州—西宁城市群的市辖区工业用电量较高，这些基础设施和科研方面的支出增强了城市群的经济可持续发展竞争力。

3.2.2.2　城市群社会可持续发展分析

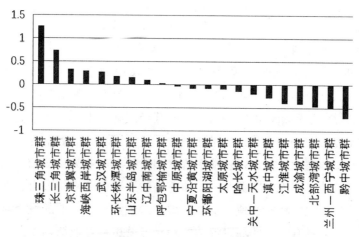

图 3-2　中国城市群社会可持续发展竞争力得分

　　良好的社会环境为城市群的可持续发展提供了重要支撑，图 3-2 显示了我国城市群社会可持续发展竞争力的因子得分排名，我们可以看出经济可持续发展竞争力排名比较高的城市群其社会可持续发展竞争力排名也比较靠前，因此和经济可持续发展竞争力排名相似，中国城市群社会可持续发展竞争力排名也呈东中西递减趋势。在社会可持续发展方面，珠三角城市群排名第一，超过了长三角城市群。此外，京津冀、海峡西岸、武汉、环长株潭、山东半岛和辽中南城市群等经济发展较好的城市群也具有较高的社会可持续发展得分。而西部地区经济发展比较落后的黔中、兰州—西宁、滇中和北部湾城市群，其社会可持续发展竞争力也比较弱。众所周知，人口的大量集聚推升了一些经济发达地区的房价和物价等生活成本，并产生了交通拥堵和雾霾等城市病，这些现象增加了居民的压力和负担，降低了居民的生活质量和幸福感。但总的来说，城市群经济发展并没有带来社会可持续发展能力的绝对恶化，经济发展对社会发展最为主要的影响体现在教育、医疗和社会保障等方面，经济发达的城市群往往拥有更加完善的教育设施、医疗卫生设施和社会保障能力，这些便利性在一定程度上补偿了由物价上升、住房紧张、交通拥挤和社会分化等带来的居民幸福感的下降。经济发达的东部城市群在普通中学师生比、生均财政教育支出、每百人拥有公共图书馆藏书、影院剧场以及公共图书馆个数、每万人拥有医生数和卫生机构床位数及社会保险参保比重等指标上比中西部城市群具有更好的表现。

分析社会可持续发展指标可以发现：珠三角城市群的人口结构更加优化，具有更高的城市化率、更低的老龄化率和失业率，其养老、医疗、失业保险参保比例、每百万人拥有图书馆藏书均排名前列。京津冀、海峡西岸、武汉、环长株潭、山东半岛和辽中南城市群等经济发展较好的城市群也具有较高的社会可持续发展得分，这些地区普遍拥有较低的失业率和较高的城市化率。虽然发达的经济体和良好的社会环境之间存在着相互促进作用，但城市群的经济可持续发展与社会可持续发展并不完全同步，最突出的就是成渝和江淮城市群。成渝城市群的经济可持续发展水平较高，排在第五名，但是其社会可持续发展只排在倒数第四名。成渝城市群是我国老龄化问题最为严重的地区，人口老龄化率达到了 11.48%，在所有城市群中最高，其每百人拥有公共图书馆藏书量和每万人拥有的医生数在所有城市群中也是较少的，这些问题会增加社会负担并影响城市群的劳动力供给和人力资本水平，削弱社会可持续发展潜力。同样地，江淮城市群经济发展处于中上等水平，而其社会发展则排在倒数第五，从其社会可持续发展指标来看，其人口老龄化比重较高、城乡收入差距较大以及医疗卫生设施不足。相比较而言，武汉、宁夏沿黄和呼包鄂榆城市群的社会发展相较于经济发展则更为突出，其中武汉城市群和呼包鄂榆的教育医疗水平较高，普通中学师生比和每万人拥有医生数都居于城市群前列，宁夏沿黄城市群则具有较低的老龄化率和较好的文化设施。对于中西部地区其他城市群来说，经济发展的落后限制了城市群的社会发展，比如黔中城市群和兰州—西宁城市群，其经济可持续发展得分和社会可持续发展得分都较低，所以这些地区需要发挥自身优势、找准方向，全面地进行经济和社会建设。

相比 2013 年的社会可持续发展排名，名次变动比较大的城市群有海峡西岸城市群和太原城市群。海峡西岸城市群的社会可持续发展排名由 2013 年的第 8 名跃升为 2014 年的第 4 名。海峡西岸城市群具有最低的城镇登记失业率和较低的人口老龄化率，这些特征增强了社会的稳定性。太原城市群的社会可持续发展排名由 2013 年的第 9 名下降到 2014 年的第 13 名，其农村人均住房面积和城镇人均建筑面积较小，这在一定程度上影响了居民的幸福感。

3.2.2.3　城市群生态可持续发展分析

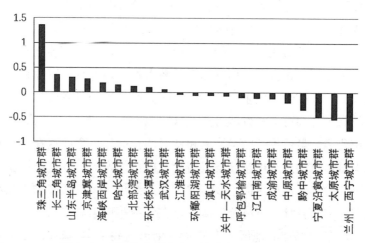

图 3-3　中国城市群生态可持续发展竞争力得分

　　城市群的可持续发展不仅体现在经济和社会可持续发展方面，城市群的生态环境质量也起着举足轻重的作用，图 3-3 显示了我国城市群生态可持续发展竞争力的得分情况。可以看出，经济发展水平比较高的地区，生态可持续发展竞争力得分也比较高。珠三角城市群和长三角城市群仍雄踞前两位，山东半岛、京津冀和海峡西岸城市群的生态可持续发展得分也较高，分别位于第三、四、五位。与经济和社会发展相比，城市群生态可持续发展的"东高西低"局面有所缓解，一些中西部城市群如环长株潭城市群、北部湾城市群和环鄱阳湖城市群的排名也较靠前。

　　分析生态可持续发展指标可以发现：珠三角、长三角和京津冀城市群无论是水、电、气的供给量，还是绿化水平都要高于全国平均水平。在环境污染和治理方面，珠三角、长三角和京津冀城市群的污染物排放总量位于前列，但与产出规模相比，其单位 GDP 的污染物排放较少，同时污染物的处理率较高，在环境生产效率和环境治理方面具有明显的优势，这与一些学者通过研究得到的经济活动空间集聚有利于减少单位 GDP 工业污染排放强度的结论相一致（陆铭、冯皓，2014）。山东半岛城市群具有较高的环境治理水平，工业废物、生活污水的处理率都在 90% 以上，生活垃圾的处理率更是达到了 100%。海峡西岸城市群虽然具有较高的单位 GDP 工业废水排放量，但其在资源供给和绿化方面的表现较为突出。环长株潭、北部湾和环鄱阳湖城市群重视生态环境的建设，环长株潭城市群着力打造两型社会综合配套改革试验区，以资源节约和环境友好为建设宗旨；环鄱阳湖城市群的发展定位则是打造生态经济区，建设全国大湖流域综合开发示范区和长江中下游水生态安全保障区；北部湾城市群在建设过程中不断强化生态环境的保护，其生活垃圾无害化处理率较高，一般工业固体废物综合利用率更是达到了 97.58%。资源型城市群太原城市群的生态可持续发展得分比较低，其人均绿地面积、单位 GDP 工业废水、单位 GDP 工业二氧化碳排放量较高，一般工业废物综合利用率和生活垃圾无害化处理率较低，这反映了资源性城市的粗放式经济发展模式。

相比 2013 年的生态可持续发展排名，名次变动比较大的城市群有京津冀、哈长、黔中和辽中南城市群。京津冀城市群和哈长城市群的生态可持续发展排名分别由 2013 年的第 14 名和第 17 名跃升为 2014 年的第 4 名和第 6 名，两者都具有较低的单位 GDP 污染排放量和较高的污染处理率。黔中城市群和辽中南城市群的生态可持续发展排名分别由 2013 年的第 11 名和第 9 名下降到 2014 年的第 18 名和第 15 名。黔中城市群有较高的人均用电量和较低的人均绿地面积，辽中南城市群有较高的单位 GDP 工业废水排放量和单位 GDP 工业烟（粉）尘排放量，并且其一般工业固体废物综合利用率较低。

3.2.2.4 城市群可持续发展竞争力综合分析

平均城市群经济、社会和生态可持续发展得分，可以得到城市群可持续发展竞争力综合排名。由图 3-4 可以看出，我国城市群可持续发展竞争力综合得分在总体上具有由东向西梯度递减的趋势，东部地区六个城市群均排在前列，中部地区城市群次之，西部地区城市群排名比较靠后。珠三角和长三角城市群是我国可持续发展综合竞争力最强的两个城市群，其经济、社会和生态可持续发展水平比较均衡和成熟，优势十分明显。京津冀、山东半岛和辽中南城市群构成的环渤海城市群板块以及海峡西岸、武汉和环长株潭城市群构成了第二梯队，具备较强的可持续发展竞争力，整体发展能力高于城市群平均水平，但与第一梯队的长三角和珠三角城市群

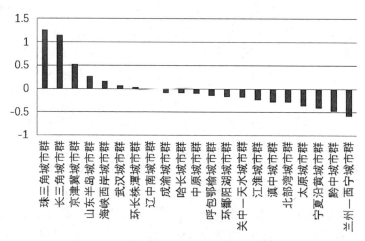

图 3-4　中国城市群可持续发展竞争力综合得分

相比仍然存在一定差距。成渝、哈长、中原、呼包鄂榆、环鄱阳湖、关中—天水、江淮、滇中和北部湾城市群属于第三梯队，其综合得分为负，整体可持续发展竞争力低于城市群平均水平，仍存在一定的提升和改善空间。最后，太原、宁夏沿黄、黔中和兰州—西宁城市群则属于第四梯队，其经济、社会和生态发展均缺乏竞争力，可持续发展能力较低。总体上看，我国城市群可持续发展竞争力水平基本与其所处的发展阶段相吻合，珠三角、长三角和京津冀三大成熟型城市群的可持续发展竞争力综合得分在前三位，而发展型城市群的可持续发展竞争力也较强，具有一定的发展潜力，可持续发展竞争力排名最低的城市群基本上都是形成型城市群。然而，两者也并不是绝对的同步，比如北部湾城市群，作为处于形成型阶段的城市群，其人口和经济规模较小，城市体系还不够完善，但其具有较好的生态环境，在一定程度上提升了可持续发展水平。

城市群的可持续发展不仅与城市群中各个城市的可持续发展密切相光，而且依赖于城市群内各个城市之间的协同发展和"城市群经济"的实现，城市群可持续发展竞争力水平的高低在一定程度上是其协同和整合能力强弱的体现。珠三角和长三角城市群是我国城市体系中发育最好的两个城市群，拥有较为完善的大中小城市规模等级结构，城市之间联系紧密，具有便利的交通网络和较高的市场一体化程度，同时城市群的生态保护协同和公共服务协同也较好。特别是长三角城市群，虽然是跨行政区的城市群，但其目前的合作机制较为完善，市长联席会议等制度有效地促进了城市群生态保护的联防联治和社会公共服务体系建设的统筹。京津冀城市群和成渝城市群，两个城市群核心城市的经济发展水平较高，带动作用较强，但城市群中没有形成大中小城市之间完善的互动效应，城市间的联系不够紧密，产业同构现象严重，没有形成有效的产业分工。这一方面是由于城市群的城市整体分布较为分散，城市密度不高；另一方面是由于双核心城市如北京和天津、重庆和成都的不断竞争，占据了过度的资源，挤压了中小城市的发展空间，形成了一定的"虹吸效应"。相比较而言，可持续发展综合竞争力水平最低的西部地区城市群总体上仍处于城市群发展的形成阶段，对劳动力、资本和技术等生产要素的吸引能力不足，基础设施的落后，核心城市的带动作用有限，不能保证要素在城市群范围内的充分流通，"城市群经济"效应得不到充分实现，限制了城市群可持续发展能力的提升。

城市的空间本质特征是聚集，城市群是城市空间聚集的高级阶段。城市群的出现，是一个国家在现代化进程中空间结构由增长极模式到点轴模式，再向网络模式发展的必然结果。当前我国区域经济发展正逐渐由过去传统的"带状经济"、省域经济和行政区经济向城市群经济转变（张学良，2013），城市群不仅仅是西部大开发、中部崛起和振兴东北老工业基地等战略实施的主要平台，在新时期，城市群也是"一带一路"区域发展战略实施的主要载体，其可持续发展水平直接关系到国家发展战略是否可以有效实施。

3.3 中国城市群经济社会生态发展协调度和发展模式分析

城市群可持续发展要求实现经济快速发展、社会稳定发展、人与自然和谐发展的有机统筹，图 3-5、图 3-6、图 3-7 显示了城市群经济、社会和生态可持续发展得分两两之间的散点图，可以发现，从总体上看，目前中国城市群的发展在经济、社会和生态三个子系统上较为协调，彼此之间存在明显的正向相关的关系，经济发展在一定程度上可以推动社会环境的改善和生态效率的提高，而社会发展水平和资源环境承载力的提高也为经济的可持续发展提供了支撑。

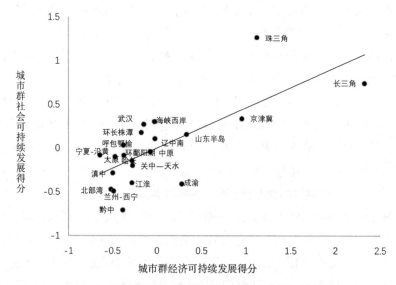

图3-5　城市群经济与社会可持续发展得分相关关系

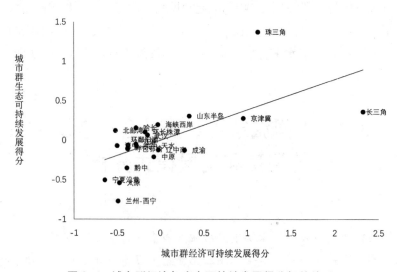

图3-6　城市群经济与生态可持续发展得分相关关系

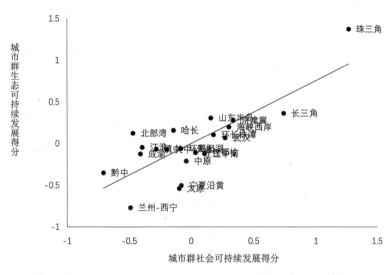

图3-7　城市群社会与生态可持续发展得分相关关系

从散点图上可以看出，总体上，经济、社会和生态子系统处于相对协调的状态，三者具有相互促进的作用。但具体到单个城市群，其发展模式却呈现出不同的特点，一些城市群的经济、社会和生态发展较为均衡，而另一些城市群却在某一方面存在优势或不足。为了更清晰地看出单个城市群的发展模式，在对我国城市群可持续发展竞争力进行整体分析的基础上，将城市群经济、社会和生态可持续发展因子得分的排名进行作图（由外向里排名递减）。

3.3.1　高水平协调型城市群

高水平协调型城市群是指经济、社会和生态可持续发展能力均较强的城市群。由图3-8可以看出，珠三角、长三角、京津冀、山东半岛、海峡西岸和环长株潭城市群属于高水平协调发展型城市群，其经济、社会和生态可持续发展能力都比较强，具有较高的协调度和可持续发展竞争力。其中珠三角、长三角和京津冀城市群尤为突出，占据了各项排名的前列。山东半岛、海峡西岸和环长株潭城市群的经济、社会、生态可持续发展得分虽然不及珠三角、长三角和京津冀城市群，但也较为均衡，各项排名都名列前茅且差距较小。

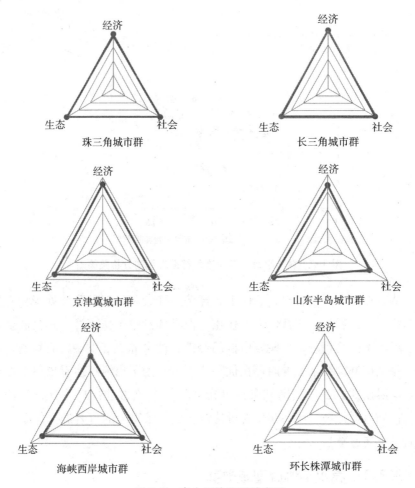

图 3-8　高水平协调型城市群

3.3.2　经济优先型城市群

经济优先型城市群是指相对于社会和生态可持续发展能力，经济可持续发展能力尤为突出的城市群。如图 3-9，成渝城市群和中原城市群属于经济优先型城市群。其中，成渝城市群更为典型，其经济可持续发展得分排在第五名，而社会和生态发展却都处于中下等水平。相比而言，中原城市群的社会和生态可持续发展竞争力虽然也不及经济可持续发展竞争力，但差距相对较小。整体来看，较强的经济实力拉升了两个城市群可持续发展竞争力的综合排名，但是社会和生态发展的滞后性将制约城市群进一步的发展，因此这两个城市群需要重视并着力解决经济发展所带来的一系列社会和环境问题，保证城市可持续发展的协调性和全面性。

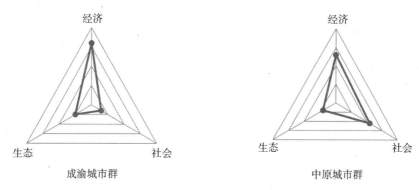

图 3-9　经济优先型城市群

3.3.3　社会和谐型城市群

社会和谐型城市群是指相对于经济和生态可持续发展能力，其社会可持续发展能力更加突出的城市群。如图 3-10 所示，武汉、呼包鄂榆、太原和宁夏沿黄城市群属于社会和谐型城市群，这些城市群在社会可持续发展方面表现更为突出，注重发展的以人为本，具有较高的社会发展水平。其中武汉城市群在具有较高的社会可持续发展能力的同时，经济和生态发展也具有很强的竞争力，可持续发展竞争力综合得分比较高。相对于经济和生态可持续发展排名，呼包鄂榆城市群拥有较高的社会发展排名，但差距并不大。而太原和宁夏沿黄城市群具有和谐稳定的社会环境，但是经济和生态的发展则较为滞后，整体可持续发展水平较低。和谐稳定的社会环境能够对城市群发展起到一定支撑作用，未来这类城市需要以此为依托来促进经济增长和生态保护。

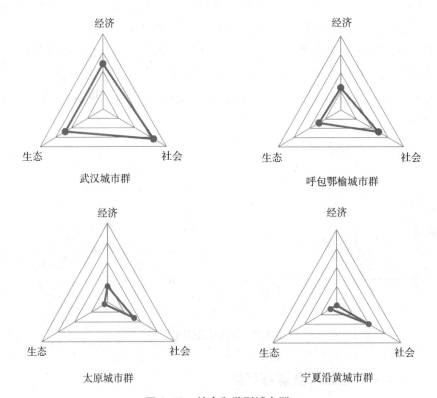

图 3-10　社会和谐型城市群

3.3.4　生态友好型城市群

　　生态友好型城市群是指相对于经济和社会可持续发展能力，其生态可持续发展能力更加突出的城市群。如图 3-11，哈长、江淮、滇中和北部湾城市群属于生态友好型城市群，这些城市群可持续发展竞争力综合得分不高，经济和社会发展较为滞后，但却重视资源节约和环境保护，着力打造生态经济区，具有较高的生态可持续发展水平。良好的生态环境为城市群未来的经济社会发展提供了保障，如何利用生态环境上的发展优势来促进经济增长和改善社会环境是此类城市群未来面临的一项重要挑战。

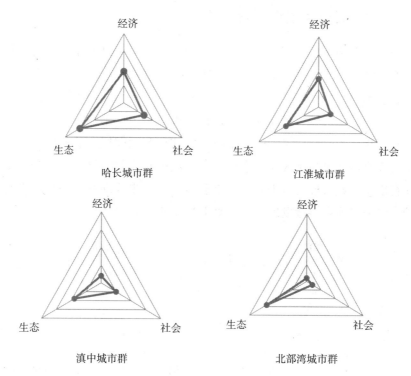

图 3-11　生态友好型城市群

3.3.5　生态缺失型城市群

与生态友好型城市群的发展模式相反，一些城市群往往以粗放型的方式来推动经济社会发展从而忽略了对生态环境的保护，造成生态可持续发展能力的下降。如图 3-12 所示，辽中南城市群属于此类城市群。辽中南城市群的经济和社会发展较好，分别排名第七和第八，但是生态可持续发展能力较弱，低于城市群平均水平。因此，这类城市群未来要进一步协调好经济增长、社会发展与生态保护之间的关系，实现三者的协调发展。

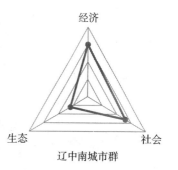

图 3-12　生态缺失型城市群

3.3.6　低水平协调型城市群

与高水平协调型城市群相反，低水平协调型城市群是指在经济、社会和生态方面可持续发展能力均较差的城市群。如图 3-13 所示，关中—天水、环鄱阳湖、黔中和兰州—西宁城市群都是低水平协调型，经济、社会和生态三个子系统较为平衡，但可持续发展竞争力都不强，发展缺乏明显的亮点。相比较而言，关中—天水城市群和环鄱阳湖城市群的可持续发展竞争力综合得分要高于太原、宁夏沿黄、滇中和北部湾等一些社会和生态发展突出型的城市群。未来此类城市群需要进一步找准并依托自身发展的比较优势来实现可持续发展竞争力水平的提升。

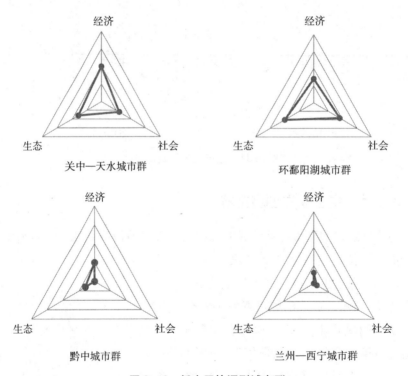

图 3-13　低水平协调型城市群

参考文献

［1］张辽、杨成林：《城市群可持续发展水平演化及其影响因素研究——来自中国十大城市群的证据》，《统计与信息论坛》2014 年第 1 期。

［2］曾鹏、毕超：《中国十大城市群可持续发展能力比较研究》，《华东经济管理》2015 年第 5 期。

［3］宋建波、武春友：《城市化与生态环境协调发展评价研究——以长江三角洲城市群为例》，《中国软科学》2010 年第 2 期。

［4］黄焕春、运迎霞：《中国不同城市群的经济社会与环境可持续发展协调度分析》，《地理科学》2000 年第 3 期。

［5］张学良：《中国区域经济转变与城市群经济发展》，《学术月刊》2013 年第 7 期。

［6］张学良：《2015 中国区域经济发展报告——中国城市群可持续发展》，人民出版社 2015 年版。

［7］陆铭、冯皓：《集聚与减排：城市规模差距影响工业污染强度的经验研究》，《世界经济》2014 年第 7 期。

［8］叶裕民、陈丙欣：《中国城市群的发育现状及动态特征》，《城市问题》2014 年第 4 期。

［9］张斯琴、肖冰、郝戊：《呼包鄂榆城市群的城市竞争力研究》，《中国集体经济》2015 年第 1 期。

4

中国成熟型城市群

长三角城市群、珠三角城市群和京津冀城市群形成较早、发展较为成熟，是我国经济发展格局中最具活力和潜力的核心地区，也是当前我国最具国际竞争力和重要影响力的城市群，地位举足轻重。本章首先分析了我国三大成熟型城市群的空间结构特征、产业结构与分工；其次利用引力模型计算了三大城市群各城市间相互作用强度值；最后对三大城市群在经济、社会、生态可持续发展方面做了对比分析。

4.1　长三角城市群

4.1.1　长三角城市群发展总体特征

4.1.1.1　长三角城市群空间范围

长江三角洲（简称"长三角"）是一个具有多重意义的概念。在自然地理概念上，长三角是指长江和钱塘江在入海处冲积成的三角洲，是长江中下游平原的一部分。传统意义上的长江三角洲北起通扬运河，南抵杭州湾，西至南京，东到海滨。范围包括上海市、江苏省南部、浙江省北部以及邻近海域。在文化地理概念上，长三角的范围和江南文化亚区的范围大体相当。其核心区是环太湖区域，即上海、苏南和浙北。在经济地理概念上，长三角经济区的地域范围比较模糊，已经超出了地理上的长江三角洲。

一般是把上海视为长三角经济区的中心，南京、杭州视为长三角经济区的两个副中心。1992 年，由上海、无锡、宁波、苏州、扬州、舟山、杭州、绍兴、南京、嘉兴、南通、常州、湖州、镇江 14 个城市经协委（办）发起、组织，成立了长江三角洲十四城市协作办（委）主任联席会。1997

图 4-1　长三角城市群城市空间分布

年，上述提到的 14 个城市和新成立的泰州市一共 15 个城市通过平等协商，组成了新的经济协调组织——长江三角洲城市经济协调会。2003 年 8 月在长江三角洲城市经济协调会第四次会议上，台州被接纳为正式会员。

　　随着长三角地区"同城化"进程的加快，高速公路、高速铁路建设的提速，长三角地区内部空间和时间距离正在不断缩短，长三角城市群的范围也进一步扩容。2010 年 5 月 24 日，国务院批准实施的《长江三角洲地区区域规划》的范围包括上海市、江苏省和浙江省，区域面积 21.07 万平方公里。规划以上海市和江苏省的南京、苏州、无锡、常州、镇江、扬州、泰州、南通，浙江省的杭州、宁波、湖州、嘉兴、绍兴、舟山、台州

16 个城市为核心区，统筹两省一市发展。

2016 年 5 月，国务院正式批复《长江三角洲城市群发展规划》，要求上海市、江苏省、浙江省、安徽省政府及相关部门联手打造"具有全球影响力的世界级城市群"。批复的长江三角洲城市群范围包括上海市、江苏省 9 市、浙江省 8 市和安徽省 8 市。按照最新的国家级发展规划，长三角城市群在上海市、江苏省、浙江省、安徽省范围内，但并不包括这三省一市的全境范围。长三角城市群由以上海为核心、联系紧密的多个城市组成，主要分布于国家"两横三纵"城市化格局的优化开发和重点开发区域。

本章所研究的长三角城市群的空间范围是指广义长三角地区，即由江浙沪的 25 个城市构成，分别为上海、南京、无锡、徐州、常州、苏州、南通、连云港、淮安、盐城、扬州、镇江、泰州、宿迁、杭州、宁波、温州、绍兴、湖州、嘉兴、金华、衢州、舟山、台州、丽水。作为中国最发达最成熟的城市群，长三角城市群土地面积为 21.67 万平方公里，约占全国国土面积的 2.2%。2014 年末，长三角城市群人口总数为 13982.5 万人，约占全国总人口的 10.22%，GDP 达到 130853.61 亿元，约占当年全国 GDP 的 20.58%，其中，仅核心区 16 个城市 GDP 总量便达到了 10.6 万亿元，约占全国总量的 15%。长三角城市群是是中国经济最具活力、开放程度最高、创新能力最强、吸纳外来人口最多的区域之一，是"一带一路"与长江经济带的重要交汇地带，在中国国家现代化建设大局和全方位开放格局中具有举足轻重的战略地位。

4.1.1.2 长三角城市群城镇体系分析

表 4-1　长三角城市群各城市规模等级结构

级序	人口级别 （人）	城市数量 （个）	人口规模占比 （%）	城市名称
1	>1000 万	2	21.91	上海、苏州
2	500 万—1000 万	10	47.28	南京、无锡、徐州、南通、盐城、杭州、宁波、温州、金华、台州
3	200 万—500 万	12	30.09	常州、连云港、淮安、扬州、镇江、泰州、宿迁、嘉兴、湖州、绍兴、衢州、丽水
4	200 万以下	1	0.72	舟山

资料来源：根据《中国城市统计年鉴（2015）》整理得到。

作为一个城市系统，合理的城市规模分布是城市群功能分工和协同发展的基础，而长三角城市群则是中国规模等级结构最为完善的城市群。本节利用 2014 年长三角各城市常住人口数据，得到的长三角城市群的城市规模等级分布如表 4-1 所示。可以看出，长三角城市群城镇体系完备，大中小城市齐全，城市数量呈葫芦状分布。人口在 1000 万以上城市有 2 个，占长三角人口规模的 21.91%，上海作为长三角的核心城市人口规模达到了 2415 万，占到了长三角城市群的 15.23%，是苏州的 2.28倍，也即长三角城市群的城市首位度达到了 2.28，城市规模结构的首位分布较为明显，无论是聚集力，还是人口规模，上海都占有绝对优势，对城市群区域经济和社会发展具有较强的带动作用。人口在 500万—1000 万和 200 万—500 万的城市分别有 10 个和 12 个，规模占比分别为 47.28%和 30.09%。总的来说，长三角城市群城市分布较为密集，大中城市数量占比较高，核心城市优势突出，整体规模结构较为合理，这样既可以充分发挥核心城市的带动作用，又保证了有充分多的中小城市能够作为发展腹地接受大城市的辐射，有利于城市群的协同发展。

4.1.1.3 长三角城市群产业结构与分工

（1）长三角城市群三次产业结构对比分析

表 4-2 中的数据反映了长三角地区各城市三次产业的生产总值及其增长率情况。首先，从城市对比角度，上海第二产业和第三产业产值均为长三角地区的最高水平，也是长三角唯一一个第三产业产值达到 10000 亿元以上的城市，是苏州的两倍多。南京、无锡、杭州和宁波也表现较好，相对而言，连云港、宿迁、湖州、衢州、舟山和丽水的各产业产值较低，仅达三位数。其次，从各产业生产总值增长率来看，长三角城市群第一产业增长率明显较低，上海、镇江、苏州和嘉兴等地甚至出现了负增长；相反，各城市第三产业增长表现强劲，除无锡和宁波两地外，都达到两位数的增长速度，南通、淮安和镇江三市增长率更是达到 20%的水平。另外，第二产业产值虽然与第三产业不相上下，但增长疲乏，仅有 4 个城市的增速达到两位数，无锡地区还出现了负增长情况。可见，2014 年第三产业是长三角各城市经济增长的重

要来源。

表4-2 2014年长三角城市群产业发展概况

	第一产业		第二产业		第三产业	
	生产总值 （亿元）	增长率 （％）	生产总值 （亿元）	增长率 （％）	生产总值 （亿元）	增长率 （％）
上海	124.26	-3.88	8167.71	1.74	15275.72	13.62
南京	214.25	4.72	3623.48	5.01	4983.02	14.38
无锡	156.96	5.70	4186.34	-0.50	3862.01	3.98
徐州	473.54	9.51	2246.24	6.04	2244.13	19.05
常州	138.23	0.10	2408.29	7.00	2355.35	19.44
苏州	203.66	-5.05	6892.83	0.63	6664.40	11.98
南通	339.73	-1.64	2812.21	7.19	2500.75	20.81
连云港	262.05	1.10	889.76	10.20	814.27	13.28
淮安	287.04	5.30	1086.02	10.46	1082.34	20.25
盐城	489.43	0.05	1782.41	8.95	1563.78	15.81
扬州	227.42	1.30	1885.93	11.35	1584.92	18.82
镇江	121.32	-5.96	1631.10	5.27	1500.03	20.11
泰州	209.33	1.67	1697.58	7.84	1464.31	19.34
宿迁	246.35	4.83	933.29	14.43	751.03	14.54
杭州	274.34	3.37	3845.41	5.01	5086.41	15.18
宁波	275.49	-0.33	3980.18	6.37	3353.85	7.81
温州	117.90	2.17	2029.75	0.71	2155.40	15.08
嘉兴	144.83	-6.92	1813.76	5.04	1394.01	10.17
湖州	120.29	-4.22	999.12	4.82	836.58	15.49
绍兴	194.10	0.41	2213.57	5.26	1858.22	11.20
金华	138.59	-1.15	1508.50	4.34	1561.43	13.73
衢州	82.63	-0.69	558.89	0.54	473.58	13.43

续表

	第一产业		第二产业		第三产业	
	生产总值 （亿元）	增长率 （%）	生产总值 （亿元）	增长率 （%）	生产总值 （亿元）	增长率 （%）
舟山	100.92	5.45	425.29	3.35	489.05	15.45
台州	215.78	1.16	1578.86	4.17	1592.75	11.81
丽水	88.56	4.55	505.58	1.54	457.62	14.23

资料来源：根据《中国城市统计年鉴（2015）》计算得到。

图 4-2 为长三角城市群及全国三次产业结构对比图。整体来看，2014 年全国第一产业占国内生产总值的比重为 7.83%，第二产业的比重为 47.75%，第三产业的比重为 44.42%，可见，第二产业仍是我国的主导产业，全国的产业结构依然表现出"二、三、一"的结构模式。长三角城市群中连云港、盐城、宿迁、淮安、舟山、徐州和丽水第一产业的比重高于全国第一产业的比重，其余城市第一产业的比重都低于全国比重，其中，上海、苏州和无锡这三座城市的第一产业比重最低，均在 2%

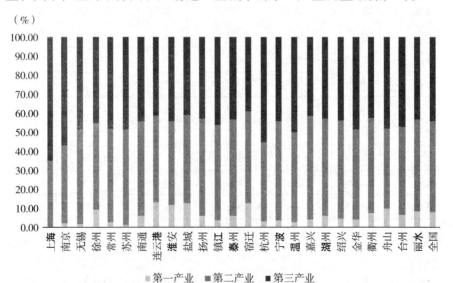

图 4-2　2014 年长三角城市群各城市及全国产业结构对比图

以下。从第二产业的比重来看，除上海、南京、徐州、连云港、淮安、盐城、宿迁、杭州、温州、金华、舟山和台州第二产业比重低于全国第二产业的比重之外，其余城市第二产业的比重均高于全国水平，其中，上海市比重最低，为 34.66%，嘉兴最高，达 54%，可见，长三角城市群中过半数城市仍属于工业型城市。从第三产业的比重来看，长三角城市群中有 13 个城市第三产业占比低于全国平均水平；此外，除了上海、南京、杭州和温州第三产业的比重略高于 50% 以外，其余城市第三产业的比重都在 50% 以下，主要分布在 40%—50% 之间，远远低于发达国家 70% 左右的水平。结合表 4-2 中的数据可以看出，长三角城市群第三产业的整体发展水平还不是很高，但增长速度较快，具有很大的增长潜力和发展空间。

（2）长三角城市群产业同构及产业协同发展

在测算方法方面，本书将采用区位熵来判断一个产业是否是某地区的专业化部门。区位熵又称专业化率，对于衡量某一区域要素的空间分布情况、反映某一产业部门的专业化程度以及某一区域在高层次区域的地位和作用等方面，是一个很有价值的指标。区位熵大于 1，可以认为该产业是该地区的专业化部门；区位熵越大，专业化水平越高；如果区位熵小于或等于 1，则认为该产业是自给性部门。

区位熵的计算公式如下：

$$LQ_{ij} = (G_{ij}/G_i) / (G_j/G)$$

$$(i = 1, 2, 3, \cdots\cdots, n; j = 1, 2, 3, \cdots\cdots, m) \tag{4.1}$$

其中，LQ_{ij} 为 i 城市 j 部门的区位熵；G_{ij} 为 i 城市 j 部门从业人员数量；G_i 为 i 城市从业人员总数；G_j 为全国（或上级区域）j 部门从业人员数量；G 为全国（或上级区域）从业人员总数。

在产业细分方面，本节将采用 16 个部门的从业人员数据来计算区位熵的大小。根据国家统计局《三次产业划分规定》，我们对其所列的全部 20 个产业门类逐一筛选，剔除第一产业和第三产业中的国际组织，剔除第二产业中的采掘业和第三产业中的居民服务和其他服务业，最终选取以下 16 个指标进行重点测算：第二产业中的制造业，电力燃气及水的生产和供应业，建筑业；第三产业中的交通运输、仓储及邮政业，信息传输、计算机服务和软件业，批发和零售业，住宿餐饮业，金融业，房地产业，租赁和商业服务业，科学研究、技术服务和地质勘查业，水利、环境和公共设施管理业，教育，卫生、社会保障和社会福利业，文化、体育和娱乐业以及公共管理和社会组织。

根据 2014 年《中国城市统计年鉴》中关于长三角城市群 16 个主要部门的从业人员数据，以全国为参照，计算得出长三角城市群各城市主要部门的区位熵如表 4-3 所示。

表 4-3 数据显示，从城市层面来看，上海和南京各有 10 个部门的区位熵大于 1，这说明上海和南京分别作为长三角城市群的超大城市及特大城市，具有较强的对外辐射功能。杭州有 8 个部门的区位熵大于 1，温州、舟山和丽水各有 7 个部门的区位熵大于 1，说明这四个城市对周边城市也

表 4-3　2014 年长三角城市群各城市主要部门区位熵

	制造业	电力、燃气及水的生产和供应业	建筑业	交通运输、仓储及邮政业	信息传输、计算机服务和软件业	批发和零售业	住宿餐饮业	金融业	房地产	租赁和商务服务业	科学研究、技术服务和地质勘查业	水利、环境和公共设施管理业	教育	卫生、社会保障和社会福利业	文化、体育和娱乐业	公共管理和社会组织
上海	1.01	0.32	0.32	1.94	1.95	2.32	1.61	1.51	1.77	3.25	1.56	0.92	0.54	0.71	1.13	0.53
南京	0.83	1.36	1.41	1.44	3.41	1.45	1.51	0.64	1.04	1.42	1.43	0.63	0.72	0.62	1.28	0.47
无锡	1.96	0.61	0.51	0.63	1.05	0.82	0.86	0.83	0.74	0.50	0.57	0.60	0.62	0.77	0.80	0.55
徐州	0.74	0.94	1.78	1.03	0.44	0.63	0.24	0.70	0.48	0.68	0.52	1.01	1.11	1.11	0.51	0.87
常州	1.55	0.58	0.97	0.63	0.45	0.58	1.16	1.02	0.68	0.88	0.74	1.12	0.84	1.06	1.15	0.71
苏州	2.38	0.29	0.35	0.50	0.75	0.69	0.58	0.67	0.76	0.67	0.33	0.49	0.35	0.48	0.39	0.38
南通	0.72	0.28	3.75	0.30	0.26	0.32	0.11	0.53	0.26	0.58	0.44	0.34	0.40	0.42	0.28	0.32
连云港	0.83	0.98	1.41	1.46	0.63	0.51	1.19	0.45	1.41	0.77	1.25	1.18	1.18	0.55	1.10	
淮安	1.08	0.65	2.04	0.63	0.43	0.49	0.35	0.76	0.42	1.06	0.99	0.79	0.44	0.66		
盐城	1.02	0.62	1.93	0.70	0.41	0.55	0.44	0.95	0.47	0.67	0.40	0.83	0.95	0.95	0.76	0.80
扬州	0.93	0.36	2.91	0.49	0.52	0.31	0.38	0.48	0.36	0.67	0.72	0.50	0.60	0.55	0.41	0.46
镇江	1.71	0.95	0.65	0.58	0.46	0.56	0.54	1.08	0.88	0.69	0.89	1.22	0.85	1.00	0.69	0.80
泰州	0.94	0.39	3.03	0.58	0.35	0.42	0.20	0.55	0.32	0.48	0.26	0.47	0.53	0.60	0.27	0.50

续表

	制造业	电力、燃气及水的生产和供应业	建筑业	交通运输仓储及邮政业	信息传输、计算机服务和软件业	批发和零售业	住宿和餐饮业	金融业	房地产	租赁和商务服务业	科学研究、技术服务和地质勘查业	水利、环境和公共设施管理业	教育	卫生、社会保障和社会福利业	文化、体育和娱乐业	公共管理和社会组织
宿迁	1.12	0.45	2.05	0.40	0.44	0.44	0.21	0.38	0.45	0.27	0.20	1.14	1.28	0.99	0.39	0.79
杭州	0.82	0.38	1.82	0.90	1.93	1.13	1.12	1.09	1.45	1.32	1.33	0.78	0.67	0.85	0.97	0.57
宁波	1.52	0.56	1.16	0.83	0.42	0.74	0.48	1.38	0.65	1.38	0.53	0.68	0.59	0.83	0.69	0.66
温州	1.07	0.94	1.57	0.74	0.30	0.48	0.48	1.40	0.70	0.92	0.44	0.45	1.05	1.15	1.09	1.10
嘉兴	2.06	0.79	0.23	0.55	0.35	0.56	0.48	0.86	0.95	1.23	0.52	0.89	0.77	0.94	0.76	0.70
湖州	1.31	0.84	1.56	0.99	0.95	0.19	0.41	1.15	0.66	0.54	0.41	0.90	0.73	0.93	0.57	0.84
绍兴	0.91	0.51	3.32	0.25	0.33	0.33	0.25	0.60	0.25	0.28	0.27	0.54	0.46	0.55	0.59	0.40
金华	0.56	0.53	3.11	0.62	0.47	0.38	0.39	1.02	0.29	0.57	0.25	1.14	0.72	0.94	0.69	0.89
衢州	1.11	1.25	0.59	0.66	0.72	0.53	0.46	2.26	0.54	0.54	0.57	0.68	1.33	1.56	1.25	2.09
舟山	0.77	0.60	0.96	1.62	1.32	2.80	5.00	0.68	1.03	1.20	0.47	0.83	0.38	0.61	1.36	0.71
台州	1.14	0.52	2.25	0.38	0.29	0.44	0.30	1.26	0.53	0.44	0.39	0.64	0.66	0.82	0.53	0.75
丽水	0.59	2.21	0.22	0.75	0.87	0.44	0.66	2.36	0.30	0.87	0.90	1.60	2.00	2.38	1.95	2.76

资料来源：根据《中国城市统计年鉴（2015）》整理得到。

具有较强的辐射效应。值得注意的是苏州作为Ⅰ型大城市之一，仅有制造部门区位熵大于1，而其他15个部门的地区专业化效应均不明显。从产业层面上看，有14个城市制造业的区位熵大于1，可见长三角区域总体的制造业发展水平较高。其中，苏州和嘉兴区位熵达到2以上，反映出这两个城市制造业在该地区的专业化水平明显，具有外向功能，并具有向周边乡镇进行扩散的能力。建筑业有16个城市区位熵大于1，其中，南通、绍兴和金华区位熵在3以上，表明长三角城市群的建筑业辐射功能也较强，但相较2013年有18个城市建筑业区位熵大于1这一情况，其外向功能显然已有相应程度的减弱，这与长三角地区经济转型与结构优化有关。电力、燃气及水的生产和供应业仅南京、衢州和丽水这3个城市的区位熵大于1，说明该产业在长三角地区专业化效应不明显。此外，上海和南京虽然在多数产业中具备较高的专业化程度，但优势并不突出。例如上海，除批发和零售业、租赁和商业服务业区位熵值较高之外，其他专业化部门区位熵仅略大于1，需进一步提高。

4.1.1.4 长三角城市群空间经济联系分析

（1）城市间相互作用强度

引力模型主要用来测度城市间相互的作用强度，即城市间相互吸引、相互联系的强度，衡量城市间相互作用强度的指标引力模型的计算公式如下：

$$E = \frac{\sqrt{P_1 V_1 * P_2 V_2}}{R^2} \qquad (4.2)$$

其中，E 为城市间联系强度，P_1 和 P_2 分别为两城市人口数，这里用该城市当年年末总人口来表示，V_1 和 V_2 分别为两城市地区生产总值，R 为两城市之间的距离，并通过查百度地图中两城市之间最短路程获得。通过计算，长三角城市群各城市间相互作用强度值见表4-4。

单从上海市来看，作为长三角城市群的首位城市，上海和各个城市之间的相互作用强度较高，其中，苏州和上海之间的相互作用强度为2061.57亿元·万人/平方公里，是上海和所有城市之间相互作用强度最高的，温州和上海之间的相互作用强度为1160.42亿元·万人/平方公里，居于第二位，南通和上海之间的相互作用强度为923.57亿元·万人/平方公里，居于第三位。从整个长三角城市群来看，无锡和苏州之间的相互作用强度最高，为3027.21亿元·万人/平方公里，居于长三角城市群首位，但相较2013年有了较大幅度的下降，上海和苏州之间的相互作用强度居于第二位，无锡和常州的相互作用强度位于第三位，另外，上海和温州以及杭州和绍兴之间的相互作用强度也都达到1000亿元·万人/平方公里以上。总体来看，在长三角城市群中，上海和苏锡常之间以及和其他周边城市之间表现出了较大的联系度，但南京作为长三角城市群的副中心城市之一，这一指标表现并不突出。

（2）城市流

城市流是指城市间人流、物流、信息流、资金流和技术流等空间流在城市群内所发生的频繁、双向或多向的流动现象，它是城市间相互作用的一种基本形式。城市流强度是城市流的量化指标，指在城市间的联系中，城市外向功能（聚集与辐射）所产生的聚射能量。城市群中各城市的城市流强

表 4-4　2014 年长三角城市群各城市间相互作用强度

单位：亿元·万人/平方公里

	上海	南京	无锡	徐州	常州	苏州	南通	连云港	淮安	盐城	扬州	镇江	泰州	宿迁	杭州	宁波	温州	嘉兴	湖州	绍兴	金华	衢州	舟山	台州
南京	159.08																							
无锡	658.23	160.92																						
徐州	39.35	53.96	20.60																					
常州	259.42	201.25	1251.44	17.21																				
苏州	2061.57	157.10	3027.21	26.35	507.27																			
南通	923.57	95.27	338.76	20.70	124.28	603.88																		
连云港	28.05	25.99	13.66	57.39	10.31	17.13	17.25																	
淮安	43.77	79.47	28.06	77.25	23.38	33.09	28.21	83.42																
盐城	118.23	72.33	79.30	43.05	48.93	85.82	105.96	56.67	136.20															
扬州	110.37	435.49	117.98	28.70	162.94	108.21	104.70	17.87	59.32	6.06														
镇江	93.77	467.22	133.00	17.07	230.30	109.33	75.60	9.66	29.65	45.40	932.45													
泰州	146.78	171.08	179.59	22.24	217.75	155.61	169.89	17.21	46.06	167.90	579.95	222.51												
宿迁	26.25	41.92	14.72	200.51	12.12	18.40	14.96	58.24	147.05	41.72	23.67	13.21	18.64											
杭州	481.47	83.80	145.87	16.90	93.12	393.35	94.56	8.11	16.17	30.37	44.40	40.40	42.65	10.43										
宁波	279.38	29.16	61.46	9.13	30.38	135.14	50.35	5.26	8.43	17.33	16.78	14.12	19.66	5.60	244.05									
温州	1160.42	14.03	17.17	5.46	10.63	31.80	14.48	2.53	4.17	7.37	7.55	6.07	7.42	3.06	55.35	57.90								
嘉兴	651.00	34.27	158.30	7.32	56.30	618.20	86.92	4.51	8.05	18.70	20.82	19.21	26.76	4.83	374.09	106.68	15.16							
湖州	194.89	43.04	106.36	6.13	66.61	311.49	39.96	2.97	6.53	12.82	22.83	22.74	21.59	3.96	296.21	31.69	9.66	121.25						
绍兴	222.91	30.79	58.73	7.55	30.02	147.08	43.39	4.02	6.80	14.10	16.45	14.36	16.95	4.54	1093.82	264.33	35.26	154.32	54.83					
金华	64.71	13.76	18.80	4.44	10.27	37.22	15.64	2.26	3.50	6.98	7.07	5.59	7.30	2.65	97.60	48.81	49.42	22.57	12.53	51.24				
衢州	19.66	6.40	6.65	2.17	4.38	11.36	5.13	0.97	1.58	2.64	3.00	2.41	2.88	1.20	28.61	11.71	13.09	6.08	4.53	10.93	95.24			
舟山	55.98	3.32	6.05	1.24	3.16	12.34	7.62	0.78	1.12	2.48	2.12	1.56	2.50	0.76	15.66	94.21	5.04	7.96	2.87	13.16	3.69	1.05		
台州	61.02	11.74	18.13	4.41	9.96	34.96	15.40	2.43	3.67	7.08	6.42	5.19	7.23	2.58	50.34	104.22	186.04	19.62	8.75	41.44	39.14	8.79	7.11	
丽水	17.22	4.83	6.18	1.75	3.78	11.74				2.45	2.59	2.11	2.54	0.99	23.21	12.97	67.01	5.85	3.71	12.68	50.93	9.41	1.15	19.02

资料来源：根据《中国城市统计年鉴（2015）》整理得到。

度的大小，影响着城市群整体功能的发挥。城市流强度的计算公式为：

$$F = NE \tag{4.3}$$

其中 F 为城市流强度，揭示了城市对外联系的强弱；N 为城市流功能效益，即各城市间单位外向功能量所产生的实际影响；E 为城市外向功能量，反映了城市外向功能的大小。

根据指标选取的可获性及代表性，一般选取城市从业人员为城市功能量指标。利用区位熵可以判断一个产业是否构成地区专业化部门，区位熵大于 1，可以认为该产业是地区的专业化部门；区位熵越大，专业化水平越高；如果区位熵小于或等于 1，则认为该产业是自给性部门。借助区位熵原理，可以准确测算城市的对外功能量。区位熵的计算公式如（4.1）式所示。若 $LQ_{ij} < 1$，则 i 城市 j 部门不存在外向功能，即 $E_{ij} = 0$；若 $LQ_{ij} > 1$，则 i 城市 j 部门存在着外向功能，因为 i 城市的总从业人员中分配给 j 部门的比例超过了全国（或上级区域）的分配比例，即 j 部门在 i 城市中相对于全国（或上级区域）是专业化部门，除满足自身需求外，能够为城市外界区域提供服务。因此 i 城市 j 部门的外向功能 E_{ij} 为：

$$E_{ij} = G_{ij} - G_i \cdot (G_j / G) \tag{4.4}$$

i 城市 m 个部门总的外向功能量 E_i 为：

$$E_i = \sum_{j=1}^{m} E_{ij} \tag{4.5}$$

N_i 表示 i 城市的城市流功能效益，一般采用从业人员的人均 GDP 来表示，即：

$$N_i = GDP_i / G_i \tag{4.6}$$

i 城市城市流强度 F_i 为：

$$F_i = N_i \cdot E_i = (\frac{GDP_i}{G_i}) E_i = GDP_i (\frac{E_i}{G_i}) = GDP_i K_i \tag{4.7}$$

（4.8）式中，K_i 为 i 城市外向功能量占总功能量的比例，反映了 i 城市总功能量的外向程度，称之为城市流倾向度。

根据 4-3 中 25 个城市 16 个部门的区位熵结果，利用（4.4）式至（4.7）式可以分别计算出 25 个城市 16 个部门的外向功能量 E_{ij}（见表 4-5）、城市的外向功能量 E_i、城市流强度 F_i、城市流倾向度 K_i（见表 4-6）。

表4-5　2014年长三角城市群各城市主要部门外向功能量

	制造业	电力、燃气及水的生产和供应业	建筑业	交通运输、仓储及邮政业	信息传输、计算机服务和软件业	批发和零售业	住宿餐饮业	金融业	房地产	租赁和商业服务业	科学研究、技术服务和地质勘查业	水利、环境和公共设施管理业	教育	卫生、社会保障和社会福利业	文化、体育和娱乐业	公共管理和社会组织	总计
上海	1.77	0	0	30.09	13.14	53.20	9.26	11.20	12.73	41.98	8.91	0	0	0	0.74	0	183.01
南京	0	1.50	15.28	4.47	10.52	5.76	2.45	0	0.19	2.47	2.18	0	0	0	0.52	0	45.33
无锡	34.66	0	0	0	0.12	0	0	0	0	0	0	0	0	0	0	0	34.79
徐州	0	0	13.58	0.12	0	0	0	0	0	0	0	0.01	1.01	0.52	0	0	15.24
常州	11.47	0	0	0	0	0	0.24	0.03	0	0	0	0.12	0	0.17	0.09	0	12.12
苏州	127.13	0	0	0	0	0	0	0	0	0	0	0	0	0	0	0	127.13
南通	0	0	99.00	0	0	0	0	0	0	0	0	0	0	0	0	0	99.00
连云港	0	0	3.25	0.97	0	0	0	0.28	0	0.51	0	0.17	0.77	0.37	0	0.40	6.72
淮安	1.70	0	12.53	0	0	0	0	0	0	0	0	0.06	0	0	0	0	14.30
盐城	0.56	0	13.24	0	0	0	0	0	0	0	0	0	0	0	0	0	13.80
扬州	0	0	35.19	0	0	0	0	0	0	0	0	0	0	0	0	0	35.19
镇江	10.49	0	0	0	0	0	0	0.12	0	0	0	0.15	0	0	0	0	10.77
泰州	0	0	35.40	0	0	0	0	0	0	0	0	0	0	0	0	0	35.40
宿迁	1.80	0	8.81	0	0	0	0	0	0	0	0	0.10	1.27	0	0	0	11.98
杭州	0	0	39.21	0	5.17	2.14	0.72	0.75	2.98	2.37	2.12	0	0	0	0	0	55.46
宁波	26.26	0	4.38	0	0	0	0	1.96	0	1.69	0	0	0	0	0	0	34.29

续表

	制造业	电力、燃气及水的生产和供应业	建筑业	交通运输、仓储及邮政业	信息传输、计算机服务和软件业	批发和零售业	住宿餐饮业	金融业	房地产	租赁和商业服务业	科学研究、技术服务和地质勘查业	水利、环境和公共设施管理业	教育	卫生、社会保障和社会福利业	文化、体育和娱乐业	公共管理和社会组织	总计
温州	2.13	0	9.74	0	0	0	0	1.25	0	0	0	0	0.51	0.68	0.08	0.88	15.25
嘉兴	24.84	0	0	0	0	0	0	0	0	0.46	0	0	0	0	0	0	25.30
湖州	4.53	0	4.50	0	0	0	0	0.22	0	0	0	0	0	0	0	0	9.24
绍兴	0	0	52.64	0	0	0	0	0	0	0	0	0	0	0	0	0	52.64
金华	0	0	32.86	0	0	0	0	0.07	0	0	0	0.19	0	0	0	0	33.12
衢州	0.70	0.10	0	1.23	0	0	0	0.79	0	0	0	0	0.60	0.49	0.04	1.81	4.52
舟山	0	0	0	0	0.27	4.51	3.83	0	0.03	0.24	0	0	0	0	0.13	0	10.23
台州	4.43	0	21.89	0	0	0	0	0.83	0	0	0	0	0	0	0	0	27.15
丽水	0	0.39	0	0	0	0	0	0.73	0	0	0	0.15	1.57	1.03	0.14	2.51	6.52

资料来源:根据《中国城市统计年鉴(2015)》计算得到。

表4-6　2014年长三角城市群各城市城市流倾向度与强度

	地区生产总值（亿元）	年末单位从业人员总数（万人）	从业人员人均地区生产总值（万元）	城市外向功能量（E_i）	城市流强度（F_i）	城市流倾向度（K_i）
上海	23567.70	730.46	32.26	183.01	5904.83	0.251
南京	8820.75	230.00	38.35	45.33	1738.61	0.197
无锡	8205.31	123.49	66.45	34.79	2311.35	0.282
徐州	4963.91	107.71	46.09	15.24	702.21	0.141
常州	4901.87	71.74	68.33	12.12	827.90	0.169
苏州	13760.89	315.42	43.63	127.13	5546.24	0.403
南通	5652.69	221.27	25.55	99.00	2529.22	0.447
连云港	1965.89	48.22	40.77	6.72	273.95	0.139
淮安	2455.39	74.27	33.06	14.30	472.61	0.192
盐城	3835.62	87.32	43.93	13.80	606.19	0.158
扬州	3697.91	113.28	32.64	35.19	1148.81	0.311
镇江	3252.44	50.73	64.11	10.77	690.63	0.212
泰州	3370.89	107.26	31.43	35.40	1112.56	0.330
宿迁	1930.68	51.68	37.36	11.98	447.47	0.232
杭州	9206.16	293.44	31.37	55.46	1739.90	0.189
宁波	7610.28	171.71	44.32	34.29	1519.80	0.200
温州	4303.05	104.69	41.10	15.25	626.79	0.146
嘉兴	3352.60	80.08	41.87	25.30	1059.12	0.316
湖州	1956.00	49.43	39.57	9.24	365.76	0.187
绍兴	4265.88	139.74	30.53	52.64	1606.88	0.377
金华	3208.20	96.00	33.42	33.12	1106.80	0.345
衢州	1115.10	20.83	53.54	4.52	242.21	0.217
舟山	1015.26	45.20	22.46	10.23	229.86	0.226
台州	3387.38	107.43	31.53	27.15	856.22	0.253
丽水	1051.75	17.78	59.14	6.52	385.62	0.367

资料来源：根据《中国城市统计年鉴（2015）》计算得到。

　　根据表4-6的计算结果，上海在长三角城市群25个城市中具有最高的外向功能量，高达183，且在交通运输、仓储及邮政业、信息传输、计算机服务和软件业、批发和零售业、住宿餐饮业、金融业、房地产业、租赁和商业服务业、科学研究、技术服务和地质勘查业、文化、体育和娱乐业这 9 个第三产业部门中，上海的外向功能量均是长三角城市群中最高的，其中，租赁和商业服务业的外向功能量达到排名第二的杭州近 20 倍。可见，作为长三角地区的核心城市，上海在第三产业中表现出巨大的优势，并通过该产业各部门的传导和辐射，为长三角城市群区域的经济增长和社会发展发挥重要作用。苏州外向功能量为 127.13，仅次于上海，但其外向功能量全部来自于制造业，其他部门没有为其带来任何的外向功能量；南通、杭州和绍兴也具有较高的外向功能量，分别居长三角城市群中第三、四、五位，但南通和绍兴的外向功能量全部来自于建筑业，杭州外向功能量中的近 80% 也来自于建筑业，说明这 3 所城市的对外服务能力主要体现在建筑业部门，产业结构比较单一。此外，南京、无锡、扬州、台州、宁波和金华的外向功能量也都在 30 以上，分别为 45.33、34.79、35.19、35.40、34.29 和 33.12。但扬州、泰州和金华的外向功能量几乎都来自于建筑业，无锡和宁波主要来自于制造业。南京不仅表现出较大的外向功能量，在各优势部门之间的分配也比较均匀。总体来看，长三角城市群的外向功能主要体现在建筑业和制造业，第三产业对外辐射功能较弱，优势不足。

以城市流强度为标准，可以将长三角城市群中的城市划分为五个层次，如表 4-7 所示，第一个层次是城市流强度在 5000 上的城市，代表性城市主要是上海和苏州，城市流强度分别居于第一和第二位，分别为 5904.83 和 5546.24，说明上海和苏州与其他城市之间有着频繁的经济交流，能够带动周边城市的发展；第二个层次城市流强度在 2000—3000 之间，代表性城市为南通和无锡，城市流强度分别为 2529.22 和 2311.35；第三个层次城市流强度在 1000—2000 之间，处于这个级别的城市包括南京、扬州、泰州、杭州、宁波、嘉兴、金华和绍兴，这些城市也具有较大的外向功能量，在一定程度上可以带动周边城市的发展；第四个层次城市流强度在 500—1000 之间，典型的城市是徐州、常州、盐城、镇江、温州和台州；第五个层次的城市流强度在 500 以下，包括连云港、淮安、宿迁、湖州、衢州、舟山和丽水。

表4-7 2014年长三角城市群城市流层次

层 次	城 市
1	上海、苏州
2	南通、无锡
3	南京、扬州、泰州、杭州、宁波、嘉兴、金华、绍兴
4	徐州、常州、盐城、镇江、温州、台州
5	连云港、淮安、宿迁、湖州、衢州、舟山、丽水

资料来源：根据《中国城市统计年鉴（2015）》整理得到。

4.1.2 长三角城市群经济可持续发展分析

长三角城市群是中国经济发展的引擎，不论是在经济规模、产出效率、收入水平还是增长潜力等方面，长三角都是中国最发达的地区。但同时，城市群内也存在不均衡现象。沿沪宁、沪杭轴线周边城市具有更高的经济发展水平，而江苏沿海却成为经济凹陷地区。本节将从经济规模、产出效率、收入水平、增长潜力、产业结构、金融财政、对外开放和基础设施8个方面来分析长三角城市群经济可持续发展情况，具体细分为16项，如表4-8和4-9所示。

首先，在经济规模和产出效率方面，主要包括GDP、规模以上工业总产值、人均GDP和地均GDP四个指标。从经济规模来看，2014年，上海的GDP和规模以上工业总产值分别为23567.70亿元和32237.19亿元，在长三角城市群25个城市中最高；苏州的GDP和规模以上工业总产值分别为13760.89亿元和30322.17亿元，仅次于上海；杭州的GDP为9206.16亿元，居于该项指标的第三位，无锡和南京的GDP分别居于第四和第五位，分别为8820.75和8205.31；无锡的规模以上工业总产值居于长三角城市群的第三位，为14425.66亿元，宁波和南京分别居于第四和第五位。从产出效率来看，上海的地均GDP在长三角城市群中最高，为37173.02万元/平方公里，是排在第二位的无锡的两倍，其次是苏州和南京；苏州的人均GDP最高，为208151.41元，无锡居于第二位，为171983.02元，上海和南京分别居于第三和第四位，分别为163812.47元和135975.80元，此外，常州、镇江、杭州、宁波和舟山的人均 GDP 也达到了 100000 元以上。

其次，在收入水平和增长潜力方面，主要包括城镇居民人均可支配收入、农村居民人均纯收入、GDP 增长率、全社会固定资产投资总额四个指标。从收入水平来看，2013 年，上海的城镇居民人均可支配收入为 43851.36 元，是长三角城市群中最高的，苏州为 42748 元，仅次于上海；苏州的农村居民人均纯收入（21578 元）是长三角城市群最高的，无锡、上海分别居于第二位和第三位。从增长潜力方面来看，扬州具有最高的 GDP 增长率，同比增长 11%，镇江、盐城和淮安的 GDP 较上年同期增长 10.9%，都居于第二位；长三角城市群 GDP 增长率的平均值为 8.67%，除舟山外，浙江省各城市的增长率均低于全国平均水平，而江苏省除苏州和无锡外，其他城市的 GDP 增长率均高于全国平均水平，上海这一指标是长三角城市群中最低的。此外，苏州和上海的全社会固定资产投资总额分别居于第一和第二位。

再次，在产业结构和金融财政方面，主要包括非农产业比重、第三产业与第二产业产值比、地方财政一般预算收入和金融机构人民币贷款额四个指标。从产业结构来看，长三角各城市的非农产业比重均在 80% 以上，其中，上海（99.48%）最高，苏州（98.52%）次之；第三产业与第二产业产值比，上海仍位居第一位，其第三产业产值几乎是第二产业的两倍，南京、杭州、温州、舟山和台州的第三产业与第二产业产值比在 100% 以上，反映出这些城市第三产业的相对发达，不过，大多数长三角城市的产值比未超过 1，说明第二产业在我国仍然占主导地位。从金融财政来看，上海占据绝对优势，地方财政一般预算收入是排名第二的苏州的三倍多，金融机构人民币贷款额指标也远远超过排名第二的杭州。

最后，在对外开放和基础设施方面，主要包括货物进出口总额、外商直接投资实际使用额、公路网密度和每万人拥有公共汽车四个指标。其中，上海的货物进出口总额和外商直接投资实际使用额均居于首位，分别为 44126822 万美元和 1816593 万美元，苏州的货物进出口总额和外商直接投资实际使用额均居于第二位。从公路网密度方面来看，嘉兴的公路网密度是长三角城市群中最高的，常州次之；宁波每万人拥有公共汽车数是最多的，为 19.67 辆，杭州居于第二位，为 16.48 辆，苏州和温州分别居于第三和第四位。

表 4-8　2014 年长三角城市群经济可持续发展情况（1）

	经济规模		产出效率		收入水平		增长潜力	
	GDP（亿元）	规模以上工业总产值（亿元）	人均 GDP（元）	地均 GDP（万元/平方公里）	城镇居民人均可支配收入（元）	农村居民人均纯收入（元）	GDP 增长率（%）	全社会固定资产投资总额（亿元）
上海	23567.70	32237.19	163812.47	37173.03	43851.36	19595.00	7.00	6012.97
南京	8820.75	13199.67	135975.80	13391.15	38531.00	16531.00	10.10	5430.77
无锡	8205.31	14425.66	171983.02	17733.54	38999.00	20587.00	8.20	4610.77
徐州	4963.91	11390.64	48499.36	4219.22	23770.00	12052.00	10.50	3671.56
常州	4901.87	11037.46	132986.16	11211.96	36611.00	18643.00	10.10	3310.05
苏州	13760.89	30322.17	208151.41	15895.68	42748.00	21578.00	8.30	6054.00
南通	5652.69	12499.70	73641.09	5358.51	31059.00	14754.00	10.50	3896.39
连云港	1965.89	4865.00	37338.84	2581.60	22985.00	10745.00	10.20	1716.57
淮安	2455.39	5643.77	43822.77	2448.05	23107.00	11045.00	10.90	1795.73
盐城	3835.62	7238.02	46295.96	2265.44	24119.00	13344.00	10.90	2751.35
扬州	3697.91	8840.99	80162.80	5610.54	28145.00	14214.00	11.00	2416.66
镇江	3252.44	8084.47	119531.05	8469.90	32977.00	16258.00	10.90	2142.34
泰州	3370.89	9456.36	66290.86	5824.94	29112.00	13982.00	10.80	2197.34
宿迁	1930.68	3368.77	33247.46	2264.99	18846.00	10703.00	10.80	1559.22
杭州	9206.16	12853.05	128613.63	5547.22	39310.00	18923.00	8.16	4952.70
宁波	7610.28	14028.05	130357.68	7752.94	41657.00	20534.00	7.60	3989.46
温州	4303.05	4844.02	52882.46	3566.55	37852.00	16194.00	7.20	3052.81
嘉兴	3352.60	7463.75	96311.53	8563.49	39087.00	20556.00	7.52	2221.21
湖州	1956.00	4201.40	74147.02	3360.82	36220.00	19044.00	8.42	1242.92
绍兴	4265.88	9735.30	96295.35	5152.66	40454.00	19618.00	7.50	2304.68
金华	3208.20	4585.87	67526.90	2932.01	36423.00	14788.00	8.34	1594.79
衢州	1115.10	1584.66	43609.61	1260.71	28883.00	11924.00	7.20	782.10
舟山	1015.26	1497.76	104128.89	6977.71	37646.00	20573.00	10.20	960.88
台州	3387.38	4052.52	56730.50	3599.38	37038.00	16126.00	7.50	1765.93
丽水	1051.75	1839.23	39584.18	608.02	29045.00	10024.00	7.00	665.08

资料来源：根据《中国城市统计年鉴（2015）》整理得到。

表4-9　2014年长三角城市群经济可持续发展情况（2）

	产业结构		金融财政		对外开放		基础设施	
	非农产业比重（%）	第三产业与第二产业产值比（%）	地方财政一般预算收入（亿元）	金融机构人民币贷款额（亿元）	货物进出口总额（万美元）	外商直接投资实际使用额（万美元）	公路网密度（公里/万人）	每万人拥有公共汽车（辆）
上海	99.48	187.02	4585.55	47915.81	44126822.00	1816593.00	1.99	11.78
南京	97.57	137.51	903.49	15628.53	5575728.00	329070.00	1.69	12.54
无锡	98.32	96.96	768.01	8669.62	7037108.00	290438.00	1.65	12.28
徐州	90.46	99.91	472.33	2724.91	628919.00	165786.00	1.39	6.58
常州	97.18	97.80	433.88	4789.74	2921496.00	240919.00	2.02	11.36
苏州	98.52	96.69	1443.82	17247.94	30934781.00	811978.00	1.46	12.74
南通	93.99	88.92	550.00	5130.38	2981443.00	230479.00	1.71	5.46
连云港	86.68	91.52	261.77	1549.34	664117.00	95438.00	1.55	3.43
淮安	88.31	99.66	308.51	1617.55	366094.00	119867.00	1.29	3.58
盐城	87.24	87.73	418.42	2567.98	652829.00	104732.00	1.13	5.68
扬州	93.86	84.04	295.19	2732.42	950657.00	138776.00	1.58	5.74
镇江	96.27	91.96	277.76	2679.83	994982.00	129508.00	1.88	11.36
泰州	93.80	86.26	277.95	2751.51	1044065.00	93945.00	1.61	3.88
宿迁	87.24	80.47	210.10	1483.05	332217.00	66480.00	1.26	4.48
杭州	97.02	132.27	1027.32	20356.17	6507102.00	633460.00	0.96	16.48
宁波	96.37	84.26	860.61	13610.61	10032895.00	402514.00	1.11	19.67
温州	97.26	106.19	352.53	7223.63	2060234.00	53267.00	1.19	14.62
嘉兴	95.68	76.86	307.07	4393.16	3176292.00	249577.00	2.04	12.25
湖州	93.85	83.73	167.84	2324.95	953296.00	98419.00	1.41	6.48
绍兴	95.45	83.95	317.27	5823.39	3336959.00	67130.00	1.18	8.11
金华	95.69	103.51	268.87	5647.18	3427480.00	27840.00	1.10	5.34
衢州	92.59	84.74	80.32	1454.46	377607.00	7009.00	0.90	4.46
舟山	90.06	114.99	101.02	1416.03	1267249.00	19962.00	1.28	11.17
台州	93.63	100.88	265.21	4912.24	2187783.00	27705.00	1.27	4.69
丽水	91.58	90.51	80.96	1404.49	258883.00	17838.00	0.84	7.73

资料来源：根据《中国城市统计年鉴（2015）》整理得到。

4.1.3　长三角城市群社会可持续发展分析

长三角城市群较高的经济发展水平为长三角城市群社会的发展提供了良好的基础，从而使得长三角城市群的社会可持续发展成为可能，表4-10和表4-11显示了包括社会稳定、人口结构、社会保障、居民住房、教育文化以及医疗卫生六个方面的长三角城市群的社会可持续发展情况。

首先，社会稳定主要包括城镇登记失业率和城乡居民收入差距两个指标。在整个长三角城市群中，上海拥有最高的城镇登记失业率（4%），湖州和衢州次之，都在3%以上，其他城市的失业率基本在2%上下浮动，差别不大。同时，上海市的城乡居民收入差距也是最高的，为24256.36元，南京、温州、宁波、金华、苏州、绍兴和台州的城乡居民收入差距也达到了20000元以上，而宿迁的城乡居民收入差距最低，不足10000元。总体来看，长三角城市群的城镇登记失业率较低，但城乡收入差距较大。

其次，人口结构包括人口城市化率、人口老龄化率两个指标，社会保障包括城镇职工基本养老保险参保比例、城镇基本医疗保险参保比例以及失业保险参保比例三个指标。在人口结构方面，上海的人口城市化率在长三角城市群中居于首位，接近90%，南京（77.94%）和杭州（73.25%）分别居于第二位和第三位，除宿迁、衢州和丽水外，其他城市的人口城市化率均在50%以上；南通是长三角城市群中人口老龄化率最高的城市，为16.5%，苏州最低，为8.5%，可见，长三角城市群面临着严重的人口老龄化问题。从社会保障方面来看，长三角各个城市的社会保障程度不一。

再次，在居民住房和医疗卫生方面，主要包括农村人均住房面积、城镇人均住房建筑面积、每万人拥有医生数、每万人拥有卫生机构床位数四个指标。从居民住房来看，农村人均住房面积普遍高于城镇人均住房建筑面积，其中，苏州的农村人均住房面积最高，为74平方米；温州的城镇人均住房建筑面积最高，达43平方米。从医疗卫生方面来看，杭州市每万人拥有医生数（78人）最高，上海每万人拥有的卫生机构床位数最多，为80.17张。

最后，在教育文化方面，主要包括中学生每百人拥有教师数、生均财政教育支出、每百人拥有公共图书馆藏书和影院、剧场以及公共图书馆个数四个指标。除中学生每百人拥有教师数排名第16和影院、剧场以及公共图书馆个数排名第2之外，上海在其他两项指标上均优势明显。此外，苏州、杭州和宁波的总体教育水平也较高，其中宁波的影院、剧场以及公共图书馆个数最多，达90个。

表4-10　2014年长三角城市群社会可持续发展情况（1）

	社会稳定		人口结构		社会保障		
	城镇登记失业率（%）	城乡居民收入差距（元）	人口城市化率（%）	人口老龄化率（%）	城镇职工基本养老保险参保比例（%）	城镇基本医疗保险参保比例（%）	失业保险参保比例（%）
上海	4.00	24256.36	89.3	10.13	56.87	69.50	26.26
南京	2.15	22000.00	77.94	9.18	42.63	58.39	30.35
无锡	2.12	18412.00	70.31	9.48	46.16	62.42	30.40
徐州	2.14	11718.00	53.18	10.42	13.30	34.33	9.98
常州	2.14	17968.00	63.17	9.77	27.82	44.92	22.42
苏州	2.12	21170.00	70.07	8.5	47.84	56.14	37.90
南通	2.15	16305.00	55.8	16.5	20.30	43.42	13.52
连云港	2.30	12240.00	51.76	9.17	19.03	27.02	8.42
淮安	2.20	12062.00	50.79	10.39	17.87	33.88	12.91
盐城	2.14	10775.00	51.95	11.96	19.87	34.80	9.76
扬州	2.26	13931.00	56.75	12.44	23.19	44.10	14.05
镇江	2.12	16719.00	61.97	10.35	37.03	45.19	15.59
泰州	2.16	15130.00	55.64	14.23	75.15	48.67	13.43
宿迁	2.38	8143.00	48.29	10.21	49.26	28.45	6.24
杭州	1.85	20387.00	73.25	9.02	63.26	95.00	37.52
宁波	2.16	21123.00	68.31	8.61	70.76	62.47	31.76
温州	1.94	21658.00	66.02	7.62	31.09	64.74	11.75
嘉兴	2.93	18531.00	53.33	9.99	48.55	83.41	24.31
湖州	3.07	17176.00	52.89	10.39	43.69	90.53	21.13
绍兴	2.89	20836.00	58.58	9.94	69.73	97.63	23.55
金华	2.73	21635.00	58.97	9.1	32.11	88.60	13.82
衢州	3.13	16959.00	44.13	11.97	83.24	111.74	11.73
舟山	2.70	17073.00	63.59	10.5	64.50	83.10	18.47
台州	2.74	20912.00	55.54	9.83	30.01	32.37	15.89
丽水	2.96	19021.00	48.4	11.69	27.44	115.53	9.97

资料来源：根据《中国城市统计年鉴（2015）》整理得到。

表 4-11 2014 年长三角城市群社会可持续发展情况（2）

	居民住房		教育文化				医疗卫生	
	农村人均住房面积（平方米）	城镇人均住房建筑面积（平方米）	中学生每百人拥有教师数	生均财政教育支出（元）	每百人拥有公共图书馆藏书量（册）	影院、剧场以及公共图书馆个数（个）	每万人拥有医生数（人）	每万人拥有卫生机构床位数（张）
上海	59.9	32.8	10.80	36725.75	511.76	81	34.05	80.17
南京	59.9	32.8	9.94	10009.87	79.97	63	33.30	60.35
无锡	68.2	38	10.79	17129.50	94.27	46	32.62	64.99
徐州	48	37.5	10.56	10547.03	29.54	9	17.12	42.18
常州	56	41.5	11.61	13006.67	82.19	7	30.88	58.40
苏州	74	43	10.62	18628.37	228.40	23	38.35	80.00
南通	55.7	40.1	10.14	21871.02	58.04	35	21.32	44.52
连云港	43	39.1	11.03	10280.75	47.20	12	15.32	31.38
淮安	46.4	37.1	11.41	11402.98	42.27	7	20.70	40.80
盐城	46.9	37.2	10.04	13792.91	34.17	10	19.59	40.66
扬州	48.6	37.6	11.08	13508.45	63.66	6	20.57	37.88
镇江	51	40.4	9.67	17284.95	103.98	4	27.62	46.85
泰州	55.9	40.4	9.10	13274.74	47.96	28	19.09	38.42
宿迁	44	39.9	12.85	12205.33	19.49	11	14.05	34.68
杭州	70.4	31.9	11.57	14033.83	260.46	78	44.67	71.81
宁波	58.9	33.6	12.02	17472.84	123.64	90	35.94	50.79
温州	42.2	41.7	11.76	11682.89	157.85	10	26.86	37.93
嘉兴	71.6	39.5	11.78	15720.08	195.35	31	26.66	57.42
湖州	67.9	36.5	12.11	15225.93	82.42	5	25.85	44.09
绍兴	62	40.2	13.43	12671.08	76.00	35	27.12	46.96
金华	62.4	51.3	13.04	11068.24	59.21	26	29.12	48.74
衢州	66.7	36.8	13.05	13097.70	57.69	14	26.41	38.11
舟山	49.3	33.2	10.33	23792.87	147.36	9	31.33	51.79
台州	55.5	44.6	12.66	10530.20	43.92	47	23.89	35.73
丽水	52	41.5	12.84	13537.50	62.29	21	23.33	40.36

资料来源：根据《中国城市统计年鉴（2015）》整理得到。

4.1.4　长三角城市群生态可持续发展分析

经济和社会的可持续发展是城市群可持续发展的基础和动力，而生态环境也是城市群发展的重要支撑，经济发展虽然使得长三角城市群的生态环境面临着一定的挑战和压力，但目前来说其环境效率还具有一定优势，资源环境承载力整体较高。表4-12和表4-13显示了包括资源禀赋、绿化状况、环境污染和污染治理四个方面的长三角城市群的生态可持续发展情况。

首先，资源禀赋和绿化状况分别包括人均用电量、人均用水量、人均煤气用量、人均液化石油气用量四个指标和人均绿地面积、建成区绿化覆盖率两个指标。从资源禀赋方面来看，温州的人均用电量、上海的人均用水量、南通的人均煤气用量和宁波的人均液化石油气用量分别居于长三角城市群相应指标的首位，各为1640.62千瓦时、73.07吨、539.74立方米和428.34吨；从绿化面积来看，舟山的人均绿地面积最高，为188.68平方米，湖州拥有最高的建成区绿化覆盖率（48%），但实际上这一指标在各城市之间相差不大。

其次，从环境污染和污染治理方面来看，主要包括单位GDP工业废水排放量、单位GDP工业二氧化硫排放量、单位GDP工业烟（粉）尘排放量、一般工业固体废物综合利用率、城镇生活污水处理率以及生活垃圾无害化处理率六个方面的指标。在环境污染方面，衢州是单位GDP工业"三废"排放量最高的城市，远远超过其他城市，环境效率极其低下。综合而言，温州和上海的"三废"排量最低，可见，这两个城市的环境效率较高。在污染治理方面，所有城市的一般工业固体废物综合利用率均在90%以上，但是没有城市达到100%，其中舟山的利用率率最高，为99.8%；杭州的城市生活用水的处理率为93.87%，居于长三角城市群的首位，其他城市大都在80%左右波动，可见，长三角城市群的城镇生活污水处理率总体并不是很高；对于生活垃圾无害化处理率，有14个城市达到了100%的水平，只有宿迁和徐州在90%以下。总体而言，长三角城市群的污染治理情况较好，但是还有进一步改善的空间。

表 4-12 2014 年长三角城市群生态可持续发展情况（1）

	资源禀赋				绿化状况	
	人均用电量 （千瓦时）	人均用水量 （吨）	人均煤气用量 （立方米）	人均液化 石油气用量 （吨）	人均绿地 面积 （平方米）	建成区绿化 覆盖率（%）
上海	1241.77	73.07	530.65	304.92	91.72	
南京	936.32	58.91	146.72	168.46	135.76	44
无锡	1143.99	57.90	282.01	188.50	75.47	43
徐州	591.33	18.97	64.12	84.63	46.64	43
常州	1045.48	38.25	271.19	24.32	37.68	43
苏州	1367.13	66.92	338.50	263.33	63.99	42
南通	764.18	46.78	539.74	116.87	38.94	43
连云港	572.92	14.14	52.97	38.34	92.43	40
淮安	463.48	19.21	66.36	103.86	22.55	41
盐城	543.50	25.93	67.38	141.76	28.31	40
扬州	743.08	33.44	73.52	118.55	29.89	43
镇江	824.11	56.27	330.23	242.00	76.60	42
泰州	592.89	21.71	110.04	143.82	22.69	41
宿迁	406.99	14.30	80.60	46.42	50.20	42
杭州	1381.85	51.22	211.06	188.03	35.01	40
宁波	1294.46	80.67	308.82	428.34	49.61	38
温州	1640.62	68.31	26.29	352.37	47.64	38
嘉兴	885.90	28.77	186.44	303.89	55.34	44
湖州	789.04	34.80	143.15	42.09	40.27	48
绍兴	804.84	28.61	233.18	144.05	33.76	44
金华	917.07	36.94	37.62	307.30	29.09	38
衢州	582.14	22.29	71.55	67.91	30.29	42
舟山	854.53	27.94	39.65	420.96	188.63	39
台州	966.79	41.29	26.60	423.77	35.37	45
丽水	827.13	40.15	25.00	300.38	35.33	45

资料来源：根据《中国城市统计年鉴（2015）》整理得到。

表 4-13　2014 年长三角城市群生态可持续发展情况（2）

	环境污染			污染治理		
	单位 GDP 工业废水排放量（万吨/亿元）	单位 GDP 工业二氧化硫排放量（吨/亿元）	单位 GDP 工业烟（粉）尘排放量（吨/亿元）	一般工业固体废物综合利用率（%）	城镇生活污水处理率（%）	生活垃圾无害化处理率（%）
上海	1.86	6.59	5.58	97.51	89.80	95.00
南京	2.44	11.78	10.90	91.90	65.40	92.20
无锡	2.63	9.61	11.88	91.10	87.10	100.00
徐州	2.17	22.39	13.94	99.00	86.50	88.80
常州	2.43	7.20	23.48	98.20	89.10	100.00
苏州	4.46	12.24	5.52	96.70	79.60	100.00
南通	2.80	10.93	7.32	98.30	86.20	100.00
连云港	3.16	24.20	21.04	93.70	70.10	95.20
淮安	3.25	17.53	11.20	99.50	77.60	90.30
盐城	4.56	11.87	13.70	93.90	75.60	100.00
扬州	2.38	12.00	4.33	92.30	84.40	99.00
镇江	2.79	16.78	8.14	98.60	79.90	100.00
泰州	2.19	16.09	6.60	98.30	63.40	100.00
宿迁	2.55	11.09	20.27	94.00	83.00	79.10
杭州	3.84	8.73	7.64	91.10	93.87	100.00
宁波	2.17	15.52	4.02	90.76	81.11	100.00
温州	1.40	7.93	4.27	98.15	87.25	99.77
嘉兴	6.16	23.01	8.80	96.01	90.37	100.00
湖州	5.12	18.67	16.18	96.59	91.98	98.94
绍兴	6.17	15.22	8.49	97.20	87.89	100.00
金华	2.38	10.92	12.32	97.20	86.21	99.85
衢州	11.19	43.11	59.90	94.55	80.05	100.00
舟山	2.12	11.31	4.93	99.80	63.26	100.00
台州	2.01	8.29	3.65	95.32	88.92	100.00
丽水	5.83	24.96	14.87	95.34	81.09	99.98

资料来源：根据《中国城市统计年鉴（2015）》整理得到。

4.2 珠三角城市群

4.2.1 珠三角城市群发展总体特征

4.2.1.1 珠三角城市群空间范围

珠江三角洲（简称"珠三角"）是组成珠江的西江、北江和东江入海时冲积而成的一个三角洲。1994 年 10 月 8 日，广东省委在七届三次全会上提出建设珠江三角洲经济区，首次正式提出"珠三角"概念。珠三角最初由广州、深圳、佛山、南海、顺德等城市组成，后来，珠三角范围调整扩大为珠江沿岸广州、深圳、珠海、佛山、东莞、肇庆、江门、中山、惠州 9 个城市，这也就是通常所指的"珠三角"或"小珠三角"。20 世纪 90 年代后期，在"珠三角"的基础上出现了"大珠三角"的概念，即包括华南地区的香港、澳门和广东的珠三角地区。2003 年 7 月，国内正式提出"泛珠三角"概念，包括珠江流域地域相邻、经贸关系密切的福建、江西、广西、海南、湖南、四川、云南、贵州和广东 9 省区，以及香港、澳门 2 个特别行政区，简称"9+2"。至此，"珠三角"实际上涵括了"小珠三角""大珠三角""泛珠三角"三个不同层面既相互区分又紧密关联的概念。

本节所研究的珠三角城市群为"小珠三角"，范围包括广州、深圳、珠海、佛山、江门、肇庆、惠州、东莞、中山 9 个城市。珠三角城市群土地面积 5.49 万平方公里，约占全国土地面积（960 万平方公里）的 0.57%。2014 年，年末人口总数达 3193.5 万人，占全国总人口的 2.48%，地区生产总值达到 57650.02 亿元，占当年国内生产总值的 8.5%。

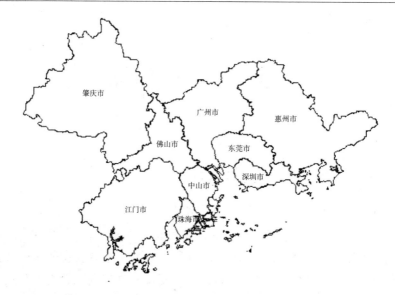

图 4-3 珠三角城市群城市空间分布

4.2.1.2 珠三角城市群城镇体系分析

表 4-14 珠三角城市群规模等级结构

级序	人口级别（人）	城市数量（个）	人口规模占比（%）	城市名称
1	>1000 万	2	41.22	广州、深圳
2	500 万—1000 万	2	27.32	佛山、东莞
3	200 万—500 万	4	28.68	江门、肇庆、惠州、中山
4	200 万以下	1	2.78	珠海

资料来源：根据《中国城市统计年鉴（2015）》整理得到。

　　如表 4-14 所示，珠三角城市群城市规模等级也较为完善，大中小城市俱全。具体来看，2014 年，珠三角城市群中人口在 1000 万以上的城市有 2 个，人口总数占该城市群的 41.22%，其中广州常住人口为 1293 万人，深圳为 1063 万人；佛山和东莞两城市的人口总数达到了 500 万以上，占珠三角城市群的 27.32%；人口在 200 万—500 万的城市有 4 个，人口在 200 万以下的城市仅有珠海。总体来看，珠三角城市群的规模等级分布较为明显，首位城市的地位突出，深圳和广州作为核心城市，人口占了城市群总人口的40%以上，带动了整个城市群的发展，对周边小城镇发挥着辐射作用。

4.2.1.3　珠三角城市群产业结构与分工

（1）珠三角城市群三次产业结构对比分析

表4-15中的数据反映了珠三角地区各城市三次产业的生产总值及其及增长率情况。首先，从城市对比角度，广州的第二产业和第三产业分别居于珠三角城市群的第二位和第一位，其中第三产业产值达到了10000亿元；深圳的第二产业产值居珠三角地区首位，且第三产业产值很高，仅次于广州；佛山和东莞两市三次产业产值的总体表现也较好。其次，从三次产业生产总值增长率来看，珠三角地区各城市第一产业的增长率都为个位数，广州和佛山两市甚至出现了负增长；相反，第二产业和第三产业的增长率大都在10%上下波动，增速较为强劲，少数城市的第二产业或第三产业还出现了两位数的增长。

表4-15　2014年珠三角城市群产业发展概况

	第一产业		第二产业		第三产业	
	生产总值（亿元）	增长率（%）	生产总值（亿元）	增长率（%）	生产总值（亿元）	增长率（%）
广州	218.70	-4.46	5591.00	6.96	10897.20	9.37
深圳	5.60	7.69	6812.00	8.18	9184.20	12.03
珠海	43.94	1.95	938.71	10.55	884.57	14.85
佛山	133.75	-3.84	4602.17	6.03	2705.68	6.91
江门	168.02	5.81	1021.62	0.85	893.12	7.83
肇庆	270.19	2.97	923.61	16.75	651.26	7.36
惠州	141.09	3.21	1697.01	9.44	1162.27	17.27
东莞	20.35	1.24	2794.42	10.94	3066.55	3.91
中山	66.99	0.13	1560.76	6.63	1195.26	7.84

资料来源：根据《中国城市统计年鉴（2015）》计算得到。

图4-4显示的是珠三角城市群及全国的三次产业结构对比图，从2014年全国的产业发展情况来看，第一产业占GDP的比重为7.84%，第二产业的比重为47.75%，第三产业的比重为44.42%，可见，第二产业仍是我国的主导产业，全国的产业结构依然表现出"二、三、一"的结构模式。就

第一产业而言，2014 年珠三角城市群中除江门和肇庆第一产业的比重高于全国第一产业的比重，其余城市第一产业的比重都低于全国的比重，其中，深圳第一产业比重最低，仅为 0.03%；从第二产业的比重来看，除广州、深圳和东莞的第二产业比重低于全国第二产业的比重之外，其余城市第二产业的比重均高于全国水平，其中，佛山第二产业比重为 61.84%，居珠三角首位，惠州次之，为 56.56%；就第三产业而言，珠三角城市群有 4 个城市的第三产业比重高于全国平均水平，由高到低分别是广东（65.22%）、深圳（57.39%）、东莞（52.14%）和珠海（47.37%）。

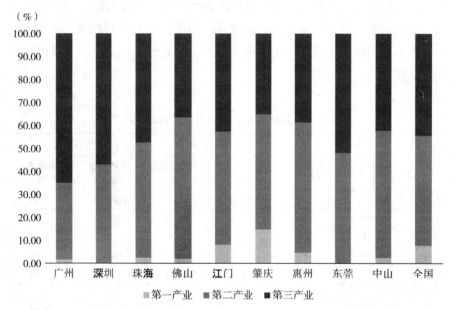

图 4-4　2014 年珠三角城市群各城市及全国产业结构对比图

总体来看，广州和深圳第二产业和第三产业的生产总值均位居珠三角地区前两位，产值规模大，所占比例高。可见，广州和深圳作为珠三角城市群的中心城市，同时也是该城市群两个超大城市，在发挥辐射功能方面尤其突出，从而带动整个珠三角地区的经济增长和产业发展，重要作用显而易见。

（2）珠三角城市群产业同构及产业协同发展

表 4-16 反映的是珠三角城市群各城市 16 个主要部门的区位熵。从城市层面来看，广州有 9 个部门的区位熵大于 1，深圳有 7 个部门的区位熵

表4-16 2014年珠三角城市群各城市主要部门区位熵

	制造业	电力、燃气及水的生产和供应业	建筑业	交通运输、仓储及邮政业	信息传输、计算机服务和软件业	批发和零售业	住宿餐饮业	金融业	房地产	租赁和商业服务业	科学研究、技术服务和地质勘查业	水利、环境和公共设施管理业	教育	卫生、社会保障和社会福利业	文化、体育和娱乐业	公共管理和社会组织
广州	0.96	0.47	0.49	2.21	1.57	1.50	1.46	0.83	2.54	2.69	2.19	1.22	0.78	0.82	1.49	0.61
深圳	1.93	0.21	0.41	1.28	1.52	1.01	1.08	0.67	1.64	1.95	0.78	0.19	0.23	0.32	0.70	0.39
珠海	1.81	0.43	0.59	0.76	1.40	0.76	1.48	0.73	1.75	1.02	0.57	0.85	0.46	0.51	0.55	0.52
佛山	2.40	0.45	0.21	0.52	0.39	0.63	0.60	0.56	0.78	0.47	0.32	0.46	0.59	0.64	0.31	0.41
江门	1.76	0.69	0.53	0.74	0.68	0.74	0.88	1.31	0.72	0.35	0.36	0.75	0.79	1.09	0.46	0.96
肇庆	1.59	0.88	0.32	0.60	0.51	0.67	0.72	0.81	0.81	0.42	0.34	0.86	1.42	1.45	0.58	1.29
惠州	2.29	0.58	0.18	0.54	0.43	0.54	0.42	0.91	0.79	0.35	0.24	0.60	0.60	0.68	0.58	0.78
东莞	2.78	0.21	0.11	0.31	0.17	0.46	0.63	0.40	0.43	0.65	0.24	0.06	0.17	0.45	0.37	0.29
中山	2.51	0.46	0.22	0.43	0.35	0.65	0.73	0.51	0.89	0.51	0.32	0.26	0.38	0.49	0.42	0.33

资料来源：根据《中国城市统计年鉴（2015）》计算得到。

大于 1，可见，广州和深圳作为珠三角城市群的核心城市，对外具有较强的辐射效应；同时，珠海、肇庆和江门分别有 5 个、4 个和 3 个部门的区位熵大于 1，说明这三个城市外向功能也较强，能在一定程度上带动周边城市产业的发展。从部门层面来看，除广州外，珠三角其余 8 个城市的制造业区位熵均大于 1，其中，珠海、肇庆、惠州、东莞和中山的区位熵更是达到了 2，反映出珠三角城市群的制造业专业化水平较高，具有很强的外向功能；对于电力燃气及水的生产和供应业、建筑业，珠三角城市群中没有一个城市的区位熵大于 1，说明珠三角城市群在这两个部门上并不存在明显的专业化优势；此外，对金融业、科学研究、技术服务和地质勘查业、水利、环境和公共设施管理业、教育、文化、体育和娱乐业、公共管理和社会组织，也仅有一个城市的区位熵大于 1。

4.2.1.4 珠三角城市群空间经济联系分析

（1）城市间相互作用强度

运用引力模型计算的珠三角城市群各城市间相互作用强度值如表 4-17 所示。2014 年，广州和佛山之间的相互作用强度是珠三角城市群城市间最高的，高达 9928.13 亿元·万人/平方公里。究其原因，其中很重要的一点是广州和佛山之间的直线距离很短，仅有 25.3 公里，该距离也是珠三角城市群城市间距离的最小值；此外，广州和佛山之间的联系也比较紧密，近年来，两市之间正在积极推进"广佛同城"，即广州和佛山两城市打破行政壁垒，进行区域一体化建设。广州和东莞的城市间相互作用强度为 1105.64 亿元·万人/平方公里，仅次于广州和佛山的相互作用强度，广州和深圳（551.8）以及广州和江门（544.11）之间的相互作用强度分别居于第三位和第四位。从城市层面来看，广州和其他所有珠三角城市群城市之间的相互作用强度都在 100 亿元·万人/平方公里以上，深圳和珠三角城市群城市的相互作用强度也大都在 100 亿元·万人/平方公里以上。可见，作为珠三角城市群的龙头城市，广州和深圳与其他城市之间的相互作用紧密，对周边城市的带动作用很强。

表4-17　2014年珠三角城市群各城市间相互作用强度

单位：亿元·万人/平方公里

	广州	深圳	珠海	佛山	江门	肇庆	惠州	东莞
深圳	551.80							
珠海	111.57	44.10						
佛山	9928.13	206.58	54.63					
江门	544.11	99.67	70.72	414.79				
肇庆	359.63	43.32	12.95	217.86	77.52			
惠州	221.17	326.31	13.14	76.07	28.95	17.91		
东莞	1105.64	513.80	32.02	289.44	74.68	40.07	155.23	
中山	353.79	109.73	164.38	195.71	383.18	30.43	29.38	97.03

资料来源：根据《中国城市统计年鉴（2015）》计算得到。

（2）城市流

根据相关数据，利用（4.4）式、（4.5）式和（4.7）式可以分别计算出珠三角城市群9个城市各部门的外向功能量 E_{ij}、各城市的外向功能量 E_i、城市流强度 F_i 和城市流倾向度 K_i，具体如表4-18和表4-19所示。深圳在9个城市中具有最高的外向功能量，高达153.67，其中制造业贡献了约80%的外向功能量，批发零售业、住宿餐饮业和金融业等其他6个产业仅贡献很小一部分外向功能量。东莞的外向功能量为124.25，仅次于深圳，但其全部外向功能量都来自于制造业，产业结构较为单一。同样的，佛山的外向功能量（71.09）虽居于珠三角城市群的第三位，但也全部来自于制造业，其他部门并未贡献任何外向功能量。尽管广州的外向功能量不到深圳的一半，但在批发零售业、住宿餐饮业和房地产业等9个部门之间分布比较均匀。

整体来看，除广州外，其他8个珠三角城市的外向功能量几乎都来自于制造业，说明整体上珠三角城市群制造业在国内具有较强的竞争优势，对其他地区有辐射作用。

表 4-18 2014 年珠三角城市群各城市主要部门外向功能量

	制造业	电力、燃气及水的生产和供应业	建筑业	交通运输、仓储及邮政业	信息传输、计算机服务和软件业	批发和零售业	住宿和餐饮业	金融业	房地产业	租赁和商业服务业	科学研究、技术服务和地质勘查业	水利、环境和公共设施管理业	教育	卫生、社会保障和社会福利业	文化、体育和娱乐业	公共管理和社会组织
广州	0	0	0	17.34	3.51	8.99	3.11	0	11.40	14.07	8.55	1.00	0	0	0	0
深圳	124.63	0	0	5.60	4.55	0.38	0.81	0	6.60	11.10	0	0	0	0	1.28	0
珠海	17.88	0	0	0	0.58	0	0.75	0	1.28	0.03	0	0	0	0	0	0
佛山	71.09	0	0	0	0	0	0	0	0	0	0	0	0	0	0	0
江门	13.25	0	0	0	0	0	0	0.56	0	0	0	0	0	0.23	0	0
肇庆	7.25	0	0	0	0	0	0	0	0	0	0	0	1.55	0.80	0	0.96
惠州	34.67	0	0	0	0	0	0	0	0	0	0	0	0	0	0	0
东莞	124.25	0	0	0	0	0	0	0	0	0	0	0	0	0	0	0
中山	39.54	0	0	0	0	0	0	0	0	0	0	0	0	0	0	0

资料来源：根据《中国城市统计年鉴（2015）》计算得到。

表 4-19　2014 年珠三角城市群各城市城市流倾向度与强度

	地区生产总值（亿元）	年末单位从业人员总数（万人）	从业人员人均地区生产总值（万元）	城市外向功能量（E_i）	城市流强度（F_i）	城市流倾向度（K_i）
广州	16706.87	326.3983	51.19	69.25	3544.69	0.21
深圳	16001.82	458.4759	34.90	153.67	5363.53	0.34
珠海	1867.21	75.2804	24.80	20.52	509.07	0.27
佛山	7441.60	173.574	42.87	71.09	3047.69	0.41
江门	2082.76	59.9186	34.76	14.05	488.37	0.23
肇庆	1845.06	41.7534	44.19	10.56	466.56	0.25
惠州	3000.37	91.8445	32.67	34.67	1132.56	0.38
东莞	5881.32	238.7461	24.63	124.25	3060.83	0.52
中山	2823.01	89.4564	31.56	39.54	1247.82	0.44

资料来源：根据《中国城市统计年鉴（2015）》计算得到。

就城市流强度而言，深圳居于首位，达到了 5363.53，广州次之，为 3544.69，再次是东莞和佛山，城市流强度分别为 3060.83 和 3047.69，同时，惠州和中山的城市流强度也达到了 1000 以上，其他城市均不到 1000。根据城市流强度，可将珠三角城市群城市划分为四个层次：第一个层次是城市流强度在 5000 以上的城市，代表性城市是深圳，是该区域的中心城市，带动区域经济和社会发展；第二个层次城市流强度在 3000—4000 之间，代表性城市为广州、东莞和佛山，这些城市也具有较大的外向功能量，在较大程度上可以带动周边城市的发展；第三个层次城市流强度在 1000—2000 之间，典型城市是惠州和中山；第四个层次的城市流强度在 1000 以下，主要城市为珠海、江门和肇庆。

4.2.2　珠三角城市群经济可持续发展分析

珠三角城市群是我国乃至亚太地区最具活力的经济区之一，经济可持续发展能力处于国内领先位置，且日渐成为全球经济的重要组成部分，但从城市群内部看，珠三角仍然存在经济发展不协调的现象。和长三角城市群一样，本节将从经济规模、产出效率、收入水平、增长潜力、产业结构、金融财政、对外开放、基础设施 8 个方面分析 2014 年珠三角城市群的经济可持续发展情况。

首先，在经济规模方面，2014 年，广州的 GDP 水平最高，达 16706.87 亿元，深圳的 GDP 略小于广州，居珠三角城市群的第二位，佛山和东莞分别居城市群的第三位和第四位；深圳的规模以上工业总产值为 24777.59 亿元，是珠三角城市群中最高的，佛山和广州分别居于第二位和第三位，江门最低，仅为深圳的六分之一。在产出效率方面，深圳的人均 GDP 和地均 GDP 均居珠三角城市群首位，东莞第二，而广州作为珠三角城市群的中心城市之一，人均 GDP 和地均 GDP 都低于东莞，仅排第三。

其次，从收入水平方面来看，2014 年，东莞的城镇居民人均可支配收入和农村居民人均纯收入都是最高的，分别为 46594 元和 27214 元；深圳的城镇居民可支配收入（44653 元）仅次于东莞，广州（42049 元）第三；中山的农村居民人均纯收入为 21727 元，排名第二，广州次之。从增长潜力方面来看，珠海的 GDP 增长率最高，同比增长 10.4%，肇庆和惠州的 GDP 增长率都为 10%，居于第二位；广州和深圳的全社会固定资产投资总额分别位于第一位和第二位。

再次，在产业结构方面，除了肇庆的非农产业比重为 85.25% 之外，珠三角城市群其他城市的非农产业比重均在 90% 以上，其中，深圳的非农产业比重最高，达 99.96%，东莞以 99.65% 的比例居于第二位。第三产业与第二产业产值比，广州（194.89%）最高，其第三产业产值几乎是第二产业的两倍，深圳（134.81%）次之，东莞（109.75%）第三，反映出这些城市第三产业的相对发达；但珠三角其他城市的第二产业产值均高于第三产业，可见，对于珠三角城市群来说，第二产业仍是其支柱产业，在经济发展中承担着举足轻重的作用。此外，深圳的地方财政一般预算收入是珠三角城市群最高的，广州的金融机构人民币贷款额最高。

最后，对外开放方面，深圳的货物进出口总额最大高达 53747475 万美元，是排名第二位的东莞的三倍；同时，深圳的外商直接投资实际使用额也是最高的，广州和东莞分别排名第二和第三。在基础设施方面，东莞的公路网密度是珠三角城市群中最高的，中山次之，佛山第三；深圳每万人拥有公共汽车数最多，广州和珠海居于第二位和第三位。

表4-20 2014年珠三角城市群经济可持续发展情况（1）

	经济规模		产出效率		收入水平		增长潜力	
	GDP（亿元）	规模以上工业总产值（亿元）	人均GDP（元）	地均GDP（万元/平方公里）	城镇居民人均可支配收入（元）	农村居民人均纯收入（元）	GDP增长率（%）	全社会固定资产投资总额（亿元）
广州	16706.87	18193.55	198324.69	22473.60	42049.00	18887.00	7.60	4889.50
深圳	16001.82	24777.59	481692.38	80129.30	44653.00		8.80	2717.42
珠海	1867.21	3702.26	169438.56	10830.70	36375.00	14940.00	10.40	1135.05
佛山	7441.60	18796.65	192987.54	19593.47	38038.00	17503.00	8.30	2612.45
江门	2082.76	3625.49	52942.64	2191.23	29772.00	12684.00	7.80	1111.65
肇庆	1845.06	3863.50	42542.42	1239.05	23930.00	11662.00	10.00	1138.73
惠州	3000.37	6901.35	86093.76	2644.43	32991.00	14029.00	10.00	1606.71
东莞	5881.32	12133.71	307278.86	23907.79	46594.00	27214.00	7.77	1427.11
中山	2823.01	6032.09	180846.05	15824.03	34274.00	21727.00	8.00	903.66

资料来源：根据《中国城市统计年鉴（2015）》计算得到。

表4-21 2014年珠三角城市群经济可持续发展情况（2）

	产业结构		金融财政		对外开放		基础设施	
	非农产业比重（%）	第三产业与第二产业产值比（%）	地方财政一般预算收入（亿元）	金融机构人民币贷款额（亿元）	货物进出口总额（万美元）	外商直接投资实际使用额（万美元）	公路网密度（公里/万人）	每万人拥有公共汽车数（辆）
广州	98.70	194.89	1243.10	24231.71	11889571.00	510707.00	1.21	19.58
深圳	99.96	134.81	2082.44	22671.10	53747475.00	580469.00	0.84	94.37
珠海	97.64	94.23	224.31	2426.24	5428823.00	193099.00	0.84	16.55
佛山	98.20	58.80	501.19	7595.79	6394003.00	265588.00	1.37	15.38
江门	91.93	87.42	177.20	1879.41	1973281.00	85377.00	1.05	6.84

续表

	产业结构		金融财政		对外开放		基础设施	
	非农产业比重（%）	第三产业与第二产业产值比（%）	地方财政一般预算收入（亿元）	金融机构人民币贷款额（亿元）	货物进出口总额（万美元）	外商直接投资实际使用额（万美元）	公路网密度（公里/万人）	每万人拥有公共汽车数（辆）
肇庆	85.25	70.47	139.13	1172.51	701651.00	133317.00	0.90	9.77
惠州	95.30	68.49	300.75	2176.80	5739017.00	196582.00	0.99	14.95
东莞	99.65	109.75	455.21	5562.36	15307015.00	452919.00	2.03	7.59
中山	97.63	76.58	251.60	2452.52	3562254.00	68079.00	1.45	14.69

资料来源：根据《中国城市统计年鉴（2015）》计算得到。

4.2.3 珠三角城市群社会可持续发展分析

珠三角城市群作为我国最为发达的城市群之一，其经济发展水平已经达到较高水平，为珠三角地区的发展提供了良好的经济基础，而城市群的社会可持续发展能力对于一个城市的未来发展同样重要。表 4-22 和表 4-23 显示了 2014 年包括社会稳定、人口结构、社会保障、居民住房、教育文化以及医疗卫生六个方面的珠三角城市群的社会可持续发展情况。

首先，从社会稳定方面来看，肇庆拥有最高的城镇登记失业率（2.39%）和最低的城乡居民收入差距（12268 元）。总体而言，各城市之间城镇登记失业率的数值相差不大，基本分布在 2.00—2.50 之间，但城乡居民收入差距这一指标存在较大区别，其中，深圳城乡居民收入差距为 44653 元，广州、珠海和佛山分别排名第二、第三和第四。可见，珠三角城市群总体的城镇登记失业率较低，城乡收入差距较大。

其次，从人口结构方面来看，除肇庆、佛山和惠州外，其他珠三角城市的人口城市化率均达到了 80% 以上，远远高于长三角城市群，其中，深圳市的人口城市化率达到了 100%，居于首位，佛山次之；此外，江门和肇庆两市的人口老龄化率在珠三角城市群中最高，高达 9.08%，深圳最低，为 1.79%。从社会保障方面来看，珠三角城市群的城镇职工基本养老保险参保比例相差较大，其中，深圳的参保比例达到了81.92%，是城市群中最高的，东莞次之，为75.99%，而肇庆的城镇职工基本养老保险参保比例只有18.51%；同时，深圳的城镇基本医疗保险参保比例和失业保险参保比例都居于珠三角城市群的首位。

再次，对于居民住房，除了江门和东莞之外，珠三角城市群的农村人均住房面积均大于城镇人均住房建筑面积。具体来看，东莞的农村人均住房面积和城镇人均住房建筑面积均是珠三角城市群最高的，分别为50.3平方米和58.40平方米。在医疗卫生方面，深圳每万人拥有医生数最多，为80.85人；东莞每万人拥有卫生机构床位数最多，为135.81个。

最后，在教育文化方面，东莞中学生每百人拥有的教师数是最多的，为16.60人；深圳的生均财政教育支出最高，为26262.85元，其他城市的这一指标基本在10000元上下波动；同时，深圳每百人拥有公共图书馆藏书量也是最高的；佛山拥有最多的影院、剧场以及公共图书馆（55个），而江门只有1个。

表4-22 2014年珠三角城市群社会可持续发展情况（1）

	社会稳定		人口结构		社会保障		
	城镇登记失业率（%）	城乡居民收入差距（元）	人口城市化率（%）	人口老龄化率（%）	城镇职工基本养老保险参保比例（%）	城镇基本医疗保险参保比例（%）	失业保险参保比例（%）
广州	2.15	23162.00	83.78	6.67	71.60	81.59	34.17
深圳	2.35	44653.00	100	1.79	81.92	108.93	88.64
珠海	2.28	21435.00	87.65	5.01	66.60	97.74	56.13
佛山	2.26	20535.00	94.09	5.25	47.24	65.74	30.17
江门	2.32	17088.00	62.3	9.08	41.39	22.23	16.45
肇庆	2.39	12268.00	42.39	9.08	18.51	101.59	10.33
惠州	2.25	18962.00	61.84	5.91	43.25	91.08	27.82
东莞	2.17	19380.00	88.46	2.29	75.99	74.03	47.20
中山	2.25	12547.00	87.82	4.43	60.40	81.89	47.60

资料来源：根据《中国城市统计年鉴（2015）》计算得到。

表 4-23　2014 年珠三角城市群社会可持续发展情况（2）

	居民住房		教育文化				医疗卫生	
	农村人均住房面积（平方米）	城镇人均住房建筑面积（平方米）	每百人中学生拥有教师数	生均财政教育支出（元）	每百人拥有公共图书馆藏书量（册）	影院、剧场以及公共图书馆个数（个）	每万人拥有医生数（人）	每万人拥有卫生机构床位数（张）
广州	45.30	22.70	12.84	9339.99	237.22	53	48.33	83.77
深圳		27.60	13.37	26262.85	920.03		80.85	93.44
珠海	38.60	29.30	14.20	13518.78	303.03	22	46.77	67.72
佛山	50.00	38.80	13.88	12756.79	97.58	55	38.76	72.00
江门	29.50	30.90	12.23	9717.09	48.93	1	19.65	42.76
肇庆	29.10	21.10	12.57	8206.05	49.88	16	10.12	29.69
惠州	35.60	35.30	14.43	10920.85	39.35	5	28.79	49.06
东莞	50.30	58.40	16.60	11416.99	520.37	13	78.79	135.81
中山	42.50	34.60	13.88	15797.25	98.40	25	40.85	84.86

资料来源：根据《中国城市统计年鉴（2015）》计算得到。

4.2.4　珠三角城市群生态可持续发展分析

经济和社会的可持续发展是城市群可持续发展的基础和动力，而生态环境也是城市群发展的重要支撑，珠三角城市群的生态可持续发展能力较高，环境效率具有一定优势。表 4-24 和表 4-25 显示了 2014 年珠三角城市群包括社会稳定、人口结构、社会保障、居民住房、教育文化以及医疗卫生六个方面的社会可持续发展情况。

首先，在资源禀赋方面，东莞的人均用电量为 4265.33 千瓦时，居于珠三角城市群首位，深圳的人均用水量和人均煤气用量均是最高的，分别为 286.80 吨和 1067.27 立方米，珠海的人均液化石油气用量最高。在绿化状况方面，深圳具有最高的人均绿地面积，为 293.32 平方米，东莞次之，珠海的建成区绿化覆盖率最高，为 57%。

其次，在环境污染方面，肇庆的单位 GDP 工业烟（粉）尘排放量最高，江门的单位 GDP 工业废水排放量和单位 GDP 工业二氧化硫排放量均居珠三角城市群首位，分别高达 8.3 万吨/亿元和 24.97 吨/亿元，反映出这两个城市环境效率的低下；相反，深圳的单位 GDP 工业"三废"排放量在珠三角城市群中是最低的，反映出深圳具有较高的环境效率。在污染治理方面，佛山的一般工业固体废物综合利用率最高，达99.94%，肇庆最低，仅为69.5%；珠三角城市群的城镇生活污水处理率整体要优于长三角城市群的情况，其中，广州的城镇生活污水处理率最高，为98.72%；此外，生活垃圾无害化处理率，除广州、肇庆和东莞外，其他珠三角城市群城市均达到了100%的水平。

表4-24 2014年珠三角城市群生态可持续发展情况（1）

	资源禀赋		绿化状况			
	人均用电量（千瓦时）	人均用水量（吨）	人均煤气用量（立方米）	人均液化石油气用量（吨）	人均绿地面积（平方米）	建成区绿化覆盖率（%）
广州	2086.26	136.07	241.69	1480.20	190.57	41.00
深圳	3583.31	286.80	1067.27	1066.31	293.32	45.00
珠海	1792.75	101.38	72.80	1940.11	77.43	57.00
佛山	1736.65	124.32	231.49	415.23	15.32	40.00
江门	724.02	43.50	51.73	537.08	82.49	44.00
肇庆	1077.00	74.95	103.78	301.65	54.10	36.00
惠州	1624.97	75.38	72.39	391.52	57.36	37.00
东莞	4265.33	225.82	353.56	1494.76	203.76	45.00
中山	2347.18	23.63	53.72	217.34	24.22	41.00

资料来源：根据《中国城市统计年鉴（2015）》计算得到。

表4-24 2014年珠三角城市群社会可持续发展情况（2）

	环境污染			污染治理		
	单位GDP工业废水排放量（万吨/亿元）	单位GDP工业二氧化硫排放量（吨/亿元）	单位GDP工业烟（粉）尘排放量（吨/亿元）	一般工业固体废物综合利用率（%）	城镇生活污水处理率（%）	生活垃圾无害化处理率（%）
广州	1.15	3.38	0.60	94.47	98.72	86.80
深圳	0.76	0.50	0.05	99.81	96.50	100.00
珠海	2.64	11.08	6.95	94.89	90.13	100.00
佛山	2.21	9.67	5.98	99.94	92.39	100.00
江门	8.30	24.97	8.51	90.46	89.55	100.00
肇庆	5.47	16.78	18.44	69.50	78.06	97.82

续表

	环境污染			污染治理		
	单位 GDP 工业废水 排放量（万吨/亿元）	单位 GDP 工业二氧 化硫排放量（吨/亿元）	单位 GDP 工业烟（粉）尘排放量（吨/亿元）	一般工业 固体废物 综合利用率（%）	城镇生活 污水处理率（%）	生活垃圾 无害化 处理率（%）
惠州	2.82	9.65	8.17	96.66	95.62	100.00
东莞	4.83	18.14	3.04	83.42	92.07	66.37
中山	2.86	7.89	5.92	73.03	96.80	100.00

资料来源：根据《中国城市统计年鉴（2015）》计算得到。

4.3　京津冀城市群

4.3.1　京津冀城市群发展总体特征

4.3.1.1　京津冀城市群空间范围

京津冀城市群是我国三大成熟型城市群之一，地处环渤海地区的中心区域，是中国的政治、文化中心，也是中国北方经济的重要核心区。本报告中京津冀城市群的范围，包括北京、天津两个直辖市和河北省的石家庄、秦皇岛、唐山、廊坊、保定、沧州、张家口、承德 8 个城市。上地面积为 18.25 万平方公里，占全国国土面积的 1.91%。2014 年底京津冀城市群人口为 7688 万人，占全国总人口的 5.96%；地区生产总值达 60689.42 亿元，占当年国内生产总值的 8.95%。

4.3.1.2　京津冀城市群城镇体系分析

从表 4-25 中可以看出，京津冀城市群城市规模等级并不完善。具体来看，整个城市群常住人口达到 1000 万以上的城市有 4 座，分别为北京、天津、保定和石家庄，人口总数占城市群的 65.48%；人口规模在 500 万—1000 万的城市有 2 个，分别为唐山和沧州，没有 200 万人口以下的小城市。总体来看，北京的城市首位地位不突出，可能不利于中心城市的辐

图4-5　京津冀城市群城市空间分布

射，难以带动整个城市群的发展。若要实现京津冀"以首都为核心的世界级城市群"的定位和"一核、双城、三轴、四区、多节点"的发展格局，还需要进一步努力。

表4-25　京津冀城市群规模等级结构

级序	人口级别 （人）	城市数量 （个）	人口规模占比 （％）	城市名称
1	>1000万	4	65.48	北京、天津、石家庄、保定
2	500万—1000万	2	17.02	唐山、沧州
3	200万—500万	4	17.50	秦皇岛、张家口、承德、廊坊
4	200万以下	0	0	

资料来源：根据《中国城市统计年鉴（2015）》计算得到。

4.3.1.3　京津冀城市群产业结构与分工

（1）京津冀城市群三次产业结构对比分析

表4-26反映的是2014年京津冀城市群三次产业的总产值和增长率情

况。从生产总值方面来看，北京的第三产业产值居城市群首位，高达
16626.3亿元，是排在第二位的天津的2.14倍，是居末位的承德的37.9
倍；天津的第二产业产值是最高的，北京次之，秦皇岛最低，仅为449.23
亿元；此外，除唐山外，其他京津冀城市第一产业产值都在500亿元以下。
从增长率方面来看，各城市的第一产业增长率都比较低，北京还出现了负
增长情况；出乎意料的是，京津冀城市群第二产业产值增长率也很低；相
反，其第三产业表现出了较为强劲的增长势头，其中，廊坊更是达到了
28.07%的增长率，当然，这与廊坊本身较低的基数也是有关的。

表4-26　2014年京津冀城市群产业发展概况

	第一产业		第二产业		第三产业	
	生产总值（亿元）	增长率（%）	生产总值（亿元）	增长率（%）	生产总值（亿元）	增长率（%）
北京	159	-1.75	4545.5	4.44	16626.3	10.94
天津	201.5	6.92	7765.9	6.72	7755	12.31
石家庄	487.5	2.85	2417.5	2.81	2265.2	11.13
唐山	558.7	1.03	3595.24	0.06	2071.36	4.87
秦皇岛	174.66	2.68	449.23	1.00	576.13	4.01
保定	425.37	3.90	1563.15	-1.00	1046.68	14.25
张家口	239.64	1.76	575.45	3.76	533.88	1.32
承德	225.74	7.29	671.04	3.27	445.77	8.22
沧州	317.74	1.48	1628.29	3.40	1187.36	5.53
廊坊	205.54	3.29	1045.66	2.32	924.76	28.07

资料来源：根据《中国城市统计年鉴（2015）》计算得到。

从图4-6中可以看到，2014年，第二产业仍是我国的主导产业，全国
的产业结构依然表现出"二、三、一"的结构模式。就第一产业而言，
2014年京津冀城市群中除北京和天津第一产业的比重低于全国第一产业的
比重，其余城市第一产业的比重都高于全国的比重，这与长三角和珠三角
城市群的情况相反，可见，相对来说，第一产业对京津冀城市群还是比较
重要的；从第二产业的比重来看，北京、石家庄、秦皇岛和张家口的第二

产业比重低于全国第二产业的比重，其余城市第二产业的比重均高于全国水平，其中，唐山第二产业比重为57.75%，居首位，沧州次之；就第三产业而言，京津冀城市群的10个城市中仅有3个城市的第三产业比重高于全国平均水平，其中，北京这一比例高达77.96%，居城市群首位。总体来看，京津冀城市群的第一产业比重占比过高，而第二产业和第三产业比重过低，需进一步提高。

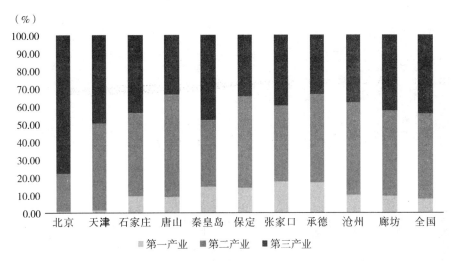

图4-6 2014年京津冀城市群各城市及全国产业结构对比图

（2）京津冀城市群产业同构及产业协同发展

表4-27表示的是京津冀城市群各城市16个主要部门的区位熵，数据显示，从城市层面来看，石家庄有11个部门的区位熵大于1，这表明石家庄具有较强的对外辐射作用，北京有9个部门的区位熵大于1，且全部集中在第三产业，秦皇岛、张家口、沧州和廊坊都各有8个部门的区位熵大于1，反映出这些城市对外也具有较大的辐射效应，天津作为京津冀城市群的中心城市之一，仅有4个部门的区位熵大于1，且基本都集中在制造业。从部门层面来看，相比较长三角和珠三角城市群来说，京津冀城市群在各部门之间专业化分布较为均匀，第三产业部门的专业化优势明显，但制造业部门仅天津和廊坊两个城市的区位熵大于1，可见京津冀城市群制造业的外向功能并不强。

表4-27 2014年京津冀城市群各城市主要部门区位熵

区位熵	制造业	电力、燃气及水的生产和供应业	建筑业	交通运输、仓储及邮政业	信息传输、计算机服务和软件业	批发和零售业	住宿餐饮业	金融业	房地产	租赁和商业服务业	科学研究、技术服务和地质勘查业	水利、环境和公共设施管理业	教育	卫生、社会保障和社会福利业	文化、体育和娱乐业	公共管理和社会组织
北京	0.45	0.59	0.37	1.82	4.25	1.73	1.93	1.90	2.40	3.67	3.60	0.94	0.68	0.80	2.89	0.77
天津	1.36	0.81	0.73	1.09	0.68	1.04	0.96	0.99	0.98	0.87	1.62	0.97	0.65	0.73	0.87	0.64
石家庄	0.81	1.28	0.57	1.82	1.00	1.06	0.63	1.68	0.72	1.25	1.67	1.37	1.47	1.32	1.86	1.37
唐山	0.92	1.46	0.49	1.12	0.40	0.98	0.29	1.20	0.76	0.84	0.37	1.31	1.11	1.08	0.81	1.32
秦皇岛	0.80	2.09	0.53	2.25	0.90	0.67	0.67	1.74	1.00	0.68	0.79	1.53	1.37	1.45	1.85	1.70
保定	0.78	1.20	1.71	0.51	0.43	0.67	0.33	1.21	0.53	0.32	1.91	0.60	1.45	1.07	0.49	1.37
张家口	0.51	2.18	0.35	0.80	0.81	0.85	0.86	1.39	1.20	0.70	0.93	2.28	1.74	1.58	1.14	2.47
承德	0.56	1.45	0.69	0.88	0.82	0.70	0.60	2.26	0.56	0.65	0.99	1.67	1.74	1.63	1.56	2.21
沧州	0.55	1.67	0.80	0.80	0.48	0.61	0.35	1.65	0.64	2.17	0.41	1.05	1.88	1.46	1.05	1.87
廊坊	1.17	1.36	0.68	0.44	1.64	0.48	0.45	0.99	1.19	0.84	1.15	0.86	1.44	1.01	0.50	1.76

资料来源：根据《中国城市统计年鉴（2015）》计算得到。

4.3.1.4　京津冀城市群空间经济联系分析

（1）城市间相互作用强度

运用引力模型计算的京津冀城市群各城市间相互作用强度值如表4-28所示，2014年，北京和廊坊之间的相互作用强度是京津冀城市群城市间最高的，为1701.76亿元·万人/平方公里，这也源于北京和廊坊之间的直线距离很短，仅有55.7公里；北京和天津的城市间相互作用强度为1458.98亿元·万人/平方公里，仅次于北京和廊坊的作用强度；除此之外，其他城市间相互作用强度均在1000亿元·万人/平方公里以下。从城市层面来看，除了和秦皇岛、承德之间的相互作用强度分别为38.32亿元·万人/平方公里和87.37亿元·万人/平方公里之外，北京和其他京津冀城市群城市之间的作用强度基本都在100亿元·万人/平方公里以上；天津和大多数京津冀城市群城市的相互作用强度也较高，其中，和廊坊之间的相互作用强度达到了824.28亿元·万人/平方公里，和唐山之间的相互作用强度也达到了661.61亿元·万人/平方公里。可见，作为京津冀城市群的核心城市，北京和天津与其他城市之间都表现出较强的相互作用强度，对周边城市发挥着较强的带动作用。

表4-28　2014年京津冀城市群各城市间相互作用强度

单位：亿元·万人/平方公里

	北京	天津	石家庄	唐山	秦皇岛	保定	张家口	承德	沧州
天津	1458.98								
石家庄	150.19	99.60							
唐山	357.22	661.61	29.73						
秦皇岛	38.32	37.15	4.56	65.65					
保定	435.32	256.99	237.19	53.55	6.56				
张家口	113.72	32.27	12.84	13.65	2.13	15.17			
承德	87.37	42.06	6.72	45.23	8.68	10.44	4.48		
沧州	204.63	483.35	73.13	72.35	7.70	133.74	7.82	8.13	
廊坊	1701.76	824.28	28.72	102.24	7.63	86.25	12.28	12.00	69.66

资料来源：根据《中国城市统计年鉴（2015）》计算得到。

（2）城市流

表4-29和表4-30反映了京津冀各城市各部门的外向功能量 E_{ij}、各城市的外向功能量 E_i、城市流强度 F_i、城市流倾向度 K_i 的相关情况。由表中

表4-29 2014年京津冀城市群各城市主要部门外向功能量

城市外向功能量 E_{ij}	制造业	电力、燃气及水的生产和供应业	建筑业	交通运输、仓储及邮政业	信息传输、计算机服务和软件业	批发和零售业	住宿餐饮业	金融业	房地产	租赁和商业服务业	科学研究、技术服务和地质勘查业	水利、环境和公共设施管理业	教育	卫生、社会保障和社会福利业	文化、体育和娱乐业	公共管理和社会组织
北京	0	0	0	27.13	46.74	30.45	14.56	20.43	23.91	51.46	43.20	0		0	11.41	0
天津	31.21	0	0	1.21	0	0.67	0	0	0	0	4.10	0	0	0	0	0
石家庄	0	0.51	0	3.61	0.00	0.31	0	2.04	0	0.64	1.48	0.53	4.19	1.35	0.70	2.99
唐山	0	0.79	0	0.51	0	0	0	0.55	0	0	0	0.40	0.94	0.31	0	2.44
秦皇岛	0	0.68	0	1.86	0	0	0	0.76	0	0	0	0.25	1.11	0.64	0.23	1.89
保定	0	0.40	12.12	0	0	0	0	0.66	0	0	2.11	0.68	4.22	0.30	0	3.11
张家口	0	0.83	0	0	0	0	0	0.45	0.17	0	0	0.28	2.51	0.93	0.04	4.49
承德	0	0.25	0	0	0	0	0	1.13	0	0	0	0.28	1.97	0.79	0.13	2.90
沧州	0	0.65	0	0	0	0	0	1.04	0	1.59	0	0.04	4.13	1.03	0.02	3.70
廊坊	2.28	0.30	0	0	0.55	0	0	0	0.19	0	0.15	0	1.75	0.03	0	2.75

资料来源：根据《中国城市统计年鉴（2015）》计算得到。

数据可知，北京的城市外向功能量高达 269.28，排在京津冀城市群的首位，是居第二位的天津的 7.08 倍，且其外向功能量主要来自于第三产业部门，在这些部门之间的分布也比较均匀，可见北京第三产业的外向功能很强，在整个城市群中占据着重要的位置，可充分发挥其对周边城市的带动作用。值得注意的是，北京在交通运输、仓储及邮政业、信息传输、计算机服务和软件业、批发和零售业、住宿餐饮业、金融业、房地产业、租赁和商业服务业、科学研究、技术服务和地质勘查业、文化、体育和娱乐业这 9 个部门的外向功能量均居京津冀城市群的首位，这也反映了北京作为京津冀城市群的核心城市存在一定的"虹吸效应"。此外，虽然其他城市的外向功能量都比较小，但从其来源分布上可以看出京津冀城市群的第三产业较为发达。

表 4-30 2014 年京津冀城市群各城市城市流倾向与强度

	地区生产总值（亿元）	年末单位从业人员总数（万人）	从业人员人均地区生产总值（万元）	城市外向功能量（E_i）	城市流强度（F_i）	城市流倾向度（K_i）
北京	21330.83	755.86	28.22	269.28	7599.31	0.36
天津	15726.93	299.96	52.43	37.19	1949.88	0.12
石家庄	5170.27	100.56	51.41	18.34	942.82	0.18
唐山	6225.30	93.66	66.47	5.95	395.46	0.06
秦皇岛	1200.02	33.87	35.43	7.42	262.84	0.22
保定	3035.20	105.70	28.71	22.92	658.25	0.22
张家口	1348.97	38.06	35.44	10.10	357.90	0.27
承德	1342.55	29.92	44.87	7.45	334.32	0.25
沧州	3133.38	53.07	59.05	12.20	720.29	0.23
廊坊	2175.96	45.23	48.11	8.00	384.83	0.18

资料来源：根据《中国城市统计年鉴（2015）》计算得到。

根据城市流强度，可将京津冀城市群城市划分为三个层次：高城市流强度城市，代表城市是北京和天津，城市流强度高达 7599.31 和 1949.88，是该区域的中心城市，带动区域经济和社会发展；中等城市流强度城市，典型城市是石家庄（942.82）、保定（658.25）、沧州（920.29），是区域的次中心城市，也是区域发展的重点城市；低城市流强度城市，包括唐山、秦皇岛、张家口、承德、廊坊。

4.3.2　京津冀城市群经济可持续发展分析

京津冀城市群是全国重要的经济发展区域，也是中国内地城市最密集、工业基础最雄厚的区域之一，2014 年，京津冀三地 GDP 总量达到 66474.5 亿元，占全国总量的 10.4%，但是京津冀城市群内部也存在着经济发展不平衡的现象。本节依然从经济规模、产出效率、收入水平、增长潜力、产业结构、金融财政、对外开放、基础设施 8 个方面分析 2014 年京津冀城市群的经济可持续发展情况。

首先，从经济规模方面来看，2014 年，北京的 GDP 为 21330.83 亿元，是京津冀城市群 10 个城市中最高的，天津居于第二位，秦皇岛最低，仅有 1200 亿元，不及天津的十分之一；此外，天津的规模以上工业总产值最高，是排名末位的张家口的 20 倍左右，其次是北京，唐山居第三位。从产出效率方面来看，天津的人均 GDP 最高，北京第二；北京的地均 GDP 居于京津冀城市群首位，天津居于第二。

其次，从收入水平方面来看，2014 年，北京的城镇居民人均可支配收入（40321 元）和农村居民人均纯收入（18337 元）均是京津冀城市群最高的，天津次之。从增长潜力方面来看，天津具有最高的 GDP 增长率，比上年同期增长 10%，其他城市的增长率均为个位数，但都高于 5%；此外，天津的全社会固定资产投资总额也是京津冀城市群最高的，比排在第二位的北京多 40000 亿元，是排名末位的秦皇岛的 14.6 倍。

再次，在产业结构方面，京津冀城市群的非农产业比重均在 80% 以上，其中，北京的非农产业比重最高，达 99.26%，天津以 98.72% 的比例居第二位，石家庄、唐山和廊坊也在 90% 以上。第三产业与第二产业产值比，只有北京和秦皇岛两个城市大于 1。其中，北京第三产业产值是第二产业产值的 3.66 倍，居全国所有城市的首位，反映出北京第三产业的发达，北京已经成为典型的服务主导型城市；而唐山第三产业产值仅为第二产业的一半左右，是京津冀城市群中最低的，可见唐山依旧是工业主导型城市，第三产业有待进一步发展。此外，北京的地方财政一般预算收入和金融机构人民币贷款额是京津冀城市群最高的，天津次之。

最后，在对外开放和基础设施方面，北京拥有京津冀城市群最高的货物进出口总额，为 42899581 万美元，是排在第二位的天津的 3.34 倍；天津的外商直接投资实际使用额居于第一位，为 1886676 万美元。廊坊的公路网密度是京津冀城市群中最高的，承德最低；沧州每万人拥有公共汽车数最多。

表 4-31　2014 年京津冀城市群经济可持续发展情况（1）

	经济规模		产出效率		收入水平		增长潜力	
	GDP（亿元）	规模以上工业总产值（亿元）	人均 GDP（元）	地均 GDP（万元/平方公里）	城镇居民人均可支配收入（元）	农村居民人均纯收入（元）	GDP 增长率（%）	全社会固定资产投资总额（亿元）
北京	21330.83	18452.90	159973.23	12997.89	40321.00	18337.45	7.30	7511.48
天津	15726.93	28035.03	154686.04	13197.05	32293.57	15841.05	10.00	11626.26
石家庄	5170.27	9022.41	50446.53	3944.06	24074.00	9546.00	7.90	4883.96
唐山	6225.30	10337.46	82651.38	4620.92	26704.00	11674.00	5.10	4146.24
秦皇岛	1200.02	1558.49	40664.92	1538.10	24021.00	9007.00	5.00	791.65
保定	3035.20	4578.55	25365.23	1368.13	19840.00	8533.00	7.10	2386.48
张家口	1348.97	1401.91	28787.29	365.84	19641.00	6583.00	5.24	1402.01
承德	1342.55	1795.51	35265.30	339.97	19138.00	6381.00	7.84	1402.71
沧州	3133.38	5680.48	40778.01	2232.55	22072.00	8470.00	8.00	2728.93
廊坊	2175.96	3641.27	48311.79	3409.53	27090.00	10985.00	8.20	1329.91

资料来源：根据《中国城市统计年鉴（2015）》计算得到。

表 4-32　2014 年京津冀城市群经济可持续发展情况（2）

	产业结构		金融财政		对外开放		基础设施	
	非农产业比重（%）	第三产业与第二产业产值比（%）	地方财政一般预算收入（亿元）	金融机构人民币贷款额（亿元）	货物进出口总额（万美元）	外商直接投资实际使用额（万美元）	公路网密度	每万人拥有公共汽车数（辆）
北京	99.26	365.79	40271609.00	42445.30	42899581.00	904085.00	1.32	18.76
天津	98.72	99.92	23903518.00	21715.99	12850179.00	1886676.00	1.32	13.41
石家庄	90.57	93.69	3434745.00	5098.92	1399874.00	102189.00	1.33	11.68
唐山	91.02	57.61	3237498.00	4278.56	1266856.00	140687.00	1.27	7.44
秦皇岛	85.45	128.23	1136584.00	1515.22	437453.00	81211.00	1.14	9.10
保定	85.98	66.95	1924707.00	2250.92	549619.00	60585.00	0.94	21.18
张家口	82.24	92.78	1257800.00	1493.20	38794.00	32518.00	0.55	15.69
承德	83.18	66.43	1075605.00	1296.95	25581.00	14940.00	0.51	11.11
沧州	89.86	72.91	1897102.00	1843.08	256980.00	34242.00	1.07	27.98
廊坊	90.56	88.43	2504860.00	2527.32	590491.00	71719.00	1.58	7.77

资料来源：根据《中国城市统计年鉴（2015）》计算得到。

4.3.3　京津冀城市群社会可持续发展分析

作为全国三大成熟型城市群之一，京津冀城市群的社会发展程度相对较低，内部城市体系结构性失衡问题较为突出。表 4-33 和表 4-34 显示了 2014 年京津冀城市群包括社会稳定、人口结构、社会保障、居民住房、教育文化以及医疗卫生六个方面的社会可持续发展情况。

首先，从社会稳定方面来看，2014 年，在整个京津冀城市群中，北京拥有最低的城镇登记失业率（1.2%）和最高的城乡居民收入差距（21983.55元），张家口的城镇登记职业率是京津冀城市群中最高的，为 4.05%，而保定的城乡收入差距（11307 元）最低。总体来看，京津冀城市群总体的城镇登记失业率较高，城乡收入存在比较大的差距。

表 4-33　2014 年京津冀城市群社会可持续发展情况（1）

	社会稳定		人口结构		社会保障		
	城镇登记失业率（%）	城乡居民收入差距（元）	人口城市化率（%）	人口老龄化率（%）	城镇职工基本养老保险参保比例（%）	城镇基本医疗保险参保比例（%）	失业保险参保比例（%）
北京	1.20	21983.55	85.96	8.71	65.84	75.85	49.98
天津	3.60	16452.52	79.44	8.52	44.65	69.54	19.54
石家庄	3.68	14528.00	50.62	8.13	19.01	27.27	8.76
唐山	4.02	15030.00	50.82	9.19	27.08	28.97	10.45
秦皇岛	3.49	15014.00	47.51	9.46	24.60	31.17	10.73
保定	4.00	11307.00	38.77	8.11	12.26	18.33	4.42
张家口	4.05	13058.00	45.16	10.34	18.52	26.77	8.74
承德	3.44	12757.00	38.67	8.59	16.14	26.43	6.65
沧州	3.80	13602.00	40.83	8.27	11.73	14.54	4.93
廊坊	2.08	16105.00	48.53	7.75	11.87	21.56	6.18

资料来源：根据《中国城市统计年鉴（2015）》计算得到。

其次，从人口结构方面来看，除了北京、天津、石家庄和唐山四个城市之外，其他京津冀城市的人口城市化率均小于 50%，其中北京的人口城市化率为85.96%，居首位，承德最低，可见，京津冀城市群整体的人口城市化率还是偏低。张家口是京津冀城市群中人口老龄化率最高的城市，为10.34%；廊坊的人口老龄化率是京津冀城市群中最低的，为7.75%；总体来看，京津冀各城市的人口老龄化率相差不大，但都面临着较为严重的人口老龄化问题。在社会保障方面，京津冀城市群的社会保障的参保比例参差不齐，其中，北京社会保障的三项指标都是最高的，而沧州的三项指标都处在倒数第一或倒数第二的水平，可见其社会保障的落后。

再次，在居民住房方面，除了保定、张家口和沧州之外，京津冀城市群的农村人均住房面积均大于城镇人均住房建筑面积。具体来看，北京的农村人均住房面积是最高的，为48.6平方米；廊坊的城镇人均住房建筑面积是京津冀城市群最高的，为35平方米。在医疗卫生方面，北京的每万人拥有医生数和每万人拥有卫生机构床位数都是京津冀城市群中最多的。

表4-34　2014年京津冀城市群社会可持续发展情况（2）

	居民住房		教育文化				医疗卫生	
	农村人均住房面积（平方米）	城镇人均住房建筑面积（平方米）	每百人中学生拥有教师数	生均财政教育支出（元）	每百人拥有公共图书馆藏书量（册）	影院、剧场以及公共图书馆个数（个）	每万人拥有医生数（人）	每万人拥有卫生机构床位数（张）
北京	48.60	29.40	7.93	39053.14	420.05	251	67.19	77.13
天津	30.20	23.30	10.41	34067.48	157.18	27	32.79	58.51
石家庄	40.30	29.90	13.12	7917.53	57.88	20	24.90	44.66
唐山	37.30	25.60	11.44	11798.89	30.28	23	23.53	48.97
秦皇岛	33.20	29.80	10.65	7611.04	43.32	16	27.86	55.97
保定	26.00	33.60	14.02	5420.36	17.77	34	17.79	30.93
张家口	22.50	26.80	11.98	9616.88	29.80	3	15.69	40.56
承德	29.10	25.90	13.51	10006.58	24.00	29	20.97	43.53
沧州	32.10	33.10	13.22	7697.73	16.42	5	20.83	38.56
廊坊	38.10	35.00	13.25	8174.96	48.98	6	19.75	39.87

资料来源：根据《中国城市统计年鉴（2015）》计算得到。

最后，在教育文化方面，北京中学生每百人拥有的教师数、生均财政教育支出、每百人拥有公共图书馆藏书量和影院、剧场以及公共图书馆个数均居京津冀城市群的首位，且后两个指标都远远高于其他京津冀城市。保定每百人中学生拥有教师数最多。

4.3.4 京津冀城市群生态可持续发展分析

生态环境建设关系一个地区乃至一个国家的发展大局。当前，随着经济全球化进程的不断加快，生态环境问题越来越突出，京津冀城市群面临的挑战尤为艰巨。表4-31和表4-32显示了包括社会稳定、人口结构、社会保障、居民住房、教育文化以及医疗卫生六个方面的京津冀城市群的社会可持续发展情况。

从资源禀赋方面来看，2014年北京的人均用电量、人均煤气化用量和人均液化石油气用量均位居京津冀城市群的首位，分别为1304.7千瓦时、900.92立方米和432.91吨，秦皇岛的人均用水量为66.74吨，是京津冀城市群中最高的。从绿化状况来看，秦皇岛具有最高的人均绿地面积和建成区绿化覆盖率，分别为122.57平方米和93%。

表4-35　2014年京津冀城市群生态可持续发展情况（1）

	资源禀赋				绿化状况	
	人均用电量（千瓦时）	人均用水量（吨）	人均煤气用量（立方米）	人均液化石油气用量（吨）	人均绿地面积（平方米）	建成区绿化覆盖率（%）
北京	1304.70	56.36	900.92	432.91	61.12	60
天津	937.70	42.86	361.43	51.82	30.39	42
石家庄	661.44	19.79	86.35	85.23	28.01	49
唐山	307.87	18.39	151.40	29.95	29.21	41
秦皇岛	917.50	66.74	501.82	85.83	122.57	93
保定	652.88	30.49	138.97	22.59	51.92	40
张家口	585.98	24.55	62.89	34.55	37.40	43
承德	560.47	27.88	105.30	81.13	74.30	42

续表

	资源禀赋				绿化状况	
	人均用电量（千瓦时）	人均用水量（吨）	人均煤气用量（立方米）	人均液化石油气用量（吨）	人均绿地面积（平方米）	建成区绿化覆盖率（%）
沧州	985.33	27.43	144.98	63.03	38.69	37
廊坊	887.35	26.68	283.86	32.62	54.97	44

资料来源：根据《中国城市统计年鉴（2015）》计算得到。

在环境污染方面，秦皇岛、张家口和唐山分别是单位 GDP 工业废水排放量、单位 GDP 工业二氧化硫排放量和单位 GDP 工业烟（粉）尘排放量最高的城市，而北京的单位 GDP 工业"三废"排放量在京津冀城市群中是最低的，环境优势明显。在污染治理方面，廊坊的一般工业固体废物综合利用率最高，达 100%。总体来看，京津冀城市群的污染治理水平较低，需进一步提高其污染治理的水平。

表 4-36　2014 年京津冀城市群生态可持续发展情况（2）

	环境污染			污染治理		
	单位 GDP 工业废水排放量（万吨/亿元）	单位 GDP 工业二氧化硫排放量（吨/亿元）	单位 GDP 工业烟尘排放量（吨/亿元）	一般工业固体废物综合利用率（%）	城镇生活污水处理率（%）	生活垃圾无害化处理率（%）
北京	0.43	1.89	1.06	87.67	86.10	99.59
天津	1.21	12.42	7.13	98.91	100.00	96.23
石家庄	4.65	30.18	20.17	95.10	95.85	71.98
唐山	2.24	40.28	86.12	70.00	95.00	100.00
秦皇岛	5.23	54.59	49.35	65.00	98.38	157.94
保定	4.68	21.31	17.72	86.20	91.39	82.37
张家口	4.60	56.26	38.29	44.10	91.60	88.00
承德	1.16	53.58	57.28	6.00	92.34	88.41
沧州	3.03	12.70	20.25	99.88	99.04	93.55
廊坊	2.37	21.29	17.79	100.00	93.50	29.41

资料来源：根据《中国城市统计年鉴（2015）》计算得到。

4.4 三大城市群核心城市对比分析

4.4.1 三大城市群核心城市对比分析

4.4.1.1 三大城市群核心城市基本状况

表 4-37 2014 年三大城市群核心城市基本状况

	长三角	京津冀		珠三角	
	上海	北京	天津	广州	深圳
土地面积 （平方公里）	6340	16411	11917	7434	1997
人口 （万人）	2425.7	2151.6	1516.8	1308.0	1077.9
GDP（亿元）	23567.70	21330.83	15726.93	16706.87	16001.82
人均 GDP（元）	163812.47	159973.23	154686.04	198324.69	481692.38
GDP 增长率 （上年＝100）	7.0	7.3	10.0	8.6	8.8
地方财政一般 预算收入（亿元）	4585.55	4027.16	2390.35	1243.10	2082.44
货物进出口总额 （万美元）	44126822	42899581	12850179	11889571	53747475
外商直接投资 （万美元）	1816593	904085	1886676	510707	580469
经济密度 （万元/平方公里）	37173	12998	13197	22474	80129

资料来源：根据《中国城市统计年鉴（2015）》计算得到。

从表 4-37 可以看出，作为长三角城市群首位城市的上海，在年末总人口、GDP 和地方财政一般预算收入三个方面位于五大中心城市的首位。但作为全国最大的经济中心城市，上海的 GDP 增长率却是最慢的。长此以往将不仅会会影响上海中心城市的地位和领头作用的发挥，也会影响长三角整个城市群的建设。因此，上海今后需要努力寻求经济增长点，转变经济发展方式，进一步巩固上海作为长三角城市群中心城市的地位，更好地发挥其辐射带动作用。

北京和天津的土地面积都在 10000 平方公里以上，是上海的 2—3 倍，深圳的 5—10 倍，另外，两城市年末总人口分别居五大中心城市的第二和第三位，人口密度相对较小，人均 GDP 也处在五大城市中的倒数位置，经济密度较低。不过，天津的 GDP 增长率较高，达 10%，体现了它作为第三大城市强大的增长实力，其外商直接投资额也是最高的，为 1886676 万美元，但货物进出口额较低。作为核心城市，北京的各项指标均不突出，经济密度也是五大中心城市中最低的。

深圳和广州的土地面积相对较小，GDP 相对较低，地方财政一般预算收入也较少，但人均 GDP 高于其他两个城市群的核心城市，增长实力较为强劲。深圳和广州的一些指标也存在一定的差异。例如，就货物进出口额而言，深圳的进出口总额是五大城市中最高的，高达 53747475 万美元，而广州的进出口总额却是五大城市中最低的，仅为深圳的 1/5。作为珠三角区域的中心城市，广州和深圳的外商直接投资居五大中心城市的末尾，可见两市近年来在吸引外资方面存在较大不足。

4.4.1.2 核心城市对外辐射功能和城市间相互作用强度

由表 4-38 至表 4-40 可知，三大城市群核心城市与其他城市的相互作用强度普遍较高。在长三角城市群中，上海位于东部海岸带和长江入海口的交汇点，海陆交通十分方便，拥有优越的地理位置、广阔的经济腹地、强劲的经济实力，是长三角地区经济规模最大的城市，因此，上海的城市辐射功能很强。对于京津冀城市群而言，北京和天津位于城市群圈层结构的核心位置，两个城市的服务业与工业在整个城市群中占优势地位，经济规模的优势突出，并且北京和天津是北方重要的交通枢纽，与城市群其他城市之间的交通联系便利，这些因素共同决定了它们与其他城市之间的相互作用强度非常强。同样，就地理位置而言，广州和深圳位于珠三角城市群中接近中心的位置，同时，两个核心城市的交通便利，深圳是世界第四大集装箱港口，中国大陆第四大航空港，广州为国家交通枢纽，海陆空交通便利；就经济实力而言，广州为中国第三大城市，人均 GDP 达到中等发达国家和地区水平。优越的地理位置、便利的海陆空交通条件、强大的经济实力等，决定了中心城市广州和深圳与其他城市之间的相互作用强度较高。

表 4-38　2014 年上海与长三角城市群其他城市间的相互作用强度

	南京	无锡	徐州	常州	苏州	南通	连云港	淮安	盐城	扬州	镇江	泰州
上海	159.08	658.23	39.35	259.42	2061.57	923.57	28.05	43.77	118.23	110.37	93.77	146.78

	宿迁	杭州	宁波	温州	嘉兴	湖州	绍兴	金华	衢州	舟山	台州	丽水
上海	26.25	481.47	279.38	1160.42	651.00	194.89	222.91	64.71	19.66	55.98	61.02	17.22

资料来源：根据《中国城市统计年鉴（2015）》计算得到。

表 4-39　2014 年深圳、广州与珠三角城市群其他城市间的相互作用强度

	深圳	珠海	佛山	江门	肇庆	惠州	东莞	中山
广州	551.80	111.57	9928.13	544.11	359.63	221.17	1105.64	353.79
深圳		44.10	206.58	99.67	43.32	326.31	513.80	109.73

资料来源：根据《中国城市统计年鉴（2015）》计算得到。

表 4-40　2014 年北京、天津与京津冀城市群其他城市间的相互作用强度

	天津	石家庄	唐山	秦皇岛	保定	张家口	承德	沧州	廊坊
北京	1458.98	150.19	357.22	38.32	435.32	113.72	87.37	204.63	1701.76
天津		99.60	661.61	37.15	256.99	32.27	42.06	483.35	824.28

资料来源：根据《中国城市统计年鉴（2015）》计算得到。

表4-41 2014年三大城市群核心城市主要部门外向功能能量

	制造业	电力、燃气及水的生产和供应业	建筑业	交通运输、仓储及邮政业	信息传输、计算机服务和软件业	批发和零售业	住宿餐饮业	金融业	房地产业	租赁和商业服务业	科学研究、技术服务和地质勘查业	水利、环境和公共设施管理业	教育	卫生、社会保障和社会福利业	文化、体育和娱乐业	公共管理和社会组织
上海	1.77	0	0	30.09	13.14	53.20	9.26	11.20	12.73	41.98	8.91	0	0	0	0.74	0
北京	0	0	0	27.13	46.74	30.45	14.56	20.43	23.91	51.46	43.20	0	0	0	11.41	0
天津	31.21	0	0	1.21	0	0.67	0	0	0	0	4.10	0	0	0	0	0
广州	0	0	0	17.34	3.51	8.99	3.11	0	11.40	14.07	8.55	1.00	0	0	1.28	0
深圳	124.63	0	0	5.60	4.55	0.38	0.81	0	6.60	11.10	0	0	0	0	0	0

资料来源：根据《中国城市统计年鉴（2015）》计算得到。

表 4-42　2014 年三大城市群核心城市城市流倾向度与强度

	年末单位从业人员总数（万人）	从业人员人均地区生产总值（Ni）（万元）	城市外向功能量（Ei）	城市流强度（Fi）	城市流倾向度（Ki）
上海	730.46	730.46	32.26	5904.83	0.25
北京	755.86	28.22	269.28	7599.31	0.36
天津	299.96	52.43	37.19	1949.88	0.12
广州	326.40	51.19	69.25	3544.69	0.21
深圳	458.48	34.90	153.67	5363.53	0.34

资料来源：根据《中国城市统计年鉴（2015）》计算得到。

　　如表 4-41 和表 4-42 所示，北京的外向功能量、城市流强度和城市流倾向度都是最高的，分别高达 269.28、7599.31 和 0.36，说明北京的对外辐射作用很强，对京津冀城市群的带动作用突出。而京津冀另一核心城市天津的各项指标都比较小，特别是它的年末单位从业人员总数、城市流强度和城市流倾向度均处在五大中心城市的末位，可见天津对周边城市的带动及辐射作用不足，有待提高。上海的外向功能量在五大中心城市中是最低的，但是其城市流强度较高，居第二位。对于珠三角的两个中心城市，深圳的外向功能量明显高于广州，其中，深圳的城市外向功能量是广州的 2.22 倍，城市流强度和城市流倾向度两个指标也是广州的 1.5 倍左右，可见深圳对珠三角城市群周边欠发达城市的辐射效应很强。

4.4.2　三大城市群经济可持续发展对比分析

　　为了对三大成熟型城市群的经济可持续发展的各项指标进行对比分析，本节整理了三大城市群 GDP、人均 GDP、城镇居民人均可支配收入和 GDP 增长率等 7 项指标的数据，具体如表 4-43 所示。由表中数据可知，在经济规模方面，长三角城市群的 GDP 是最高的，高达 130853.61 亿元；从产出效率方面来看，珠三角城市群的人均 GDP 为 180523.01 元，居于三大成熟型城市群的首位，是长三角城市群的 1.93 倍，京津冀城市群的 2.29 倍；从收入水平方面来看，珠三角城市群的城镇居民人均可支配收入是三大城市群中最高的，长三角城市群略低于珠三角城市群；从增长潜力方面来看，长三角城市群的增长势头最强，珠三角次之，京津冀最低，但三者之间增长速度相差并不是特别大；从产业结构方面来看，三大城市群第三产业与第二产业产值比均大于100%，其中京津冀城市群最高，达184.7%，珠三角城市群和长三角城市群分别居于第二和第三；在金融财政和对外开放方面，长三角城市群优势明显，远远领先于珠三角城市群和京津冀城市群。

表4-43　2014年三大城市群经济可持续发展对比

	GDP（亿元）	人均GDP（元）	城镇居民人均可支配收入（元）	GDP增长率（%）	第三产业与第二产业产值比（%）	地方财政一般预算收入（亿元）	货物进出口总额（万美元）
长三角城市群	130853.61	93583.84	35400.55	8.67	115.53	15035.40	132797038
珠三角城市群	57650.02	180523.01	39106.82	8.36	128.46	5374.93	104743090
京津冀城市群	60689.42	78940.45	28587.79	7.80	184.70	8064.40	60315408

资料来源：根据《中国城市统计年鉴（2015）》计算得到。

4.4.3　三大城市群社会可持续发展对比分析

为了对三大成熟型城市群的社会可持续发展的各项指标进行对比分析，本节整理了三大城市群城镇登记失业率、人口城市化率和城镇职工基本养老保险等6项指标的数据，具体如表4-44所示。从社会稳定方面来看，三大城市群的城镇登记失业率均比较低；从人口结构方面来看，三大城市群的人口城市化率均高于50%，其中，珠三角城市群为82.72%，居于首位，长三角城市群和京津冀城市群分别排在第二和第三；从社会保障方面来看，珠三角城市群的城镇职工基本养老保险参保比例为61.84%，是三大城市群中最高的，高出排在末位的京津冀城市群一倍左右；从居民住房方面来看，珠三角城市群的城镇人均住房建筑面积最大，京津冀城市群最小；从教育文化方面来看，京津冀城市群的生均财政教育支出最高，长三角城市群和珠三角城市群分别居于第二和第三位；从医疗卫生方面来看，珠三角城市群每万人拥有医生数是三大城市群中最高的，长三角城市群最低。

表 4-44　2014 年三大城市群社会可持续发展对比

	城镇登记失业率（%）	人口城市化率（%）	城镇职工基本养老保险参保比例（%）	城镇人均住房建筑面积（平方米）	生均财政教育支出（元）	每万人拥有医生数（人）
长三角城市群	2.55	65.00	42.81	59.99	16025.61	26.79
珠三角城市群	2.25	82.72	61.84	81.53	13076.91	41.11
京津冀城市群	3.07	59.95	33.43	43.69	17387.66	30.69

资料来源：根据《中国城市统计年鉴（2015）》计算得到。

4.4.4　三大城市群生态可持续发展对比分析

为了对三大成熟型城市群的生态可持续发展的各项指标进行对比分析，本节整理了三大城市群人均用电量、建成区绿化覆盖率、单位 GDP 工业废水排放量和城镇生活污水处理率 4 项指标的数据，具体如表 4-45 所示。从资源禀赋方面来看，珠三角城市群的人均用电量为 2303.44 千瓦时，远远高于其他两个城市群；从绿化状况来看，京津冀城市群的建成区绿化覆盖率是最高的，珠三角次之，长三角最低，但三者之间差别不是特别明显；从环境污染方面来看，长三角城市群的单位 GDP 工业废水排放量最高，京津冀城市群最低；从污染治理方面来看，京津冀城市群的城镇生活污水处理率是三大城市群中最高的，为 94.77%，略高于珠三角城市群，长三角城市群最低。

表 4-45　2014 年三大城市群生态可持续发展对比

	人均用电量（千瓦时）	建成区绿化覆盖率（%）	单位 GDP 工业废水排放量（万吨/亿元）	城镇生活污水处理率（%）
长三角城市群	988.51	50	3.05	83.09
珠三角城市群	2303.44	43	2.17	94.31
京津冀城市群	953.86	52	1.80	94.77

资料来源：根据《中国城市统计年鉴（2015）》计算得到。

参考文献

［1］ Asheim，B. T. and A. Isaksen，"Location，Agglomeration and Innovation：Towards Regional Innovation Systems in Norway?" *European Planning Studies*，1997，5，pp.299-330.

［2］ Dan O'Donoghue，Bill Gleave，"A Note on Methods for Measuring Industrial Agglomeration"，*Regional Studies*，2004，38(4)，pp.419-427.

［3］ Miller，P. ，R. Botham，R. Martin and B. Moore，"Business Clusters in the UK：a First Assessment"，London：Department of Trade and Industry，2001.

［4］《长江三角洲城市群发展规划》，国家发展改革委，2016 年 6 月。

［5］《长江三角洲地区区域规划》，国家发展改革委，2010 年 6 月。

［6］ 邓玉春：《珠三角与环珠三角城市群空间经济联系优化研究》，《城市问题》2009 年第 7 期。

［7］ 张京祥：《城镇群体空间组合》，东南大学出版社 2000 年版。

［8］ 李俊峰、焦华富：《江淮城市群空间联系及整合模式》，《地理研究》2010 年第 29 卷第 3 期。

［9］ 李仙德、宁越敏：《城市群研究评述与展望》，《地理科学》2012 年第 32 卷第 3 期。

［10］ 赵勇、白永秀：《区域一体化视角的城市群内涵及其形成机理》，《重庆社会科学》2008 年第 9 期。

［11］ 宁越敏、姚瑶：《长三角制造业发展层次和空间差异研究》，载《2009 年长江三角洲区域经济社会协调发展学术研讨会论文集》，上海、江苏、浙江哲学社会科学规划办公室。

［12］ 薛东前、姚士谋、张红：《关中城市群的功能联系与结构优化》，《经济地理》2000 年第 20 卷第 6 期。

［13］ 王伟凯、黄志基、贺灿飞：《中国城市群经济空间评价——基于新经济地理的视角》，《城市发展研究》2012 年第 19 卷第 7 期。

［14］ 王红霞：《要素流动、空间集聚与城市互动发展的定量研究——以长三角地区为例》，《上海经济研究》2011 年第 12 期。

5

中国发展型城市群

根据中国城市群经济发展水平、城市群规模、联系强度、中心城市的辐射水平等指标，辽中南城市群、山东半岛城市群、哈长城市群、江淮城市群、海峡西岸城市群、中原城市群、武汉城市群、环长株潭城市群、成渝城市群以及关中—天水城市群被定义为中国的发展型城市群。这些城市群具有"发展已达到一定的规模、有一定数量的特大城市、中心城市具有一定的集聚水平、城市间已具有良好的交通基础设施联系，但城市相互作用强度仍较弱、具有成为成熟型城市群的发展潜力"等一系列特点（张学良，2013）。作为中国最具发展潜力的区域，其未来的发展关系到中国地区经济发展格局、中国经济新增长极等关键问题。因此，如何提升这些城市群的可持续发展水平对中国经济的发展具有重要的意义。

5.1　辽中南城市群

辽中南城市群位于中国的东北地区，濒临渤海，与京津冀城市群和山东半岛城市群共同构成环渤海经济圈。辽中南城市群以沈阳和大连为核心，包括鞍山、抚顺、本溪、丹东、营口、辽阳、盘锦、铁岭，共 10 个城市。其中，沈阳是东北和内蒙古东部的经济、交通以及文化和信息中心，全国重要的工业基地；而大连是东北亚地区重要的国际航运中心、东北地区最大的港口城市和对外贸易口岸。《全国主体功能区规划》中辽中南城市群为国家优化开发区域，规划中对辽中南城市群的定位为东北地区对外开放的重要门户和陆海交通走廊，全国先进装备制造业和新型原材料基地，重要的科技创新与技术研发基地，辐射带动东北地区发展的龙头。

5.1.1 城市群城市体系分析

从表 5-1 中可以看出，辽中南城市群的城市等级结构为金字塔结构。沈阳和大连作为该地区发展的双核，常住人口分别为 730 万和 594 万，分别占到了当年辽中南城市群总人口的 23% 和 19%。但其他城市人口与它们相差较大，而且城市群内城市人口规模总体较小，200 万人口以下城市有 3 个。苏飞和张平宇（2010）认为，辽中南城市群中矿业城市居多，并且大多数矿业城市处于成熟期和衰退期，面临着严峻的经济转型任务，有些矿业城市甚至出现了人口下降趋势，因此，如何不断提高城市经济实力和城市化水平，加快经济转型步伐，提升城市群的集聚水平，对于促进辽中南城市群发展具有重要的意义。

表 5-1　辽中南城市群内部规模等级结构（地级市）

级序	人口级别（人）	城市数量（个）	城市名称
1	>1000 万	0	
2	500 万—1000 万	2	沈阳、大连
3	200 万—500 万	5	鞍山、抚顺、丹东、营口、铁岭
4	200 万以下	3	本溪、辽阳、盘锦

资料来源：《中国城市统计年鉴（2015）》《中国区域经济统计年鉴（2015）》。

5.1.2 城市群经济可持续发展分析

从地区生产总值指标来看，辽中南城市群属于比较明显的双核驱动型城市群，大连和沈阳是辽中南城市群经济发展的中心，其中大连的地区生产总值 2014 年达到 7655.58 亿元，占整个城市群生产总值的 30%，沈阳 2014 年地区生产总值达到 7098.71 亿元，占整个城市群生产总值的 28%。两个城市的地区生产总值之和占整个城市群生产总值超过 50%。在工业总产值方面，沈阳作为中国最重要的重工业基地之一，其工业总产值较高，达到 13759.15 亿元，是辽中南城市群中工业总产值最高的城市。

从经济发展外向度来看，大连是辽中南城市群对外联系的窗口，其外商直接投资实际使用额达到 1400453.00 万美元，货物进出口总额达到 6882276.00 万美元，分别占到辽中南城市群的 61% 和 63%。在科学技术支出方面，大连也占据绝对优势，达到 430258 万元，显示出相对较强的竞争力。

辽中南城市群的一个突出特色就是第二产业比重较高，能否实现产业结构的优化，促进产业升级转型是辽中南城市群面临的现实问题。

表 5-2　2014 年辽中南城市群经济发展状况

	地区生产总值（亿元）	工业总产值（亿元）	外商直接投资使用额(万美元)	货物进出口总额（万美元）	科学技术支出（万元）	年末金融机构人民币各项贷款余额(万元)	第二产业比重（%）	第三产业比重（%）
沈阳市	7098.71	13759.15	227403.00	1432870.00	265649.00	100269468.00	49.88	45.53
大连市	7655.58	10651.99	1400453.00	6882276.00	430258.00	99263729.00	48.30	45.93
鞍山市	2385.90	3599.67	159010.00	488009.00	44872.00	16547207.00	50.56	43.94
抚顺市	1276.58	2794.84	35731.00	107400.00	26845.00	6642608.00	54.29	38.41
本溪市	1171.25	2430.70	60084.00	446299.00	30196.00	7295068.00	54.80	39.77
丹东市	1022.60	1314.91	72670.00	511615.00	16876.00	9236400.00	44.92	40.93
营口市	1546.08	2782.63	140134.00	669054.00	10696.00	15113662.00	50.25	42.60
辽阳市	1014.62	1893.20	60003.00	91936.00	21674.00	9115441.00	58.07	35.35
盘锦市	1303.95	2920.37	74895.00	130661.00	19896.00	7997416.00	56.70	34.51
铁岭市	867.29	914.37	55894.00	85427.00	28469.00	7737348.00	41.69	34.42
合计	25342.55	43061.83	2286277.00	10845547.00	895431.00	279218347.00	49.99	43.31

资料来源：《中国城市统计年鉴（2015）》《中国区域经济统计年鉴（2015）》。

5.1.3　城市群社会可持续发展分析

在医疗卫生方面，沈阳具有绝对领先优势，同时在影院、剧场数量方面也具有较高的水平，凸显出社会可持续发展方面的优势，因为沈阳是省会城市，能够通过行政力量来调配资源。但沈阳的城乡居民收入差距较大，成为制约其社会可持续发展的一个因素。大连在社会可持续发展方面表现也比较突出，每万人拥有卫生机构床位数 68.61 个，生均财政教育支出 12829.34 元，每百人拥有公共图书馆藏书量 259.67 册，优于沈阳。

表 5-3　2014 年辽中南城市群社会可持续发展状况

	每万人拥有卫生机构床位数（张）	生均财政教育支出（元）	影院、剧场个数（个）	每百人拥有公共图书馆藏书量（册）	城镇人均住房建筑面积（平方米）	城乡居民收入差距（元）
沈阳市	76.32	11446.97	49	179.98	26.30	14607.00
大连市	68.61	12829.34	6	259.67	27.30	12521.00
鞍山市	55.59	9433.50	11	69.47	25.90	12455.00
抚顺市	49.94	8729.15	9	49.82	24.60	11392.00
本溪市	70.09	16763.00	5	70.44	23.50	12756.00
丹东市	60.30	11710.31	12	61.05	25.50	8923.00
营口市	46.35	8994.71	11	58.50	31.90	12925.00
辽阳市	66.03	10226.58	9	44.35	28.20	12240.00
盘锦市	54.42	11123.28	3	47.61	31.30	15686.00
铁岭市	38.63	12278.19	7	22.48	30.30	8707.00
合计	61.81	11457.40	122	121.78	27.20	12555.41

资料来源:《中国城市统计年鉴（2015）》《中国区域经济统计年鉴（2015）》。

5.1.4　城市群生态可持续发展分析

辽中南城市群幅员辽阔，土地资源丰富，为城市群的发展提供了土地资源支持。辽中南城市群总体人均绿地面积达到 50.04 公顷/万人，其中大连的人均绿地面积最高，达到 60.27 公顷/万人。但辽中南城市群的资源及能源承载力面临挑战。沈阳的人均煤气用量为 96.82 立方米，人均用电量为 799.29 千瓦时，人均用水量为 39.41 吨，而另一大城市大连的人均煤气用量为 85.12 立方米，人均用电量为 957.04 千瓦时，人均用水量为 37.34 吨。作为城市群发展的重要支撑，资源和环境对城市群的可持续发展具有重要的影响。可见，资源可持续发展应当作为辽中南城市群提高整个城市群可持续发展水平的重要任务。

表 5-4 2014 年辽中南城市群资源承载力概况

	土地承载力			资源及能源承载力		
	土地面积（平方公里）	人口密度（人/平方公里）	人均绿地面积（公顷/万人）	人均煤气用量（立方米）	工业用电量（万千瓦时）	人均用水量（吨）
沈阳市	12980	563.02	54.36	96.82	1252098.00	39.41
大连市	12574	472.64	60.27	85.12	1718429.00	37.34
鞍山市	9255	376.23	43.04	128.95	1426556.00	24.23
抚顺市	11272	192.87	35.97	131.14	902184.00	17.47
本溪市	8411	180.72	57.15	74.94	1159933.00	18.95
丹东市	15290	156.64	25.99	70.93	192100.00	19.45
营口市	5242	445.06	43.89	20.66	886432.00	21.31
辽阳市	4736	379.86	49.92	83.65	515446.00	23.08
盘锦市	4065	317.84	43.69	38.07	442285.00	31.01
铁岭市	12985	232.58	47.21	100.91	112751.00	28.36
合计	96810	322.96	50.04	90.72	8608214.00	30.80

资料来源：《中国城市统计年鉴（2015）》《中国区域经济统计年鉴（2015）》。

表 5-5 2014 年辽中南城市群环境承载力概况

	环境污染			污染治理		
	工业废水排放量（万吨）	工业二氧化硫排放量（吨）	工业烟（粉）尘排放量（吨）	一般工业固体废物综合利用率（%）	污水处理厂集中处理率（%）	生活垃圾无害化处理率（%）
沈阳市	9134	131344	83226	90.20	95.00	100.00
大连市	40150	94370	72465	83.66	87.32	81.56
鞍山市	6338	116010	137301	23.94	87.08	100.00
抚顺市	2190	54283	77166	49.25	85.00	100.00
本溪市	2656	65470	152206	14.40	91.59	99.95
丹东市	4327	30544	45563	89.81	65.65	100.00
营口市	2795	56092	96396	86.37	98.20	77.78
辽阳市	6625	45633	46674	16.00	100.00	100.00

	环境污染			污染治理		
	工业废水排放量（万吨）	工业二氧化硫排放量（吨）	工业烟（粉）尘排放量（吨）	一般工业固体废物综合利用率（%）	污水处理厂集中处理率（%）	生活垃圾无害化处理率（%）
盘锦市	4418	55450	15830	92.47	100.00	100.00
铁岭市	1208	25274	20211	65.91	100.00	100.00
合计	79841	674470	747038	72.22	91.57	94.83

资料来源：《中国城市统计年鉴（2015）》《中国区域经济统计年鉴（2015）》。

在城市的环境承载力方面，主要考察环境污染和污染治理两个方面。在环境污染方面，辽阳和大连的工业废水排放量较高，单位 GDP 工业废水排放量分别达到 5.24 万吨/亿元和 6.53 万吨/亿元。在工业二氧化硫排放方面，鞍山、抚顺、本溪表现较差，单位 GDP 工业二氧化硫排放量分别为 48.62 吨/亿元、42.52 吨/亿元、55.90 吨/亿元，表明当地的产业结构以资源开发和重工业为主，暗示其粗放型的生产模式对环境带来巨大伤害。在工业烟（粉）尘排放方面，本溪单位 GDP 工业烟（粉）尘排放量最高。

5.2　山东半岛城市群

山东半岛城市群位于中国东部沿海地区，2011 年 1 月 4 日，国务院批复《山东半岛蓝色经济区发展规划》，提出山东半岛蓝色经济区是以临港、涉海、海洋产业发达为特征，以科学开发海洋资源与保护生态环境为导向，以区域优势产业为特色，以经济、文化、社会、生态协调发展为前提，形成具有较强综合竞争力的经济功能区。2015 年 6 月，中韩自贸协定正式签署，标志着中韩自贸区建设正式完成制度设计，进入实施阶段。山东半岛城市群与韩国隔海相望，中韩自贸区的建立为山东半岛城市群发展注入了新的活力。根据国家对山东半岛城市群的规划，全球范围内，山东半岛城市群是以东北亚区域国际性城市青岛为龙头，带动山东半岛城市群外向型城市功能整体发展的城市密集区域，是全球城市体系和全球产品生产服务供应链中的重要一环；在全国范围内，山东半岛城市群是黄河流域的经济中心和龙头带动区域，与京津冀城市群、辽中南城市群共同构筑引领中国经济发展的重要增长极；在环黄海范围内，山东半岛城市群是环黄海地区区域经济合作的先进制造业生产服务中心之一（张学良，2013），作为中国最具潜力的第四增长极，山东半岛城市群具有较强的城市群可持续发展水平。

5.2.1　城市群城市体系分析

表5-6　山东半岛城市群内部规模等级结构（地级市）

级序	人口级别（人）	城市数量（个）	城市名称
1	>1000万	0	
2	500万—1000万	4	青岛、烟台、济南、潍坊
3	200万—500万	3	威海、淄博、日照
4	200万以下	1	东营

资料来源：《中国城市统计年鉴（2015）》《中国区域经济统计年鉴（2015）》。

从表5-6中可以看出，山东半岛城市群中没有人口超过1000万的特大型城市，整个城市群的人口结构呈现葫芦式分布。其中，青岛、烟台、济南和潍坊市的人口规模分别为780万人、653万人、622万人和888万人，均超过500万人，分别占到山东半岛城市群人口总量的19%、16%、15%和22%。作为山东半岛城市群的核心城市，青岛和其他城市之间并没有形成显著的规模差距，首位城市的地位不十分突出，不利于中心城市的辐射和集聚，较难带动整个城市群的发展。

5.2.2　城市群经济可持续发展分析

山东半岛城市群在中国区域经济发展中处于相对优势的地位，属于中国第四增长极。山东半岛城市群呈现出"一核两翼"的发展结构。核心城市青岛在地区生产总值、工业总产值、外商直接投资使用额、货物进出口总额、科学技术支出和年末金融机构人民币各项贷款余额等方面都处于绝对的领先地位。2014 年青岛外商直接投资使用额为 608100 万美元，占整个山东半岛城市群的 29.50%，货物进出口总额达到 7791246 万美元，占整个山东半岛城市群的 34.58%。济南和烟台紧随其后，是另两个重要的城市，济南和烟台的地区生产总值分别为 5770.60 亿元和 6002.08 亿元。山东半岛城市群的产业结构表现出以制造业为主导的产业格局。

表 5-7　2014 年山东半岛城市群经济发展状况

	地区生产总值（亿元）	工业总产值（亿元）	外商直接投资使用额（万美元）	货物进出口总额（万美元）	科学技术支出（万元）	年末金融机构人民币各项贷款余额（万元）	第二产业比重（%）	第三产业比重（%）
济南市	5770.60	5249.85	143497.00	956606.00	95983.00	85082896.00	39.19	55.78
青岛市	8692.10	16761.38	608100.00	7791246.00	270133.00	97200532.00	44.76	51.22
淄博市	4029.77	11482.23	54419.00	900844.00	82590.00	24905194.00	55.77	40.75
东营市	3430.49	13584.77	21510.00	1314792.00	52883.00	25237825.00	66.60	30.02
烟台市	6002.08	14617.92	176903.00	4931276.00	166419.00	40264603.00	52.98	39.91
潍坊市	4786.00	12517.04	898031.00	1616005.00	133797.00	44504609.00	50.81	39.66
威海市	2790.34	6502.49	101220.00	1714969.00	96746.00	16585614.00	48.56	44.01
日照市	1611.87	2580.20	57301.00	3303931.00	20052.00	15582418.00	50.37	40.99
山东半岛	37113.24	83295.89	2060981.00	22529669.00	918603.00	349363691.00	48.69	45.59

资料来源：《中国城市统计年鉴（2015）》《中国区域经济统计年鉴（2015）》。

5.2.3　城市群社会可持续发展分析

在医疗卫生方面，济南具有绝对领先优势，每万人拥有卫生机构床位数为 70.88 张，同时在公共图书馆藏书量方面也具有较高的水平，凸显出社会可持续发展方面的优势，因为济南作为省会城市，能够通过行政力量来调配资源，支撑城市的发展。而青岛在教育支出方面表现出领先优势，生均财政教育支出为 15690.76 元。山东半岛城市群城镇人均住房建筑面积平均为 31.30 平方米，具有一定的优势。但城乡收入差距较大，平均为 18022.72 元，其中济南最为严重，达到 22400.00 元，降低了山东半岛城市群社会可持续发展的潜力。

表 5-8　2014 年山东半岛城市群社会可持续发展状况

	每万人拥有卫生机构床位数（张）	生均财政教育支出（元）	影院、剧场个数（个）	每百人拥有公共图书馆藏书量（册）	城镇人均住房建筑面积（平方米）	城乡居民收入差距（元）
济南市	70.88	6594.89	30	183.31	30.10	22400.00
青岛市	55.04	15690.76	43	74.67	29.10	19496.00
淄博市	58.28	12659.38	8	53.36	36.40	16957.00
东营市	62.83	16451.76	20	113.51	37.30	20983.00
烟台市	55.75	14057.59	26	100.65	29.90	18004.00
潍坊市	49.38	11921.70	38	40.82	30.30	15113.00
威海市	63.58	20641.33	15	120.82	29.40	15860.00
日照市	35.46	9813.51	12	18.10	37.10	13786.00
合计	56.15	12254.18	192	86.30	31.30	18022.72

资料来源：《中国城市统计年鉴（2015）》《中国区域经济统计年鉴（2015）》。

5.2.4　城市群生态可持续发展分析

表 5-9　2014 年山东半岛城市群资源承载力概况

	土地承载力			资源及能源承载力		
	土地面积（平方公里）	人口密度（人/平方公里）	人均绿地面积（公顷/万人）	人均煤气用量（立方米）	工业用电量（万千瓦时）	人均用水量（吨）
济南市	8177	760.18	36.94	141.87	974803.00	37.10
青岛市	11282	691.90	77.75	201.95	1162828.00	40.04
淄博市	5965	717.52	59.79	328.91	2079289.00	20.87
东营市	8243	229.41	84.50	325.25	1420933.00	29.35
烟台市	13852	471.70	67.96	136.63	952696.00	28.71
潍坊市	16143	550.27	53.23	148.11	997300.00	19.90
威海市	5786	440.37	67.10	76.73	471590.00	17.64
日照市	5359	548.42	31.08	80.24	1080187.00	18.03
合计	74807	549.37	58.61	184.87	9139626.00	29.02

资料来源：《中国城市统计年鉴（2015）》《中国区域经济统计年鉴（2015）》。

　　山东半岛城市群的人均绿地面积平均水平为 58.61 公顷/万人。其中，

东营和青岛处于领先地位，分别达到 84.50 公顷/万人和 77.75 公顷/万人，
而济南的水平较低，仅为 36.94 公顷/万人，表现出严峻的土地承载力和生
态压力。在资源及能源承载力方面，山东半岛城市群的人均煤气用量、人
均用电量和人均用水量的平均水平分别为 184.87 立方米、772.28 千瓦时
和 29.02 吨。其中济南和青岛的人均用电量最高，分别达到 942.32 千瓦时
和 903.74 千瓦时。

表 5-10　2014 年山东半岛城市群环境承载力概况

	环境污染			污染治理		
	工业废水排放量（万吨）	工业二氧化硫排放量（吨）	工业烟（粉）尘排放量（吨）	一般工业固体废物综合利用率（%）	污水处理厂集中处理率（%）	生活垃圾无害化处理率（%）
济南市	7880	67842	90082	99.56	95.33	100.00
青岛市	10989	64029	32196	95.65	98.63	100.00
淄博市	16445	184431	78070	95.14	95.76	100.00
东营市	8624	48312	7194	99.11	95.58	100.00
烟台市	9181	75464	34691	85.97	95.71	100.00
潍坊市	27101	120567	63411	95.40	92.79	100.00
威海市	2710	30669	12313	94.66	95.49	100.00
日照市	7542	41228	98861	99.11	94.50	100.00
合计	90472	632542	416818	94.68	95.77	100.00

资料来源：《中国城市统计年鉴（2015）》《中国区域经济统计年鉴（2015）》。

　　在城市的环境承载力方面，主要考察环境污染和污染治理两个方面。
在环境污染方面，潍坊、日照和淄博的工业废水排放量较高，单位 GDP 工
业废水排放量分别达到 5.66 万吨/亿元、4.68 万吨/亿元和 4.08 万吨/亿
元。在工业二氧化硫排放方面，淄博表现较差，单位 GDP 工业二氧化硫排
放量为 45.77 吨/亿元，表明当地的产业结构以粗放型重工业为主，造成了
严重的环境污染。在工业烟（粉）尘方面，日照单位 GDP 工业烟（粉）
尘排放量最高，达到 61.33 吨/亿元。在污染治理方面，山东半岛城市群一
般工业固体废物综合利用率为 94.68%，污水处理厂集中处理率为
95.77%，生活垃圾无害化处理率达到 100%。

5.3 哈长城市群

哈长城市群包括了长春市、吉林市、松原市、延边朝鲜族自治州、哈尔滨市、齐齐哈尔市、大庆市和牡丹江市。根据《国家主体功能区域规划》，哈长城市群定位为我国面向东北亚地区和俄罗斯对外开放的重要门户，全国重要的能源、装备制造基地，区域性的原材料、石化、生物、高新技术产业和农产品加工基地，带动东北地区发展的重要增长极。在国家近期提出的"一带一路"战略规划中，哈长城市群作为中国与俄罗斯远东地区联系的窗口地区，将进一步发挥地缘优势，为哈长城市群的发展注入新活力。

5.3.1 城市群城市体系分析

哈长城市群没有人口超过 1000 万人的城市，哈尔滨市 2014 年人口为 987 万人，接近 1000 万人口，占到了当年哈长城市群总人口的 27.87%。排在第二位的是长春市，人口 755 万，占到了当年哈长城市群总人口的 21.30%。而核心城市哈尔滨周边城市大庆、松原等人口为 500 万以下，人口分布总体较为合理。李秀伟和修春亮（2008）的研究指出，哈尔滨和长春与辽东南城市群中的大连和沈阳是东北三省区域经济极化的高"极化点"，人口集聚程度较高，其将带动地区经济的发展。

表 5-11　哈长城市群内部规模等级结构（地级市）

级序	人口级别（人）	城市数量（个）	城市名称
1	>1000 万	0	
2	500 万—1000 万	3	哈尔滨、长春、齐齐哈尔
3	200 万—500 万	5	大庆、牡丹江、吉林、松原、延边
4	200 万以下	0	

资料来源：《中国城市统计年鉴（2015）》《中国区域经济统计年鉴（2015）》。

5.3.2 城市群经济可持续发展分析

哈长城市群最大的特征之一是双核结构，哈尔滨和长春是该城市群的核心城市。哈尔滨和长春 2014 年的地区生产总值分别为 5340.07 亿元和 5342.43 亿元，两个城市的总和占整个城市群的 50.36%。在工业总产值方面，长春的工业总产值为 9756.64 亿元，主要是因为长春拥有汽车产业集群。大庆的工业产值处于第二位，是因为大庆是石油工业基地。

在外商投资方面，哈尔滨和长春的实际利用外资额比较高，分别为 272125.00 万美元和 500293.00 万美元。在货物进出口方面，长春的货物进出口总额为 2041648.00 万美元，排第一位，牡丹江的货物进出口总额为 1217519.00 万美元，处于第二位。牡丹江由于与俄罗斯接壤，其特殊的地理位置为其作为中国通往俄罗斯及远东地区的窗口提供了便利条件。

在科学技术支出方面，哈长城市群总体支出为 268500 万元，其中哈尔滨为 100276 万元，占整个哈长城市群的 37.34%。科学技术支出的水平相对较低，表明整个城市群的创新和发展动力不足。

哈长城市群的一个突出特色就是第二产业比重较高，经济升级转型一直是制约城市群发展的重要因素之一，未来需要转变发展模式和要素利用方式，提升经济发展质量。

表 5-12　2014 年哈长城市群经济发展状况

	地区生产总值（亿元）	工业总产值（亿元）	货物进出口总额（万美元）	科学技术支出（万元）	年末金融机构人民币各项贷款余额（万元）	第二产业比重（%）	第三产业比重（%）
长春市	5342.43	9756.64	2041648.00	70087.00	74754472.00	52.67	41.12
吉林市	2379.56	3160.26	110197.00	56610.00	13664670.00	46.95	42.66
松原市	1596.29	2093.32	9010.00	2488.00	6007425.00	45.96	37.46
延边朝鲜族自治州	/	/	266709.00	/	/	0.00	0.00
哈尔滨市	5340.07	3650.05	482393.00	100276.00	72574525.00	33.41	54.86
齐齐哈尔市	1209.34	987.25	82459.00	12913.00	11642889.00	32.78	43.24

续表

	地区生产总值（亿元）	工业总产值（亿元）	货物进出口总额（万美元）	科学技术支出（万元）	年末金融机构人民币各项贷款余额（万元）	第二产业比重（%）	第三产业比重（%）
大庆市	4077.51	4506.24	337285.00	8309.00	8756645.00	75.53	19.76
牡丹江市	1264.02	974.83	1217519.00	17817.00	6003600.00	37.19	46.68
合计	21209.21	25128.59	4547220.00	268500.00	193404226.00	45.52	44.32

资料来源：《中国城市统计年鉴（2015）》《中国区域经济统计年鉴（2015）》。

5.3.3　城市群社会可持续发展分析

表5-13　2014年哈长城市群社会可持续发展状况

	每万人拥有卫生机构床位数（张）	生均财政教育支出（元）	影院、剧场个数（个）	每百人拥有公共图书馆藏书量（册）	城镇人均住房建筑面积（平方米）	城乡居民收入差距（元）
长春市	60.68	7686.95	35	114.48	30.10	15974.00
吉林市	54.70	11229.84	4	51.14	29.90	15649.00
松原市	30.28	10342.39	1	25.33	28.80	16560.00
延边朝鲜族自治州	/	/	/	/	32.40	17460.00
哈尔滨市	66.24	8744.73	80	79.12	38.20	13826.00
齐齐哈尔市	42.85	11095.72	17	30.85	25.80	9080.00
大庆市	55.30	10351.38	21	92.39	28.50	16544.00
牡丹江市	58.24	13301.94	9	39.52	29.90	7139.00
合计	55.73	9483.65	167	69.59	31.60	13916.48

资料来源：《中国城市统计年鉴（2015）》《中国区域经济统计年鉴（2015）》。

在医疗卫生方面，哈尔滨和长春每万人拥有卫生机构床位数最多，分别达到66.24张和60.68张。而哈尔滨和长春的财政教育支出水平按生均计算较低，分别为8744.73元和7686.95元。长春的图书馆资源十分丰富，每百人拥有公共图书馆藏书量为114.48册，远远高于其他城市。哈长城市群的城镇人均住房建筑面积达到31.60平方米，总体城乡收入差距水平较小。

5.3.4 城市群生态可持续发展分析

表 5-14 2014 年哈长城市群资源承载力概况

	土地承载力			资源及能源承载力		
	土地面积 （平方公里）	人口密度 （人/平方公里）	人均绿地面积 （公顷/万人）	人均煤气用量 （立方米）	工业用电量 （万千瓦时）	人均用水量 （吨）
长春市	20604	366.24	43.85	170.45	771769.00	27.26
吉林市	27205	157.21	48.42	179.36	1032560.00	33.44
松原市	21090	132.05	37.77	139.98	268010.00	37.38
延边朝鲜族自治州	/	/	/	/	/	/
哈尔滨市	53068	186.04	28.39	112.80	812720.00	28.26
齐齐哈尔市	42469	130.26	44.12	157.68	373994.00	17.89
大庆市	21522	128.24	164.98	256.83	1793604.00	32.81
牡丹江市	38405	68.74	58.29	27.51	124990.00	18.95
合计	224363	157.84	51.41	149.50	5177647.00	27.88

资料来源：《中国城市统计年鉴（2015）》《中国区域经济统计年鉴（2015）》。

哈长城市群幅员辽阔，人口密度较低。人均绿地面积为 51.41 公顷/万人，处于较低的水平。大庆的人均绿地面积最高，达到 164.98 公顷/万人，在整个城市群中处于领先地位。哈长城市群拥有丰富的矿产资源和石油资源，具有较强的资源可持续发展能力。哈长城市群的人均用电量为 1220.89 千瓦时，人均煤气用量为 149.5 立方米，人均用水量为 27.88 吨。能源利用效率较低，如何提高能源使用效率和升级产业结构是哈长城市群发展的关键。

在环境污染方面，吉林市和齐齐哈尔市的工业废水排放量较高，单位 GDP 工业废水排放量分别达到 4.41 万吨/亿元和 4.7 万吨/亿元。在工业二氧化硫排方面，吉林市表现较差，单位 GDP 工业二氧化硫排放量高达 28.58 吨/亿元，表明低端产业和粗放型的生产模式所带来的对环境的巨大伤害。在工业烟（粉）尘方面，牡丹江市单位 GDP 工业烟（粉）尘排放量最高，达到 42.38 吨/亿元。在污染治理方面，哈长城市群的一般工业固体废物综合利用率为 94.27%，污水处理厂集中处理率为 87.55%，生活垃圾无害化处理率为 82.53%，表明污染治理率较低，还有很大的提升空间。

表 5-15　2014 年哈长城市群环境承载力概况

	环境污染			污染治理		
	工业废水排放量（万吨）	工业二氧化硫排放量（吨）	工业烟（粉）尘排放量（吨）	一般工业固体废物综合利用率（%）	污水处理厂集中处理率（%）	生活垃圾无害化处理率（%）
长春市	5564	56210	70944	99.92	90.00	98.40
吉林市	10491	68005	67645	85.70	91.92	56.20
松原市	2174	34615	31607	92.40	95.88	95.75
延边朝鲜族自治州	/	/	/	/	/	/
哈尔滨市	5188	60028	130401	98.07	89.30	86.00
齐齐哈尔市	5689	4357	3521	83.00	64.60	57.08
大庆市	3835	38435	31979	95.48	93.03	90.43
牡丹江市	1276	20291	53563	61.00	22.31	98.00
合计	34217	281941	389660	94.27	87.55	82.53

资料来源：《中国城市统计年鉴（2015）》《中国区域经济统计年鉴（2015）》。

5.4　江淮城市群

江淮城市群以合肥为中心，包括了芜湖、马鞍山、铜陵、安庆、滁州、六安、池州、宣城 8 个城市。江淮城市群紧邻长三角城市群，承接长三角城市群的产业转移具有得天独厚的条件。在《全国主体功能区规划》

中将江淮城市群定位为承接产业转移的示范区，全国重要的科研教育基地，能源原材料、先进制造业和科技创新基地，区域性的高新技术产业基地。规划将构建"一轴双核两翼"空间开发格局。进一步提升合肥中心城市地位，完善综合服务功能，建设全国重要的科研教育基地、科技创新基地、先进制造业基地和综合交通枢纽。培育形成沿江发展带，壮大主要节点城市规模，推进芜湖、马鞍山一体化，建设皖江城市带承接产业转移示范区。加强农业基础设施建设，调整优化农业结构，发展农产品加工业，不断提高农业效益。加强大别山水土保持和水源涵养功能，保护巢湖生态环境，构建以大别山、巢湖及沿江丘陵为主体的生态格局。

5.4.1　城市群城市体系分析

表 5-16　江淮城市群内部规模等级结构（地级市）

级序	人口级别（人）	城市数量（个）	城市名称
1	>1000 万	0	
2	500 万—1000 万	3	合肥、安庆、六安
3	200 万—500 万	4	芜湖、马鞍山、滁州、宣城
4	200 万以下	2	铜陵、池州

资料来源：《中国城市统计年鉴（2015）》《中国区域经济统计年鉴（2015）》。

江淮城市群的城市整体规模较小，城市空间结构体系呈"扁平化"分布的特征。核心城市合肥的极化效应不显著。2014 年，合肥市的年末总人口为 713 万人，只占到江淮城市群总人口的 20%，核心城市地位不够突出。同时，铜陵市和池州市的人口规模都在 200 万以下。

5.4.2　城市群经济可持续发展分析

江淮城市群属于明显的单结构城市群，合肥是江淮城市群的核心首位城市。合肥 2014 年的地区生产总值为 5180.56 亿元，占整个城市群的 34.93% 以上；工业总产值达到 8447.84 亿元，占到当年江淮城市群工业总产值的 30.41%。而其他城市的地区生产总值和工业总产值的水平相对较低，远远落后于核心城市合肥，比较难以形成综合协同能力。

由于受到长三角地区产业辐射的影响，江淮城市群近年来的发展速度较快。在经济外向度方面，江淮城市群实际使用外资为867697.00万美元，货物进出口总额为3982104.00万美元。

江淮城市群科学技术支出为998872.00万元，其中芜湖的支出水平最高，达到342871.00万元，表明芜湖在江淮城市群中表现出较强的创新能力和发展潜力。较高的科技支出能够提升城市的创新能力和发展能力，为整个城市群的可持续发展注入活力。

从产业结构来看，江淮城市群处于工业化阶段，第二产业比重较高，整个城市群的第二产业比重为56.18%，而第三产业为35.14%。江淮城市群的很多城市的第二产业比重都在50%以上，铜陵竟高达70%以上。如何在第二产业发展的同时，积极实现产业结构的升级转型，发展现代服务业，是江淮城市群提升经济可持续发展能力的重要战略。

表 5-17　2014 年江淮城市群经济发展状况

	地区生产总值（亿元）	工业总产值（亿元）	外商直接投资使用额（万美元）	货物进出口总额（万美元）	科学技术支出（万元）	年末金融机构人民币各项贷款余额（万元）	第二产业比重（%）	第三产业比重（%）
合肥市	5180.56	8447.84	218177.00	1819000.00	290529.00	81696401.00	55.25	39.88
芜湖市	2309.55	5454.16	200340.00	543322.00	342871.00	21671404.00	63.91	30.98
马鞍山市	1333.12	2560.21	176131.00	362511.00	57483.00	11033404.00	62.34	31.88
铜陵市	716.31	1911.76	19577.00	582335.00	73924.00	6381834.00	71.26	26.98
安庆市	1544.32	3011.46	26666.00	180426.00	61902.00	12596902.00	52.76	33.49
滁州市	1214.40	2279.23	92353.00	185545.00	46685.00	10378523.00	53.62	28.75
六安市	1095.81	1751.02	35191.00	80064.00	31524.00	9581490.00	47.47	32.89
池州市	517.17	655.82	30260.00	41018.00	17075.00	4618414.00	47.14	39.60
宣城市	917.63	1705.52	69002.00	187883.00	76879.00	8307725.00	51.40	35.75
合计	14828.86	27777.01	867697.00	3982104.00	998872.00	166266097.00	56.18	35.14

资料来源：《中国城市统计年鉴（2015）》《中国区域经济统计年鉴（2015）》。

5.4.3　城市群社会可持续发展分析

作为整个城市群的核心城市，合肥在医疗、教育、娱乐等方面都具有较突出的表现。合肥每万人拥有卫生机构床位数为 56.74 张，生均财政教育支出为 8324.75 元，影院、剧场 49 个，每百人拥有公共图书馆藏书量 63.91 册。在其他城市中，铜陵和芜湖的人均医疗和教育支出也都有不俗的表现，在部分指标方面甚至超过合肥市。

江淮城市群城镇人均住房建筑面积为 31.84 平方米，铜陵和滁州除外，其他城市的城镇人均住房建筑面积都在 30 平方米以上。从城乡居民收入差距来看，江淮城市群的平均城乡居民收入差距为 15509.48 元，其中马鞍山的城乡居民收入差距最高，竟然达到 21708.00 元，说明其城乡经济发展极不平衡。

表 5-18 2014 年江淮城市群社会可持续发展状况

	每万人拥有卫生机构床位数（张）	生均财政教育支出（元）	影院、剧场个数（个）	每百人拥有公共图书馆藏书量（册）	城镇人均住房建筑面积（平方米）	城乡居民收入差距（元）
合肥市	56.74	8324.75	49	63.91	30.90	17731.00
芜湖市	43.47	10775.05	9	46.56	31.80	15302.00
马鞍山市	33.27	9400.16	4	49.17	30.40	21708.00
铜陵市	68.71	13652.60	7	96.24	28.00	15967.00
安庆市	28.79	8945.82	25	20.72	33.90	14935.00
滁州市	31.70	8420.96	15	17.44	28.00	13408.00
六安市	25.78	8404.30	13	9.04	30.60	13845.00
池州市	33.11	9213.79	7	25.93	38.30	14402.00
宣城市	35.40	13460.97	14	27.78	37.80	12484.00
合计	37.39	9210.53	143	33.31	31.84	15509.48

资料来源：《中国城市统计年鉴（2015）》《中国区域经济统计年鉴（2015）》。

5.4.4 城市群生态可持续发展分析

从土地面积上来看，江淮城市群规模较小，而人口密度较大，不仅对土地承载能力提出了严峻的挑战，而且限制了经济发展的规模经济效应。由于江淮城市群承载着长三角产业转移的重任，引进了许多制造业，这些制造业主要是传统的高能耗、高污染、低效率的产业，容易给资源和环境带来巨大的压力。如何在发展经济的同时，避免环境污染，提高资源利用效率，是江淮城市群面临的重要挑战。在人均用电量和人均用水量方面，江淮城市群的平均水平为 577.31 千瓦时/人和 41.62 吨/人，合肥都排在前列，分别达到 961.83 千瓦时/人和 80.26 吨/人，远高于平均水平。

表 5-19　2014 年江淮城市群资源承载力概况

	土地承载力			资源及能源承载力		
	土地面积（平方公里）	人口密度（人/平方公里）	人均绿地面积（公顷/万人）	人均煤气用量（立方米）	工业用电量（万千瓦时）	人均用水量（吨）
合肥市	11445	622.80	66.02	182.52	561945.00	80.26
芜湖市	5988	642.12	42.83	192.95	728164.00	41.64
马鞍山市	4049	561.13	68.38	266.14	1119492.00	48.45
铜陵市	1201	614.49	114.32	398.69	523640.00	61.60
安庆市	15318	405.34	48.11	82.24	294530.00	34.75
滁州市	13516	332.64	74.48	277.44	131139.00	28.23
六安市	18011	400.03	14.96	29.66	69318.00	10.15
池州市	8272	194.15	21.40	43.23	263389.00	17.62
宣城市	12453	224.68	41.25	43.55	128058.00	16.58
合计	90253	402.17	49.19	147.77	3819675.00	41.62

资料来源：《中国城市统计年鉴（2015）》《中国区域经济统计年鉴（2015）》。

在环境污染方面，江淮城市群的环境污染水平较高，2014 年的单位 GDP 工业废水排放量、单位 GDP 工业二氧化硫排放量和单位 GDP 工业烟（粉）尘排放量分别为 2.94 万吨/亿元、17.63 吨/亿元和 31.33 吨/亿元。其中污染最严重的是马鞍山和铜陵，对整个城市群的生态环境带来巨大的压力。而在污染治理方面，江淮城市群的治理效率相对较低，很多污染物没有得到有效的治理。

表 5-20　2014 年江淮城市群环境承载力概况

	环境污染			污染治理		
	工业废水排放量（万吨）	工业二氧化硫排放量（吨）	工业烟（粉）尘排放量（吨）	一般工业固体废物综合利用率（%）	污水处理厂集中处理率（%）	生活垃圾无害化处理率（%）
合肥市	6920	42364	106284	93.02	87.59	100.00
芜湖市	3900	38706	58660	93.32	89.96	95.88
马鞍山市	7338	58819	100810	71.06	87.83	94.59
铜陵市	5693	31436	29668	83.16	90.14	100.00
安庆市	4661	16014	27399	96.54	86.01	94.84
滁州市	5755	20525	43899	96.56	96.24	79.62
六安市	2740	14279	35888	73.50	90.10	85.60
池州市	2648	19881	16098	85.22	92.24	100.00
宣城市	3893	19357	45950	85.18	95.15	83.18
合计	43548	261381	464656	89.15	89.52	91.66

资料来源：《中国城市统计年鉴（2015）》《中国区域经济统计年鉴（2015）》。

5.5　海峡西岸城市群

　　海峡西岸城市群包括厦门市、福州市、莆田市、三明市、泉州市、漳州市、南平市、龙岩市和宁德市。海峡西岸城市群临近长三角、台湾地区，发挥着承南启北、贯通东西的桥梁纽带作用，是加强两岸交流合作，推动两岸关系和平发展的重要前沿平台和纽带。《全国主体功能区规划》中对海峡西岸城市群的定位为：两岸人民交流合作先行先试区域，服务周边地区发展新的对外开放综合通道，东部沿海地区先进制造业的重要基地，我国重要的自然和文化旅游中心。随着国家"一带一路"中长期发展战略规划的实施，以及福建自贸区的建立，为海峡西岸城市群发展注入了新活力。

5.5.1　城市群城市体系分析

海峡西岸城市群人口规模最大的城市为泉州，2014 年人口总量达到了716 万人，占到了整个海峡西岸城市群总人口的 19%，排在第二位的福州人口为 675 万人，占到了海峡西岸城市群总人口的 18%，与泉州并没有显著差别，城市首位度较低，表明了海峡西岸城市群弱核驱动的模式。而核心城市之一厦门 2014 年总人口仅为 203 万人，不完善的城市群内部等级体系阻碍了海峡西岸城市群的进一步发展。

表 5-21　海峡西岸城市群内部规模等级结构（地级市）

级序	人口级别（人）	城市数量（个）	城市名称
1	>1000 万	0	
2	500 万—1000 万	2	泉州、福州
3	200 万—500 万	6	莆田、三明、漳州、南平、龙岩、宁德
4	200 万以下	1	厦门

资料来源：《中国城市统计年鉴（2015）》《中国区域经济统计年鉴（2015）》。

5.5.2　城市群经济可持续发展分析

海峡西岸城市群与台湾隔海相望，具有良好的招商引资和外向型经济发展条件，也是对台合作的窗口。海峡西岸城市群属于多核驱动模式。

从地区生产总值来看，整个海峡西岸城市群为 24035 亿元，其中前三名为泉州、福州和厦门，分别为 5733.36 亿元、5169.16 亿元和 3273.58 亿元，呈现三足鼎立的局面。工业总产值也呈现类似的地区分布特征，泉州、福州和厦门的工业总产值分别为 10699.43、7495.26 和 4894.93 亿元。中心城市的带动力较弱，经济规模较小，缺乏强大的经济腹地支撑，制约了海峡西岸城市群的发展。

在接受外商投资和货物进出口方面，厦门都具有最好的表现，充分展现了城市群的对外经济贸易窗口作用。2014 年厦门的外商直接投资使用额为 197101.00 万美元，占整个城市群的 28%，货物进出口总额为 8408356.00 万美元，占整个城市群的 49.78%。福建自贸区的设立为整个海峡西岸城市群的外向化发展提供了新的机遇。

从产业结构来看，海峡西岸城市群第二产业的比重为 51.07%，远高于第三产业的比重 40.55%，总体呈现出"二、三、一"的发展特征。除了厦门外，其他城市的第三产业比重都没有达到 50%。泉州第二产业的比重最高，达到 61.98%，这与泉州发达的民营制造业基地紧密相关。

表 5-22　2014 年海峡西岸城市群经济发展状况

	地区生产总值（亿元）	工业总产值（亿元）	外商直接投资使用额（万美元）	货物进出口总额（万美元）	科学技术支出（万元）	年末金融机构人民币各项贷款余额（万元）	第二产业比重（%）	第三产业比重（%）
福州市	5169.16	7495.26	154651.00	3135498.00	93278.00	97668509.00	45.50	46.45
厦门市	3273.58	4894.93	197101.00	8408356.00	173878.00	66439811.00	44.61	54.67
莆田市	1502.07	2315.01	34092.00	477181.00	35031.00	13153225.00	57.70	34.98
三明市	1621.21	3016.64	14033.00	166815.00	39532.00	11936828.00	52.49	32.41
泉州市	5733.36	10699.43	148950.00	2912461.00	105743.00	46736402.00	61.98	35.02
漳州市	2506.36	4042.14	101207.00	973898.00	44054.00	15693169.00	49.77	36.24
南平市	1232.56	1537.61	12000.00	166980.00	19173.00	10120416.00	44.11	33.86
龙岩市	1621.21	1682.31	24082.00	321558.00	48170.00	12919033.00	54.05	34.37
宁德市	1376.09	2721.99	17463.00	325624.00	12963.00	13178947.00	51.28	31.41
合计	24035.60	38405.32	703579.00	16888371.00	571822.00	287846340.00	51.07	40.55

资料来源：《中国城市统计年鉴（2015）》《中国区域经济统计年鉴（2015）》。

5.5.3　城市群社会可持续发展分析

从人均来看，厦门在医疗卫生和教育方面的条件比较领先，每万人拥有卫生机构床位数 61.14 张，生均财政教育支出 16054.55 元/人，每百人拥有公共图书馆藏书量 247.55 册，高于省会城市福州，表现出相对较好的社会服务能力。福州在文化娱乐方面比较具有优势，影院、剧场个数为 36，占整个海峡西岸城市群的 27%。

表 5-23　2014 年海峡西岸城市群社会可持续发展状况

	每万人拥有卫生机构床位数（张）	生均财政教育支出（元）	影院、剧场个数（个）	每百人拥有公共图书馆藏书量（册）	城镇人均住房建筑面积（平方米）	城乡居民收入差距（元）
福州市	43.80	10788.93	36	117.38	37.00	19355.00
厦门市	61.14	16054.55	5	247.55	32.80	26352.00
莆田市	36.19	11461.96	4	26.91	41.50	15633.00
三明市	43.75	13135.84	20	163.80	35.30	15192.00
泉州市	43.55	9152.89	34	75.25	46.00	22114.00
漳州市	38.11	7885.33	10	90.17	39.40	14832.00
南平市	48.67	10245.96	8	64.35	37.70	14287.00
龙岩市	46.97	13635.26	8	59.39	42.60	15703.00
宁德市	33.36	11537.99	6	35.48	43.10	13912.00
合计	42.92	11007.09	131	90.73	40.01	18499.80

资料来源：《中国城市统计年鉴（2015）》《中国区域经济统计年鉴（2015）》。

海峡西岸城市群的城镇人均住房建筑面积为 40.01 平方米，泉州竟然高达 46.00 平方米。海峡西岸城市群的城乡居民收入差距较大，整个城市群的平均水平为 18499.80 元，其中厦门市最高，达到 26352.00 元。

5.5.4　城市群生态可持续发展分析

海峡西岸城市群的土地面积狭小，特别是作为核心城市之一的厦门市，全市土地面积仅有 1573 平方公里，人口密度达到 1251.11 人/平方公里，较紧张的土地限制了城市发展的规模效应，城市群的土地承载力压力较大。海峡西岸城市群的人均绿地面积为 48.35 公顷/万人，其中厦门最好，高达 89.71 公顷/万人，是著名的旅游城市。

表 5-24   2014 年海峡西岸城市群资源承载力概况

	土地承载力			资源及能源承载力		
	土地面积（平方公里）	人口密度（人/平方公里）	人均绿地面积（公顷/万人）	人均煤气用量（立方米）	工业用电量（万千瓦时）	人均用水量（吨）
福州市	13066	516.53	50.82	93.26	360666.00	65.46
厦门市	1573	1293.07	89.71	122.72	1165134.00	70.20
莆田市	4131	825.95	9.79	30.51	309015.00	15.77
三明市	22965	123.67	51.34	105.19	362426.00	49.61
泉州市	11015	650.20	78.42	97.44	484674.00	46.85
漳州市	12554	396.21	42.39	52.65	366840.00	42.14
南平市	26280	121.46	23.44	38.95	347062.00	22.80
龙岩市	19063	161.10	38.30	10.16	263149.00	28.57
宁德市	13452	261.82	21.96	7.04	53344.00	24.34
合计	124099	297.79	48.35	71.64	3712310.00	44.70

资料来源：《中国城市统计年鉴（2015）》《中国区域经济统计年鉴（2015）》。

海峡西岸城市群资源较为缺乏。一次能源的自给率比较低，电煤基本都是外省调入，资源承载力成为影响整个城市群发展的瓶颈，如何优化产业结构、提高管理效率和技术效能，提高能源和资源的使用效率是推动海峡西岸城市群转型升级的关键。海峡西岸城市群的人均用电量较高，平均水平为1509.18千瓦时/人，人均用水量为44.7吨，人均煤气用量为71.64立方米。

海峡西岸城市群是著名的旅游地区，优质的环境是非常重要的资源。但也面临着一定的环境污染，整个城市群2014年单位GDP工业废水排放量为4.25万吨/亿元，单位GDP工业二氧化硫排放量为14.05吨/亿元，单位GDP工业烟（粉）尘排放量为14.46吨/亿元。其中，厦门的工业二氧化硫和工业烟（粉）尘排放量最低。海峡西岸城市群也面临着一定的污染治理压力，如果不能很好地处理污染问题，将成为可持续发展道路上的最大障碍。

表 5-25   2014 年海峡西岸城市群环境承载力概况

	环境污染			污染治理		
	工业废水排放量（万吨）	工业二氧化硫排放量（吨）	工业烟（粉）尘排放量（吨）	一般工业固体废物综合利用率（%）	污水处理厂集中处理率（%）	生活垃圾无害化处理率（%）
福州市	4681	56385	105712	95.97	93.60	99.49
厦门市	27380	16144	4561	97.95	88.01	99.90
莆田市	2633	9076	5232	92.60	87.00	98.10
三明市	12091	43586	73165	90.23	85.00	98.00
泉州市	19258	110699	68355	97.64	87.70	98.40
漳州市	23963	37650	23009	98.17	85.00	97.52
南平市	7216	18334	15370	59.13	85.00	93.28
龙岩市	3315	29006	38573	99.10	89.51	99.19
宁德市	1497	16706	13524	95.84	83.40	92.52
合计	102034	337586	347501	94.92	88.02	97.57

资料来源：《中国城市统计年鉴（2015）》《中国区域经济统计年鉴（2015）》。

5.6   中原城市群

中原城市群以郑州为核心，包括开封、洛阳、平顶山、新乡、焦作、许昌、漯河和济源，共九市，总面积 56809 平方公里。中原城市群是中原文明的发源地，人口密度较大。《全国主体功能区域规划》中对中原城市群的定位为：全国重要的高新技术产业、先进制造业和现代服务业基地，能源原材料基地、综合交通枢纽和物流中心，区域性的科技创新中心，中部地区人口和经济密集区。《中原城市群总体发展规划纲要》中提出了中原城市群发展的框架结构，明确提出中原城市群九市通过在空间、功能、产业、体制、机制等方面的有机结合，努力形成作为一个城市群体发挥作用的集合城市。将重点发展郑汴洛城市工业走廊、加快发展新—郑—漯（京广）产业发展带、发展壮大新—焦—济（南太行）产业发展带、积极培育洛—平—漯产业发展带（张学良，2013）。此外，作为国家中长期重要战略"一带一路"中丝绸之路上的重点发展区域，中原城市群将着力打造"中欧班列"品牌，建设沟通境内外、连接东中西的运输通道，建设航空港、国际陆港；开展跨境贸易电子商务服务试点；优化海关特殊监管区域布局，创新加工贸易模式，深化与沿线国家的产业合作。

5.6.1　城市群城市体系分析

表5-26　中原城市群内部规模等级结构（地级市）

级序	人口级别（人）	城市数量（个）	城市名称
1	>1000 万	0	
2	500 万—1000 万	4	郑州、洛阳、新乡、平顶山
3	200 万—500 万	4	开封、焦作、许昌、漯河
4	200 万以下	0	

资料来源：《中国城市统计年鉴（2015）》《中国区域经济统计年鉴（2015）》。

从表5-26中可以看出，中原城市群的城市规模等级分布趋向于"扁平化"。大部分城市都集中于 200 万—500 万人口和 500 万—1000 万人口的等级之间。缺乏人口超过 1000 万的超大型城市。中原城市群的核心郑州市 2014 年人口为 937 万，占到了城市群总人口的 20.78%。这种扁平化的分布在一定程度上削弱了核心城市的领导能力，影响了中原城市群整体的发展。

5.6.2　城市群经济可持续发展分析

中原城市群是典型的单核心城市群，郑州是中原城市群的核心首位城市，具有较强的经济要素整合能力。2014 年郑州的地区生产总值 6776.99 亿元，占中原城市群的 33.91%，工业总产值 12374.7 亿元，占中原城市群的 31.09%。而其他城市的经济实力相对较弱，对中原城市群形成支撑作用。

在对外联络方面，郑州也是当之无愧的核心城市。2014 年郑州实际利用外资额为 363002.00 万美元，占中原城市群的 36.71%，货物进出口总额为 4274948.00 万美元，占中原城市群的 80.73%。随着自贸区的建立，郑州将打造成内陆开放高地和交通枢纽，通过发挥"东联西进，贯通全球"的优势，建设欧亚大宗商品商贸物流中心、丝绸之路文化交流中心以及能源储运交易中心，打造"一带一路"核心战略腹地。

从产业结构来看，中原城市群第二产业所占的比重为 53.69%，相对较高，而第三产业的比重仅为 38.86%。中原城市群面临着产业升级转型的压力，需要采取措施来调整经济结构，聚焦产业发展重点，形成突破口。

表 5-27　2014 年中原城市群经济发展状况

	地区生产总值（亿元）	工业总产值（亿元）	外商直接投资使用额（万美元）	货物进出口总额（万美元）	科学技术支出（万元）	年末金融机构人民币各项贷款余额（万元）	第二产业比重（%）	第三产业比重（%）
郑州市	6776.99	12374.70	363002.00	4274948.00	144942.00	108683497.00	51.46	46.37
开封市	1492.06	2046.06	49728.00	49988.00	24347.00	8644139.00	45.44	35.45
洛阳市	3284.57	6373.77	241025.00	179484.00	84721.00	22999569.00	51.07	41.87
平顶山市	1637.17	2546.15	36493.00	47610.00	28090.00	12423075.00	53.72	36.08
新乡市	1918.00	4005.18	86988.00	112668.00	39964.00	11750697.00	56.60	31.55
焦作市	1844.31	4744.41	72850.00	226165.00	41304.00	8539799.00	61.80	30.78
许昌市	2087.23	5217.48	59725.00	214340.00	41865.00	11662012.00	60.76	30.39
漯河市	941.16	2493.23	78897.00	44452.00	11240.00	4201775.00	63.71	24.70
济源市				145673.00				
合计	19981.49	39800.97	988708.00	5295328.00	416473.00	188904563.00	53.69	38.86

资料来源：《中国城市统计年鉴（2015）》《中国区域经济统计年鉴（2015）》。

5.6.3　城市群社会可持续发展分析

中原城市群由于人口基数大，卫生资源比较丰富。中原城市群每万人拥有卫生机构床位数为 49.71 张，郑州最高，达到 74.35 张。整个城市群生均财政教育支出为 6257.78 元。郑州作为核心城市，在文化娱乐方面的资源也比较领先，影院、剧场个数为 14，每百人拥有公共图书馆藏书量为 64.36 册。

虽然中原城市群人口稠密，但城镇居民居住面积比较大，城镇人均住房建筑面积平均为 38.75 平方米，其中许昌的居住条件最好，达到 49 平方米。中原城市群的城乡居民收入差距平均为 12656.66 元，洛阳最高，达到 16064.00 元。

表 5-28 2014 年中原城市群社会可持续发展状况

	每万人拥有卫生机构床位数（张）	生均财政教育支出（元）	影院、剧场个数（个）	每百人拥有公共图书馆藏书量（册）	城镇人均住房建筑面积（平方米）	城乡居民收入差距（元）
郑州市	74.35	6135.94	14	64.36	36.70	12606.00
开封市	39.53	4575.94	9	15.57	35.40	11137.00
洛阳市	49.52	7140.34	6	26.65	36.00	16064.00
平顶山市	45.57	6006.28	8	24.29	38.00	13941.00
新乡市	45.03	5812.01	10	19.50	35.70	12377.00
焦作市	42.97	6430.98	12	28.60	41.50	10691.00
许昌市	34.06	7717.38	6	19.69	49.00	10710.00
漯河市	43.13	7417.27	1	16.61	45.30	11298.00
济源市					43.00	11227.00
合计	49.71	6257.78	66	30.63	38.75	12656.66

资料来源：《中国城市统计年鉴（2015）》《中国区域经济统计年鉴（2015）》。

5.6.4 城市群生态可持续发展分析

表 5-29 2014 年中原城市群资源承载力概况

	土地承载力			资源及能源承载力		
	土地面积（平方公里）	人口密度（人/平方公里）	人均绿地面积（公顷/万人）	人均煤气用量（立方米）	工业用电量（万千瓦时）	人均用水量（吨）
郑州市	7446	1259.47	28.45	178.77	2422899.00	29.05
开封市	6444	859.40	41.01	134.00	408292.00	31.32
洛阳市	15236	456.94	34.31	112.27	1576153.00	34.92
平顶山市	7904	704.83	23.82	85.15	610614.00	31.02

	土地承载力			资源及能源承载力		
	土地面积（平方公里）	人口密度（人/平方公里）	人均绿地面积（公顷/万人）	人均煤气用量（立方米）	工业用电量（万千瓦时）	人均用水量（吨）
新乡市	8552	737.25	36.77	126.48	575255.00	27.74
焦作市	4071	907.89	37.34	190.80	1330330.00	25.26
许昌市	4996	1000.40	74.30	139.52	205060.00	37.58
漯河市	2160	1234.72	16.92	62.79	198865.00	12.41
济源市	/	/	/	/	/	/
合计	56809	794.15	31.42	141.35	7327468.00	28.41

资料来源：《中国城市统计年鉴（2015）》《中国区域经济统计年鉴（2015）》。

中原城市群属于人口稠密地区，总体人口密度大，城市群人口密度平均为786.5人/平方公里。郑州的人口密度最大，最近几年郑州人口急剧增长，对交通、环境、资源带来了很大的压力，也制约了城市的进一步发展。

中原城市群的人均煤气用量为141.35立方米，人均用电量为708.43千瓦时，人均用水量为28.41吨。中原地区曾是国家重点建设的老工业基地，对能源的消耗比较大，郑州和洛阳都是用电规模比较大的地区。如何提高能源利用效率，优化产业结构，成为促进中原城市群可持续发展的重要问题。

中原城市群面临着严重的污染问题，单位GDP工业废水排放量为3.75万吨/亿元，单位GDP工业二氧化硫排放量为26.55吨/亿元，单位GDP工业烟（粉）尘排放量为16.77吨/亿元。平顶山的污染排放量最高，这与当地煤炭资源型产业直接相关。作为中国最重要的重工业基地之一，中原城市群产业结构对环境承载能力提出了严峻的挑战。在污染治理方面，中原城市群的一般工业固体废物综合利用率和生活垃圾无害化处理率都低于90%，在污染治理方面仍然有很大的提升空间。发展经济而忽视环境，必定会受到环境的惩罚，中原地区挥之不去的雾霾，就是这种发展模式的产物。

表 5-30 2014 年中原城市群环境承载力概况

	环境污染			污染治理		
	工业废水排放量（万吨）	工业二氧化硫排放量（吨）	工业烟（粉）尘排放量（吨）	一般工业固体废物综合利用率（%）	污水处理厂集中处理率（%）	生活垃圾无害化处理率（%）
郑州市	14704	120909	70053	76.77	95.89	95.00
开封市	8832	42655	30064	100.00	78.24	53.20
洛阳市	6849	104422	48782	65.38	97.71	83.08
平顶山市	5957	103362	113148	93.73	91.76	95.13
新乡市	17795	54095	22911	99.94	90.00	100.00
焦作市	13489	52883	24070	56.51	87.50	97.40
许昌市	4942	35202	21405	98.70	96.99	96.44
漯河市	2396	16916	4728	99.98	96.25	99.89
济源市						
合计	74964	530444	335161	81.47	93.58	89.39

资料来源：《中国城市统计年鉴（2015）》《中国区域经济统计年鉴（2015）》。

5.7 武汉城市群

武汉城市群以武汉为核心，包括黄石、鄂州、孝感、黄冈、咸宁、仙桃、潜江和天门，共九市。在《全国主体功能区规划》中，武汉城市群作为长江中游地区的重要组成部分，其定位为：全国重要的综合交通枢纽，科技教育以及汽车、钢铁基地，区域性的信息产业、新材料、科技创新基地和物流中心。此外，武汉城市群是全国两个"资源节约型和环境友好型社会建设综合改革配套实验区"之一，武汉城市群要围绕"两型"社会建设，以转变经济发展方式为核心，以改革开放为动力，以推进基础设施、产业布局、区域市场、城乡建设、环境保护与生态建设"五个一体化"为抓手，率先在优化结构、节能减排、自主创新等重要领域和关键环节实现新突破，率先在推动科学发展、和谐发展上取得新进展，为构建促进中部地区崛起的重要战略支点提供有力支撑。

5.7.1 城市群城市体系分析

表 5-31 武汉城市群内部规模等级结构（地级市）

级序	人口级别（人）	城市数量（个）	城市名称
1	>1000 万	0	
2	500 万—1000 万	3	武汉、孝感、黄冈
3	200 万—500 万	2	黄石、咸宁
4	200 万以下	1	鄂州

资料来源：《中国城市统计年鉴（2015）》《中国区域经济统计年鉴（2015）》。

武汉城市群中缺乏人口超过 1000 万的超大型城市。城市内部等级规模结构呈"倒金字塔"形，没有形成梯级分布的城市群内部等级体系。虽然武汉在城市群中的经济核心地位较强，但是在人口规模上，并未表现出明显的优势，城市群的首位度较弱。

5.7.2 城市群经济可持续发展分析

武汉城市群是长江经济带的核心地区，具有连接上游和下游的承上启下地位，在中国经济发展和东西部联动方面具有十分关键的作用。武汉城市群是典型的单核城市群，武汉是该城市群的核心。2014 年武汉的地区生产总值为 10069.48 亿元，工业总产值为 11947.87 亿元，处于绝对的优势地位。

在外商投资方面，2014 年武汉城市群实际利用外资 741583.00 万美元，货物进出口总额为 2813805.00 万美元，其中武汉分别为 619858.00 万美元和 2175189.00 万美元，优势明显。在城市创新方面，武汉也走在前列。2014 年武汉的科技支出为 568956.00 万元，占整个城市群的 80%。武汉的聚集效应非常明显，在整个城市群中发挥了中流砥柱的作用。但也应该看到，武汉城市群其他城市的经济体量较小，对外开放程度也低，无法与核心城市形成有效的联动。

从产业结构来看，武汉城市群属于典型的"二、三、一"产业结构。第二产业占据主导地位，而第三产业的比重相对较低，没有城市超过50%。武汉城市群仍然处于工业化中期起步阶段，重工业比重较高，达到74.59%，而轻工业比重仅为25.41%。

表 5-32 2014 年武汉城市群经济发展状况

	地区生产总值（亿元）	工业总产值（亿元）	外商直接投资使用额（万美元）	货物进出口总额（万美元）	科学技术支出（万元）	年末金融机构人民币各项贷款余额（万元）	第二产业比重（%）	第三产业比重（%）
武汉市	10069.48	11947.87	619858.00	2175189.00	568956.00	144633962.00	47.53	49.00
黄石市	1218.56	2190.61	55000.00	285265.00	19878.00	8389620.00	59.37	32.01
鄂州市	686.64	1362.38	21094.00	49218.00	5864.00	3035100.00	59.30	28.88
孝感市	1354.72	2438.71	31061.00	102475.00	34671.00	7855633.00	49.04	32.35
黄冈市	1459.15	1757.46	8690.00	53567.00	55151.00	8111025.00	40.17	35.36
咸宁市	964.25	1701.34	5880.00	33582.00	24583.00	5333028.00	49.43	32.73
仙桃市	/	/	/	66426.00	/	/	/	/
潜江市	/	/	/	41400.00	/	/	/	/
天门市	/	/	/	6683.00	/	/	/	/
合计	15752.80	21398.37	741583.00	2813805.00	709103.00	177358368.00	48.21	43.43

资料来源：《中国城市统计年鉴（2015）》《中国区域经济统计年鉴（2015）》。

5.7.3 城市群社会可持续发展分析

在武汉城市群中，医疗资源、文化资源、娱乐资源都集中在核心城市武汉。武汉每万人拥有卫生机构床位数 77.61 张，影院、剧场个数 123 个，每百人拥有公共图书馆藏书量 154.07 册，在整个城市群处于领先地位。而在教育支出方面，黄冈在人均方面具有突出优势，生均财政教育支出12146.45 元，但从总量上看，武汉市则居于前列。

武汉城市群的居住条件还是相当不错的，城镇人均住房建筑面积平均为 37.59 平方米，其中天门最高，达到 51.2 平方米。武汉城市群的城乡收入差距为 12863.56 元，其中武汉最为严峻，为 17108 元。

表5-33 2014年武汉城市群社会可持续发展状况

	每万人拥有卫生机构床位数（张）	生均财政教育支出（元）	影院、剧场个数（个）	每百人拥有公共图书馆藏书量（册）	城镇人均住房建筑面积（平方米）	城乡居民收入差距（元）
武汉市	77.61	8420.66	123	154.07	34.80	17108.00
黄石市	47.70	7861.20	6	48.46	31.10	12838.00
鄂州市	46.58	9411.91	2	37.21	36.80	10668.00
孝感市	32.52	9679.93	9	15.41	39.90	10796.00
黄冈市	37.31	12146.45	28	23.33	37.10	11466.00
咸宁市	37.16	7725.46	2	30.40	45.90	10101.00
仙桃市	／	／	／	／	36.90	8700.00
潜江市	／	／	／	／	37.40	9170.00
天门市	／	／	／	／	51.20	7504.00
合计	49.80	9130.12	170	64.64	37.59	12863.56

资料来源：《中国城市统计年鉴（2015）》《中国区域经济统计年鉴（2015）》。

5.7.4 城市群生态可持续发展分析

表5-34 2014年武汉城市群资源承载力概况

	土地承载力			资源及能源承载力		
	土地面积（平方公里）	人口密度（人/平方公里）	人均绿地面积（公顷/万人）	人均煤气用量（立方米）	工业用电量（万千瓦时）	人均用水量（吨）
武汉市	8494	973.9816	36.28	285.49	2140852.00	97.25
黄石市	4583	578.4421	31.76	248.88	545139.00	58.86
鄂州市	1596	690.4762	16.07	34.66	549618.00	25.29
孝感市	8910	590.0112	19.05	48.05	89356.00	21.87
黄冈市	17457	424.7007	29.94	68.60	41727.00	60.28
咸宁市	10027	295.7016	60.46	156.17	85282.00	25.12
仙桃市	／	／	／	／	／	／
潜江市	／	／	／	／	／	／
天门市	／	／	／	／	／	／
合计	51067	541.6805	32.92	208.76	3451974.00	70.48

资料来源：《中国城市统计年鉴（2015）》《中国区域经济统计年鉴（2015）》。

在武汉城市群中，土地面积最大的是黄冈，全市土地面积为 17457 平方公里，第二是咸宁，为 10027 平方公里。核心城市武汉的土地面积为 8494 平方公里，排名第四。武汉市的人口密度较高，给土地和资源带来一定的压力。

武汉城市群人均煤气用量为 208.76 立方米，武汉市的消耗量最高，达到 285.49 立方米/人。整个城市群的人均用电量为 911.43 千瓦时，武汉则高达 1193.41 千瓦时/人，居于首位。整个城市群人均用水量为 70.48 吨，武汉为 97.25 吨/人。武汉在资源消耗方面面临巨大的压力。

重工业为主的产业结构和密集的人口对武汉城市群环境带来巨大的压力。2014 年武汉城市群单位 GDP 工业废水排放量为 2.19 万吨/亿元，黄石最高，达到 4.77 万吨/亿元。城市群单位 GDP 工业二氧化硫排放量为 16.6 吨/亿元，最严重的城市黄石为 53.76 吨/亿元。城市群单位 GDP 工业烟（粉）尘排放量为 11.03 吨/亿元，其中鄂州最高，达到 72.84 吨/亿元。较高的污染排放量是工业化的结果，武汉城市群面临着转变产业结构和生产方式的巨大压力。

在污染治理方面，武汉城市群虽然采取了一定的措施来治理污染，但治理效率比较低，一般工业固体废物综合利用率和污水集中处理率较低。

表 5-35 2014 年武汉城市群环境承载力概况

	环境污染			污染治理		
	工业废水排放量（万吨/亿元）	工业二氧化硫排放量（吨/亿元）	工业烟（粉）尘排放量（吨/亿元）	一般工业固体废物综合利用率（%）	污水处理厂集中处理率（%）	生活垃圾无害化处理率（%）
武汉市	17097	84500	21600	98.71	93.00	100.00
黄石市	5812	65513	43301	93.42	90.60	100.00
鄂州市	1710	32875	50017	88.75	81.97	100.00
孝感市	4900	39800	21100	61.79	80.90	100.00
黄冈市	3011	15339	23111	91.44	85.00	100.00
咸宁市	1918	23510	14577	54.71	91.00	100.00
仙桃市	/	/	/	/	/	/

	环境污染			污染治理		
	工业废水排放量（万吨/亿元）	工业二氧化硫排放量（吨/亿元）	工业烟（粉）尘排放量（吨/亿元）	一般工业固体废物综合利用率（%）	污水处理厂集中处理率（%）	生活垃圾无害化处理率（%）
潜江市	/	/	/	/	/	/
天门市	/	/	/	/	/	/
合计	34448	261537	173706	89.23	89.86	100.00

资料来源：《中国城市统计年鉴（2015）》《中国区域经济统计年鉴（2015）》。

5.8　环长株潭城市群

环长株潭城市群同武汉城市群一样，也是全国资源节约型和环境友好型社会建设示范区，同时，其也是长江中游城市群的重要组成部分。环长株潭城市群以长沙为核心，包括了株洲、湘潭、衡阳、岳阳、益阳、常德和娄底，共九市。《全国主体功能区规划》中对环长株潭城市群的定位是：全国资源节约型和环境友好型社会建设的示范区，全国重要的综合交通枢纽以及交通运输设备、工程机械、节能环保装备制造、文化旅游的商贸物流基地，区域性的有色金属和生物医药、新材料、新能源、电子信息等战略新兴产业基地。

5.8.1　城市群城市体系分析

表5-36　环长株潭城市群内部规模等级结构（地级市）

级序	人口级别（人）	城市数量（个）	城市名称
1	>1000万	0	
2	500万—1000万	4	长沙、衡阳、岳阳、常德
3	200万—500万	4	株洲、湘潭、益阳、娄底
4	200万以下	0	

资料来源：《中国城市统计年鉴（2015）》《中国区域经济统计年鉴（2015）》。

环长株潭城市群在城市群结构上呈现出较为明显的"扁平化"趋势。没有人口超过 1000 万的大城市。此外,人口最多的衡阳 2014 年人口为 792 万人,排在第二位的长沙 2014 年人口为 671 万人,人口规模相差较小,城市群首位度较弱,核心城市聚集效应较弱,城市等级规模体系不够完整。

5.8.2 城市群经济可持续发展分析

环长株潭城市群也是长江经济带的一个关键节点,是国家中部崛起战略的重要支点,具有得天独厚的地理位置和发展机遇。环长株潭城市群也是单核城市群,长沙处于核心地位。2014 年环长株潭城市群地区生产总值为 21600.43 亿元,其中长沙为 7824.81 亿元,占 36.22%;工业总产值为 28388.94 亿元,其中长沙为 9544.76 亿元,占 33.62%。从对外经济交往方面来看,2014 年外商直接投资使用额为 795675.00 万美元,货物进出口总额为 2002842.00 万美元,其中长沙分别为 396910.00 万美元和 989253.00 万美元,分别占整个城市群的 49.88% 和 49.39%。可见,长沙在环长株潭城市群中具有聚集效应和引领作用。环长株潭城市群由于处于几大发展区域的边缘和交叉地带,如果不在区域经济发展中,充分利用各种有利的条件提升经济发展质量和能级,将面临被边缘化的风险。

表 5-37　2014 年环长株潭城市群经济发展状况

	地区生产总值(亿元)	工业总产值(亿元)	外商直接投资使用额(万美元)	货物进出口总额(万美元)	科学技术支出(万元)	年末金融机构人民币各项贷款余额(万元)	第二产业比重(%)	第三产业比重(%)
长沙市	7824.81	9544.76	396910.00	989253.00	224570.00	103374785.00	54.20	41.81
株洲市	2161.01	3009.64	82403.00	256633.00	43909.00	11092680.00	59.24	33.04
湘潭市	1570.56	2833.14	82823.00	263497.00	25778.00	11128052.00	56.98	34.88
衡阳市	2396.55	2343.96	89960.00	181364.00	19703.00	9555451.00	46.73	38.28
岳阳市	2669.34	4795.22	32918.00	64423.00	35361.00	7719736.00	53.87	35.33
益阳市	1253.15	1839.45	20826.00	48515.00	20771.00	5492274.00	44.03	37.48
常德市	2514.15	2310.27	60649.00	56210.00	22884.00	9240319.00	47.65	38.91
娄底市	1210.86	1712.51	29186.00	142947.00	9434.00	7041588.00	53.50	32.03
合计	21600.43	28388.94	795675.00	2002842.00	402410.00	164644885.00	52.46	38.28

资料来源:《中国城市统计年鉴(2015)》《中国区域经济统计年鉴(2015)》。

2014 年环长株潭城市群的科学技术支出为 402410.00 万元，年末金融机构人民币各项贷款余额为 164644885.00 万元，这些因素都能够为整个城市群的发展提供要素支撑。长沙在这些要素方面具有绝对优势，充分发挥了资源整合能力。

从产业结构来看，环长株潭城市群的第二产业比较发达，占 52.46%，而第三产业的比重仅为 38.28%。株洲是亚洲最大的有色金属冶炼基地、硬质合金研制基地、电动汽车研制基地。湘潭也是全国重要的工业城市。

5.8.3 城市群社会可持续发展分析

表 5-38　2014 年环长株潭城市群社会可持续发展状况

	每万人拥有卫生机构床位数（张）	生均财政教育支出（元）	影院、剧场个数（个）	每百人拥有公共图书馆藏书量（册）	城镇人均住房建筑面积（平方米）	城乡居民收入差距（元）
长沙市	85.45	9047.28	16	114.73	41.40	13889.00
株洲市	54.01	9816.18	16	35.50	49.60	15790.00
湘潭市	54.30	6809.65	10	45.97	49.50	12137.00
衡阳市	41.18	5901.65	5	23.84	43.20	10421.00
岳阳市	35.49	8035.20	28	21.69	43.80	11263.00
益阳市	36.68	8619.21	6	23.22	44.60	8799.00
常德市	43.53	9689.07	29	25.04	47.80	11137.00
娄底市	36.62	6486.07	4	20.90	48.30	11621.00
合计	48.86	7975.85	114	40.31	45.30	11826.67

资料来源：《中国城市统计年鉴（2015）》《中国区域经济统计年鉴（2015）》。

在社会发展方面，长沙市在医疗和图书馆方面都具有领先优势。长沙每万人拥有卫生机构床位数 85.45 张，每百人拥有公共图书馆藏书量114.73 册，远高于其他城市。从居住条件来看，环长株潭城市群城镇人均住房建筑面积 45.30 平方米，所有城市都在 40 平方米以上，株洲和湘潭处于领先地位。城乡居民收入差距水平也相对较低，平均水平为 11826.67元，具有较好的城乡和谐发展水平。

5.8.4 城市群生态可持续发展分析

表 5-39 2014 年环长株潭城市群资源承载力概况

	土地承载力			资源及能源承载力		
	土地面积（平方公里）	人口密度（人/平方公里）	人均绿地面积（公顷/万人）	人均煤气用量（立方米）	工业用电量（万千瓦时）	人均用水量（吨）
长沙市	11816	568.21	33.49	282.23	387454.00	111.63
株洲市	11262	351.71	43.72	222.91	528818.00	78.89
湘潭市	5008	582.07	34.17	1711.06	618036.00	46.07
衡阳市	15303	517.22	50.04	216.43	439636.00	50.57
岳阳市	14858	379.12	39.65	146.64	486999.00	45.01
益阳市	12320	392.41	26.35	48.02	149696.00	17.99
常德市	18177	334.87	24.43	105.32	174566.00	28.85
娄底市	8117	548.11	42.04	57.01	506875.00	60.37
合计	96861	438.84	35.13	310.46	3292080.00	63.99

资料来源：《中国城市统计年鉴（2015）》《中国区域经济统计年鉴（2015）》。

环长株潭城市群的土地面积较大，大部分城市都超过 10000 平方公里。城市人口密度适中，只有长沙、湘潭和衡阳的人口密度超过 500 人/平方公里。较多的土地资源为经济社会发展提供了强大的支撑。

环长株潭城市群的人均煤气用量为 310.46 立方米，其中湘潭最高，达到 1711.06 立方米；人均用电量为 931.09 千瓦时，其中长沙最高，达到 1532.27 千瓦时；人均用水量为 63.99 吨，其中长沙最高，达到 111.63 吨。

表 5-40 2014 年环长株潭城市群环境承载力概况

	环境污染			污染治理		
	工业废水排放量（万吨）	工业二氧化硫排放量（吨）	工业烟（粉）尘排放量（吨）	一般工业固体废物综合利用率（%）	污水处理厂集中处理率（%）	生活垃圾无害化处理率（%）
长沙市	4397	19576	17323	90.12	94.46	100.00
株洲市	5929	39589	5623	98.15	89.82	100.00
湘潭市	5260	39173	63347	87.27	72.30	96.82

	环境污染			污染治理		
	工业废水排放量（万吨）	工业二氧化硫排放量（吨）	工业烟（粉）尘排放量（吨）	一般工业固体废物综合利用率（%）	污水处理厂集中处理率（%）	生活垃圾无害化处理率（%）
衡阳市	6466	75889	38423	88.20	88.27	100.00
岳阳市	10468	53782	22677	84.98	93.00	91.00
益阳市	4794	47525	31696	97.42	86.09	100.00
常德市	10202	38704	23168	97.00	68.47	100.00
娄底市	5519	94980	34493	89.48	90.57	98.38
合计	53035	409218	236750	90.12	94.46	100.00

资料来源：《中国城市统计年鉴（2015）》《中国区域经济统计年鉴（2015）》。

在环境污染方面，环长株潭城市群单位 GDP 工业废水排放量 2.74 万吨/亿元，单位 GDP 工业二氧化硫排放量 18.32 吨/亿元，单位 GDP 工业烟（粉）尘排放量 2.60 吨/亿元，造成了严重的污染问题。从污染总量来看，衡阳的工业二氧化硫排放量较高，而娄底的工业烟（粉）尘排放量最高。在污染治理方面还有很大的提升空间。城市群一般工业固体废物综合利用率在 90.12%，污水处理厂集中处理率为 94.46%，还有进一步提升的潜力。

5.9　成渝城市群

成渝城市群以成都和重庆为核心，包括自贡、泸州、德阳、绵阳、遂宁、内江、乐山、南充、眉山、宜宾、广安、达州、雅安和资阳，共 16 市。成渝城市群位于全国"两横三纵"城镇化战略格局中沿长江通道横轴和包昆通道纵轴的交汇处。《全国主体功能区规划》中对该区域的功能定位为：全国统筹城乡发展的示范区，全国重要的高新技术产业、先进制造业和现代服务业基地，科技教育、商贸物流、金融中心和综合交通枢纽，西南地区科技创新基地，西部地区重要的人口和经济密集区。在 2011 年国务院正式批复的《成渝经济区区域规划》中，成渝城市群的定位为：西部地区重要的经济中心、全国重要的现代化产业基地、辐射西部的现代服务业高地、深化内陆开放的试验区、统筹城乡发展的示范区、长江上游生态安全的保障区。而在国家 2013 年提出的"一带一路"中长期发展规划中，成渝城市群位于丝绸之路经济带和长江经济带的交汇点，是西部地区发展基础最好、发展潜力最大的区域。《推动共建丝绸之路经济带和 21 世纪海上丝绸之路的愿景和行动》《依托黄金水道推动长江经济带发展的指导意见》等文件都提出，要"依托成渝城市群等重点区域，把重庆打造成西部开发开放重要支撑，建设成都等内陆开放型经济高地""把成渝城市群打造成为现代产业基地、西部地区重要经济中心和长江上游开放高地"。

5.9.1 城市群城市体系分析

表 5-41 成渝城市群内部规模等级结构（地级市）

级序	人口级别（人）	城市数量（个）	城市名称
1	>1000 万	2	重庆、成都
2	500 万—1000 万	6	泸州、绵阳、南充、宜宾、达州、资阳
3	200 万—500 万	7	自贡、德阳、遂宁、内江、乐山、眉山、广安
4	200 万以下	1	雅安

资料来源：《中国城市统计年鉴（2015）》《中国区域经济统计年鉴（2015）》。

成渝城市群内部规模等级基本呈金字塔型分布。直辖市重庆市 2014 年人口达到了 3375 万人，排在第二位的成都市人口为 1211 万人，城市群首位度较高。此外，又有泸州、绵阳、南充、宜宾、达州和资阳等一系列人口规模在 500 万—1000 万之间的城市，以及自贡、德阳、遂宁、内江、乐山、眉山和广安人口规模在 200 万—500 万间的城市对核心城市形成支撑，城市群的城市等级体系分布较为合理。

5.9.2 城市群经济可持续发展分析

成渝城市群是西部发展水平较高的地区，在西部地区发挥着资源聚集和产业基地的作用。重庆和成都作为成渝城市群的核心城市，具有较高的聚集作用，形成了典型的双核结构。

·2014 年成渝城市群的地区生产总值为 40667.97 亿元，工业总产值为 51901.14 亿元。重庆的地区生产总值和工业总产值分别为 14262.60 亿元和 18782.33 亿元，占成渝城市群的 35.07% 和 36.18%。成都的地区生产总值和工业总产值分别为 10056.59 亿元和 10380.63 亿元，占成渝城市群的 24.72% 和 20.00%。重庆在电子信息、汽车、装备制造、综合化工、新材料、能源和消费品制造方面形成了产业优势。成都在电子工业、信息技术等方面已经形成了产业集群和生产基地。

表 5-42 2014 年成渝城市群经济发展状况

	地区生产总值（亿元）	工业总产值（亿元）	外商直接投资使用额（万美元）	货物进出口总额（万美元）	科学技术支出（万元）	年末金融机构人民币各项贷款余额（万元）	第二产业比重（%）	第三产业比重（%）
重庆市	14262.60	18782.33	1062946.00	6869216.00	381647.00	200114985.00	45.78	46.78
成都市	10056.59	10380.63	876000.00	5060901.00	253590.00	197789312.00	44.83	51.62
自贡市	1073.40	1618.07	2218.00	101359.00	32228.00	5208133.00	59.27	29.39
泸州市	1259.73	1577.95	6302.00	22654.00	25454.00	9207784.00	60.25	27.06
德阳市	1515.65	2919.83	20700.00	339151.00	36192.00	10658069.00	59.70	27.15
绵阳市	1579.89	2190.29	22982.00	280984.00	76637.00	13985038.00	50.97	33.35
遂宁市	809.55	1297.66	6008.00	55565.00	7773.00	6150110.00	55.50	27.30
内江市	1156.77	1654.49	7115.00	36299.00	8942.00	6080748.00	61.47	22.75
乐山市	1207.59	1683.76	10624.00	111974.00	18374.00	10886135.00	59.65	29.16
南充市	1432.02	1935.96	8032.00	67250.00	12303.00	10380655.00	50.50	27.85
眉山市	944.89	1226.00	20514.00	28802.00	7620.00	6265205.00	56.59	27.60
宜宾市	1443.81	1823.64	5055.00	81251.00	30468.00	9007879.00	59.48	26.19
广安市	919.61	1291.16	4194.00	99254.00	7734.00	5149718.00	52.51	30.56
达州市	1347.83	1065.72	6000.00	31431.00	14524.00	8017122.00	52.35	27.06
雅安市	462.41	448.44	2066.00	6887.00	33733.00	4749763.00	57.13	28.47
资阳市	1195.60	2005.20	10480.00	54330.00	17864.00	6420804.00	55.99	23.78
合计	40667.97	51901.14	2071236.00	13247308.00	965083.00	510071460.00	48.93	41.21

资料来源：《中国城市统计年鉴（2015）》《中国区域经济统计年鉴（2015）》。

在对外经济交往方面，成渝城市群也有突出的表现。2014 年成渝城市群实际利用外资 2071236.00 万美元，货物进出口总额为 13247308.00 万美元。重庆和成都都有十分突出的表现。重庆 2014 年实际利用外资 1062946.00 万美元，占成渝城市群的 51.31%，货物进出口总额为 6869216.00 万美元，占成渝城市群的 51.85%。成都 2014 年实际利用外资 876000.00 万美元，占成渝城市群的 42.29%，货物进出口总额为 5060901.00 万美元，占成渝城市群的 38.20%。进一步体现了成渝城市群的双核结构。

成渝城市群 2014 年的科学技术支出为 965083.00 万元，年末金融机构人民币各项贷款余额 510071460.00 万元，重庆和成都远高于其他城市。

从产业结构来看，重庆和成都的第二产业和第三产业都比较发达，产业结构相对完善。在两个核心城市的强力带动下，成渝城市群是中国"第四极"的有力竞争者。

5.9.3 城市群社会可持续发展分析

表 5-43 2014 年成渝城市群社会可持续发展状况

	每万人拥有卫生机构床位数（张）	生均财政教育支出（元）	影院、剧场个数（个）	每百人拥有公共图书馆藏书量（册）	城镇人均住房建筑面积（平方米）	城乡居民收入差距（元）
重庆市	44.06	10676.44	12	36.81	28.40	16884.16
成都市	83.67	8919.35	9	161.26	32.80	16983.00
自贡市	46.92	6893.27	5	14.88	31.30	12528.00
泸州市	40.93	7789.95	8	24.04	33.80	14366.00
德阳市	46.77	7914.91	11	40.43	35.60	14607.00
绵阳市	56.04	7307.44	17	33.80	36.50	13843.00
遂宁市	40.10	8587.63	15	45.05	36.40	12241.00
内江市	45.49	7748.02	9	13.15	35.90	12530.00
乐山市	49.06	9236.37	1	16.95	35.20	13924.00
南充市	36.93	8025.74	3	14.30	33.60	11556.00
眉山市	42.25	12605.05	6	9.30	39.80	12568.00
宜宾市	43.55	8693.25	10	22.50	33.90	13912.00
广安市	26.60	7987.92	9	36.15	41.30	13718.00

续表

	每万人拥有卫生机构床位数（张）	生均财政教育支出（元）	影院、剧场个数（个）	每百人拥有公共图书馆藏书量（册）	城镇人均住房建筑面积（平方米）	城乡居民收入差距（元）
达州市	31.44	7659.47	13	26.56	33.90	10914.00
雅安市	67.29	6722.71	2	44.08	35.80	14161.00
资阳市	39.22	6973.47	7	24.56	36.80	14111.00
合计	47.13	9041.48	137	43.66	32.90	14807.71

资料来源：《中国城市统计年鉴（2015）》《中国区域经济统计年鉴（2015）》。

四川地区素有"天府之国"的美誉，具有较高的宜居指数。重庆和成都在医疗、文化、娱乐等指标方面都有较好的表现。重庆每万人拥有卫生机构床位数 44.06 张，而成都高达 83.67 张；重庆拥有影院、剧场 12 个，而成都有 9 个。在图书方面，成都每百人拥有公共图书馆藏书量 161.26 册，拥有较好的图书资源。

成渝城市群的城乡收入差距较小，平均水平为 14807.71 元。除了重庆和成都外，其他城市的城乡收入差距都在 15000 元以内。

5.9.4 城市群生态可持续发展分析

表 5-44 2014 年成渝城市群资源承载力概况

	土地承载力			资源及能源承载力		
	土地面积（平方公里）	人口密度（人/平方公里）	人均绿地面积（公顷/万人）	人均煤气用量（立方米）	工业用电量（万千瓦时）	人均用水量（吨）
重庆市	82374	409.74	27.27	165.38	4670329.00	27.10
成都市	12133	997.86	33.97	372.24	821900.00	89.76
自贡市	4381	753.25	26.16	96.50	129452.00	16.75
泸州市	12236	415.90	30.87	532.44	249376.00	26.88
德阳市	5910	664.13	35.93	654.04	180184.00	34.36
绵阳市	20248	271.04	33.62	380.39	269660.00	41.23
遂宁市	5325	714.37	39.05	80.85	74126.00	13.20
内江市	5385	791.09	17.58	72.01	85294.00	15.40
乐山市	12723	279.57	26.51	235.53	494964.00	23.70

续表

	土地承载力			资源及能源承载力		
	土地面积 （平方公里）	人口密度 （人/平方 公里）	人均绿地面积 （公顷/万人）	人均煤气用量 （立方米）	工业用电量 （万千瓦时）	人均用水量 （吨）
南充市	12477	608.32	21.43	84.88	120833.00	20.95
眉山市	7146	493.98	17.40	64.29	105186.00	19.26
宜宾市	13271	417.68	26.24	84.93	215354.00	23.85
广安市	6341	743.89	13.22	51.21	161666.00	8.55
达州市	16588	414.82	12.73	55.78	340510.00	23.76
雅安市	15046	104.48	13.69	83.52	177796.00	18.25
资阳市	7960	637.31	14.57	46.75	47759.00	10.53
合计	239544	459.99	26.62	193.20	8144389.00	32.94

资料来源：《中国城市统计年鉴（2015）》《中国区域经济统计年鉴（2015）》。

成渝城市群土地资源十分丰富。重庆市的土地面积为 82374 平方公里，人口密度较低。城市群平均人口密度为 457.95 人/平方公里。两个核心城市的人口密度均在 1000 人/平方公里以下。充足的土地资源能够为城市群经济社会的发展提供有力的支撑。

在资源和能源方面，成渝城市群人均煤气用量为 193.2 立方米，人均用电量 554.59 千瓦时，人均用水量 32.94 吨。在人均生活用气、用电和用水方面，成都的水平较高，分别达到 372.24 立方米、980.26 千瓦时和 89.76 吨。

表 5-45　2014 年成渝城市群环境承载力概况

	环境污染			污染治理		
	工业废水 排放量 （万吨）	工业二氧 化硫排放量 （吨）	工业烟（粉） 尘排放量 （吨）	一般工业固体 废物综合 利用率（%）	污水处理 厂集中处 理率（%）	生活垃圾 无害化处 理率（%）
重庆市	34968	474805	214774	84.49	92.25	99.25
成都市	10064	50754	25574	97.44	87.75	100.00
自贡市	1684	24761	7973	82.44	90.22	92.00
泸州市	3084	33745	8741	97.01	49.69	74.21
德阳市	6506	20009	19847	99.98	86.94	100.00

	环境污染			污染治理		
	工业废水排放量（万吨）	工业二氧化硫排放量（吨）	工业烟（粉）尘排放量（吨）	一般工业固体废物综合利用率（%）	污水处理厂集中处理率（%）	生活垃圾无害化处理率（%）
绵阳市	5614	34586	8401	99.56	84.29	93.50
遂宁市	1478	6765	2567	100.00	93.76	89.45
内江市	2789	92236	31169	86.15	87.33	87.85
乐山市	4588	42721	38620	96.09	82.41	69.45
南充市	2537	7090	4428	99.00	81.79	85.04
眉山市	3974	21192	13352	100.00	61.21	100.00
宜宾市	8560	91234	20224	73.45	81.25	98.89
广安市	1758	44993	17447	33.54	100.00	100.00
达州市	2222	48069	34827	98.90	65.96	92.85
雅安市	967	5933	11271	93.14	68.92	98.00
资阳市	820	6107	6077	99.36	89.24	91.02
合计	91613	1005000	465292	89.92	86.74	94.22

资料来源：《中国城市统计年鉴（2015）》《中国区域经济统计年鉴（2015）》。

尽管重庆对整个城市群经济发展的贡献比较大，但对环境也带来了很大的不利影响。2014 年重庆工业废水排放量 34968 万吨，占整个城市群的 38.16%；工业二氧化硫排放量 474805 吨，占整个城市群的 47.24%；工业烟（粉）尘排放量 214774 吨，占整个城市群的 46.15%。重庆是老工业基地，以汽车装备制造、能源、冶金等传统产业作为支柱产业，极大地制约了其可持续发展能力的提升。而成都的第三产业比较发达，并且逐步形成了高科技产业集群，环境污染方面成都的影响小于重庆。在污染治理方面，成渝城市群很多城市的污染治理率不到 90%，还有很大的提升空间。

5.10　关中—天水城市群

关中—天水城市群以西安为中心，包括铜川、宝鸡、咸阳、渭南、天水和商洛，共七市。关中—天水城市群位于亚欧大陆桥中心，处于承东启西、连接南北的战略要地。《全国主体功能区规划》中对该区域的功能定位是：西部地区重要的经济中心，全国重要的先进制造业和高新技术产业基地，科技教育、商贸中心和综合交通枢纽，西北地区重要的科技创新基地，全国重要的历史文化基地。在《关中—天水经济区发展规划中》对关中—天水城市群的定位为：全国内陆型经济开放战略高地、统筹科技资源改革示范基地、全国先进制造业重要基地、全国现代农业高新技术产业基地、彰显华夏文明的历史文化基地。

5.10.1 城市群城市体系分析

从表5-46中可以看出，关中—天水城市群人口规模总体呈扁平化分布。西安人口达到815万人，咸阳市人口为527万人，渭南人口接近561万人。而其他城市的人口都在500万人以下，铜川人口甚至不到100万。整个关中—天水城市群缺乏人口超过1000万的超大型城市。西安作为该城市群的核心，其辐射能力有限。关中—天水城市群属于比较典型的"弱核牵引"发展模式。

表5-46 关中—天水城市群内部规模等级结构（地级市）

级序	人口级别（人）	城市数量（个）	城市名称
1	>1000 万	0	
2	500 万—1000 万	3	西安、咸阳、渭南
3	200 万—500 万	3	宝鸡、天水、商洛
4	200 万以下	1	铜川

资料来源：《中国城市统计年鉴（2015）》《中国区域经济统计年鉴（2015）》。

5.10.2 城市群经济可持续发展分析

关中—天水城市群也是单核城市群，西安市是整个城市群的核心，具有较强的集聚效应。2014年关中—天水城市群的地区生产总值达到12061.08亿元，工业总产值为13695.91亿元，其中西安的相应指标分别为 5492.64 亿元和 4961.12 亿元,分别占整个城市群的 45.54% 和 36.22%。

关中—天水城市群 2014 年的利用外资额为 468810.00 万美元,西安为 370310.00 万美元,占整个城市群的 78.98%;整个城市群货物进出口总额 为 2016817.00 万美元,西安为 1788534.00 万美元,占整个城市群的 89.17%。在对外经济交往方面,西安市是名副其实的核心城市。但这也说明其他城市比较难以对西安形成支撑效应,西安显得势单力薄。"一带一路"和自贸区建设将为西安提供一个发展新机遇,能够极大提升西安作为整个城市群核心城市的辐射带动能力和开放程度。

关中—天水城市群的科学技术支出为 220884.00 万元,年末金融机构人民币各项贷款余额为 150622076.00 万元,其中西安的相关指标分别为 134866.00 万元和 115762960.00 万元,分别占整个城市群的 61.05% 和 76.85%。说明西安在科技要素和金融资源方面也是整个城市群的核心,将支撑整个城市群的资源要素配置。但西安本身资源要素配置能力比较有限,产业发展和转型升级滞后,严重影响到西安及整个城市群的发展。

从产业结构来看,西安市的第三产业比较发达,占比为 56.14%。而其他城市第二产业比重较高。这样的产业结构对资源和环境的可持续发展提出了很大的挑战。

表 5-47　2014 年关中—天水城市群经济发展状况

	地区生产总值(亿元)	工业总产值(亿元)	外商直接投资使用额(万美元)	货物进出口总额(万美元)	科学技术支出(万元)	年末金融机构人民币各项贷款余额(万元)	第二产业比重(%)	第三产业比重(%)
西安市	5492.64	4961.12	370310.00	1798534.00	134866.00	115762960.00	39.96	56.14
铜川市	325.36	558.91	2100.00	1623.00	4926.00	1241830.00	62.97	30.08
宝鸡市	1642.90	2274.97	80028.00	88740.00	24172.00	8896736.00	64.01	26.17
咸阳市	2077.34	3002.05	10356.00	60516.00	12936.00	9018157.00	58.72	25.79
渭南市	1423.75	1959.32	1216.00	24335.00	25459.00	8113953.00	52.77	32.68
天水市	522.82	334.27	/	36824.00	11075.00	4737240.00	35.55	47.15
商洛市	576.27	605.26	4800.00	6245.00	7450.00	2851200.00	52.00	32.24
合计	12061.08	13695.91	468810.00	2016817.00	220884.00	150622076.00	46.71	44.10

资料来源:《中国城市统计年鉴(2015)》《中国区域经济统计年鉴(2015)》。

5.10.3 城市群社会可持续发展分析

关中—天水城市群的每万人拥有卫生机构床位数、影院、剧场个数、每百人拥有公共图书馆藏书量分别为 45.81 张、147 个和 44.25 册。作为关中—天水城市群的核心城市，西安在医疗卫生、文化娱乐、图书馆等方面都有比较突出的表现，每万人拥有卫生机构床位数 57.74 张，影院、剧场 62 个，每百人拥有公共图书馆藏书量 93.03 册。但在教育财政支出方面，铜川处于领先地位。

除了天水外，其他城市城镇人均住房建筑面积都在 30 — 40 平方米。关中—天水城市群的城乡居民收入差距为 18161.58 元，表现出较大的收入差距。这些因素是制约关中—天水城市群可持续发展的障碍。

表 5-48　2014 年关中—天水城市群社会可持续发展状况

	每万人拥有卫生机构床位数（张）	生均财政教育支出（元）	影院、剧场个数（个）	每百人拥有公共图书馆藏书量（册）	城镇人均住房建筑面积（平方米）	城乡居民收入差距（元）
西安市	57.74	6446.18	62	93.03	33.40	20170.00
铜川市	56.71	22058.86	8	96.13	34.40	16355.00
宝鸡市	49.63	12438.93	39	36.50	31.00	20133.00
咸阳市	48.97	8461.01	12	22.71	36.00	19950.00
渭南市	33.90	11335.12	11	16.55	37.80	16599.00
天水市	30.69	7411.11	7	21.65	26.00	12506.00
商洛市	39.52	15044.93	8	20.30	39.00	16034.00
合计	45.81	8933.67	147	44.25	33.98	18161.58

资料来源：《中国城市统计年鉴（2015）》《中国区域经济统计年鉴（2015）》。

5.10.4 城市群生态可持续发展分析

关中—天水城市群土地资源丰富，人口密度较低，平均人口密度为338 人/平方公里，除了西安和咸阳之外，其他城市的人口密度都在 500人/平方公里以下。这说明该城市群具有较充足的土地资源和较高的土地承载力，也说明了城市化发展水平较低，城市集聚度不足。

关中—天水城市群人均煤气用量为 200.54 立方米，人均用电量为 786.79 千瓦时，人均用水量为 32.00 吨。在人均用气、用电和用水方面，西安具有较高的水平，分别达到 303.35 立方米、1188.96 千瓦时和 45.59 吨。关中—天水城市群能源和资源比较丰富，拥有煤炭、石油、金、铁、铜、镁等矿产资源。

表 5-49　2014 年关中—天水城市群资源承载力概况

	土地承载力			资源及能源承载力		
	土地面积（平方公里）	人口密度（人/平方公里）	人均绿地面积（公顷/万人）	人均煤气用量（立方米）	工业用电量（万千瓦时）	人均用水量（吨）
西安市	10097	807.47	28.57	303.35	778543.00	45.59
铜川市	3937	213.61	22.42	147.74	262921.00	9.53
宝鸡市	18117	211.85	27.67	139.42	267506.00	21.45
咸阳市	10189	516.93	26.30	196.09	74460.00	38.00
渭南市	13134	427.44	18.93	55.45	21038.00	14.12
天水市	14277	255.31	11.05	12.58	73418.00	13.81
商洛市	19292	130.47	9.22	42.91	4567.00	9.54
合计	89043	335.51	24.25	200.54	1482453.00	32.00

资料来源：《中国城市统计年鉴（2015）》《中国区域经济统计年鉴（2015）》。

关中—天水城市群也面临着严重的污染问题。整个城市群工业废水排放量为 23493 万吨，其中西安为 6340 万吨，占 26.98%。工业二氧化硫排放量为 330315 吨，其中渭南排放最高，达到 139781 吨，占 42.31%。工业烟（粉）尘排放量为 148162 吨，其中铜川最高，达到 51569 吨，占 34.80%。在污染治理方面，整个城市群还有很大的提升空间。

表 5-50　2014 年关中—天水城市群环境承载力概况

	环境污染			污染治理		
	工业废水排放量（万吨）	工业二氧化硫排放量（吨）	工业烟（粉）尘排放量（吨）	一般工业固体废物综合利用率（%）	污水处理厂集中处理率（%）	生活垃圾无害化处理率（%）
西安市	6340	62604	21985	92.40	92.71	93.48
铜川市	402	17262	51569	98.59	88.98	90.06

续表

	环境污染			污染治理		
	工业废水排放量（万吨）	工业二氧化硫排放量（吨）	工业烟（粉）尘排放量（吨）	一般工业固体废物综合利用率（%）	污水处理厂集中处理率（%）	生活垃圾无害化处理率（%）
宝鸡市	4612	28183	17490	54.51	96.15	100.00
咸阳市	4906	57183	32735	96.70	87.00	96.40
渭南市	4084	139781	12604	99.99	95.23	90.20
天水市	489	6839	6068	83.31	71.45	53.37
商洛市	2660	18463	5711	21.90	90.00	97.00
合计	23493	330315	148162	85.05	91.60	89.52

资料来源：《中国城市统计年鉴（2015）》《中国区域经济统计年鉴（2015）》。

5.11 中国发展型城市群
发展情况比较分析

中国发展型城市群具有一定的城市群竞争力，然而与长三角城市群、珠三角城市群和京津冀城市群相比，仍有一定的差距，是仍处于发展阶段的城市群。这些城市群的发展对中国经济新增长极的培育，缩小东中西部地区发展差距等也将起到重要的作用。

5.11.1 发展型城市群经济规模

从表 5-51 中可以看出，在地区生产总值方面，2014 年成渝城市群以40667.97 亿元名列中国发展型城市群经济规模的首位；山东半岛城市群为37113.24 亿元，名列第二；排在第三位的是辽中南城市群，为 25342.55亿元。在地区生产总值增长率方面，关中—天水城市群的增长速度最快，达到了 10.29%；环长株潭城市群次之，增长率为 10.18%；海峡西岸城市群的增长率为 10.11%，排名第三。成渝城市群以较大的经济体量仍保持了较快的经济增长速度，表明了成渝城市群巨大的发展潜力。而东北地区的城市群则呈现出负增长，说明振兴东北经济的压力十分巨大。

表5-51　2014年发展型城市群经济规模

	地区生产总值（亿元）	地区生产总值增长率（%）
辽中南城市群	25342.55	5.78
山东半岛城市群	37113.24	8.77
哈长城市群	21209.21	6.12
江淮城市群	14828.86	9.70
海峡西岸城市群	24035.60	10.11
中原城市群	19981.49	9.08
武汉城市群	15752.80	9.64
环长株潭城市群	21600.43	10.18
成渝城市群	40667.97	9.61
关中—天水城市群	12061.08	10.29

资料来源：《中国城市统计年鉴（2015）》《中国区域经济统计年鉴（2015）》。

　　总体来看，东部城市群（辽中南城市群、山东半岛城市群、哈长城市群、江淮城市群、海峡西岸城市群）和西部城市群（成渝城市群）的发展明显优于中部城市群（江淮城市群、中原城市群、武汉城市群、环长株潭城市群、关中—天水城市群）的发展，发展型城市群呈现了"中部塌陷"的趋势（张学良，2014年）。然而从增长率来看，关中—天水城市群、环长株潭城市群等也表现出较高的地区经济增长水平，表明出一定的"中部崛起"的趋势。

　　在发展型城市群中，成渝城市群的发展潜力比较明显。成渝城市群的发展潜力主要集中体现在抓住西部大开发的机遇方面。作为西南地区重要的金融中心、交通枢纽和拥有西部唯一直辖市的城市群，成渝城市群在迎接西部大开发的发展机遇和承接东部产业转移方面具有得天独厚的优势。此外，"一带一路"战略的提出旨在将中国的经济发展进一步向内陆腹地延伸，弥合东西部发展差距。在《推动共建丝绸之路经济带和21世纪海上丝绸之路的愿景与行动》中将重庆和成都市作为了内陆地区丝绸之路建设的重点城市，这都为成渝城市群的经济发展注入了新的活力。

与成渝城市群相比，山东半岛城市群的优势主要体现在其东部沿海的有利地理位置方面。全球范围内，山东半岛城市群是以东北亚区域国际性城市青岛为龙头，带动山东半岛城市群外向型城市功能整体发展的城市密集区域，是全球体系和全球产品生产服务供应链中的重要一环，与韩国隔海相望的地理位置以及中韩自贸区的建立都为山东半岛城市群的国际化发展带来了新的机遇；在全球范围内，山东半岛城市群是黄河流域的经济中心和龙头带动区域，与京津冀、辽中南地区共同构筑引领中国经济发展的重要增长极；在环黄海范围内，山东半岛城市群是环黄海地区区域经济合作的先进制造业生产服务中心之一。

5.11.2 发展型城市群经济外向度发展水平

货物进出口反映一个国家或地区的经济与国际经济联系的紧密程度，是衡量一个国家或地区开放型经济发展规模和发展水平的宏观指标之一。城市群经济外向度的高低反应城市吸收和输出能力的强弱。同时，出口作为拉动地区经济增长的"三驾马车"之一，其对于反映城市群的经济可持续竞争力具有重要的意义。而外商直接投资也是反映一个城市群经济外向度的重要指标之一。此外，外商直接投资还会将本地企业带入到国际化的生产关系网络中，对拓展企业的国际视野、加速企业融入国际市场具有重要的作用（DeBacker 和 Sleuwaegen，2003）。因此，一个地区的外商直接投资水平越高，表明这个地区的经济基础越好，企业的竞争力越强且经济的外向度越高。

从表 5-52 可以看出，在城市群的对外开放方面，东部沿海城市群普遍表现出较好的发展情况。在货物进出口方面，山东半岛城市群以 22529669 万美元排名第一，同为东部沿海城市群的海峡西岸城市群以 16888371 万美元的货物进出口总额排名第二，西部城市群成渝城市群以 13247308 万美元的货物进出口总额排名第三，表明这些城市群较高的经济外向度和较强的集聚能力。而在外商直接投资方面，城市群之间的差异就更加显著，辽中南城市群以 2286277 万美元的外商直接投资实际使用额在发展型城市群中遥遥领先；排在第二名的成渝城市群 2014 年外商直接投资实际使用额为 2071236 万美元。

从表 5-52 中可以看到"中部塌陷"的迹象。在货物进出口总额和外商直接投资实际使用额方面，中部城市群（江淮城市群、中原城市群、武汉城市群、环长株潭城市群、关中—天水城市群）与东部和西部城市群均存在较为显著的差异。2014 年，环长株潭城市群的货物进出口总额仅为2002842 万美元，不到排在第一位的山东半岛城市群的十分之一。造成这些结果的很大一部分原因与中部所处的地理位置有关，位于内陆腹地的中部城市群既没有沿海的货运优势，也没有边境口岸的货物进出口便利条件，因此中部地区经济外向度水平始终与其他地区存在一定的差距。

表 5-52　2014 年发展型城市群对外开放水平

	外商直接投资使用额（万美元）	货物进出口总额（万美元）
辽中南城市群	2286277.00	10845547.00
山东半岛城市群	2060981.00	22529669.00
哈长城市群	1062795.00	4547220.00
江淮城市群	867697.00	3982104.00
海峡西岸城市群	703579.00	16888371.00
中原城市群	988708.00	5295328.00
武汉城市群	741583.00	2813805.00
环长株潭城市群	795675.00	2002842.00
成渝城市群	2071236.00	13247308.00
关中—天水城市群	468810.00	2016817.00

资料来源：《中国城市统计年鉴（2015）》《中国区域经济统计年鉴（2015）》。

5.11.3　发展型城市群社会可持续发展水平

快速的城镇化虽然拉动了经济的增长，改善了人民的生活水平，然而却也带来了一系列的问题（牛文元和刘怡君，2012）。中国城镇化的质量仍然较低，有很大一部分居民并未享受或者完全享受城镇居民应有的国民教育、医疗卫生、社会保障、低保、社会救助、住房保障的福利政策，仍然处于半城镇化或"伪城镇化"状态。能否成功地解决流动人口和快速城镇化带来的"伪城镇化"现状，将成为未来决定中国城市群能否实现可持续发展的重要方面。

表 5-53　2014 年发展型城市群社会可持续发展水平

	每万人拥有卫生机构床位数（张）	影院、剧场个数（个）	每百人拥有公共图书馆藏书量（册）
辽中南城市群	61.81	122	121.78
山东半岛城市群	56.15	192	86.30
哈长城市群	55.73	167	69.59
江淮城市群	37.39	143	33.31
海峡西岸城市群	42.92	131	90.73
中原城市群	49.71	66	30.63
武汉城市群	49.80	170	64.64
环长株潭城市群	48.86	114	40.31
成渝城市群	47.13	137	43.66
关中—天水城市群	45.81	147	44.25

资料来源：《中国城市统计年鉴（2015）》《中国区域经济统计年鉴（2015）》。

从表 5-53 可以看出，在满足城市群居民的医疗卫生需求方面，辽中南城市群以每万人拥有卫生机构床位数 61.81 张排在首位；山东半岛城市群以每万人拥有卫生机构床位数 56.15 张排名第二；哈长城市群以每万人拥有卫生机构床位数 55.73 张排在第三。表明这些城市群有较高的医疗卫生发展水平。

而在满足居民的精神文化需求方面，本研究通过影院、剧场个数和每百人拥有公共图书馆藏书量两个指标来反映。从表 5-53 中可以看出，山东半岛城市群的影院、剧场个数以 192 个排在首位，武汉城市群和哈长城市群以 170 个和 167 个分列二、三位。在公共图书馆图书藏量方面，辽中南城市群以每百人拥有公共图书馆藏书量 121.78 册，排名第一，分列第二和第三名的分别为海峡西岸城市群和山东半岛城市群，分别为 90.73 册和 86.30 册，表明这些城市群为居民提供了较好的文化娱乐设施，较好地满足了其居民高层次的有关精神文化方面的需求。

从表 5-54 中可以看出，环长株潭城市群的城乡收入差距最小，仅为 11826.67 元；辽中南城市群和中原城市群在这方面也有不错的表现，分别为 12555.41 元和 12656.66 元，具有较高的社会和谐度水平。在所有的发展型城市群中，虽然海峡西岸城市群的城镇居民人均收入水平较高，仅低于山东半岛城市群，然而其城乡收入差距最大，为 18499.80 元，降低了其社会可持续发展水平。同样，城镇居民人均收入最高的山东半岛城市群城乡收入差距也较大，为 18022.72 元。

表 5-54　2014 年发展型城市群城乡收入差距

	城镇居民人均可支配收入（元）	农村居民人均纯收入（元）	城乡居民收入差距（元）
辽中南城市群	26854.51	14299.10	12555.41
山东半岛城市群	32125.07	14102.35	18022.72
哈长城市群	24440.28	10523.80	13916.48
江淮城市群	24954.76	9445.28	15509.48
海峡西岸城市群	30709.34	12209.53	18499.80
中原城市群	23187.91	10531.24	12656.66
武汉城市群	22756.79	9893.23	12863.56
环长株潭城市群	24019.37	12192.69	11826.67
成渝城市群	23992.23	9184.52	14807.71
关中—天水城市群	27128.77	8967.19	18161.58

资料来源：《中国城市统计年鉴（2015）》《中国区域经济统计年鉴（2015）》。

5.11.4　发展型城市群土地承载力水平

从表 5-55 可以看出，成渝城市群是土地面积最大的发展型城市群，整个城市群土地面积为 239544 平方公里，哈长城市群的土地面积为 224363 平方公里，排名第二。这两个城市群的土地面积远超过其他发展型城市群，表明了其较高的城市群土地承载力，土地发展空间比较大。

在人口密度方面，中原城市群的人口密度最高，2014 年中原城市群的人口密度高达 794.15 人/平方公里，山东半岛城市群的人口密度排名第二，为 549.37 人/平方公里。这两个城市群处于人口稠密地区，人力资源丰富，但也带来一系列的资源和环境问题，包括资源过度消耗、大量耕地被占用、土壤污染、固体废物污染等环境污染问题。作为发展型城市群，较高的人口密度一方面代表着城市的经济发展和产业集聚，是城市群发展的重要资源；另一方面，也同时意味着面临较大的资源和环境承载力挑战。

表 5-55　2014 年发展型城市群土地承载力

	土地面积（平方公里）	人口密度（人/平方公里）
辽中南城市群	96810	322.96
山东半岛城市群	74807	549.37
哈长城市群	224363	157.84
江淮城市群	90253	402.17
海峡西岸城市群	124099	297.79
中原城市群	56809	794.15
武汉城市群	51067	541.68
环长株潭城市群	96861	438.84
成渝城市群	239544	459.99
关中—天水城市群	89043	335.51

资料来源：《中国城市统计年鉴（2015）》《中国区域经济统计年鉴（2015）》。

5.11.5　发展型城市群生产资源使用效率

资源配置效率问题是经济学研究的核心内容之一，资源配置效率问题包含两个层面：一是广义的、宏观层次的资源配置效率，即社会资源的配置效率，通过整个社会的经济制度安排而实现；二是狭义的、微观层次的资源配置效率，即资源使用效率，一般指生产单位的生产效率，通过生产单位内部生产管理和提高生产技术实现。现代经济学认为，市场是资源配置的最重要方式，而资本市场在资本等资源的配置中起着极为关键的作用。在此过程中，资金首先通过资本市场流向企业和行业，然后带动人力资源等要素流向企业，进而促进企业和行业的发展。因此，资金配置是资源配置的核心。

从图 5-1 可以看出地区生产值和工业用电量之间存在较为显著的线性关系。随着规模以上工业总产值的增长，工业用电量也呈现出显著的线性增长趋势。但不同的城市群在上涨趋势方面也呈现出不同的特点。

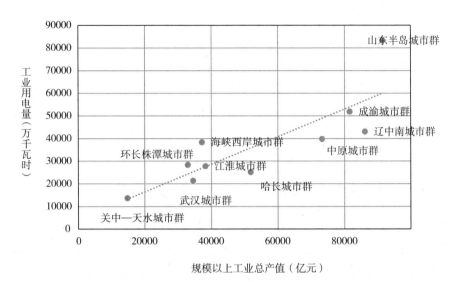

图 5-1　2014 年发展型城市群工业总产值与工业用电量

资料来源:《中国城市统计年鉴 (2015)》《中国区域经济统计年鉴 (2015)》。

从图 5-1 可以看出,哈长城市群、中原城市群、辽中南城市群和成渝城市群均位于规模以上工业总产值与工业用电量之间的趋势线上方,表明这些城市群在产出同等的规模以上工业总产值的情况下,相较其他城市群用电量水平更高。其中,中原城市群离趋势线的纵向距离最远,表明中原城市群的工业用电量效率最低。从图 5-1 不难看出,中原城市群与环长株潭城市群、江淮城市群、海峡西岸城市群和哈长城市群的工业总产值接近,都在 24000 亿— 34000 亿元之间,但是中原城市群工业用电量为 7876496 万千瓦时,远高于其他城市群。

关中—天水城市群、环长株潭城市群、海峡西岸城市群、江淮城市群和山东半岛城市群位于规模以上工业总产值与工业用电量之间的趋势线下方,表明这些城市群在产出同等的规模以上工业总产值的情况下,相较其他城市群用电量水平更低,生产效率较高。其中,山东半岛城市群虽然工业用电量在所有的城市群中排在首位,但同时工业总产值也最高,其生产效率较高。这与山东半岛城市群近年来积极发展蓝色海洋经济,优化产业结构,积极引入高新技术产业,淘汰落后产能等举措相关。

城市的生产资源使用效率与城市的资源承载力具有密切的关系,但是资源利用效率低下是中国经济和社会发展所面临的突出问题。对于发展型城市群，提高城市的生产资源使用效率一方面应当积极改善产业结构，通过发展第三产业的第二产业中的高新技术产业来达到产业的升级转型和减少能源使用的目的；另一方面，在高能耗领域应采取节能技术与先进的管理方式相结合的方法，淘汰落后产能，并积极发掘可再生能源在高能耗领域的应用，提高产业的能源使用效率，并提升城市群的资源承载能力，促进城市群的可持续发展。

5.11.6 发展型城市群生活资源使用效率

除了生产资源以外，生活资源的消费也对城市环境的可持续发展产生巨大的影响。从表5-56中可以看出，人均生活用电量最高的仍是海峡西岸城市群，达到1509.18千瓦时。位居第二的是哈长城市群，高达1220.89千瓦时，主要是与当地的寒冷气候相关。

表5-56　2014年发展型城市群生活资源使用效率

	人均煤气用量（立方米）	人均用电量（千瓦时）	人均用水量（吨）
辽中南城市群	90.72	690.75	30.80
山东半岛城市群	184.87	772.28	29.02
哈长城市群	149.50	1220.89	27.88
江淮城市群	147.77	577.31	41.62
海峡西岸城市群	71.64	1509.18	44.70
中原城市群	141.35	708.43	28.41
武汉城市群	208.76	911.43	70.48
环长株潭城市群	310.46	931.09	63.99
成渝城市群	193.20	554.59	32.94
关中—天水城市群	200.54	786.79	32.00

资料来源：《中国城市统计年鉴（2015）》《中国区域经济统计年鉴（2015）》。

在人均生活用水方面，武汉城市群的人均生活用水量最大，达到70.48吨，其次是环长株潭城市群，达到63.99吨，高于其他城市群的平均水平，表明这些城市群具有较低的城市生活用水使用效率。而人均用水量最少的是山东半岛城市群，为 29.02 吨，也反映出该地区水资源的短缺。

在人均用气方面，环长株潭城市群最高，高达 310.46 立方米。其次是武汉城市群和关中—天水城市群，分别为 208.76 立方米和 200.54 立方米。

根据前文对各发展型城市群资源使用情况的分析可以得出，很多城市群在水资源方面都存在着短缺的问题，资源的束缚已经成为城市群未来发展所面临的关键问题。在这样的环境下，提高资源的使用效率对于促进城市群的可持续发展具有重要的意义。

5.11.7　发展型城市群经济发展与环境可持续发展

中国的经济发展模式是以资源耗费、环境污染为代价的，造成了巨大的代价。城市群作为中国经济发展最为活跃的地域单元，面临着平衡城市群经济发展和城市环境的问题。从图 5-2、图 5-3 和图 5-4 可以看出，城市的工业发展与环境污染物之间呈现出较为明显的线性关系，当然由于各个城市产业结构、生产方式的不同，这种关系也呈现出一定程度的差异。

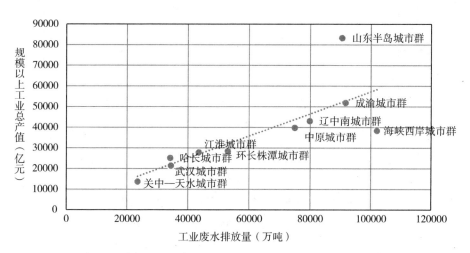

图 5-2　2014 年发展型城市群工业总产值与工业废水排放量

资料来源：《中国城市统计年鉴（2015）》《中国区域经济统计年鉴（2015）》。

从图 5-2 可以看出，海峡西岸城市群、成渝城市群、中原城市群和环长株潭城市群均在规模以上工业总产值和工业废水排放量之间的趋势线上方，表明这些城市群在相同的工业总产值情况下，排放工业废水量更高，对环境造成的污染更严重。尤其是海峡西岸城市群，其工业废水排放量远高于与其工业总产值处在同一级别的成渝城市群、中原城市群、环长株潭城市群等。而关中—天水城市群、武汉城市群、哈长城市群、江淮城市群、辽中南城市群和山东半岛城市群均在趋势线之下，表明这些城市群在相同的工业生产总值情况下，工业废水的排放量更低，对环境的污染水平较低。

图 5-3 显示了工业二氧化硫排放量和工业总产值之间的关系。从图中可以看出，成渝城市群、辽中南城市群和中原城市群均在趋势线上方，表明这些城市群在相同的工业总产值情况下，排放工业二氧化硫的量更高，对环境的污染更大。其中，成渝城市群排放的工业二氧化硫的量更高，对环境的污染更大。

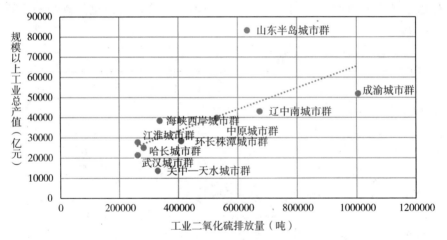

图 5-3　2014 年发展型城市群工业总产值与工业二氧化硫排放量

资料来源：《中国城市统计年鉴（2015）》《中国区域经济统计年鉴（2015）》。

从图 5-4 可以看出工业烟（粉）尘排放量也与各城市群的规模以上工业总产值呈现出一定的线性关系。其中，辽中南城市群、成渝城市群和哈长城市群均在趋势线上方，表明这些城市群在相同的工业总产值情况下，工业烟（粉）尘的排放量更高。尤其是辽中南城市群，其工业烟（粉）尘排放量远高于其他城市，与其经济发展规模严重不匹配。如前所述，辽中南城市群是中国的老工业基地，包括石化产业、钢铁产业在内的重工业较为集中，这些产业都对环境造成了不同程度的影响，影响了城市群的环境可持续发展水平，进而影响了整个城市群的集聚水平和可持续发展水平。

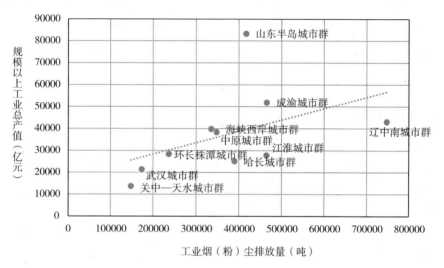

图 5-4　2014 年发展型城市群工业总产值与工业烟（粉）尘排放量

资料来源：《中国城市统计年鉴（2015）》《中国区域经济统计年鉴（2015）》。

5.12　总结

中国发展型城市群仍处于快速工业化阶段和快速城市化阶段，其发展将决定着中国未来经济的发展格局。发展型城市群在经济可持续发展、社会可持续发展、生态可持续发展方面各具特色。但总体而言，呈现出东西强、中部弱的发展格局。山东半岛城市群和成渝城市群作为中国经济增长第四极的有力竞争者，在经济总量、对外开放程度方面都明显优于其他发展型城市群。但同时也应当看到，经济的快速发展、城市的快速扩张带来了一系列资源和环境的问题。资源的消耗和环境的污染等都与城市的经济活动和集聚程度有较强的正向相关关系，这是城市群发展，特别是发展型城市群发展难以回避的问题。随着未来这些城市群发展阶段的提升、集聚程度的提高，预期将面临更大的资源和环境方面的压力。如何处理好经济发展与资源和环境之间的关系，在发展经济的同时保持城市的资源和环境可持续发展，实现真正的"绿色经济"是发展型城市群都需要思考的重要课题。

参考文献

[1] 王成新、王格芳、刘瑞超、王明苹、李新华、姚士谋：《高速公路对城市群结构演变的影响研究——以山东半岛城市群为例》，《地理科学》2011 年第 31 卷第 1 期。

[2] 王浪、张河清：《关中—天水城市群旅游空间结构分析与优化研究》，《西北大学学报（自然科学版）》2010 年第 40 卷第 5 期。

[3] 何天祥：《环长株潭城市群技术进步及空间溢出效应研究》，《经济地理》2014 年第 34 卷第 5 期。

[4] 陈群元、宋玉祥：《基于城市流视角的环长株潭城市群空间联系分析》，《经济地理》2011 年第 31 卷第 11 期。

[5] 韩玉刚、焦化富、李俊峰：《基于城市能级提升的安徽江淮城市群空间结构优化研究》，《经济地理》2010 年第 30 卷第 7 期。

[6] 董铭山、刘晓辉：《基于分工网络的哈长城市群区域经济发展研究》，《经济师》2015 年第 5 期。

[7] 杨洋、王晨、章立玲、何春阳：《基于国家规划的新型城镇化状态定量评估指标体系构建及应用——以山东半岛城市群为例》，《经济地理》2015 年第 35 卷第 7 期。

[8] 杨莎莎、罗艳：《基于灰色关联综合评价的海峡西岸城市群城市竞争力差异研究》，《区域经济》2011 年第 8 期。

[9] 万庆、曾菊新：《基于空间相互作用视角的城市群产业结构优

化——以武汉城市群为例》，《经济地理》2013 年第 33 卷第 7 期。

　　［10］李俊峰、焦华富：《江淮城市群空间联系及整合模式》，《地理研究》2010 年第 29 卷第 3 期。

　　［11］苏飞、张平宇：《辽中南城市群城市规模分布演变特征》，《地理科学》2010 年第 30 卷第 3 期。

　　［12］关伟、周忻桐：《辽中南城市群空间相互作用的时空演变》，《经济地理》2014 年第 34 卷第 9 期。

　　［13］周沂、沈昊婧、贺灿飞：《武汉城市群经济整合及其影响因素》，《经济地理》2013 年第 33 卷第 2 期。

　　［14］杜立柱、张毅：《新常态下哈长城市群发展战略研究》，《城乡发展研究》2016 年第 6 期。

　　［15］周亮、白永平、刘扬：《新经济版图成型背景下关中—天水城市群定位及发展对策》，《经济地理》2010 年第 30 卷第 11 期。

　　［16］魏洪斌、吴克宁：《长江经济带成渝城市群城镇化协调发展研究》，《中国发展》2015 年第 15 卷第 1 期。

　　［17］王发曾、吕金嵘：《中原城市群城市竞争力的评价与时空演变》，《地理研究》2011 年第 30 卷第 1 期。

　　［18］史雅娟、朱永彬、冯德显、王发曾、熊文：《中原城市群多中心网络式空间发展模式研究》，《地理科学》2012 年第 32 卷第 12 期。

　　［19］张学良主编：《2015 中国区域经济发展报告——中国城市群可持续发展研究》，人民出版社 2016 年版。

　　［20］张学良主编：《2014 中国区域经济发展报告——中国城市群资源环境承载力》，人民出版社 2015 年版。

　　［21］张学良主编：《2013 中国区域经济发展报告——中国城市群崛起与协调发展》，人民出版社 2014 年版。

6

中国形成型城市群

本章所指的形成型城市群主要包括：北部湾城市群、兰州—西宁城市群、滇中城市群、黔中城市群、太原城市群、宁夏沿黄城市群、天山北坡城市群、鄱阳湖城市群和呼包鄂榆城市群。

表6-1　形成型城市群的城市结构体系组织

城市群	城市	核心城市
滇中城市群	昆明、曲靖、玉溪、楚雄	昆明
北部湾城市群	南宁、北海、防城港、钦州	南宁
鄱阳湖城市群	南昌、九江、新余、吉安、宜春、景德镇、鹰潭、上饶、抚州	南昌
太原城市群	太原、忻州、吕梁、阳泉、晋中	太原
宁夏沿黄城市群	银川、吴忠、石嘴山、中卫	银川
兰州—西宁城市群	兰州、白银、西宁、定西、临夏	兰州，西宁
黔中城市群	贵阳、遵义、安顺、毕节地区、黔东南、黔南	贵阳
天山北坡城市群	乌鲁木齐、昌吉、克拉玛依、伊犁、石河子、塔城、吐鲁番、哈密、博尔塔拉	乌鲁木齐
呼包鄂榆城市群	呼和浩特、包头、鄂尔多斯、榆林	呼和浩特

以下分别从各形成型城市群的经济可持续发展、社会可持续发展、生态可持续发展等方面进行研究，对各形成型城市群的可持续发展状况进行综合评价。需要说明的是，由于相关政策及规划、城市空间结构体系等内容在以往的报告中做了详细论述，因此此次不作为本章的论述重点。

6.1　滇中城市群

6.1.1　城市群基本情况

　　滇中城市群位于云南省东北角，包括昆明市、曲靖市、玉溪市以及楚雄州行政辖区范围，共包括 7 个城市（地级市和县级市）和 210 个建制镇，总面积 9.6 万平方公里，根据已有的《滇中城市群规划》，将形成"一核三极两环两轴"的空间结构。

图 6-1　滇中城市群城市空间分布

　　滇中城市群是云南省发展基础最坚实、经济最发达、设施最先进、继续开发前景最好的地区，同时也是我国面向东南亚、南亚的对外开放前沿。2014 年年底，滇中城市群的总人口为 1772.63 万人，占全国总人口的 1.3%。地区生产总值达到 7248.9 亿元，占全国 GDP 的 1.13%。

昆明是滇中城市群的核心城市，在经济可持续发展、社会可持续发展以及生态可持续发展等方面都居于城市群首位，说明昆明在促进经济发展的同时，较好地实现了社会与生态环境的协调发展；就经济发展而言，曲靖位于城市群第二位，但其工业二氧化硫排放量和工业烟（粉）尘排放量高于昆明，而外商直接投资使用额、城市化率、邮政业务量落后于玉溪，每万人拥有卫生机构床位数和医生数落后于楚雄，表明曲靖离实现城市可持续发展相去甚远；玉溪的经济可持续发展、社会可持续发展和生态可持续发展均处于较低水平。

6.1.2 城市群经济可持续发展分析

近几年滇中城市群经济发展较快，是云南省发展基础最牢、发展水平最高、继续开发前景最好的地区。如表6-2和表6-3所示，昆明在城市群的经济发展中居于核心地位，无论是GDP，还是地方财政一般收入、货物进出口总额、金融机构人民币贷款、外商直接投资实际使用额、全社会固定资产投资，昆明都遥遥领先，2014年昆明的GDP占整个城市群的51.22%。曲靖、玉溪和楚雄虽然与昆明的差距较大，但各项指标都保持了逐年上升的趋势。

表6-2 2009—2014年滇中城市群各地GDP发展状况

单位：亿元

	2009年	2010年	2011年	2012年	2013年	2014年
昆明市	1837	2120	2510	3011	3415	3713
曲靖市	871	1006	1210	1400	1584	1649
玉溪市	644	736	877	1000	1103	1185
楚雄市	344	405	483	570	633	701.78

资料来源：历年《中国城市统计年鉴》《中国区域经济统计年鉴》。

表6-3 2014年滇中城市群主要经济指标

	地方财政一般预算收入（亿元）	货物进出口总额（万美元）	金融机构人民币贷款（亿元）	经济密度（万元/平方公里）	规模以上工业总产值（亿元）	外商直接投资实际使用额（万美元）
昆明市	477.97	1689710	10201.32	1767.08	2546.31	223714
曲靖市	115.67	37108	1136.99	570.63	1585.11	6024

续表

	地方财政一般预算收入(亿元)	货物进出口总额(万美元)	金融机构人民币贷款(亿元)	经济密度(万元/平方公里)	规模以上工业总产值(亿元)	外商直接投资实际使用额(万美元)
玉溪市	113.59	71404	777.17	775.09	1341	7438
楚雄彝族自治州	63.72	28044	499.6	239.85	541.28	2045

资料来源:《中国城市统计年鉴(2015)》《中国区域经济统计年鉴(2015)》。

滇中城市群四个城市具体的产业发展有三个显著的特点:一是经济发展水平差距大。2014 年仅昆明一市,GDP 就占到了云南省总量的 28.97%;而曲靖、玉溪、楚雄相加也只占到了云南省总量的 27.59%。二是产业结构差距大。昆明作为云南省的经济龙头,第一产业所占比重较小,第三产业比重在 2011 年已经超过第二产业,并呈现出持续增长的态势,成为经济发展的主要动力来源。具体而言,昆明近年来三次产业的比例由 2011 年的 5.33:46.27:48.4 调整为 2014 年的 4.89:41.44:53.67,产业结构的现代化趋势更加显著。玉溪的第一产业占据 10.37% 的比重,而曲靖和楚雄的第一产业分别占据了 18.81% 和 22.2% 的份额,且这三个州市经济发展的主要动力仍然以第二产业为主导。三是主导产业基本相同。四个城市地

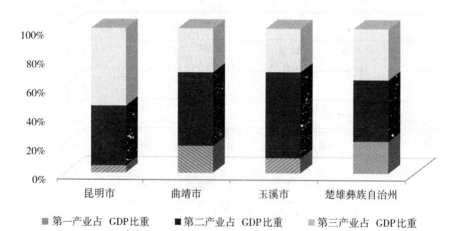

图 6-2　2014 年滇中城市群产业结构

资料来源:作者根据《中国城市统计年鉴(2015)》《中国区域经济统计年鉴(2015)》制作。

理位置相似，资源禀赋相似，造成了滇中四城主导产业基本相同。工业行业中的烟草制品业、金属冶炼及压延加工业、化学原料及化学制品制造业是滇中四城共同的支柱产业，这三个产业都在当地的 GDP 中占了较高的比重。

这三个显著的特征使得滇中城市群之间的产业协调发展具有一定的难度。

6.1.3　城市群社会可持续发展分析

在医疗卫生方面，各地区差别适中，在每万人拥有卫生机构床位数和医生数上，昆明数量上领先，其他城市较为均衡。值得注意的是，楚雄虽然在 GDP、人均 GDP、地方财政一般预算收入、货物进出口总额、金融机构人民币贷款和外商直接投资实际使用额等经济指标中均落后于其他三市，但其医疗水平却与玉溪基本持平；相反，曲靖虽然经济发展水平较高，但医疗水平却有待提高。参见图 6-3。

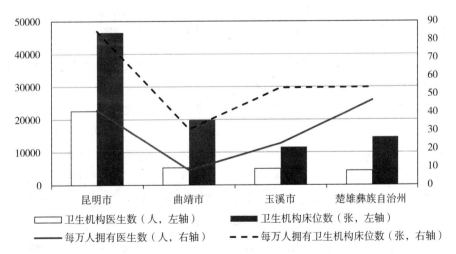

图 6-3　2014 年滇中城市群医疗卫生状况

资料来源：作者根据《中国城市统计年鉴（2015）》《中国区域经济统计年鉴（2015）》制作。

在教育方面，昆明又显现出领先优势，无论是普通高等学校在校生人数还是教育财政支出都远远高于其他三地，玉溪和楚雄的普通高等学校在校生人数和教育财政支出水平都很低，而曲靖虽然教育财政支出不低，相当于昆明的 88.63%，但其普通高等学校在校生人数却较低，仅为昆明的5.94%，教育支出作用程度不明显。参见图6-4。

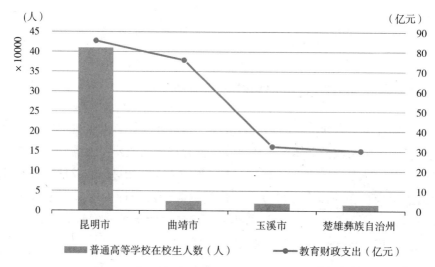

图6-4　2014年滇中城市群在校生和教育支出状况

资料来源：作者根据《中国城市统计年鉴（2015）》《中国区域经济统计年鉴（2015）》制作。

文化是一个城市的品牌和灵魂，而图书馆是一个城市文化的重要组成部分，具有彰显和提升城市文化的重要职能。滇中各城市在公共图书馆的个数方面差别并不大，昆明市的公共图书馆个数为15，居首位，曲靖、玉溪和楚雄水平较均衡，分别为11、10、11个。可见各城市在文化上都比较重视，如何充分利用图书馆资源向公众传达更多的信息应成为重点。

城镇居民家庭人均可支配收入是指反映居民家庭全部现金收入能用于安排家庭日常生活的那部分收入。从滇中城市群的数据看，昆明的城镇居民家庭人均可支配收入最高，而曲靖、玉溪和楚雄则较为平均，虽然曲靖和楚雄在人均 GDP 水平上远远落后于昆明和玉溪，但四地的居民人均可支配收入差别并不大。城镇登记失业率方面，昆明为城市群内最低，其他三地失业率水平都在 3.3% 左右，总体看各城市失业率水平相当。参见图6-5。

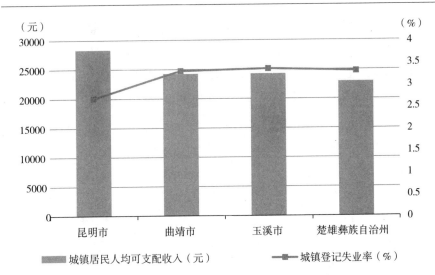

图6-5　2014年滇中城市群城镇居民收入与就业状况

资料来源：作者根据《中国城市统计年鉴（2015）》《中国区域经济统计年鉴（2015）》制作。

从人口分布上进行分析，滇中城市群的人口密度较低，城市规模较小，核心城市昆明的常住人口和人口密度居首位；曲靖的人口分布情况仅次于昆明；而楚雄虽然常住人口多于玉溪，但由于其土地面积较大导致人口密度却低于玉溪。参见图6-6。

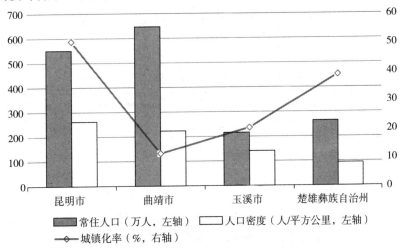

图6-6　2014年滇中城市群人口状况和城镇化水平

资料来源：作者根据《中国城市统计年鉴（2015）》《中国区域经济统计年鉴（2015）》制作。

信息化水平是体现城市内外联系紧密程度的指标，信息化水平高的地区，其发展程度也越高。从图 6-7 可以看出，几项指标具有较大的相关性，2014 年各地区的移动电话数量均远远高于固定电话用户数，数量上的差异较为显著。同时，电信业务总量和人均量也都高于邮政量（见表 6-4）。各城市间比较得出，昆明作为核心城市信息化水平居于首位，但曲靖的信息化水平和昆明相差不大，玉溪的信息化水平最低。

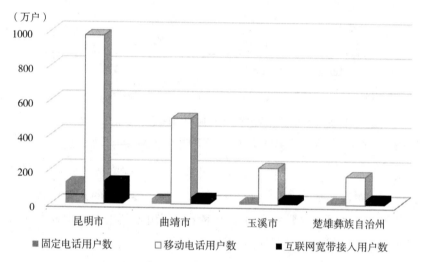

图 6-7　2014 年滇中城市群电话和互联网用户数

资料来源：作者根据《中国城市统计年鉴（2015）》《中国区域经济统计年鉴（2015）》制作。

表 6-4　2014 年滇中城市群邮政和电信业务状况

	邮政业务总量（亿元）	人均邮政业务量（元）	电信业务总量（亿元）	人均电信业务量（元）
昆明市	4.26	77.91	95.30	1689.72
曲靖市	1.52	23.68	76.03	1195.76
玉溪市	0.60	27.95	3.27	1257.85
楚雄彝族自治州	0.62	23.59	14.81	698.37

资料来源：《中国城市统计年鉴（2015）》《中国区域经济统计年鉴（2015）》。

6.1.4 城市群生态可持续发展分析

在城市用地面积方面,昆明在市辖区绿地总面积、年末实有城市道路面积、城市建设用地面积、城市居住建设用地面积、人均城市道路面积方面均处于城市群内首位。参见表6-5。

表6-5 2014年滇中城市群土地资源状况

	城市建设用地面积(平方公里)	城市居住建设用地面积(平方公里)	人均城市道路面积(平方米)	市辖区绿地总面积(公顷)	市辖区年末实有城市道路面积(万平方米)
昆明市	407	210	25.58	15538	7080
曲靖市	63	21	13.99	1926	1017
玉溪市	22	6	15.26	1055	677
楚雄彝族自治州	—	—	—	—	—

资料来源:《中国城市统计年鉴(2015)》《中国区域经济统计年鉴(2015)》。

相较其他城市,昆明较大的人口规模和产业规模也反应在其城市资源使用量上。昆明城市居民生活用电、居民生活用水以及工业用电都远远高于其他三个城市。参见表6-6。

表6-6 2014年滇中城市群水电资源状况

	城乡居民生活用电(万千瓦时)	居民生活用水量(万吨)	工业用电量(万千瓦时)
昆明市	13300	243205	624841
曲靖市	2188	41753	284701
玉溪市	1465	26186	377074
楚雄彝族自治州	—	—	244100

资料来源:作者根据《中国城市统计年鉴(2015)》《中国区域经济统计年鉴(2015)》制作。

由表6-7可知,昆明由于在城市规模、人口规模和产业规模方面领先于其他城市,其工业废水排放量在滇中城市群中居首位,其他三地虽然经济规模远不如昆明,但工业污染排放量也很突出。其中曲靖的工业二氧化硫的排放量显著高于其他城市。

表 6-7　2014 年滇中城市群工业环境状况

	工业废水排放量（万吨）	工业二氧化硫排放量（吨）	工业烟（粉）尘排放量（吨）
昆明市	3747	61456	26161
曲靖市	3014	161422	41271
玉溪市	5456	46766	54722
楚雄彝族自治州	——	——	——

资料来源：作者根据《中国城市统计年鉴（2015）》《中国区域经济统计年鉴（2015）》制作。

6.2　北部湾城市群

6.2.1　城市群基本情况

北部湾城市群，即广西南北钦防地区，地处我国沿海西南端，与海南岛相对，包括北海、钦州、防城港和南宁四市，还包括玉林、崇左两个市物流中心（"4+2"）。总体功能定位为：立足北部湾、服务"三南"（西南、华南和中南）、沟通东中西、面向东南亚，充分发挥连接多区域的重要通道、交流桥梁和合作平台作用，以开放合作促开发建设，努力建成中国—东盟开放合作的物流基地、商贸基地、加工制造基地和信息交流中心，成为带动、支撑西部大开发的战略高地和开放度高、辐射力强、经济繁荣、社会和谐、生态良好的重要国际区域经济合作区。

2014 年，北部湾城市群年末总人口 1395.2 万人（不含玉林、崇左），区域土地面积 4.4 万平方公里，海岸线长 1500 多公里，沿海港口开发潜力达年吞吐能力 2 亿吨以上，地区生产总值合计 5448.21 多亿元，约占广西的 34.8%；人均 GDP 约为 3.9 万元。

南宁是北部湾城市群的核心城市，在经济可持续发展、社会可持续发展以及生态可持续发展方面，都居于首位，说明在经济增长的同时，南宁

图 6-8 北部湾城市群城市空间分布

的社会发展与生态环境也较好地实现了协调发展；北海和钦州的经济发展水平相当，但社会发展状况和生态环境相差较大，在每万人拥有卫生机构床位数和医生数、教育财政支出等方面，钦州远远优于北海，而在工业废水排放量、工业二氧化硫排放量、工业烟（粉）尘排放量等方面，北海要优于钦州，说明两者的经济发展与社会发展和生态发展不协调；防城港的经济发展、社会发展和生态发展均处于城市群的最低水平。

6.2.2 城市群经济可持续发展分析

2014 年，北部湾城市群 4 个城市的地区生产总值达 5448.21 亿元，比上年增长 13.11%，城市群面积不到广西全区的 1/5，人口不到 1/3，GDP却占到 1/3 强。南宁的 GDP、财政收入、货物进出口总额、金融机构人民币贷款、外商直接投资实际使用额、经济密度、全社会固定资产投资等主要经济指标均高于北海、防城港和钦州；其他三市水平与南宁差距较大，水平较为均衡，年度水平变化不大，但仍有上升趋势。

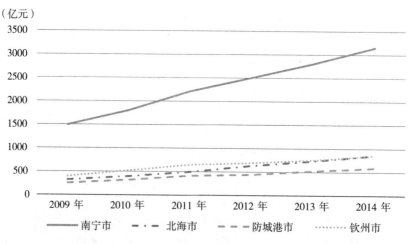

（亿元）

图 6-9　2009—2014 年北部湾城市群 GDP 发展状况

资料来源：作者根据《中国城市统计年鉴（2015）》《中国区域经济统计年鉴（2015）》制作。

从图 6-9 可以看出，2009—2014 年四市 GDP 呈现出上升的态势，南宁的 GDP 第一，防城港最低，北海和钦州水平相当，处于居中位置。其中，2011 年后北海的 GDP 增速最快，增速在 2012 年超过了南宁，防城港则处于增速最慢的位置。

表 6-8　2014 年北部湾城市群主要经济指标

	地方财政一般预算收入（亿元）	货物进出口总额（万美元）	金融机构人民币贷款（亿元）	经济密度（万元/平方公里）	规模以上工业总产值（亿元）	外商直接投资实际使用额（万美元）	全社会固定资产投资（万元）
南宁市	274.85	442117	7091.46	1415.35	2856.63	25187	2886.68
北海市	47.25	269833	457.52	2565.22	1595.51	14901	786.16
防城港市	45.45	430030	380.21	944.11	1141.08	2331	478.31
钦州市	47.64	353042	524.37	703.44	1283.49	16437	658.97

资料来源：《中国城市统计年鉴（2015）》《中国区域经济统计年鉴（2015）》。

在南北钦防四市中，除南宁外，其余三市产业结构较为相似，都是以第二产业为主，第一产业仍占有较大份额，而南宁第三产业占 GDP 总值的

47.89%。由于南宁的经济总量在北部湾城市群中占有绝对的优势，从经济规模的角度，南宁的首位度高达 4.3，所以整个北部湾城市群的产业结构第二产业和第三产业趋近于 1：1。参见图 6-10。

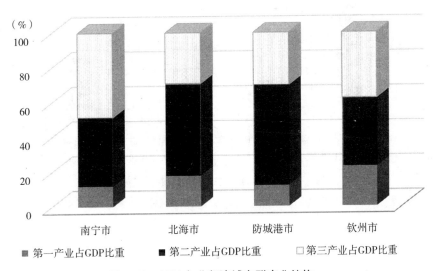

图 6-10　2014 年北部湾城市群产业结构

资料来源：作者根据《中国城市统计年鉴（2015）》《中国区域经济统计年鉴（2015）》制作。

6.2.3　城市群社会可持续发展分析

从卫生机构床位数和医生数的总量水平上看，南宁水平较高，其他三市总量水平都不高但之间仍有差距；但从每万人拥有卫生机构床位数和医生数上看，四市差距有所减小。四市的每万人拥有医生数接近，虽然防城港的医生数处于最低水平，但从均值来看却与北海和钦州相当；从每万人拥有卫生机构床位数来看，南宁仍居首位，虽然钦州卫生机构床位数仅次于南宁市，但从均值来看却是最低的。参见图 6-11。

在教育方面，南宁的教育财政支出远远高于其他三市，而钦州、北海和防城港分别位列其后，仅南宁的教育支出就高于其他三市教育投资的总和。从文化角度看，各城市在公共图书馆的个数方面有差别，南宁的公共图书馆个数居首位，防城港、北海和钦州水平较均衡。其他三市文化重视程度还有待提高。参见图 6-12。

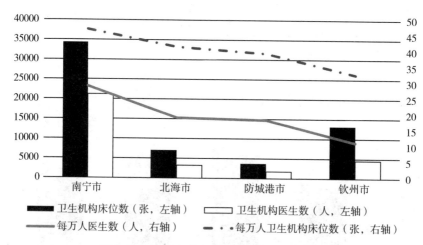

图 6-11　2014 年北部湾城市群医疗卫生状况

资料来源：作者根据《中国城市统计年鉴（2015）》《中国区域经济统计年鉴（2015）》制作。

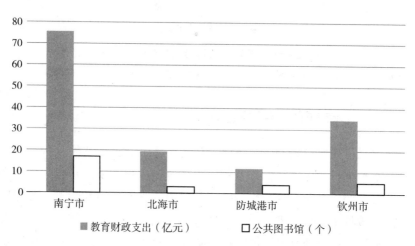

图 6-12　2014 年北部湾城市群教育文化状况

资料来源：作者根据《中国城市统计年鉴（2015）》《中国区域经济统计年鉴（2015）》制作。

　　从城镇居民家庭人均可支配收入的数据看，四市的水平几乎持平；从职工平均工资来看，南宁最高，而其他三市职工工资水平较均衡；在城镇登记失业率方面，防城港为城市群内最低，南宁和北海的失业率水平在 3% 左右，钦州达到了 3.68%。参见图 6-13。

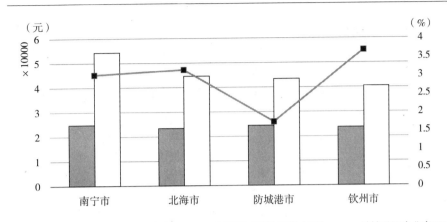

图6-13 2014年北部湾城市群城镇居民收入和就业状况

资料来源：作者根据《中国城市统计年鉴（2015）》《中国区域经济统计年鉴（2015）》制作。

从城市群内部看，防城港的城镇化水平最高，达到了59.34%，超过了南宁位于第一，其余三市的城镇化水平相当，均处于37%左右。从人口分布上进行分析，北海的人口密度超过核心城市南宁位居第一，钦州的人口密度居第二，南宁和防城港次之。参见图6-14。

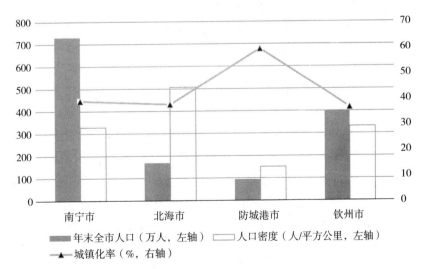

图6-14 2014年北部湾城市群人口状况和城镇化水平

资料来源：作者根据《中国城市统计年鉴（2015）》《中国区域经济统计年鉴（2015）》制作。

从交通设施水平来看，城市群内各市差别较大，南宁作为核心城市，其公路里程、客运和货运总量都为城市群内最高；钦州的公路里程和货运总量均为城市群内第二，而北海的客运总量仅低于南宁，其他指标位居最末；防城港公路里程和货运总量指标落后于南宁和钦州，客运总量指标位居最末。参见图6-15。

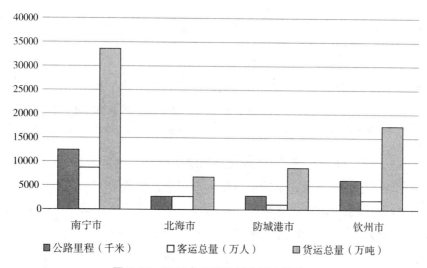

图6-15　2014年北部湾城市群交通状况

资料来源：作者根据《中国城市统计年鉴（2015）》《中国区域经济统计年鉴（2015）》制作。

信息化水平是体现城市内外联系紧密程度的指标，信息化水平高的地区，其发展程度也越高。2014年北部湾城市群各地区的移动电话数量均远远高于固定电话用户数，数量上的差异较为显著。同时，电信业务总量和人均量也都高于邮政量。南宁作为核心城市，其固话、移动电话和互联网宽带接入用户数、邮政和电信业务总量都居于城市群内首位，人均邮政业务和人均电信业务量也保持在群内首位。其余三市中钦州和北海的信息化水平不相上下，防城港在人均邮政和人均电信业务量上略高。参见图6-16、图6-17。

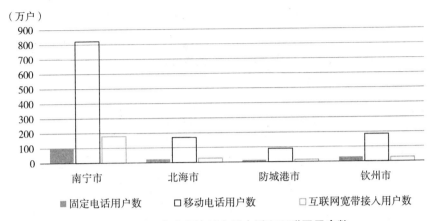

图 6-16　2014 年北部湾城市群电话和互联网用户数

资料来源：作者根据《中国城市统计年鉴（2015）》《中国区域经济统计年鉴（2015）》制作。

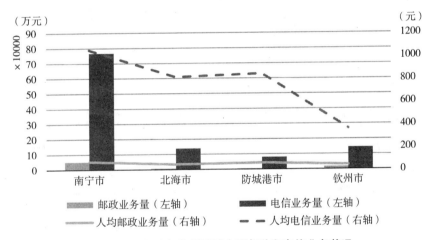

图 6-17　2014 年北部湾城市群邮政和电信业务状况

资料来源：作者根据《中国城市统计年鉴（2015）》《中国区域经济统计年鉴（2015）》制作。

6.2.4　城市群生态可持续发展分析

在城市用地面积方面，除了人均城市道路面积，南宁在市辖区绿地总面积、年末实有城市道路面积、城市建设用地面积和城市居住建设用地面积等方面均处于城市群内首位；城市道路面积方面南宁最高，但这一数据细化为人均城市道路面积之后，防城港市水平最高。参见表 6-9。

表 6-9　2014 年北部湾城市群土地资源状况

	城市建设用地面积（平方公里）	城市居住建设用地面积（平方公里）	人均城市道路面积（平方米）	市辖区绿地总面积（公顷）	市辖区年末实有城市道路面积（万平方米）
南宁市	280.05	84.7	13.58	39811	3861
北海市	70.21	25.6	13.81	24543	880
防城港市	21.64	4.9	11.32	1034	633
钦州市	87.87	21.8	7.14	2993	1049

資料来源：《中国城市统计年鉴（2015）》《中国区域经济统计年鉴（2015）》。

　　较其他城市，南宁市较大的人口规模和产业规模也反应在其城市资源使用量上。南宁市辖区城市居民生活用电、居民生活用水以及工业用电都远远高于其他三个城市。参见图 6-18。

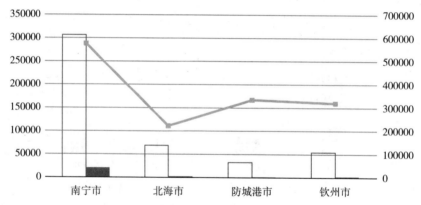

图 6-18　2014 年北部湾城市群水电资源状况

資料来源：作者根据《中国城市统计年鉴（2015）》《中国区域经济统计年鉴（2015）》制作。

　　由图 6-19 可知，南宁不仅在城市规模、人口规模和产业规模方面领先于其他城市，在工业排放方面，其工业废水排放量、工业二氧化硫的排放量也在北部湾地区居首位。然而防城港的工业烟（粉）尘排放量几近南宁的 2 倍，北海和钦州相对于这两个城市，工业烟（粉）尘排放量较低。其他三市虽然经济规模远不如南宁，但是工业二氧化硫的排放量也很高。

尤其是防城港，虽然城市规模最小，但是其工业二氧化硫、工业烟（粉）尘排放量却非常突出。

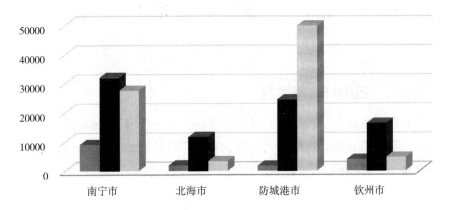

图6-19 2014年北部湾城市群工业环境状况

资料来源：作者根据《中国城市统计年鉴（2015）》《中国区域经济统计年鉴（2015）》制作。

在资源环境利用状况方面北部湾城市群的指标非常接近，用水、用气普及率四个城市的数据都在90%以上，防城港甚至已经全面普及用水；只有南宁在用水普及方面略低、防城港用气普及率略低。四个城市在生活垃圾无害化处理方面表现差异比较大，南宁和北海水平最高，钦州略低。而建成区绿化覆盖率各城市之间差距不大。参见表6-10。

表6-10 2014年北部湾城市群生活环境状况

单位：%

	建成区绿化覆盖率	用水普及率	用气普及率	生活垃圾无害化处理率
南宁市	49.38	90.39	98.64	93.67
北海市	39.96	99.61	99.61	100.00
防城港市	33.57	100	99.61	90.81
钦州市	34.13	92.9	96.71	88.00

资料来源：《中国城市统计年鉴（2015）》《中国区域经济统计年鉴（2015）》。

6.3 环鄱阳湖城市群

6.3.1 城市群基本情况

环鄱阳湖城市群是长江中游城市群之一，位于全国"两横三纵"城市化战略格局中沿长江通道横轴和京哈、京广通道纵轴的交汇处，包括江西省 9 个地市，总面积 12.4 万平方公里。

图 6-20　环鄱阳湖城市群城市空间分布

环鄱阳湖城市群的核心城市南昌，在地区生产总值、货物进出口总额、外商直接投资使用额、固定资产投资等经济指标方面以及工业污染处理方面在城市群中处于领先位置，但在公路里程、公共图书馆数量、教育财政支出、客运总量、货运总量、用水普及率、用气普及率等方面落后于其他城市，说明南昌在经济发展、社会发展和生态发展方面存在发展不协调的问题；九江和上饶的地区生产总值分别位于环鄱阳湖城市群第二、三位，但每万人拥有卫生机构床位数和医生数、在岗职工平均工资、城市化率、人均邮政业务收入、电信业务收入、城镇生活污水处理率、建成区绿化覆盖率等在城市群中均处于较低水平，说明九江和上饶的可持续发展水平较差；鹰潭的地区生产总值位于环鄱阳湖城市群末位，但每万人拥有卫生机构床位数和医生数、人均邮政业务收入处于中游水平，说明鹰潭的经济发展与社会发展之间存在较大的差异。

6.3.2　城市群经济可持续发展分析

环鄱阳湖城市群 2009—2014 年 GDP 年平均增长率高达 16.1%。核心城市南昌的 GDP 在环鄱阳湖城市群中所占的比重高居首位，2009 年南昌的 GDP 占到环鄱阳湖城市群 GDP 的 29.2%，到 2014 年仍占 28.1%。从表6-11 中可以看出相对于南昌而言，其他八个城市 GDP 相差不大，但是随着经济的发展，八个城市的 GDP 差距有所增大。

表 6-11　2009—2014 年环鄱阳湖城市群 GDP 发展状况

单位：亿元

	2009 年	2010 年	2011 年	2012 年	2013 年	2014 年
南昌市	1837.5	2200.1	2688.9	3000.5	3336	3667.96
景德镇市	364	461.5	564.7	628.3	680.3	738.21
九江市	831.4	1032.1	1256.4	1420.1	1601.7	1779.96
新余市	484.2	631.6	779.2	830.3	845.1	900.27
鹰潭市	256.8	344.9	427.6	482.2	553.5	606.98
吉安市	584.1	720.5	879.1	1006.3	1123.9	1242.11
宜春市	700.2	870	1078	1247.6	1387.1	1522.99
抚州市	502.9	630	742.5	825	940.6	1036.77
上饶市	728.5	901	1110.6	1265.4	1401.3	1550.24

资料来源：历年《中国城市统计年鉴》《中国区域经济统计年鉴》。

表 6-12　2014 年环鄱阳湖城市群主要经济指标

	地方财政一般预算收入（亿元）	货物进出口总额（万美元）	金融机构人民币贷款（亿元）	经济密度（万元/平方公里）	规模以上工业总产值（亿元）	外商直接投资实际使用额（万美元）	全社会固定资产投资（亿元）
南昌市	342.21	971139	6329.26	4955.37	5074.96	321418	3434.25
景德镇市	82.15	112151	423.76	1403.18	1083.53	15507	622.54
九江市	213.66	474049	1230.58	932.99	4560.16	145006	1812.22
新余市	89.92	207816	598.75	2832.81	1596.32	34561	748.19
鹰潭市	73.39	443381	377.77	1705.00	2073.92	21566	464.23
吉安市	142.57	356142	876.86	491.28	2774.74	78585	1270.64
宜春市	190.32	198321	1098.82	815.83	3180.30	59300	1354.85
抚州市	116.38	126052	755.92	551.50	1464.10	25104	957.25
上饶市	194.21	318303	1234.10	680.20	2611.74	83912	1343.33

资料来源：《中国城市统计年鉴（2015）》《中国区域经济统计年鉴（2015）》。

从图 6-21 可知，从三次产业占 GDP 的比重角度看，环鄱阳湖城市群以第二、三产业为主，尤其是第二产业为主，占比均超过 50%。

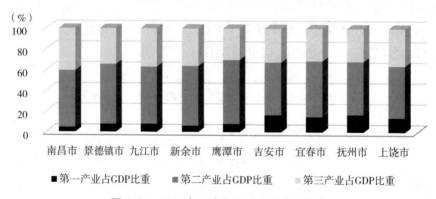

图 6-21　2014 年环鄱阳湖城市群产业结构

资料来源：作者根据《中国城市统计年鉴（2015）》《中国区域经济统计年鉴（2015）》制作。

6.3.3　城市群社会可持续发展分析

卫生机构床位数和医生数、每万人拥有卫生机构床位数和医生数是地区社会发展在医疗方面的具体体现。从卫生机构床位数和医生数分布可知，相对于环鄱阳湖城市群的其他城市，南昌、九江、吉安、宜春和上饶的医疗卫生条件较好。参见图 6-22。

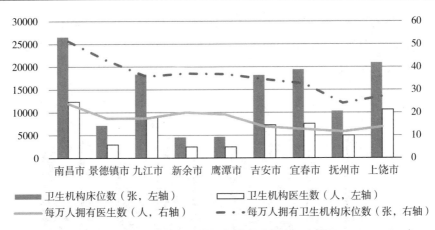

图6-22 2014年环鄱阳湖城市群医疗卫生状况

资料来源：作者根据《中国城市统计年鉴（2015）》《中国区域经济统计年鉴（2015）》制作。

公共图书馆的个数及教育财政支出在一定程度上可以反映对教育的投入力度和重视程度。从图6-23可知，从环鄱阳湖城市群各市的教育财政支出看，南昌、九江、吉安、宜春、抚州和上饶的教育财政支出较高，而且这些城市的公共图书馆的数量都超过10个。除了南昌，其他城市每万人在校大学生人数都比较低，因而环鄱阳湖城市群应加大教育文化投入，采取相应措施提高每万人在校大学生人数，促进教育文化发展，从而更好地为地区经济的发展奠定基础。参见图6-23。

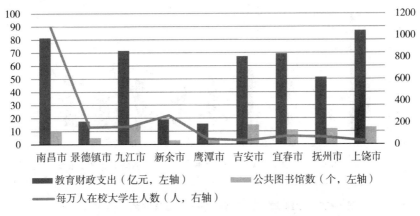

图6-23 2014年环鄱阳湖城市群教育文化状况

资料来源：作者根据《中国城市统计年鉴（2015）》《中国区域经济统计年鉴（2015）》制作。

　　环鄱阳湖城市群 9 个城市中，城镇居民人均可支配收入和在岗职工平均工资水平略有差别，其中南昌的在岗职工平均工资最高，与其他城市的差距较大。参见图 6-24。

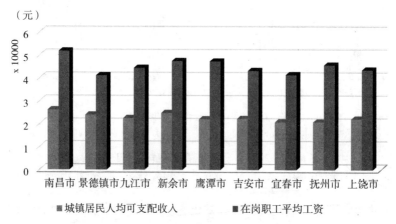

图 6-24　2014 年环鄱阳湖城市群城镇居民收入状况

资料来源：作者根据《中国城市统计年鉴（2015）》《中国区域经济统计年鉴（2015）》制作。

　　从图 6-25 可知，新余的城镇化率最高，达到了 72.5%，而南昌的人口密度最大，城镇化率却只有 44.45%。其他城市人口密度较小，城镇化水平相当。

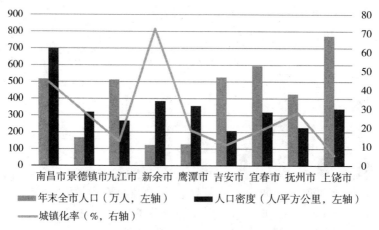

图 6-25　2014 年环鄱阳湖城市群人口状况和城镇化水平

资料来源：作者根据《中国城市统计年鉴（2015）》《中国区域经济统计年鉴（2015）》制作。

公路里程、互联网宽带接入用户数、固定电话用户数、移动电话用户数及人均电信业务量作为城市基础设施建设的不同方面，可在一定程度上反应区域信息化发展进程和城镇化发展水平。从图6-26可知，从公路里程来看，吉安、上饶、九江、宜春的公路里程比较长；从客运总量看，南昌、九江、上饶比较多；货运总量除了最高的宜春和最低的景德镇，其他城市相差不大；每万人拥有公共汽车数量，9市的水平就差别较大。

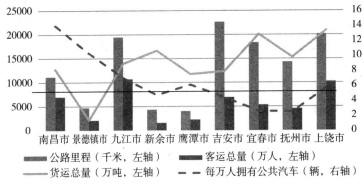

图6-26　2014年环鄱阳湖城市群交通状况
资料来源：作者根据《中国城市统计年鉴（2015）》《中国区域经济统计年鉴（2015）》制作。

综合互联网宽带接入用户数、固定电话用户数和移动电话用户数而言，南昌较为发达，其次是上饶、九江、宜春和吉安。对于邮政业务和电信业务，各市差别较大。无论是邮政业务总量和电信业务总量，还是人均邮政业务和人均电信业务，南昌与其他城市的差别较大（参见图6-27、图6-28）。

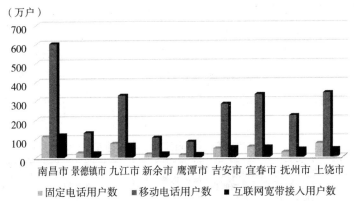

图6-27　2014年环鄱阳湖城市群电话和互联网用户数
资料来源：作者根据《中国城市统计年鉴（2015）》《中国区域经济统计年鉴（2015）》制作。

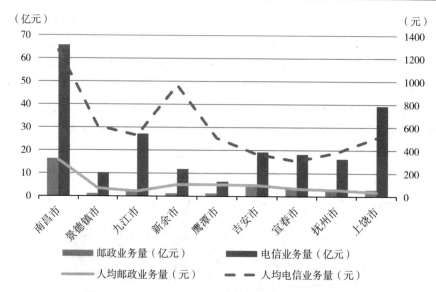

图6-28 2014年环鄱阳湖城市群邮政和电信业务状况

资料来源：作者根据《中国城市统计年鉴（2015）》《中国区域经济统计年鉴（2015）》制作。

6.3.4 城市群生态可持续发展分析

从表6-13可知，环鄱阳湖城市群在土地资源状况方面，无论是城市建设用地面积、城市居住建设用地面积还是市辖区绿地总面积、市辖区年末实有城市道路面积，南昌都排在前列。鹰潭排列最后，鹰潭的资源环境承载力令人堪忧。从图6-29可知，除了南昌和新余的工业用电量超高之外，居民生活用水用电和工业用电较为正常。新余之所以会出现这种情况，是因为其工业比较发达，而且这也可以从后面的污染物排放量上看出。从图6-30可知，九江、新余和宜春的工业废弃物排放量比较大。这也从侧面反映出九江和宜春的工业后期废物处理不到位，需要进一步处理。

表6-13 2014年环鄱阳湖城市群土地资源状况

	城市建设用地面积（平方公里）	城市居住建设用地面积（平方公里）	人均城市道路面积（平方米）	市辖区绿地总面积（公顷）	市辖区年末实有城市道路面积（万平方米）
南昌市	229.81	75.83	16.40	10483	3774

续表

	城市建设用地面积（平方公里）	城市居住建设用地面积（平方公里）	人均城市道路面积（平方米）	市辖区绿地总面积（公顷）	市辖区年末实有城市道路面积（万平方米）
景德镇市	74.36	19.67	16.84	3895	805
九江市	101.82	33.3	23.11	5011	1530
新余市	68.58	25.14	12.62	3678	1119
鹰潭市	27.7	6.53	15.82	1248	375
吉安市	49.01	10.37	13.93	2363	804
宜春市	68	15.65	7.07	2791	802
抚州市	58.4	18.48	9.32	2515	1117
上饶市	49.24	27	22.36	2062	939

资料来源：《中国城市统计年鉴（2015）》《中国区域经济统计年鉴（2015）》。

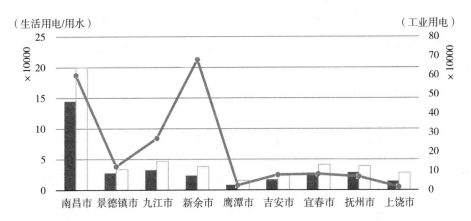

图6-29　2014年环鄱阳湖城市群水电资源状况

资料来源：作者根据《中国城市统计年鉴（2015）》《中国区域经济统计年鉴（2015）》制作。

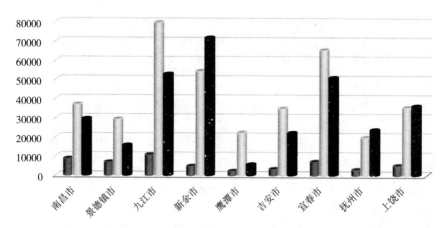

图 6-30　2014 年环鄱阳湖城市群工业环境状况

资料来源：作者根据《中国城市统计年鉴（2015）》《中国区域经济统计年鉴（2015）》制作。

　　环鄱阳湖城市群的用水普及率、用气普及率差别不大；在生活垃圾无害化处理率方面，除了九江偏低，其他城市无太大差别。但是城镇生活污水处理率和建成区绿化覆盖率方面各市就表现不一。参见表 6-14。

表 6-14　2014 年环鄱阳湖城市群居民生活环境状况

单位:%

	城镇生活污水处理率	建成区绿化覆盖率	用水普及率	用气普及率	生活垃圾无害化处理率
南昌市	91.00	42.09	98.85	94.8	100.00
景德镇市	74.00	51.65	99.78	98.3	100.00
九江市	86.61	50.98	100	99.4	61.78
新余市	95.64	51.22	100	99.4	100.00
鹰潭市	86.50	40.74	96.7	94.2	100.00
吉安市	86.17	45.79	92.99	97.2	93.13
宜春市	93.18	43.50	95.21	95.1	100.00
抚州市	92.19	47.22	99.34	99.6	100.00
上饶市	90.32	46.46	99.73	95.4	100.00

　　资料来源：《中国城市统计年鉴（2015）》《中国区域经济统计年鉴（2015）》。

6.4 太原城市群

6.4.1 城市群基本情况

太原城市群，以太原为中心，包括晋中、阳泉、吕梁和忻州，共5市。2014年年末，太原城市群总人口1536.6万人，占全国总人口的1.12%，土地面积7.43万平方公里，占全国国土面积的0.77%，地区生产总值达到5970.69亿元，占当年国内生产总值的0.93%。

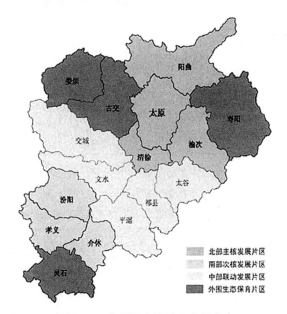

图 6-31 太原城市群城市空间分布

太原作为太原城市群的核心城市，在经济可持续发展、社会可持续发展以及生态可持续发展方面，在城市群中都居于首位，说明在经济增长的同时，太原市的社会发展与生态环境也较好地实现了协调发展；吕梁和晋中的地区生产总值位于城市群中游，卫生机构人员数以及每万人拥有卫生机构人员数落后于忻州，城镇化率落后于阳泉，表明这两个城市的经济发展与社会发展不协调。其中，晋中的工业烟（粉）尘排放量远远高于其他城市，工业二氧化硫排放量和工业废水排放量也高居第二位，说明晋中与城市可持续发展目标的实现相距甚远；阳泉的经济发展、社会发展和资源环境均处于城市群的最低水平。

6.4.2 城市群经济可持续发展分析

从表 6-15 可知，2009—2014 年，太原城市群五个城市均有不同程度的增长，2011—2014 年增长速度逐渐减慢，但仍处于增长的态势。其中太原市的 GDP 增长处于城市群的领先地位，2014 年发展速度也是最快的。

表 6-15　2009—2014 太原城市群 GDP 发展状况

单位：亿元

	2009 年	2010 年	2011 年	2012 年	2013 年	2014 年
太原市	1778.10	2080.12	2311.4	2412.9	2412.9	2531.09
阳泉市	429.38	528.11	601.9	611.8	611.8	616.62
晋中市	763.84	890.24	986.6	1022.2	1022.2	1041.30
忻州市	437.46	554.55	620.9	654.7	654.7	680.34
吕梁市	845.54	1130.71	1230.4	1228.6	1228.6	1101.35

资料来源：历年《中国城市统计年鉴》《中国区域经济统计年鉴》。

表 6-16　2014 年太原城市群主要经济指标

	地方财政一般预算收入（亿元）	货物进出口总额（万美元）	金融机构人民币贷款（亿元）	经济密度（万元/平方公里）	规模以上工业总产值（亿元）	外商直接投资实际使用额（万美元）	全社会固定资产投资（亿元）
太原市	258.85	916349	7945.33	3622.05	2431.00	107673	1746.09
阳泉市	47.05	21338	649.38	1349.27	656.88	27600	517.37
晋中市	117.52	44405	1028.02	635.25	1253.86	35303	1106.01
忻州市	80.81	19751	644.35	270.49	762.82	4320	965.42
吕梁市	130.61	74846	859.60	518.55	1681.54	4309	1016.97

资料来源：《中国城市统计年鉴（2015）》《中国区域经济统计年鉴（2015）》。

在太原城市群五个城市中，太原以第三产业为主，第二产业其次；吕梁和阳泉第二产业占相当大的比例，第三产业则是其次；其他两个城市产业结构比较相似，第二产业所占比例略大于第三产业。参见图6-32。

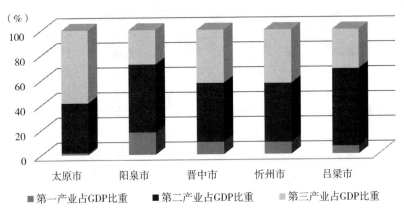

图 6-32　2014 年太原城市群产业结构

资料来源：作者根据《中国城市统计年鉴（2015）》《中国区域经济统计年鉴（2015）》制作。

6.4.3　城市群社会可持续发展分析

从卫生机构床位数和医生数的总量水平上看，太原水平较高，其他四个城市总量水平不高并且相互之间存在差距；而从每万人拥有卫生机构床位数来看，差距有所缩小；但居于第一位的与最后一位的城市差距仍然明显；从每万人拥有医生数方面看，太原高居首位，其次是忻州，阳泉和吕梁水平相当，晋中则最低。参见图 6-33。

教育方面，吕梁的教育财政支出最高，略高于太原，晋中和忻州教育财政支出相当，阳泉最低，不到吕梁的三分之一。从公共图书馆的数量上看，阳泉最低，仅有 6 个，忻州和吕梁并列第一，为 14 个，太原和晋中市都为 11 个。总体来看，阳泉在文化方面相比其他四个城市而言支出最低，但是阳泉的每万人在校大学生人数居于五个城市中的第 3 位。参见图 6-34。

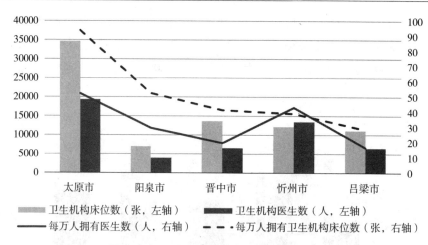

图 6-33　2014 年太原城市群医疗卫生状况

资料来源：作者根据《中国城市统计年鉴（2015)》《中国区域经济统计年鉴（2015)》制作。

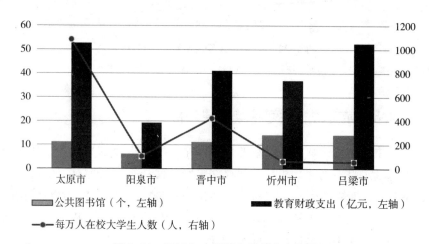

图 6-34　2014 年太原城市群教育文化状况

资料来源：作者根据《中国城市统计年鉴（2015)》《中国区域经济统计年鉴（2015)》制作。

　　从图 6-35 可知，从城镇居民家庭人均可支配收入数据看，五市的水平几乎持平，忻州和吕梁略低于其他三个城市；从在职员工平均工资水平看，五个城市层次分明，太原居第一位，吕梁的职工平均工资仅次于太原，忻州最低。在城镇登记失业率方面，晋中和吕梁失业率水平最低，忻州和阳泉水平相当，太原失业率最高。

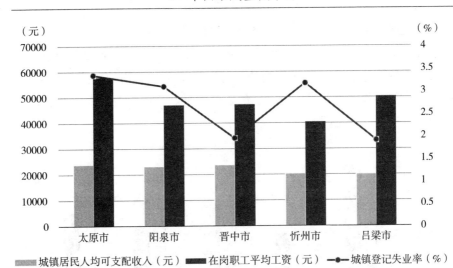

图6-35 2014年太原城市群城镇居民收入和就业状况

资料来源：作者根据《中国城市统计年鉴（2015）》《中国区域经济统计年鉴（2015）》制作。

从图6-36可知，从人口分布上进行分析，核心城市太原的人口密度远远领先于其他四个城市，阳泉的人口密度居第二，忻州人口密度最低。城镇化率相差较大，太原和阳泉处于领先位置，均超过了50%，其中太原更是达到了77.9%，吕梁的城镇化率最低，仅有7.09%，晋中和忻州水平相当。

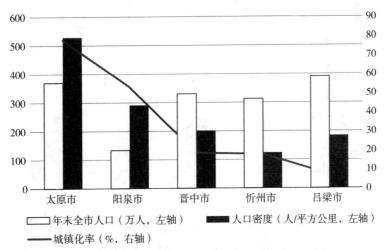

图6-36 2014年太原城市群人口状况和城镇化水平

资料来源：作者根据《中国城市统计年鉴（2015）》《中国区域经济统计年鉴（2015）》制作。

　　从交通的角度看，太原的公路里程仅仅略高于阳泉，每万人拥有公共汽车的数量低于晋中和阳泉，但是在客运总量上远高于其他四个城市，而且太原的货运总量也是遥遥领先的。五个城市中，忻州的公路里程最长，居于第一位，其次是晋中、太原，最后是阳泉。总体来看，太原的交通还是较为发达的。参见图6-37。

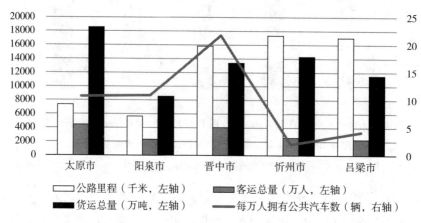

图 6-37　2014 年太原城市群交通状况

资料来源：作者根据《中国城市统计年鉴（2015）》《中国区域经济统计年鉴（2015）》制作。

　　信息化水平的高低代表着该城市发展水平的高低。从图 6-38 和图

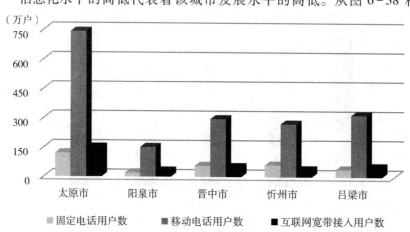

图 6-38　2014 年太原城市群电话和互联网用户数

资料来源：作者根据《中国城市统计年鉴（2015）》《中国区域经济统计年鉴（2015）》制作。

6-39可以看出，在太原城市群中，移动电话用户数要远远多于固定电话用户数和互联网宽带接入用户数。而且，电信业务总量和人均电信业务总量也都远高于邮政业务量。从五个城市间的对比可以清晰地看出，作为核心城市的太原，它的固话、移动电话和互联网用户数、邮政和电信业务总量均居于五个城市之首。相比而言，吕梁和晋中水平相当，其次是忻州，最后是阳泉。

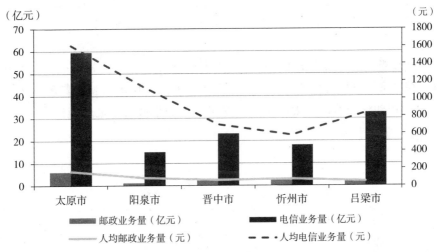

图6-39 2014年太原城市群邮政和电信业务状况

资料来源：作者根据《中国城市统计年鉴（20154）》《中国区域经济统计年鉴（2015）》制作。

6.4.4 城市群生态可持续发展分析

从资源环境承载力方面来看，太原的城市建设用地面积最高，比其他四个城市的城市建设用地面积之和还要多；城市居住建设用地面积亦是如此，太原比其他四个城市的城市居住建设用地面积之和还要多。总体来看，太原的土地资源承载力排名第一，后面依次是晋中、阳泉、忻州，最后是吕梁。参见表6-17。

表 6-17   2014 年太原城市群土地资源状况

	城市建设用地面积（平方公里）	城市居住建设用地面积（平方公里）	人均城市道路面积（平方米）	市辖区绿地总面积（公顷）	市辖区年末实有城市道路面积(万平方米)
太原市	284	65	13.70	12804	3941
阳泉市	53	15	8.74	2262	620
晋中市	53	17	13.89	1820	850
忻州市	32	12	9.91	1006	552
吕梁市	22	7	11.01	844	305

资料来源：《中国城市统计年鉴（2015）》《中国区域经济统计年鉴（2015）》。

核心城市太原的市辖区居民生活用电量、居民生活用水量以及工业用电量在城市群里居首位，这三个指标都比其他四个城市之和还要多。从图6-40 可以明显地看出，太原遥遥领先于其他四个城市，之后依次是阳泉、晋中、忻州和吕梁。

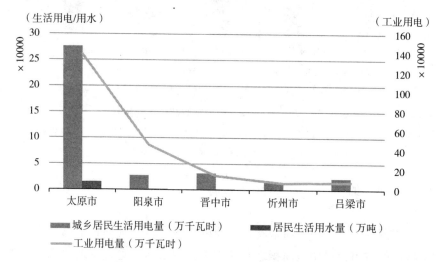

图 6-40   2014 年太原城市群水电资源状况

资料来源：作者根据《中国城市统计年鉴（2015）》《中国区域经济统计年鉴（2015）》制作。

从工业污染排放量角度来看，阳泉是最低的，吕梁最高，尤其是吕梁的工业二氧化硫和工业烟（粉）尘排放最为严重。参见图6-41。

相对污染排放而言，太原和晋中的生活垃圾无害化处理效果较好，阳

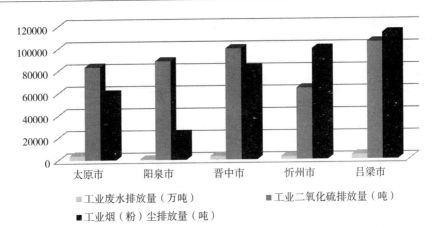

图 6-41 2014 年太原城市群工业环境状况

资料来源：作者根据《中国城市统计年鉴（2015）》《中国区域经济统计年鉴（2015）》制作。

泉最差。而晋中和忻州的城镇生活污水处理率较其他城市更高。整体而言，太原城市群还需要加大对污染治理的投入，在大力发展工业经济的同时，也要很好地控制对环境的污染，以及扩大城区绿化。参见表 6-18。

表 6-18 2014 年太原城市群居民生活环境状况

单位：%

	城镇生活污水处理率	建成区绿化覆盖率	生活垃圾无害化处理率
太原市	85.85	44.77	100.00
阳泉市	87.00	40.44	72.00
晋中市	96.60	37.92	96.60
忻州市	95.01	32.11	46.11
吕梁市	82.28	39.88	78.33

资料来源：《中国城市统计年鉴（2015）》《中国区域经济统计年鉴（2015）》。

6.5 宁夏沿黄城市群

6.5.1 城市群基本情况

宁夏沿黄城市群，包括银川、石嘴山、吴忠以及中卫 4 市。2014 年，城市群面积 4.85 万平方公里，以 79% 的土地面积集中了全区 81% 的人口、80% 的城镇和 83% 的城镇人口，创造了全自治区 92% 以上的 GDP 和财政收入，是宁夏经济发展的战略高地和主要增长极，也是我国西部地区经济基础较好、自然条件优越、人文历史底蕴深厚、发展潜力较大的地区。

图 6-42 宁夏沿黄城市群城市空间分布

银川作为宁夏沿黄城市群的核心城市，在经济可持续发展、社会可持续发展以及生态可持续发展等方面都位居城市群首位，说明在经济增长的同时，银川市的社会发展与生态环境较好地实现了协调发展；城市群中其他城市的经济发展和社会发展水平相当；在生态环境方面，石嘴山和中卫的工业烟（粉）尘排放量较高，说明这两个城市的可持续发展水平较差。

6.5.2 城市群经济可持续发展分析

宁夏沿黄城市群 2009 年的 GDP 为 1236.65 亿元，到 2014 年增长到 2536.89 亿元，年平均增长率高达 15.4%。核心城市银川的 GDP 占宁夏沿黄城市群 GDP 的比重较大，2009 年占 52.1%，到 2014 年增至 54.3%。而且，银川的 GDP 增长速度仍在加快，其他三个城市的 GDP 与其差距越来越大。其他三个城市的 GDP 差别不大。而对于人均 GDP 而言，石嘴山和银川相当，吴忠和中卫相当，落后于石嘴山和银川。参见图 6-43。

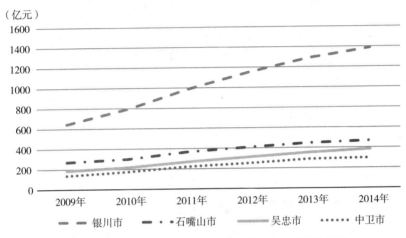

图 6-43 2009—2014 年宁夏沿黄城市群 GDP 发展状况

资料来源：历年《中国城市统计年鉴》《中国区域经济统计年鉴》。

表 6-19 2014 年宁夏沿黄城市群主要经济指标

	地方财政一般预算收入（亿元）	货物进出口总额（万美元）	金融机构人民币贷款（亿元）	规模以上工业总产值（亿元）
银川市	153.60	241829	3185.93	1538.64
石嘴山市	34.46	47119	418.63	879.97
吴忠市	35.14	17240	430.48	228.82
中卫市	19.46	15599	356.04	170.55

资料来源：《中国城市统计年鉴（2015）》《中国区域经济统计年鉴（2015）》。

从图 6-44 可知，宁夏沿黄城市群产业结构比较相似，主要以第二产业为主。其中银川和中卫的第三产业占比相对较多，分别达到了 42.17% 和 38.44%，石嘴山的第二产业比重则高达 64.98%。

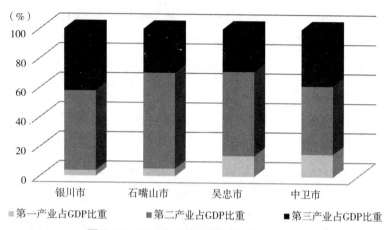

图 6-44　2014 年宁夏沿黄城市群产业结构

资料来源：作者根据《中国城市统计年鉴（2015）》《中国区域经济统计年鉴（2015）》制作。

6.5.3　城市群社会可持续发展分析

医疗卫生水平可以反映一个城市的社会发展水平，这是衡量城市发展的一个指标。对于卫生机构床位数和医生数而言，四个城市中银川高居首位，其次是吴忠、石嘴山和中卫。但是对于每万人拥有卫生机构床位数和医生数而言，石嘴山要领先于吴忠。参见图 6-45。

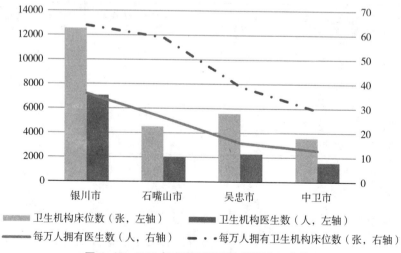

图 6-45　2014 年宁夏沿黄城市群医疗卫生状况

资料来源：作者根据《中国城市统计年鉴（2015）》《中国区域经济统计年鉴（2015）》制作。

公共图书馆的个数及教育财政支出在一定程度上可以反映对教育的投入力度和重视程度。银川的教育财政支出最高，其后依次为吴忠、中卫和石嘴山。公共图书馆数普遍较少，最多的是银川。参见图 6-46。

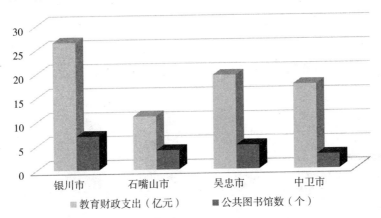

图 6-46　2014 年宁夏沿黄城市群教育文化状况

资料来源：作者根据《中国城市统计年鉴（2015）》《中国区域经济统计年鉴（2015）》制作。

从城镇居民人均可支配收入看，银川居宁夏沿黄城市群第一位，其次是石嘴山，最后是中卫和吴忠；在岗职工平均工资方面，银川居首，其次是吴忠；而从城镇失业率来讲，银川和石嘴山失业率为最低，其次是中卫，最后是吴忠。参见图 6-47。

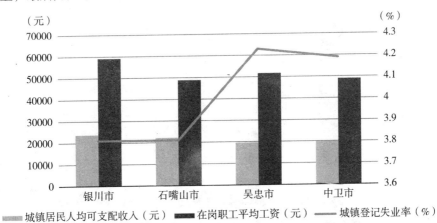

图 6-47　2014 年宁夏沿黄城市群城镇居民收入和就业状况

资料来源：作者根据《中国城市统计年鉴（2015）》《中国区域经济统计年鉴（2015）》制作。

　　无论从常住人口数、人口密度还是城镇化率，核心城市银川都是排名第一位，而对于人口密度，石嘴山仅次于银川市，最后是吴忠和中卫，这两市水平相当。城市化率方面，石嘴山也是仅次于银川，吴忠和中卫水平较低。参见图 6-48。

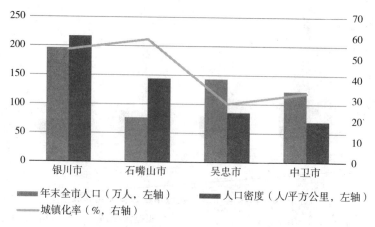

图 6-48　2014 年宁夏沿黄城市群人口状况和城镇化水平

资料来源：作者根据《中国城市统计年鉴（2015）》《中国区域经济统计年鉴（2015）》制作。

　　信息化水平是反映一个城市经济发展和社会发展水平高低的一个指标。从图 6-49 和表 6-20 来看，互联网宽带接入用户数、固定电话用户

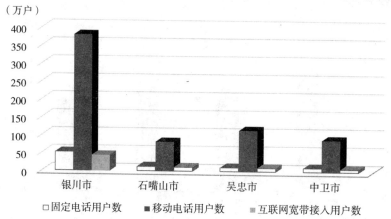

图 6-49　2014 年宁夏沿黄城市群电话和互联网用户数

资料来源：作者根据《中国城市统计年鉴（2015）》《中国区域经济统计年鉴（2015）》制作。

数、移动电话用户数以及邮政业务和电信业务方面，核心城市银川都起到一个很好的带头作用，反映出银川的城市发展水平相对于其他三个城市来讲，是比较发达的。而其他三个城市都要增强对信息化方面的重视关注度，促进信息化水平的提高，从而促进经济的发展，增加城市的综合竞争力。

表 6-20　2014 年宁夏沿黄城市群邮政和电信业务状况

	邮政业务总量（亿元）	电信业务总量（亿元）	人均邮政业务总量（元）	人均电信业务总量（元）
银川市	1.28	35.26	65.47	1798.93
石嘴山市	0.42	6.96	55.46	909.74
吴忠市	0.43	12.26	29.97	854.38
中卫市	0.28	8.46	22.65	692.51

资料来源：《中国城市统计年鉴（2015）》《中国区域经济统计年鉴（2015）》。

6.5.4　城市群生态可持续发展分析

对于资源环境承载力，银川的市辖区绿地总面积最高，石嘴山次之；在市辖区年末实有城市道路面积、城市建设用地面积和城市居住建设面积等方面，银川也是领先于其他三个城市的，中卫最低，需要加大力度改善环境，提升本市的资源环境承载力。参见表 6-21。

表 6-21　2014 年宁夏沿黄城市群土地资源状况

	城市建设用地面积（平方公里）	城市居住建设用地面积（平方公里）	人均城市道路面积（平方米）	市辖区绿地总面积（公顷）	市辖区年末实有城市道路面积（万平方米）
银川市	149	46	17.68	8506	1881
石嘴山市	103	22	34.61	6793	1568
吴忠市	48	14	12.75	2677	515
中卫市	38	11	13.35	1484	542

资料来源：《中国城市统计年鉴（2015）》《中国区域经济统计年鉴（2015）》。

银川的居民生活用水居于首位，石嘴山、吴忠和中卫分别排在其后；而工业用电量方面，石嘴山居于首位，其次为中卫、银川和吴忠。参见图 6-50。

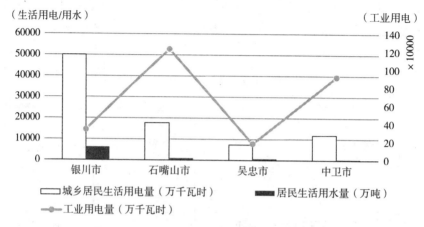

图 6-50　2014 年宁夏沿黄城市群水电资源状况

资料来源：作者根据《中国城市统计年鉴（2015）》《中国区域经济统计年鉴（2015）》制作。

污染物的排放，这四个城市都比较严重，银川的工业废水和工业二氧化硫排放量最高；石嘴山的工业烟（粉）尘排放量最高。这些城市在发展自己经济的同时，也要关注环境的保护和环境的承载力，因而要加大对绿化的投入和污染物的处理。参见图 6-51。

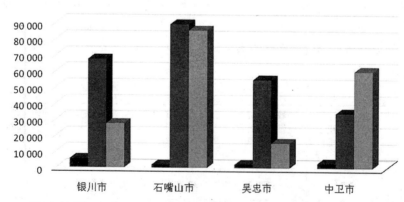

图 6-51　2014 年宁夏沿黄城市群工业环境状况

资料来源：作者根据《中国城市统计年鉴（2015）》《中国区域经济统计年鉴（2015）》制作。

从城市群内生活环境看，银川的建成区绿化覆盖率最高，其次为吴忠和石嘴山，中卫的绿化覆盖率最低；生活垃圾无害化处理方面，银川高达100%，而石嘴山有待提高；生活污水处理方面，银川、石嘴山和中卫较好，而吴忠较差。参见表6-22。

表6-22 2014年宁夏沿黄城市群居民生活环境状况

单位:%

	城镇生活污水处理率	建成区绿化覆盖率	生活垃圾无害化处理率
银川市	93.00	0.44	100.00
石嘴山市	100.00	0.41	95.00
吴忠市	62.92	0.41	98.99
中卫市	96.70	0.37	96.90

资料来源:《中国城市统计年鉴（2015）》《中国区域经济统计年鉴（2015）》。

6.6 兰州—西宁城市群

6.6.1 城市基本情况

兰州—西宁城市群，地处青藏高原和黄土高原的边缘地带，北至永登县，南至临洮县，东起会宁县，西至湟源县，东西长约360公里，南北宽约160公里，包括今兰州市、西宁市、白银市、临夏回族自治州、定西市，农业发达，水、能、矿等资源丰富，是甘肃、青海两省城镇经济社会发展较好的区域，也是西北地区重要的城镇密集地区之一。

兰州和西宁是兰州—西宁城市群的两个核心城市，该城市群位于西北地区的中心地带，起着承东启西的作用，对于甘肃、青海乃至整个西北地区经济社会发展均有重要的作用。其中，兰州市在地区生产总值、货物进出口总额、规模以上工业总产值、卫生机构床位数和医生数、财政教育支出等方面，都居城市群首位，用水普及率和建成区绿化覆盖率居第二位；

图 6-52　兰州—西宁城市群城市空间分布

西宁市的地区生产总值居第二位，每万人拥有卫生机构床位数和医生数、财政教育支出、用水普及率和建成区绿化覆盖率居城市群首位。兰州和西宁的经济发展、社会发展与生态环境较好地实现了协调发展。

　　但是兰州—西宁城市群的其他城市面临着严重的可持续发展问题，如城镇职能结构单一、产业布局不合理、生态环境脆弱、资源浪费严重、交通基础设施不完善、地方保护主义严重、行政区划分割等，导致经济无序竞争，城镇发展缓慢、网络化、信息化程度不高，难以形成整体的竞争优势，阻碍了兰州—西宁城市群的经济发展、社会发展以及生态环境的协调发展。

6.6.2　城市群经济可持续发展分析

　　兰州—西宁城市群 2009 年 GDP 为 1917.5 亿元，到 2014 年 GDP 增长到 3990.58 亿元，年均增长率高达 15.9%。兰州的 GDP 在兰州—西宁城市群中所占比重首屈一指，2009 年兰州的 GDP 在城市群中占比高达 48.3%，到 2014 年仍然高达 50.1%。临夏回族自治州和定西的 GDP 水平相当，也是五个城市中排名最末的。2009—2014年五个城市的 GDP 水平一直有所增长，以定西增速最快。从人均 GDP 角度看，五个城市人均 GDP 水平层次相差较大，兰州居五市之首，其次是西宁、白银、定西和临夏回族自治州。从表 6-23 可知，核心城市兰州和西宁的地方财政收入、货物进出口总额、金融机构人民币贷款和规模以上工业总产值均名列前茅，兰州尤为突出。

表 6-23 2009—2014年兰州—西宁城市群 GDP 发展状况

单位：亿元

	2009 年	2010 年	2011 年	2012 年	2013 年	2014 年
兰州市	926	1100.4	1360	1563.8	1776.3	2000.94
西宁市	501.1	628.3	770.7	851.1	978.5	1065.78
白银市	265.3	311.2	375.8	433.8	463.3	447.64
定西市	131.9	156	186.9	223.3	252.2	290.16
临夏回族自治州	93.2	106.4	128.8	151.9	167.3	186.05

资料来源：历年《中国城市统计年鉴》《中国区域经济统计年鉴》。

表 6-24 2014年兰州—西宁城市群主要经济指标

	地方财政一般预算收入（亿元）	货物进出口总额（万美元）	金融机构人民币贷款（亿元）	规模以上工业总产值（亿元）
兰州市	1523299	406429	5612.72	1529.07
西宁市	838821	124115	3328.22	1393.36
白银市	259975	78103	407.31	211.57
定西市	215438	3457	428.89	147.98
临夏回族自治州	142000	1663	310.54	74.3

资料来源：《中国城市统计年鉴（2015）》《中国区域经济统计年鉴（2015）》。

从三次产业增加值和三次产业占 GDP 比重角度看，除定西外，其他四州市均以第二产业和第三产业为主，第一产业所占比重较小，而定西市第一产业略大于第二产业所占比重。其中，兰州、定西和临夏回族自治州的第三产业比重相当，均超过了 50%，领先于其他两市。总体看来，白银、定西和临夏回族自治州的第一产业所占比重较大。参见图 6-53。

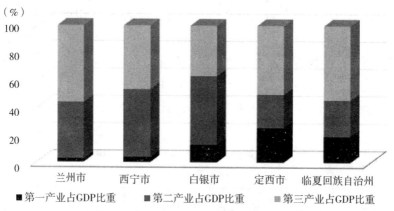

图 6-53　2014 年兰州—西宁城市群产业结构

资料来源：作者根据《中国城市统计年鉴（2015）》《中国区域经济统计年鉴（2015）》制作。

6.6.3　城市群社会可持续发展分析

从图 6-54 可知，从卫生机构床位数和医生数以及每万人拥有卫生机构床位数和医生数来看，兰州—西宁城市群各城市水平相差很大。从四个方面综合来看，兰州医疗水平最高，其次是西宁。其他三个城市，从每万人拥有卫生机构床位数看，定西较好，而从每万人拥有医生数来看，临夏回族自治州较好。

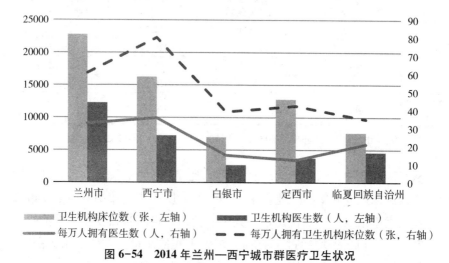

图 6-54　2014 年兰州—西宁城市群医疗卫生状况

资料来源：作者根据《中国城市统计年鉴（2015）》《中国区域经济统计年鉴（2015）》制作。

从图6-55可以看出，兰州—西宁城市群中，兰州、西宁和定西的教育财政支出较多，而其他两个州市支出水平较低。而在公共图书馆数量方面，兰州、定西和临夏回族自治州在同一水平线上，白银和西宁数量相当。白银应加大对教育文化的关注和投入力度，促进教育文化的发展。

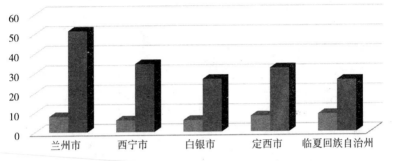

图6-55 2014年兰州—西宁城市群教育文化状况

资料来源：作者根据《中国城市统计年鉴（2015）》《中国区域经济统计年鉴（2015）》制作。

从城镇居民人均可支配收入角度来看，兰州、西宁和白银收入较高，水平相近，定西次之，最后是临夏回族自治州。定西和临夏回族自治州应采取措施促进城镇居民的就业，减少居民失业率，促进地区的经济发展。参见图6-56。

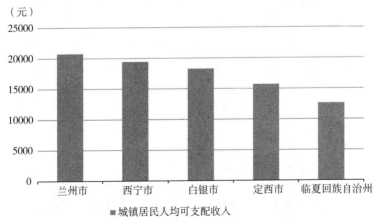

图6-56 2014年兰州—西宁城市群城镇居民人均可支配收入

资料来源：作者根据《中国城市统计年鉴（2015）》《中国区域经济统计年鉴（2015）》制作。

从城镇化水平与人口发展角度来说，兰州的常住人口和西宁的人口密度高居前列，而且城镇化率也较高。从一定程度上说，城镇化率与城镇居民人均可支配收入关系密切。参见图 6-57。

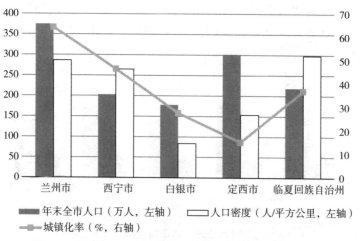

图 6-57 2014 年兰州—西宁城市群人口状况和城镇化水平

资料来源：作者根据《中国城市统计年鉴（2015）》《中国区域经济统计年鉴（2015）》制作。

　　信息化水平的高低能反映出一个地区的发展水平。互联网宽带接入用户数、固定电话用户数和移动电话用户数以及邮政业务和电信业务量这些都是信息化水平的具体表现。综合来看，在兰州—西宁城市群中，兰州的信息化水平最高，其次是同为核心城市的西宁。但是五个城市的信息化水平差别较大。除兰州外，其他四个城市应加大对信息化水平的关注和重视程度，从而更好地推动地区的经济发展。参见图 6-58、图 6-59。

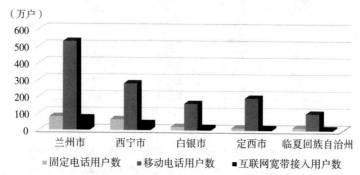

图 6-58 2014 年兰州—西宁城市群电话和互联网用户数

资料来源：作者根据《中国城市统计年鉴（2015）》《中国区域经济统计年鉴（2015）》制作。

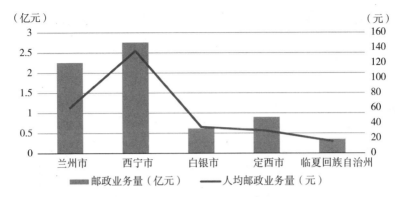

图6-59　2014年兰州—西宁城市群邮政业务状况

资料来源：作者根据《中国城市统计年鉴（2015）》《中国区域经济统计年鉴（2015）》制作。

6.6.4　城市群生态可持续发展分析

由图6-60可知，在兰州—西宁城市群中，工业废水排放量最多的是兰州，后面依次是西宁、临夏回族自治州、白银。工业二氧化硫排放量最多的是白银，其次是兰州和西宁，最少的是临夏回族自治州。工业烟（粉）尘排放量西宁居首，其次为兰州。对于建成区绿化覆盖率来说，临夏回族自治州和西宁绿化水平较高，较差的是定西。兰州的污水处理率最

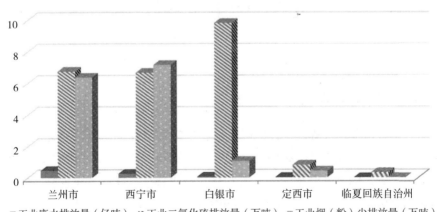

图6-60　2014年兰州—西宁城市群工业环境状况

资料来源：作者根据《中国城市统计年鉴（2015）》《中国区域经济统计年鉴（2015）》制作。

高，但是生活垃圾无害化处理率却在五个城市之末，亟待提高。其余四个城市的污水处理率水平相当，而生活垃圾处理做得较好的是西宁、白银和临夏回族自治州。

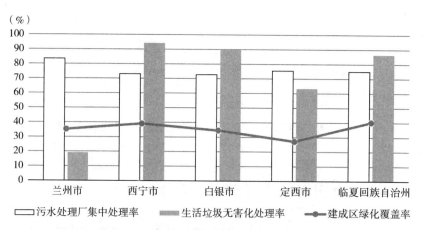

图 6-61 2014 年兰州—西宁城市群居民生活环境状况

资料来源：作者根据《中国城市统计年鉴（2015）》《中国区域经济统计年鉴（2015）》制作。

6.7 黔中城市群

6.7.1 城市群基本情况

黔中城市群，又称黔中经济区，范围包括贵州省贵阳市及遵义市红花岗区、汇川区、遵义县、绥阳县、仁怀市，安顺市西秀区、平坝县、普定县、镇宁县，毕节市七星关区、大方县、黔西县、金沙县、织金县，黔东南州凯里市、麻江县，黔南州都匀市、福泉市、贵定县、瓮安县、长顺县、龙里县、惠水县，共计 33 个县（市、区），区域总面积 13 万平方公里，占贵州全省面积的 75%。

据贵州省十届九次全委会，贵州将力争把黔中经济区建设成为全国重要的能源原材料基地、以航天航空为重点的装备制造业基地、烟草工业基地和南方绿色食品基地，西南连接华南、华东地区的陆路交通枢纽和全国的商贸物流中心。

图6-62　黔中城市群城市空间分布

贵阳作为黔中城市群的核心城市，在经济可持续发展、社会可持续发展以及生态环境发展方面都居于前列，说明在经济增长的同时，贵阳市的社会发展与资源环境也较好地实现了协调发展；遵义和毕节的经济发展水平位于城市群中游，除公共图书馆数量和教育财政支出较高外，两个城市的社会可持续发展水平远低于贵阳，并且毕节的环境污染治理水平较差，工业排放量远高于其他城市，说明遵义和毕节离可持续发展目标实现还有相当长的一段距离；安顺的经济可持续发展、社会可持续发展和生态可持续发展在城市群中均处于较低水平。

6.7.2 城市群经济可持续发展分析

表 6-25　2009—2014 年黔中城市群 GDP 发展状况

单位：亿元

	2009 年	2010 年	2011 年	2012 年	2013 年	2014 年
贵阳市	971.9	1121.8	1383.1	1700.3	2085.4	2085.4
遵义市	777.6	908.8	1121.5	1343.9	1584.7	1584.7
安顺市	195.7	232.9	285.6	352.6	429.2	429.2
毕节市	500.0	600.9	737.9	877.9	1041.9	1041.9
黔东南苗族侗族自治州	269.7	312.6	383.6	495.8	585.6	585.6
黔南布依族苗族自治州	298.0	356.7	443.6	550.3	645.5	645.5

资料来源：历年《中国城市统计年鉴》《中国区域经济统计年鉴》。

黔中城市群 2009 年 GDP 为 3012.9 亿元，到 2014 年增长到 7661.85 亿元，年均增长率高达 20.9%，其中贵阳的 GDP 在黔中城市群中所占的比例首屈一指。从表 6-25 中可以看出，2009—2014 年，贵阳的 GDP 一直处于四市两州的领先地位。就人均 GDP 而言，贵阳也遥遥领先于其他五个地区，其次是遵义，其他四个地区差别不是很大。

表 6-26　2014 年黔中城市群主要经济指标

	地方财政一般预算收入（亿元）	货物进出口总额（万美元）	金融机构人民币贷款（亿元）	规模以上工业总产值（亿元）
贵阳市	331.60	666233.00	6560.51	2229.15
遵义市	159.65	18037.00	1527.74	1702.61
安顺市	58.48	3060.00	518.95	471.32
毕节市	116.15	10902.00	689.48	663.62
黔东南苗族侗族自治州	84.47	63838.00	613.65	652.00
黔南布依族苗族自治州	92.63	13572.00	867.43	939.49

资料来源：《中国城市统计年鉴（2015）》《中国区域经济统计年鉴（2015）》。

由三次产业所占 GDP 比重可知，黔中城市群以第二、三产业为主，个别地区的第一产业所占比例也不可忽视。其中核心城市贵阳的第三产业在 GDP 中所占比重最大。安顺和黔东南苗族侗族自治州的第三产业占 GDP 比例也很大。毕节市和黔南布依族苗族自治州的第二、三产业所占 GDP 比例旗鼓相当。

由三次产业增加值可知，核心城市贵阳的第二、三产业增加值占 GDP 的绝大比例。而其他五个地区由于第一产业所占 GDP 比重较大，所以在第二、三产业增加值不高的情况下，GDP 增长相对乏力。参见图 6-63。

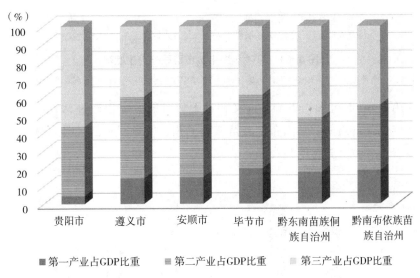

图 6-63　2014 年黔中城市群产业结构

资料来源：作者根据《中国城市统计年鉴（2015）》《中国区域经济统计年鉴（2015）》制作。

6.7.3　城市群社会可持续发展分析

卫生机构床位数和医生数、每万人拥有卫生机构床位数和医生数是地区社会发展在医疗方面的具体体现。从卫生机构床位数和医生数可知，贵阳和遵义的医疗条件较好，这与当地的经济发展水平和人口密度相对应，安顺仅为贵阳的三分之一。但是从每万人拥有卫生机构床位数和医生数来看，除了贵阳和黔东南苗族侗族自治州的水平较高外，其他几个地区相差不是很大。参见图 6-64。

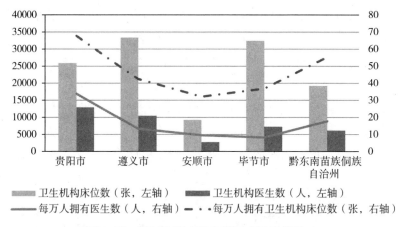

图 6-64　2014 年黔中城市群医疗卫生状况

资料来源：作者根据《中国城市统计年鉴（2015）》《中国区域经济统计年鉴（2015）》制作。

　　由图 6-65 可知，毕节、遵义和贵阳教育财政支出较高，其次是黔东南苗族侗族自治州和黔南布依族苗族自治州，安顺最低。此外，从图书馆数量看，少数民族自治州较多。

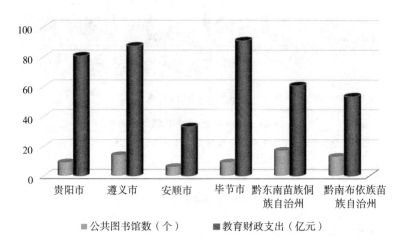

图 6-65　2014 年黔中城市群教育文化状况

资料来源：作者根据《中国城市统计年鉴（2015）》《中国区域经济统计年鉴（2015）》制作。

　　由图 6-66 可知，就城镇居民人均可支配收入而言，贵阳领先于其他五个州市，其次是遵义、黔南布依族苗族自治州、毕节和黔东南苗族侗族自治州，排在最后的是安顺。而对于城镇登记失业率来说，遵义、贵阳和安顺最低，毕节和黔东南苗族侗族自治州较高，黔南布依族苗族自治州居中。

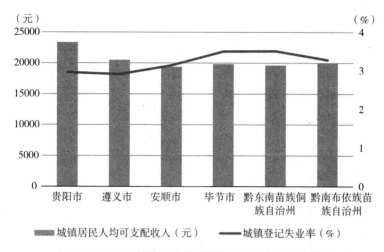

图 6-66 2014 年黔中城市群城镇居民收入和就业状况

资料来源：作者根据《中国城市统计年鉴（2015）》《中国区域经济统计年鉴（2015）》制作。

由图 6-67 可知，作为核心城市的贵阳常住人口数低于毕节、遵义和黔东南苗族侗族自治州。而城市人口密度贵阳排在第一位，两个少数民族自治州人口稀少，地广人稀。核心城市贵阳的城镇化率较高。

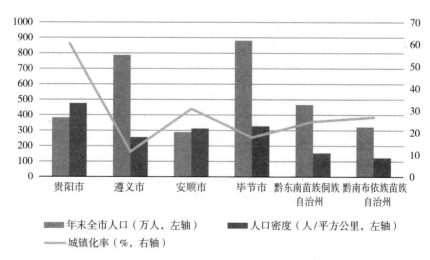

图 6-67 2014 年黔中城市群人口状况和城镇化水平

资料来源：作者根据《中国城市统计年鉴（2015）》《中国区域经济统计年鉴（2015）》制作。

　　互联网宽带接入用户数、固定电话用户数、移动电话用户数以及电信、邮政业务量等，一定程度上反映了区域信息化发展水平。从互联网宽带接入用户数看，毕节的用户数较多，相比于其他五州市有着很大的优势。总体看来就固定电话用户数和移动电话用户数而言，贵阳的信息化水平较高，安顺水平较低（参见图 6-68）。而对于人均电信业务量和人均邮政业务量而言，贵阳和遵义水平较高（参见图 6-69 和图 6-70）。

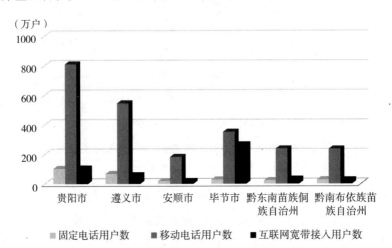

图 6-68　2014 年黔中城市群电话和互联网用户数

资料来源：作者根据《中国城市统计年鉴（2015）》《中国区域经济统计年鉴（2015）》制作。

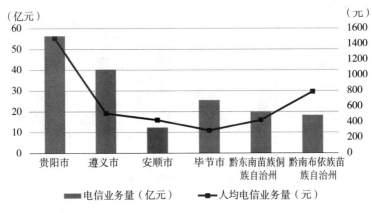

图 6-69　2014 年黔中城市群电信业务量

资料来源：作者根据《中国城市统计年鉴（2015）》《中国区域经济统计年鉴（2015）》制作。

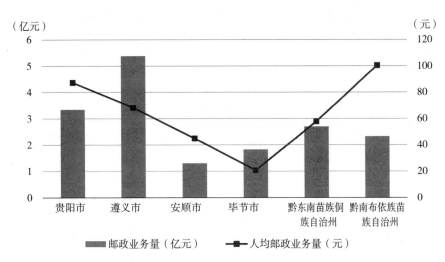

图 6-70 2014 年黔中城市群邮政业务量

资料来源：作者根据《中国城市统计年鉴（2015）》《中国区域经济统计年鉴（2015）》制作。

6.7.4 城市群生态可持续发展分析

在城市用地面积方面，贵阳在年末实有城市道路面积和人均城市道路面积方面均处于城市群内首位。参见表 6-27。

表 6-27 2014 年黔中城市群土地资源状况

	城市建设用地面积（平方公里）	城市居住建设用地面积（平方公里）	人均城市道路面积（平方米）	市辖区绿地总面积（公顷）	市辖区年末实有城市道路面积（万平方米）
贵阳市	—	—	11.32	—	2611
遵义市	86	36	6.15	2668	552
安顺市	36	12	5.12	1466	457
毕节市	39	11	2.07	1216	325
黔东南苗族侗族自治州	—	—	—	—	—
黔南布依族苗族自治州	—	—	—	—	—

资料来源：《中国城市统计年鉴（2015）》《中国区域经济统计年鉴（2015）》。

较其他城市,贵阳市较大的人口规模和产业规模也反映在其城市资源使用量上。贵阳市辖区城市居民生活用电量、居民生活用水量以及工业用电量都远远高于其他几个城市。参见表 6-28。

表 6-28　2014 年黔中城市群水电资源状况

	城乡居民生活用电（万千瓦时）	居民生活用水量（万吨）	工业用电量（万千瓦时）
贵阳市	42528.90	12835	933877
遵义市	10573.60	3833	246269
安顺市	3094.00	1293	288606
毕节市	5752.40	1172	105524
黔东南苗族侗族自治州	—	—	—
黔南布依族苗族自治州	—	—	—

资料来源:作者根据《中国城市统计年鉴（2015）》《中国区域经济统计年鉴（2015）》制作。

由表 6-29 可知,毕业的经济规模远不如贵阳和遵义,但其工业污染排放量却很突出,工业废水排放量、二氧化硫排放量和烟（粉）尘排放量均居城市群首位。

表 6-29　2014 年黔中城市群工业环境状况

	工业废水排放量（万吨）	工业二氧化硫排放量（吨）	工业烟（粉）尘排放量（吨）
贵阳市	2895	70533	29669
遵义市	2778	96579	32022
安顺市	1681	51518	19985
毕节市	9852	132279	31836
黔东南苗族侗族自治州	—	—	—
黔南布依族苗族自治州	—	—	—

资料来源:作者根据《中国城市统计年鉴（2015）》《中国区域经济统计年鉴（2015）》制作。

6.8 天山北坡城市群

6.8.1 城市群基本情况

2011 年的《新疆维吾尔自治区国民经济和社会发展第十二个五年规划纲要》中将天山北坡城市群描述为东起哈密，西至伊宁，包含乌鲁木齐市、克拉玛依市、石河子市、昌吉回族自治州、伊犁哈萨克自治州、博尔塔拉蒙古自治州、塔城地区、吐鲁番地区、哈密地区。2014 年年末，城市群人口 1186.6 万人，占全国总人口的 0.87%，土地面积 48.1 万平方公里，占全国国土面积的 5.01%，地区生产总值达到 6987.42 亿元，占当年国内生产总值的 1.09%。

图 6-71 天山北坡城市群城市空间分布

6.8.2 城市群经济可持续发展分析

天山北坡城市群 2009 年 GDP 为 3535.02 亿元，2014 年增长到 6987.42 亿元，年均增长率高达 17.2%。其中，乌鲁木齐的 GDP 在天山北坡城市群中所占比重首屈一指，2009 年，乌鲁木齐的 GDP 在城市群中所占比重为 31%，2014 年为 35.2%。伊犁哈萨克自治州、昌吉回族自治州和克拉玛依所占比重仅次于乌鲁木齐。就人均 GDP 而言，塔城地区和克拉玛依的人均 GDP 远高于其他城市，其他城市人均 GDP 相差不大。从地方财政一般预算收入、货物进出口总额、金融机构人民币贷款、经济密度及规模以上工业总产值指标看，乌鲁木齐作为天山北坡城市群的核心城市，在这些指标方面都远远高于其他城市。就货物进出口总额来说，由于地理位置及口岸等优势，伊犁哈萨克自治州、博尔塔拉蒙古自治州和昌吉回族自治州的进出口总额仅次于乌鲁木齐，进出口贸易成为当地经济发展的重要驱动力。就经济密度和规模以上工业总产值来说，克拉玛依作为重要的石油城市，凭借自身的资源优势，工业总产值仅次于乌鲁木齐。

表 6-30　2009—2014 年天山北坡城市群 GDP 发展状况

单位：亿元

	2009 年	2010 年	2011 年	2012 年	2013 年	2014 年
乌鲁木齐市	1095.00	1338.50	1690.03	2001.74	2202.9	2461.47
克拉玛依市	480.40	711.35	801.69	810.71	853.1	847.67
吐鲁番地区	154.58	182.79	221.43	243.39	260.9	277.50
哈密地区	130.32	167.38	220.92	268.25	333.9	308.94
昌吉回族自治州	444.71	557.99	702.94	818.56	937.3	1060.00
博尔塔拉蒙古自治州	100.96	131.45	151.32	185.4	222.2	265.00
伊犁哈萨克自治州	735.87	885.03	1078.55	577.62	681.2	792.24
塔城地区	284.82	341.90	419.62	486.23	542.9	594.12
石河子市	108.36	135.00	170.60	208.19	255.3	380.48

资料来源：《中国城市统计年鉴（2015）》《中国区域经济统计年鉴（2015）》。

6.8.3　城市群社会可持续发展分析

由图 6-72 可知，相比天山北坡城市群的其他地区，乌鲁木齐和伊犁哈萨克自治州医疗条件较好，这与当地的经济发展水平较高和人口密集度较大相一致。但从每万人卫拥有生机构床位数和医生数看，乌鲁木齐最高，而克拉玛依、哈密地区、昌吉回族自治州、博尔塔拉蒙古自治州等相对较少。相比乌鲁木齐和石河子，其他地区的医疗条件仍待改善。

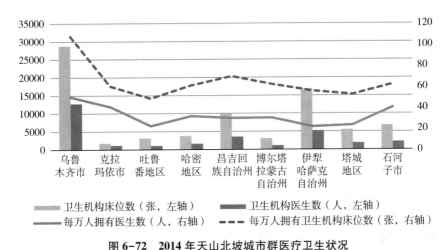

图 6-72　2014 年天山北坡城市群医疗卫生状况

资料来源：作者根据《中国城市统计年鉴（2015）》《中国区域经济统计年鉴（2015）》制作。

从天山北坡城市群各地的教育财政支出看，乌鲁木齐、昌吉回族自治州及伊犁哈萨克自治州的教育财政支出较高，而克拉玛依的教育财政支出相对较少。从天山北坡城市群各地所拥有的公共图书馆数量看，相比伊犁哈萨克自治州拥有 11 个公共图书馆，石河子的公共图书馆数量仅有 1 个，这表明，当地政府对文化教育的重视程度不高，这将不利于该地区经济的长远可持续发展。参见图 6-73。

天山北坡城市群各个城市城镇居民人均可支配收入差距不大，其中，克拉玛依相对其他地区略高。但是，对比各地的失业率，相比失业率较低的克拉玛依和石河子，博尔塔拉蒙古自治州、乌鲁木齐、塔城地区及伊犁哈萨克自治州失业率较高（参见图 6-74）。城镇化率可以反映地区城镇化

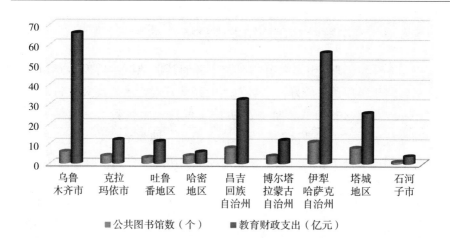

图 6-73 2014 年天山北坡城市群教育文化状况

资料来源：作者根据《中国城市统计年鉴（2015）》《中国区域经济统计年鉴（2015）》制作。

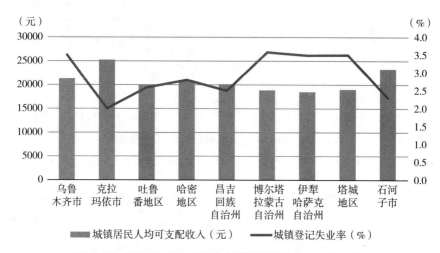

图 6-74 2014 年天山北坡城市群城镇居民收入和就业状况

资料来源：作者根据《中国城市统计年鉴（2015）》《中国区域经济统计年鉴（2015）》制作。

发展水平的高低，克拉玛依的城镇化率高达 100%，乌鲁木齐较之略低，为 97.64%，哈密地区则为 69.4%。乌鲁木齐居城市群各城市人口密度首位，其次是石河子和克拉玛依，其他城市人口密度则偏低，差距较大的人口密度表明城市群城镇化进程发展不均衡，这与城市群自身区域经济发展不均衡及地广人稀的现状相关（参见图 6-75）。

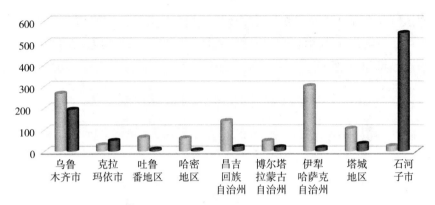

年末市辖区人口（万人）　■人口密度（人/平方公里）

图 6-75　2014 年天山北坡城市群人口状况

资料来源：作者根据《中国城市统计年鉴（2015）》《中国区域经济统计年鉴（2015）》制作。

从公路里程看，相比克拉玛依及石河子，伊犁哈萨克自治州、昌吉回族自治州、塔城地区及哈密地区的公路里程较高。相比公路里程数较少的地区，以上地区的交通更加便利，这在一定程度上将带动地区经济发展（参见图 6-76）。

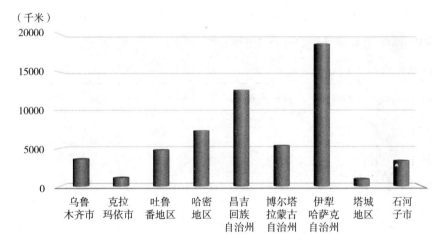

图 6-76　2014 年天山北坡城市群公路里程

资料来源：作者根据《中国城市统计年鉴（2014）》《中国区域经济统计年鉴（2014）》制作。

互联网宽带接入用户数在一定程度上可反映地区信息化发展水平。从互联网宽带接入用户数看，相比吐鲁番地区、博尔塔拉蒙古自治州及克拉玛依，乌鲁木齐、伊犁哈萨克自治州及昌吉回族自治州的信息化水平更高。与之相应，互联网使用较广泛的地区固定电话和移动电话的用户数也较高（参见图6-77）。

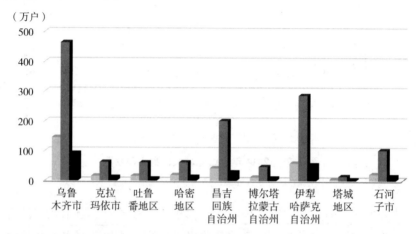

图6-77　2014年天山北坡城市群电话和互联网用户数

资料来源：作者根据《中国城市统计年鉴（2015）》《中国区域经济统计年鉴（2015）》制作。

从人均邮政业务量来看，克拉玛依最高，而人均电信业务量则是吐鲁番地区居首（参见图6-78、图6-79）。

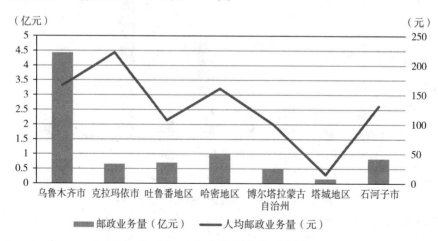

图6-78　2014年天山北坡城市群邮政业务量

资料来源：作者根据《中国城市统计年鉴（2015）》《中国区域经济统计年鉴（2015）》制作。

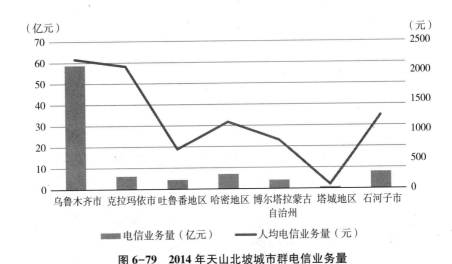

图6-79　2014年天山北坡城市群电信业务量

资料来源：作者根据《中国城市统计年鉴（2015）》《中国区域经济统计年鉴（2015）》制作。

6.9　呼包鄂榆城市群

6.9.1　城市群基本情况

　　呼包鄂榆城市群位于内蒙古自治区和陕西省交界处，区域总面积18万平方公里，包括呼和浩特、包头、鄂尔多斯以及榆林4市。该城市群沿黄河呈条带状分布，地势平缓，土地资源相对丰富，开发强度相对较低；降水较少，本地水资源短缺，农业用水量占总用水量的80%以上；大气环境质量总体较差，部分城市二氧化硫排放量超过环境容量；水环境质量总体差。

　　呼和浩特、鄂尔多斯和包头在经济可持续发展、社会可持续发展以及生态可持续发展方面都比较接近，说明这三个城市的可持续发展水平差异较小；榆林的地区生产总值较低，但其公共图书馆数、教育财政支出、移

图 6-80   呼包鄂榆城市群城市空间分布

动电话用户数等方面居城市群首位，工业烟（粉）尘排放量也居第一位，工业二氧化硫排放量和工业废水排放量居第二位，说明该城市的经济可持续发展水平和生态可持续发展水平与社会可持续发展水平存在较大差异，与城市可持续发展目标的实现差距较大。

6.9.2   城市群经济可持续发展分析

从 GDP 增长情况来看，呼包鄂榆城市群近年来经济总体发展态势良好。2009—2014 年间，经济增长幅度较大的是鄂尔多斯和榆林，增长态势显著。参见表6-31。

表 6-31   2009—2014 年呼包鄂榆城市群 GDP 发展状况

单位：亿元

	2009 年	2010 年	2011 年	2012 年	2013 年	2014 年
呼和浩特	1644.0	1865.7	2177.3	2475.6	2705.4	2894.1
包头	2169.0	2460.8	3005.4	3209.1	3424.8	3636.3
鄂尔多斯	2161.0	2643.2	3218.5	3656.8	3955.9	4055.5
榆林	1302.3	1756.7	2292.3	2669.9	2846.8	2920.6

资料来源：历年《中国城市统计年鉴》《中国区域经济统计年鉴》。

从 2009—2014 年呼包鄂榆城市群的人均 GDP 变化趋势看，在此期间，各城市人均 GDP 均有所增加，其中鄂尔多斯的人均 GDP 增加较为显著。在城市群中，鄂尔多斯的人均收入始终居于榜首，其次是包头和呼和浩特，最后是榆林。

表 6-32   2014 年呼包鄂榆城市群主要经济指标

	地方财政一般预算收入（亿元）	货物进出口总额（万美元）	金融机构人民币贷款（亿元）	规模以上工业总产值（亿元）	外商直接投资实际使用额（万美元）	全社会固定资产投资（亿元）	社会消费品零售总额（亿元）
呼和浩特	211.54	159856	5145.89	1642.64	58847	1736.46	1256.08
包头	234.32	210508	1834.09	3320.52	111900	3440.56	1184.67
鄂尔多斯	430.08	113423	2588.70	4375.73	168500	3422.53	609.48
榆林	267.84	4611	1935.71	3398.48	7266	1396.50	374.74

资料来源：《中国城市统计年鉴（2015）》《中国区域经济统计年鉴（2015）》。

从呼包鄂榆城市群内各城市的产业发展来看，第二产业对经济增长的贡献最大，其次是第三产业，相比之下，第一产业对经济增长的贡献作用逐渐弱化。2014 年榆林的第二产业增加值居呼包鄂榆城市群之首。呼和浩特的第三产业增加值居呼包鄂榆城市群之首。从城市的产业结构分析，除呼和浩特市产业结构为"三二一"外，呼包鄂榆城市群目前仍然是以第二产业为主，产业结构呈现"二三一"结构。第二、三产业在城市群经济中所占比重较高，高达 96.37%，第一产业所占比重不足 4%。参见图 6-81。

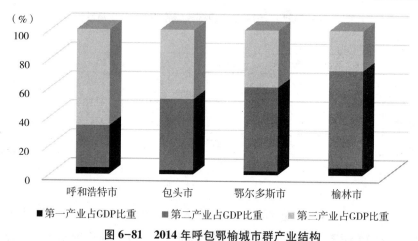

图 6-81　2014 年呼包鄂榆城市群产业结构

资料来源：作者根据《中国城市统计年鉴（2015）》《中国区域经济统计年鉴（2015）》制作。

6.9.3　城市群社会可持续发展分析

呼包鄂榆城市群中榆林的卫生机构床位总数和人均数都居首，而从卫生机构医生总数来看，包头和鄂尔多斯要高于另两个城市，呼和浩特和榆林数量相近；榆林则在卫生机构床位总数和每万人拥有床位数上占据首位。参见图 6-82。

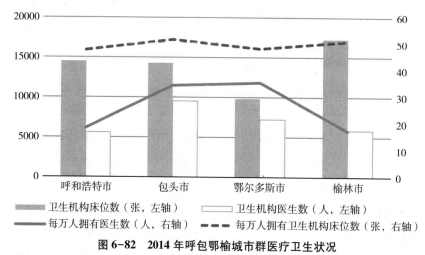

图 6-82　2014 年呼包鄂榆城市群医疗卫生状况

资料来源：作者根据《中国城市统计年鉴（2015）》《中国区域经济统计年鉴（2015）》制作。

呼包鄂榆城市群的教育发展水平并不均衡。相比其他城市，呼和浩特每万人在校大学生人数远远高于其他城市。教育财政支出，榆林高于鄂尔多斯，鄂尔多斯高于包头和呼和浩特。参见图6-83。

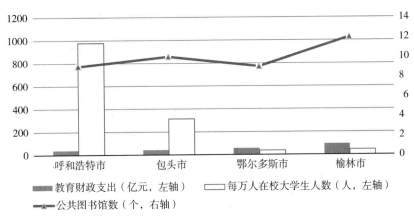

图6-83　2014年呼包鄂榆城市群教育文化状况

资料来源：作者根据《中国城市统计年鉴（2015）》《中国区域经济统计年鉴（2015）》制作。

在呼包鄂榆城市群中，榆林城镇居民人均可支配收入相比其他城市稍显落后。在岗职工平均工资方面，鄂尔多斯高于榆林，其次是包头和呼和浩特。城镇登记失业率与在岗职工平均工资水平基本吻合，平均工资水平高的城市失业率较低，平均工资水平较低的城市失业率相对较高。2014年，经济发展水平较高的鄂尔多斯失业率最低，而经济发展水平相对较低的呼和浩特失业率相对较高。参见图6-84。

呼包鄂榆城市群的人口分布并不均匀。四个城市中，人口密度最大的是呼和浩特，人口密度最低的是鄂尔多斯。就常住人口而言，榆林的常住人口最多，高于呼和浩特和包头，常住人口最少的城市为鄂尔多斯。呼包鄂榆城市群中城镇化率最高的为包头，最低的为榆林。参见图6-85。

呼包鄂榆城市群中各城市信息化水平相差较大。四个城市中信息化水平最高的是榆林和包头，鄂尔多斯的信息化水平最低。参见图6-86。

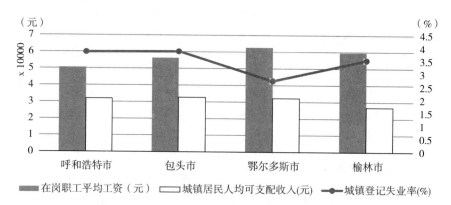

图 6-84　2014 年呼包鄂榆城市群居民收入和就业状况

资料来源：作者根据《中国城市统计年鉴（2015）》《中国区域经济统计年鉴（2015）》制作。

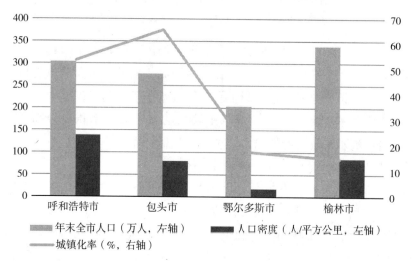

图 6-85　2014 年呼包鄂榆城市群人口状况和城镇化水平

资料来源：作者根据《中国城市统计年鉴（2015）》《中国区域经济统计年鉴（2015）》制作。

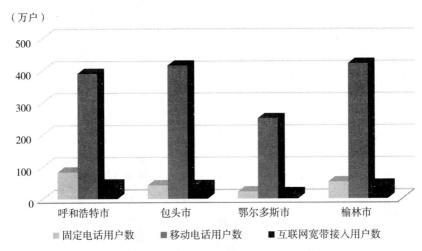

图 6-86 2014 年呼包鄂榆城市群电话和互联网用户数

资料来源：作者根据《中国城市统计年鉴（2015）》《中国区域经济统计年鉴（2015）》制作。

由图 6-87 可知，呼和浩特的人均邮政业务量和人均电信业务量比其他三个城市高。对比可知，呼包鄂榆城市群邮政和电信业务发展水平相差不大，较为均衡。

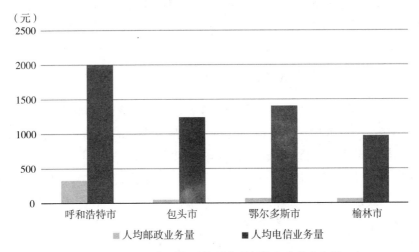

图 6-87 2014 年呼包鄂榆城市群邮政和电信业务量

资料来源：作者根据《中国城市统计年鉴（2015）》《中国区域经济统计年鉴（2015）》制作。

从交通运输方面看，呼包鄂榆城市群中除榆林的客运总量较高，其他三个城市的客运总量相差不大。但城市群中各城市的货运总量相差悬殊，其中，货运总量最大的城市为鄂尔多斯，其次是包头，货运总量最小的为呼和浩特。城市群中各城市的公路里程数相差较大，榆林最高，鄂尔多斯次之，呼和浩特和包头偏低。参见图 6-88。

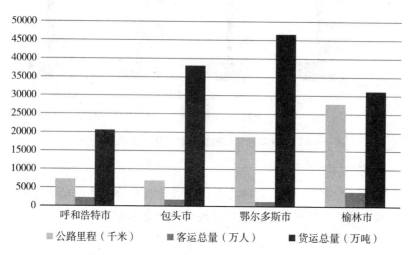

图 6-88　2014 年呼包鄂榆城市群公共交通状况

资料来源：作者根据《中国城市统计年鉴（2015）》《中国区域经济统计年鉴（2015）》制作。

6.9.4　城市群生态可持续发展分析

从城市建设用地情况看，呼包鄂榆城市群中各城市人均城市道路面积差异明显。2014 年鄂尔多斯市人均城市道路面积远高于其他地区。同时，市辖区绿化覆盖面积这一城建指标各城市相差悬殊，2014 年鄂尔多斯的市辖区绿化覆盖面积最高，而榆林较低。对比各项城建指标，在呼包鄂榆城市群中，城市建设发展最好的是鄂尔多斯和呼和浩特，其次为包头，城市建设水平最低的为榆林。参见表 6-33。

表6-33 2014年呼包鄂榆城市群土地资源状况

	城市建设用地面积(平方公里)	人均城市道路面积(平方米)	市辖区绿化覆盖面积(万平方米)	市辖区年末实有城市道路面积（万平方米）
呼和浩特市	264.93	17.57	8216	2245
包头市	190.46	18.16	7841	2669
鄂尔多斯市	113.23	106.35	11902	2914
榆林市	—	15.35	2153	852

资料来源：《中国城市统计年鉴（2015）》《中国区域经济统计年鉴（2015）》。

从用水用电情况看，考虑到各城市的产业结构不尽相同。包头作为典型的工业城市，其工业用电量在呼包鄂榆城市群中最高，而工业水平发展较为落后的鄂尔多斯工业用电量仅为包头的4.5%。包头市辖区居民用水量高于呼和浩特，鄂尔多斯和榆林最低。参见图6-89。

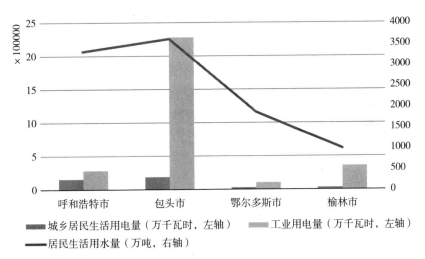

图6-89 2014年呼包鄂榆城市群水电资源状况

资料来源：作者根据《中国城市统计年鉴（2015）》《中国区域经济统计年鉴（2015）》制作。

综合工业"三废"排放量看，榆林的工业发展给环境带来的压力最大。2014年，呼和浩特的工业废水量远高于其他三个城市，工业烟（粉）尘排放量和二氧化硫排放量都位列第一，包头较上一年工业废水排放量有了显著的减少。由呼包鄂榆城市群各城市工业"三废"排放情况看，工业发展给当地的资源环境造成了很大破坏,为了实现城市群的可持续发展,呼包鄂榆城市群在接下来的发展中需积极实施新型工业化道路,降低工业"三废"的排放量,走资源消耗少、环境污染低的可持续发展道路。参见图6-90。

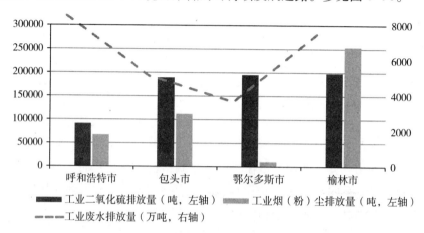

图6-90　2014年呼包鄂榆城市群工业环境状况

资料来源:作者根据《中国城市统计年鉴（2015）》《中国区域经济统计年鉴（2015）》制作。

城市生活环境方面,呼包鄂榆城市群中各城市生活垃圾无害化处理差别不大,但榆林的建成区绿化覆盖率明显低于其他三个城市,而鄂尔多斯的污水处理厂集中处理率最高。参见图6-91。

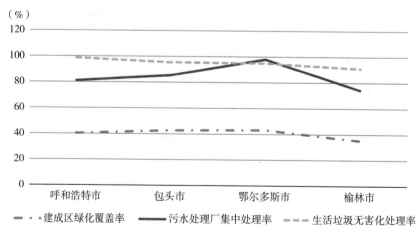

图6-91　2014年呼包鄂榆城市群居民生活环境状况

资料来源:作者根据《中国城市统计年鉴（2015）》《中国区域经济统计年鉴（2015）》制作。

6.10 城市群间可持续发展的横向比较分析

本章所研究的城市群覆盖了中国中西部地区主要的人口集聚地区，这些城市群在中西部地区具有较好的资源条件，未来有可能进一步成长为发展型城市群。针对这些城市群，在分别对其经济可持续发展、社会可持续发展以及生态可持续发展状况进行分析的基础上，综合对其可持续发展状况进行横向比较和分析。天山北坡城市群由于缺少部分数据不列入比较分析。

6.10.1 城市群间经济可持续发展比较分析

随着工业化和城镇化进程的不断发展，各形成型城市群经济都有了快速的发展。从 GDP 总量来看，环鄱阳湖和呼包鄂榆城市群水平较高；宁夏沿黄城市群和兰州—西宁城市群水平较低。经济发展与地区资源条件紧密相关，呼包鄂城市群以自然资源优势条件，在 GDP 总量和人均 GDP 上有明显的比较优势。参见图 6-92。

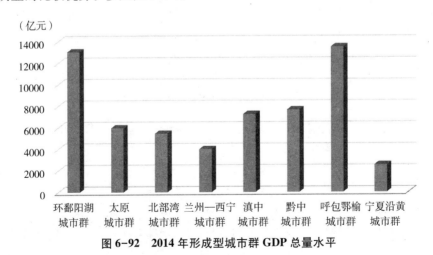

图 6-92 2014 年形成型城市群 GDP 总量水平

资料来源：作者根据《中国城市统计年鉴（2015）》《中国区域经济统计年鉴（2015）》制作。

在地区经济发展状态中，人均 GDP 和地均 GDP 呈现一定的正相关性，除呼包鄂榆城市群外，人均 GDP 的变化幅度整体较小，除北部湾城市群外，地均 GDP 的变化幅度较小。参见图 6-93。

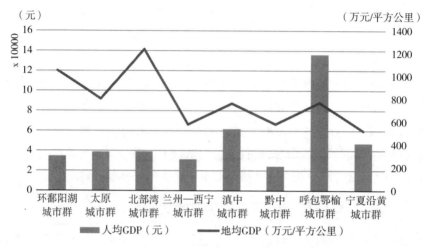

图 6-93　2014 年形成型城市群人均 GDP 和地均 GDP 水平

资料来源：作者根据《中国城市统计年鉴（2015）》《中国区域经济统计年鉴（2015）》制作。

在规模以上工业总产值、全社会固定资产投资和货物进出口总额方面，环鄱阳湖城市群和呼包鄂榆城市群居前两位；地方财政收入、外商直接投资实际使用额、社会消费品零售总额和地方财政支出方面，呼包鄂榆城市群和环鄱阳湖城市群均居前两位；而金融机构人民币贷款方面，环鄱阳湖城市群和滇中城市群分别居前两位。参见表 6-34。

表 6-34　2014 年形成型城市群主要经济指标

城市群	规模以上工业总产值（亿元）	全社会固定资产投资总额（亿元）	地方财政收入（亿元）	地方财政一般预算支出（亿元）	金融机构人民币贷款（亿元）	外商直接投资实际使用额（万美元）	货物进出口总额（亿美元）	社会消费品零售总额（亿元）
环鄱阳湖	24419.77	12007.50	1444.82	12925.82	320.74	4124.56	24419.77	12007.50
太原	6786.11	5351.85	634.84	11126.68	107.67	2856.54	6786.11	5351.85
北部湾	6876.71	4810.12	415.19	8453.56	149.50	2197.63	6876.71	4810.12
兰州—西宁	4832.71	3618.98	283.75	9777.14	61.38	1669.82	4832.71	3618.98

续表

城市群	规模以上工业总产值（亿元）	全社会固定资产投资总额（亿元）	地方财政收入（亿元）	地方财政一般预算支出（亿元）	金融机构人民币贷款（亿元）	外商直接投资实际使用额（万美元）	货物进出口总额（亿美元）	社会消费品零售总额（亿元）
滇中	6013.69	5416.03	725.66	12615.08	182.63	2830.69	6013.69	5416.03
黔中	6658.19	8589.47	842.98	10777.76	77.56	2210.72	6658.19	8589.47
呼包鄂榆	12737.36	9996.05	1143.78	11504.39	48.84	3424.97	12737.36	9996.05
宁夏沿黄	3591.33	2806.02	242.66	4391.08	32.18	617.49	3591.33	2806.02

资料来源：《中国城市统计年鉴（2015）》《中国区域经济统计年鉴（2015）》。

各个城市群由于其资源禀赋条件差异和产业结构的不同，第一、二、三产业比例呈现较大的差别。北部湾城市群、滇中城市群和黔中城市群由于气候和土地条件较好，农业发展较好，第一产业比重均大于10%；而环鄱阳湖城市群、呼包鄂榆城市群和宁夏沿黄城市群的第二产业比重均超过50%；除兰州—西宁城市群之外，第三产业比重普遍低于50%。参见图6-94。

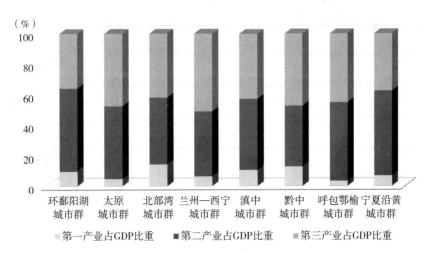

图 6-94 2014 年形成型城市群产业结构

资料来源：作者根据《中国城市统计年鉴（2015）》《中国区域经济统计年鉴（2015）》制作。

6.10.2 城市群间社会可持续发展比较分析

各城市群的医疗卫生水平采用每万人拥有医生数和每万人拥有卫生机构床位数指标衡量，每万人拥有医生数和每万人拥有卫生机构床位数在各城市群间的变化趋势几乎一致，其中太原城市群和呼包鄂榆城市群的医疗卫生水平相对较高，而环鄱阳湖城市群虽然经济发展水平较高，但医疗卫生水平有待提高。参见图6-95。

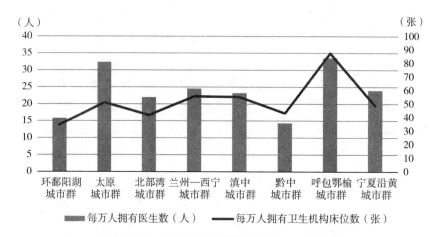

图6-95 2014年形成型城市群医疗卫生状况

资料来源：作者根据《中国城市统计年鉴（2015）》《中国区域经济统计年鉴（2015）》制作。

在受教育程度的衡量中，地区差异较大，兰州—西宁城市群位于中西部，虽然经济发展水平较低，但每万人在校大学生人数很高；从现有的数据看，黔中城市群的教育财政支出占GDP比重最高。参见图6-96。

就业和职工工资方面，各城市群水平较为平均。其中，呼包鄂榆城市群、宁夏沿黄城市群和黔中城市群在岗职工平均工资最高；呼包鄂榆城市群、滇中城市群和北部湾城市群在城镇居民人均可支配收入方面居于前三位；而太原城市群和兰州—西宁城市群的城镇登记失业率较低。参见图6-97。

人口是地区发展繁荣度的重要衡量指标，且是城市群是否达标的重要评判标准。整体上看，呈现自中部向西部人口密度逐渐递减的趋势。经济

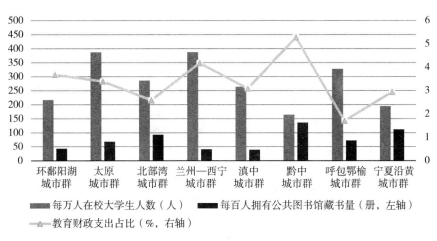

图 6-96　2014 年形成型城市群教育文化状况

资料来源：作者根据《中国城市统计年鉴（2015）》《中国区域经济统计年鉴（2015）》制作。

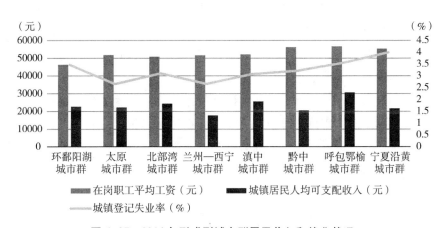

图 6-97　2014 年形成型城市群居民收入和就业状况

资料来源：作者根据《中国城市统计年鉴（2015）》《中国区域经济统计年鉴（2015）》制作。

发展与地区资源条件紧密相关，呼包鄂榆城市群以自然资源优势条件，在 GDP 总量和人均 GDP 上有明显的比较优势，人口密度却是所有形成型城市群中较低的。北部湾城市群人口密度最高，环鄱阳湖城市群与之相差不大，位居第二，而呼包鄂榆城市群的人口密度小于全国平均水平。参见图 6-98。

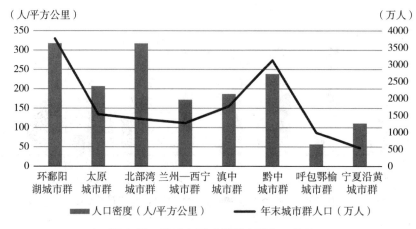

图 6-98　2014 年形成型城市群人口状况

资料来源：作者根据《中国城市统计年鉴（2015）》《中国区域经济统计年鉴（2015）》制作。

在交通基础设施方面，各地争上机场、港口、火车站等区域性交通基础设施项目，而跨城市的区域性基础设施发展与共享，以及公共服务设施建设难以协调，难以实现合理高效的区域资源配置，同时也降低了已有设施的服务水平与经营效率。

由图 6-99 可知，形成型城市群的客运总量和货运总量具有较大的差异性，环鄱阳湖城市群和呼包鄂榆城市群在货运总量上领先，而黔中城市群具有最高的客运量。每万人拥有公共汽车数在各城市群差异并不大，在 2—3 辆左右；而人均公路里程方面，各地差距较大，呼包鄂榆城市群、黔中城市群和滇中城市群居前列。

信息化水平是体现城市群内外联系紧密程度的指标。信息化水平越高的城市群，其发展程度越高。从图 6-100 和图 6-101 可以看到，2014 年各形成型城市群的移动电话用户数均远高于固定电话用户数和互联网用户数，数量上的差异性较为显著，其中环鄱阳湖城市群和黔中城市群领先较明显，而宁夏沿黄城市群各项水平都比较低。从人均邮电业务量和人均电信业务量来看，两个指标表现出的各城市群的优劣趋势相似，呼包鄂榆城市群、滇中城市群和宁夏沿黄城市群处于领先水平。

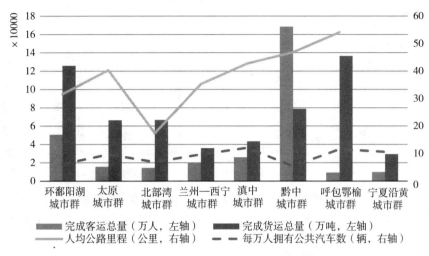

图 6-99 2014 年形成型城市群交通运输状况

资料来源：作者根据《中国城市统计年鉴（2015）》《中国区域经济统计年鉴（2015）》制作。

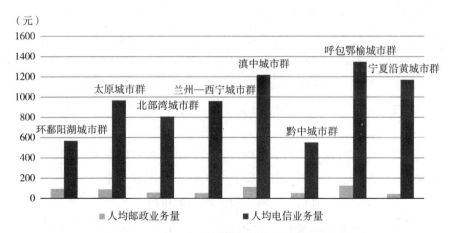

图 6-100 2014 年形成型城市群人均邮电业务量

资料来源：作者根据《中国城市统计年鉴（2015）》《中国区域经济统计年鉴（2015）》制作。

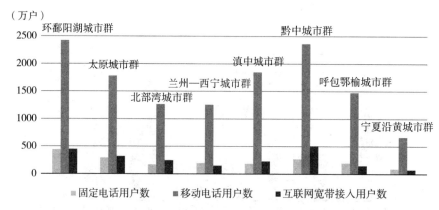

（万户）

图 6-101　2014 年形成型城市群电话和互联网用户数

资料来源：作者根据《中国城市统计年鉴（2015）》《中国区域经济统计年鉴（2015）》制作。

6.10.3　城市群间生态可持续发展比较分析

从工业"三废"的排放量看，宁夏沿黄城市群、太原城市群和兰州—西宁城市群的单位 GDP 工业二氧化硫排放量最高，宁夏沿黄城市群和太原城市群的单位 GDP 工业烟（粉）尘排放量最高，而宁夏沿黄城市群、环鄱阳湖城市群和北部湾城市群的单位 GDP 工业废水排放量相对较高。总体来看，宁夏沿黄城市群在工业"三废"的排放量方面都较高，而黔中城市群、太原城市群、环鄱阳湖城市群和北部湾城市群在某一方面的排放量过高，而兰州—西宁城市群和呼包鄂榆城市群的排放量较为居中。参见图 6-102。

由图 6-103 可知，从建成区绿化覆盖率看，各城市群差别并不大，大概为 35%—55%，比上一年有所提升，其中环鄱阳湖城市群、黔中城市群和北部湾城市群居于前三位，而兰州—西宁城市群和宁夏沿黄城市群的建成区绿化覆盖率较低；从城镇生活污水处理率看，除北部湾城市群和兰州—西宁城市群水平较低外，其他城市群的污水处理率大约为 85%—90%，宁夏沿黄城市群、滇中城市群、黔中城市群和环鄱阳湖城市群居前列。

由图 6-104 可知，从各城市群建设用地状况看，滇中城市群、宁夏沿

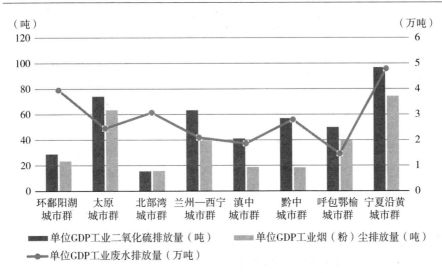

图 6-102　2014 年形成型城市群工业环境状况

资料来源：作者根据《中国城市统计年鉴（2015）》《中国区域经济统计年鉴（2015）》制作。

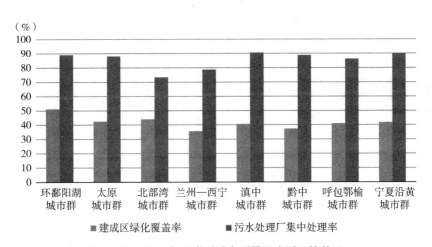

图 6-103　2014 年形成型城市群居民生活环境状况

资料来源：作者根据《中国城市统计年鉴（2015）》《中国区域经济统计年鉴（2015）》制作。

黄城市群和兰州—西宁城市群的城市建设用地面积比重高于其他城市群，而黔中城市群城市建设用地面积比重最低；人均城市道路面积方面，呼包鄂榆城市群、滇中城市群和宁夏沿黄城市群的人均城市道路面积较多，其次是环鄱阳湖城市群、太原城市群和北部湾城市群，而黔中城市群的人均城市道路面积最低，这与其较低的城市建设用地占比有关。

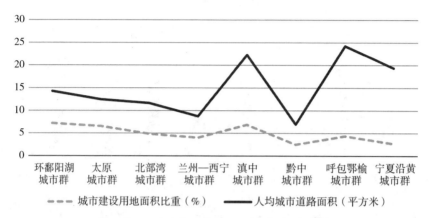

图 6-104 2014 年形成型城市群土地资源状况

资料来源：作者根据《中国城市统计年鉴（2014）》《中国区域经济统计年鉴（2014）》制作。

由图 6-105 可知，各形成型城市群在人均用电量、人均用水量方面表现差异比较大。呼包鄂榆城市群、北部湾城市群、太原城市群人均用电量比较高，而在人均用水量方面北部湾城市群领先其他城市群，环鄱阳湖城市群、太原城市群、宁夏沿黄城市群和呼包鄂榆城市群较低，兰州—西宁城市群、滇中城市群和黔中城市群人均用水量最低。

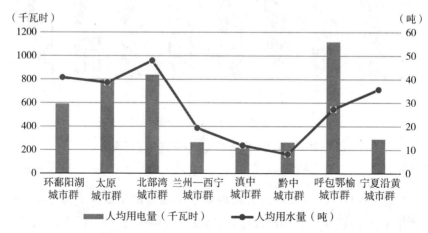

图 6-105 2014 年形成型城市群水电资源状况

资料来源：作者根据《中国城市统计年鉴（2015）》《中国区域经济统计年鉴（2015）》制作。

6.10.4 促进城市群可持续发展的路径与对策

从分析来看，呼包鄂榆城市群和环鄱阳湖城市群将最有可能成长为发展型城市群。其中，呼包鄂榆城市群在 GDP 总量和人均 GDP、职工平均工资和城镇居民人均可支配收入、货运总量和人均公路里程、人均邮电业务量、人均道路面积等方面居于形成型城市群的领先位置，人口密度低，其各方面发展较好，主要可以从教育水平、公共汽车数量、"三废"排放量、空气质量等方面进行改善，使其尽早成长为发展型城市群；环鄱阳湖城市群在 GDP 总量、货运总量、互联网和电话用户数、城市绿化率、生活污水处理率、空气达标率、城市建设用地占比和人均城市道路面积等方面处于领先位置，但需要大力发展第三产业，且人口密度较高，可以从工业"三废"排放量的控制、教育水平、在岗职工的平均工资及城市公共汽车数量等方面进行改善。

其次是北部湾城市群、太原城市群和滇中城市群在经济社会发展、基础设施和资源环境承载力方面处于中间阶层，有较好的发展基础，有望在中长期规划发展过程中逐渐成长为合格的城市群；北部湾城市群在地均GDP、城镇居民可支配收入水平、空气质量达标率等方面较好，但经济发展水平还不高，人口密度较高，可以从信息化水平、城市交通系统、工业"三废"的排放量以及人均用水量等方面进行改善；太原城市群在 GDP 总量、医疗卫生情况、教育水平、绿化覆盖率、邮电业务量、城市建设用地占比等方面处于领先位置，可以从教育水平、客运和货运量、互联网及固定电话普及率、工业"三废"的排放量以及城市绿化率、生活污水处理率等方面进行改善；滇中城市群在 GDP 总量、人均 GDP、在岗职工平均工资、城镇居民可支配收入、客运总量、货运总量、人均公路里程和公共汽车数量、生活污水处理率、空气质量达标率、城市建设道路面积占比等方面具有领先地位，可以从教育水平、客运和货运量、城市信息化水平、工业"三废"排放量的控制等方面进行改善。

兰州—西宁城市群、黔中城市群、宁夏沿黄城市群则发展相对滞后，其各方面还有待进一步提高。其中，黔中城市群在客运和货运量、人均公路里程、信息化水平、在岗职工平均工资、地均 GDP 等方面领先，但教育水平、人均城市道路面积等方面几乎为形成型城市群内最低水平，人口密度过高，可从从工业"三废"排放量、城市绿化覆盖率、空气达标率等方面进行改善；兰州—西宁城市群除了医疗卫生情况、教育水平处于形成型城市群内领先位置外，其他各方面水平都较低，尤其是在绿化覆盖率、生活污水处理率、空气达标率和城市建设用地占比方面亟待提高；宁夏沿黄城市群除了在人均 GDP、在岗职工平均工资、人均公路里程和生活污水处理率方面处于形成型城市群内的领先水平，其余方面水平较低，尤其是在工业"三废"排放量、空气达标率、城市建设用地占比等方面亟待改善。

参考文献

［1］云南统计局：《楚雄州年鉴》，中国统计出版社 2015 年版。

［2］贵州统计局：《黔东南州年鉴》，中国统计出版社 2015 年版。

［3］新疆统计局：《新疆统计年鉴》，中国统计出版社 2015 年版。

［4］乌鲁木齐统计局：《乌鲁木齐统计年鉴》，中国统计出版社 2015 年版。

［5］克拉玛依统计局：《克拉玛依年鉴》，中国统计出版社 2015 年版。

［6］哈密地区统计局：《哈密年鉴》，中国统计出版社 2015 年版。

［7］石河子统计局：《石河子年鉴》，中国统计出版社 2015 年版。

［8］塔城市统计局：《塔城市年鉴》，中国统计出版社 2015 年版。

［9］黔东南州统计局：《黔东南州 2014 年国民经济与社会发展统计公报》，中国统计信息网，2015-04-09。

［10］黔南州统计局：《黔南州 2014 年国民经济与社会发展统计公报》，中国统计信息网，2015-04-30。

［11］楚雄州统计局：《楚雄州 2014 年国民经济与社会发展统计公报》，中国统计信息网，2015-03-27。

［12］临夏州统计局：《临夏州 2014 年国民经济与社会发展统计公报》，中国统计信息网，2015-05-11。

［13］吐鲁番地区州统计局：《吐鲁番地区 2014 年国民经济与社会发

展统计公报》，中国统计信息网，2015-05-18。

　　［14］哈密地区统计局：《哈密地区 2014 年国民经济与社会发展统计公报》，中国统计信息网，2015-05-11。

　　［15］昌吉州统计局：《昌吉州 2014 年国民经济与社会发展统计公报》，中国统计信息网，2015-05-05。

　　［16］博州统计局：《博尔塔拉蒙古自治州 2014 年国民经济与社会发展统计公报》，博州统计信息网，2015-04-09。

　　［17］伊犁州统计局：《伊犁州 2014 年国民经济与社会发展统计公报》，中国统计信息网，2015-03-30。

　　［18］塔城市统计局：《塔城市 2014 年国民经济与社会发展计划执行情况及 2015 年国民经济和社会发展计划的报告》，塔城市人民政府网，2015-01-30。

　　［19］孙莉、吕斌、周兰兰：《中国城市承载力区域差异研究》，《城市发展研究》2009 年第 3 期。

　　［20］欧阳敏、刘仁阳：《长株潭城市群城市综合承载力评价》，《湖南师范大学自然科学学报》2009 年第 32 卷第 3 期。

　　［21］陈娟、李景保、卿雄志：《湖南"3+5"城市群城市综合承载力评价》，《鲁东大学学报（自然科学版）》2010 年第 3 期。

　　［22］高太忠、杨柳、闫兰娜、肖云川：《河北省环境综合承载力研究》，《金属矿山》2010 年第 2 期。

　　［23］毛汉英、余丹林：《环渤海地区区域承载力研究》，《地理学报》2001 第 5 期。

　　［24］毛汉英、余丹林：《区域承载力定量研究方法探讨》，《地球科学进展》2001 第 8 期。

　　［25］《中国统计年鉴 2014》。

　　［26］张学良主编：《2013 中国区域经济发展报告——中国城市群资源环境承载力》，人民出版社 2014 年版。

　　［27］《滇中城市群规划（2009—2030)》。

　　［28］《广西北部湾经济区发展规划》。

　　［29］《全国主体功能区规划》。

［30］《江苏省十一五规划纲要》。

［31］《新疆维吾尔自治区国民济和社会发展第十二个五年规划纲要》。

［32］《加快太原城市群和经济圈发展研究》（征求意见稿）。

［33］《广西北部湾经济区发展规划（2006—2020 年)》。

［34］《广西北部湾经济区城镇群规划纲要意见》。

7

长江流域城市群

长江流域城市群主要包括三大城市群，即长江上游城市群、长江中游城市群、长江下游城市群。此外，长江流域城市群还包括两个联通性质的城市群，即三峡城市群和皖江城市群。三峡城市群位于长江上、中游城市群交接处，皖江城市群位于长江中、下游城市群的交界处，成为联通三大主要城市群的重要部分。

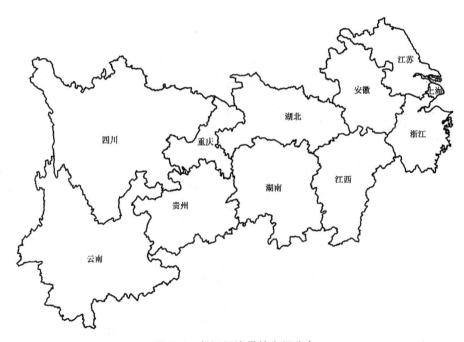

图 7-1　长江经济带的空间分布

"十三五"规划提出长江经济带覆盖上海、江苏、浙江、安徽、江西、湖北、湖南、重庆、四川、云南、贵州等 11 省市，面积约 205 万平方公里，占全国总面积的 21%。长江经济带形成了长江上、中、下游三大城市群，近年来其 GDP 约占全国 GDP 的 35%。长江经济带是以政府引导型为主的经济系统，政府干预力量较强，长江流域城市群选择与培育也具有一定的政府主导性。城市之间通过合理分工与互助合作，发挥各自的比较优势，以最低的发展成本和最优的资源配置，实现经济和社会效益最大化。随着我国市场化程度的不断加深，在市场机制作用下，资金、技术、信息和人口等要素不断集聚。这种集聚促进了要素自由流动以及资源的优化配置，从而推动了人口的集中、产业的集聚、市场的扩大、基础设施的建设，促使长江流域城市群的功能不断分化与融合，促进长江经济带的全面发展。以市场一体化为手段，着力打破地区封锁和行业垄断，根据城市发展需求和市场需要，推动长江经济带城市群形成规划同编、产业同链、城乡同筹、市场同体、金融同城、信息同享、科技同兴、生态同建、污染同治的经济共同体、市场共同体和环保共同体。

表 7-1　2014 年长江流域城市群经济概况

	GDP（亿元）	占长江经济带的比重（%）	占全国经济总量的比重（%）
长江经济带	234625.80	100	36
长江上游城市群	53373.50	23	8
长江中游城市群	50398.70	21	8
长江下游城市群	130853.60	56	20

资料来源：《中国城市统计年鉴（2015）》《中国区域经济统计年鉴（2015）》。

长江经济带作为一条天然纽带将沿江城市群联结成一个系统，对各种资源进行互补性流动以优化系统整体功能，发挥最大的综合效益。实现各城市群之间优势互补，合理区域分工，避免产业同构和重复建设，形成资源要素互补、上中下游产业配套的产业布局，促进长江经济带协同发展。优势互补机制的目标是把资源优势、区位优势转化为经济优势，实现长江流域城市群的共同发展。

经济新常态下，长江经济带的资源和环境压力日益加剧，长江上中下游城市群之间在资源和生态上息息相关，上中游城市群自然资源丰富，但是生产技术相对落后，对环境的影响也比较大，下游地区的发展受资源的限制，上中下游城市群的优势互补机制不能简单地理解为传统的资源要素互补，而要强调技术和创新，走创新发展、互助合作之路。实现技术跨区域转移和合作，发挥技术和知识的外部性作用，使长江经济带的经济发展从低水平的要素驱动、投资驱动转向高水平的创新驱动，通过技术创新提高劳动者素质和企业管理能力，促进科技创新成果在长江经济带的共享，推动各城市群的协同发展。

长江上游城市群主要包括成渝城市群、滇中城市群和黔中城市群，是我国西部地区最重要的城市群，GDP 约 5.3 万亿元 。长江中游城市群包括武汉城市群、环长株潭城市群和环鄱阳湖城市群，GDP 约 5 万亿元。长江下游城市群由江浙沪皖四省构成，GDP 约 13 万亿元，占长江经济带的二分之一，占全国 GDP 的近五分之一。2014 年长江经济带占全国经济比重约 36%，长江经济带的发展对于整个国民经济发展具有重要意义，在长江经济带中，长三角的经济占比约 56%，在长江流域城市群中起着龙头作用，长江中游和上游城市群占比 20% 左右。长江流域城市群经济发展的现状和未来发展的侧重点各有不同，长江经济带的发展除了要注重流域内各城市群健康发展，也需要上中下游之间，东中西部之间互动合作，区域协调发展也是长江经济带发展的重要内容。推动长江经济带发展必须建立统筹协调、规划引领、市场运作的领导体制和工作机制，要统筹各地改革发展、各项区际政策、各领域建设、各种资源要素。

7.1　长江流域城市群比较分析

长江经济带以长江黄金水道为基础，以大型中心城市为依托，在沿江城市群和城市链的辐射带动下逐渐发展与繁荣。长江流域因其天然的自然环境和后天的经济社会发展，沿江城市群处于不同的发展阶段。一方面，长三角城市群是我国最发达和成熟的城市群之一；另一方面，长江中游城市群、成渝城市群虽然具有一定的城市群竞争力，但与长三角城市群相比仍有一定差距，是仍处于发展阶段的城市群。长江流域城市群的协同发展对中国经济发展、社会和谐、环境和资源可持续发展都具有重要意义。客观上，从长江下游至上游，从长江流域至周边腹地，各个城市群在经济、资源、技术和生态等方面表现出明显差别，同时，这些城市群的发展在经济可持续、社会可持续、生态可持续方面也各具特色。

7.1.1 经济可持续发展情况比较

随着工业化和城镇化的不断发展，长江经济带的经济发展形成了四大梯队：长三角城市群作为长江经济带的发展主力军是第一梯队，第二梯队是异军突起的成渝城市群，第三梯队是平稳发展的长江中游城市群，第四梯队是相对落后的滇中城市群和黔中城市群。

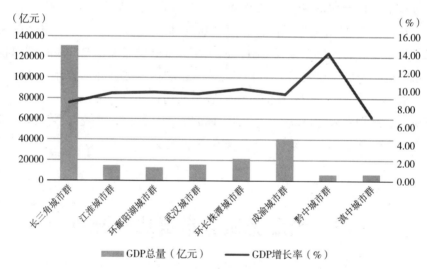

图 7-2　2014 年长江流域城市群 GDP 总量水平及其增长率

资料来源：《中国城市统计年鉴（2015）》《中国区域经济统计年鉴（2015）》。

从 GDP 来看，长三角城市群作为中国三大成熟型城市群之一，2014年以 130853.61 亿元的 GDP 名列长江流域城市群的经济规模首位。成渝城市群 2014 年的 GDP 为 40667.97 亿元，名列长江流域城市群第二位，成为长江经济带崛起的新生力量。环鄱阳湖城市群、武汉城市群和环长株潭城市群这三个长江中游城市群的经济规模基本上势均力敌，GDP 平均值为16799.58 亿元。滇中城市群和黔中城市群的 GDP 水平最低，平均水平为

6353 亿元，远远低于发达的长三角地区和地理上相邻的成渝城市群。从 GDP 增长率来看，长江流域城市群表现出很强的发展潜力，2014 年长江流域城市群除滇中城市群外 GDP 增长率均超过 7.3%。长江中上游城市群由于承接沿海产业转移，后发优势凸显。其中，黔中城市群 GDP 增长速度最快，达到了 14.15%，除滇中城市群 GDP 增长相对滞后，其余长江中上游城市群的 GDP 增长率均在 10% 左右，超过长三角城市群 8.67% 的 GDP 增长率。

长江上游城市群的巨大发展潜力得益于西部大开发带来的巨大发展机遇。作为我国西南地区重要的经济中心、金融中心、交通枢纽和拥有我国四大直辖市之一的城市群，在西部大开发的政策利好背景下，成渝城市群承接东部地区产业转移、发展自身优势产业等方面具有得天独厚的优势。与此同时，在《推动共建丝绸之路经济带和 21 世纪海上丝绸之路的愿景与行动》中将重庆市和成都市作为了内陆地区丝绸之路建设的重点城市，为成渝城市群的经济发展注入了新的活力。

货物进出口和外商直接投资一定程度上反映了一个国家或地区开放型经济的发展水平，反映了一个国家或地区的经济与国际经济的联系紧密程度。经济开放程度越高，进出口对国际市场依赖程度越高。对外贸易作为拉动经济增长的"三驾马车"之一，对城市群经济的可持续发展具有重要意义。此外，外商直接投资不仅引入资金支持，也会带来先进的技术和管理经验。一个地区越是吸引外商直接投资，表明这个地区的经济基础越好、经济潜力越大且经济外向度越高。在对外开放方面，长江下游长三角城市群表现出很高的经济外向度，中上游城市群中，成渝城市群表现出一定的发展势头。

在货物进出口方面，长三角城市群以 13279.70 亿美元排名第一，是长江中上游全部城市群货物进出口总额的 4.77 倍；上游成渝城市群以 1324.73 亿美元的货物进出口总量排名第二，表现出了对外经济较大的发展潜力。在外商直接投资方面，长江流域城市群之间的差异依然显著，长三角城市群的外资直接投资实际使用额为 624 亿美元，遥遥领先于长江中上游城市群，排在第二名的成渝城市群 2014 年外商直接投资实际使用额为 207 亿美元。

　　长江流域城市群表现出一定的"中游塌陷"迹象：在商品净出口和外商直接投资方面，中游城市群（江淮城市群、环鄱阳湖城市群、武汉城市群、环长株潭城市群）与上游成渝城市群和下游长三角城市群均存在显著差异。长江中游城市群身处内陆腹地，缺乏下游的货运优势，也没有边境口岸的对外贸易便利条件，但随着"一带一路"战略的实施和长江经济带的发展，应依托长江这一天然的黄金水道，挖掘中上游广阔腹地蕴含的巨大内需潜力，并为中部企业"走出去"、先进技术和资金"引进来"创造更加便利的条件。

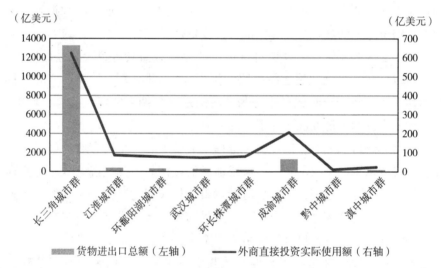

图 7-3　2014 年长江流域城市群货物进出口和外商直接投资水平

资料来源：《中国城市统计年鉴（2015）》《中国区域经济统计年鉴（2015）》。

表 7-2　2014 年长江流域城市群主要经济指标

城市群	规模以上工业总产值（亿元）	全社会固定资产投资总额（亿元）	地方财政一般预算收入（亿元）	金融机构人民币贷款额（亿元）	社会消费品零售总额（亿元）
长三角	239295.5	71098.3	15035.4	186054.8	50666.5
江淮	27777.0	15462.5	1434.0	16626.6	4948.9
环鄱阳湖	24419.8	12007.5	1444.8	12925.8	4124.6
武汉	21398.4	13088.4	1507.3	17735.8	6886.1
环长株潭	28388.9	15850.6	1508.0	16464.5	7757.8

续表

城市群	规模以上工业总产值（亿元）	全社会固定资产投资总额（亿元）	地方财政一般预算收入（亿元）	金融机构人民币贷款额（亿元）	社会消费品零售总额（亿元）
成渝	51901.1	32175.9	3912.9	51007.1	16766.5
黔中	5066.7	5944.4	665.9	9296.7	1817.2
滇中	5472.4	4814.6	707.2	12115.5	2592.3

资料来源：《中国城市统计年鉴（2015）》《中国区域经济统计年鉴（2015）》。

同地区生产总值情况类似，在规模以上工业总产值、全社会固定资产投资总额、地方财政一般预算收入、金融机构人民币贷款额和社会消费品零售总额等主要经济指标方面，长江流域城市群依然可分为相同的四个梯队：长三角城市群和成渝城市群分别居前两位，即第一、二梯队；中游城市群（江淮城市群、环鄱阳湖城市群、武汉城市群、环长株潭城市群）保持平稳发展状态，处于第三梯队；滇中城市群和黔中城市群处于第四梯队。

7.1.2 社会可持续发展情况比较

中国快速的城镇化拉动了经济增长，改善了人民生活水平，然而中国的城镇化质量较低，城镇居民应享有的国民教育、医疗卫生、社会保险、低保、社会救助、住房保障等福利政策并未实现完全保障，存在部分"半城镇化"或"伪城镇化"现象。根据世界经济论坛发布的全球竞争力指数，社会的可持续发展可分为满足利益相关者的生理健康需求、满足利益相关者的精神健康需求、公平对待所有的利益相关者等层次。其中，生理健康需求和公平待遇是城市利益相关者的最基本需求，精神健康需求则是更高层次需求，而稳定和协调则是实现社会可持续发展的终极目标。

在满足利益相关者的生理健康需求方面，通过每万人拥有卫生机构床位数和医生数来衡量各城市群医疗卫生水平。2014年长江流域城市群每万人拥有医生数为15—30人，每万人拥有卫生机构床位数为35—55张。比较来看，长三角城市群和武汉城市群的医疗水平相对较高，而环鄱阳湖城市群虽然经济发展水平较高，但医疗卫生水平有待提高。

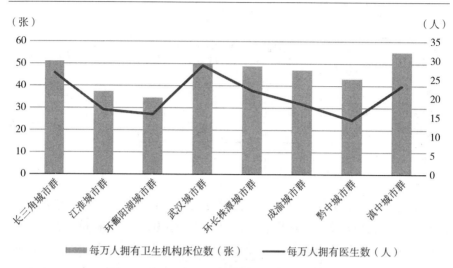

（张）　　　　　　　　　　　　　　　　　　　　　　　　（人）

图 7-4　2014 年长江流域城市群医疗卫生状况

资料来源：《中国城市统计年鉴（2015）》《中国区域经济统计年鉴（2015）》。

在满足利益相关者的精神健康需求方面，采用剧场、影院个数和每百人拥有公共图书馆藏书量两个指标来反映城市群的精神文明建设情况。2014 年，长三角城市群以 708 个剧场、影院排在首位，远远超过其他城市群；武汉城市群和环鄱阳湖城市群以 170 个和 150 个分列第二、三位。在每百人拥有公共图书馆藏书量方面，2014 年，黔中城市群和长三角城市群分别以 136 册、134 册排名前两位。从这两个指标来看，排名靠前的城市群为居民提供了一定的生活娱乐设施，较好地满足了城市群居民在精神健康方面的需求。

从城乡居民收入差距来看，环长株潭城市群的城乡收入差距是长江流域城市群中最小的，为 11826.67 元；除长三角城市群和滇中城市群以外的城市群相对来说表现了较高的社会和谐度水平。在长江流域城市群中，长三角城市群的城镇居民人均收入水平最高，领先于其他城市群，但长三角城市群的城乡收入差距也最大，为 18587.49 元。此外，尽管滇中城市群的经济发展水平相对靠后，但城乡收入差距为 17628.69 元，仅次于长三角城市群。这在一定程度上说明，长江经济带的较发达地区和较落后地区都存在相对突出的社会发展不平衡问题。

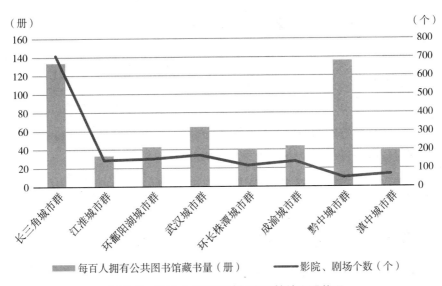

图 7-5　2014 年长江流域城市群精神文明状况

资料来源:《中国城市统计年鉴（2015）》《中国区域经济统计年鉴（2015）》。

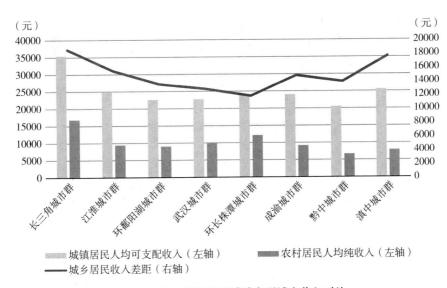

图 7-6　2014 年长江流域城市群城乡收入对比

资料来源:《中国城市统计年鉴（2015）》《中国区域经济统计年鉴（2015）》。

7.1.3 生态可持续发展情况比较

从工业"三废"的排放量看，黔中城市群和滇中城市群的单位 GDP 工业二氧化硫排放量最高，江淮城市群和环鄱阳湖城市群的单位 GDP 工业烟（粉）尘排放量最高，而长三角城市群和环鄱阳湖城市群的单位 GDP 工业废水排放量最高。总体来看，黔中城市群在工业"三废"的排放量方面都较高，而长三角城市群、江淮城市群和环鄱阳湖城市群在某一方面的排放量过高，而武汉城市群、环长株潭城市群和成渝城市群的工业"三废"排放量较为平均。

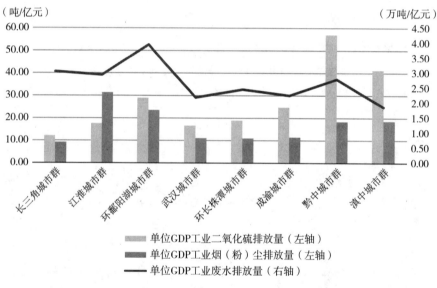

图 7-7　2014 年长江流域城市群工业环境状况

资料来源：《中国城市统计年鉴（2015）》《中国区域经济统计年鉴（2015）》。

在城市群的生产资源利用效率方面，城市群的地区生产总值和工业用电量之间存在比较显著的线性正相关关系。长江流域各个城市群的工业用电效率大致一致，基本都落在规模以上工业总产值与工业用电量之间的趋势线上。但实际上，资源利用效率低下仍然是各地经济和社会发展面临的突出问题。城市的生产资源使用效率与城市的资源承载力具有密切的关系。提高城市的生产资源使用效率，一方面，需要积极优化改善产业结构，通过发展高新技术产业实现产业转型，从而减少资源损耗，发展绿色产业实现经济生态可持续发展；另一方面，在高耗能领域实现产业升级，淘汰落后产能，积极发掘可再生能源的应用潜能，提高资源使用效率，提高城市群的资源承载力，促进城市群的可持续发展。

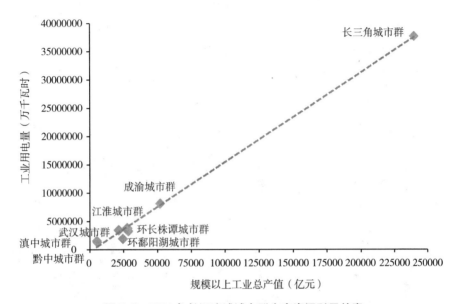

图7-8 2014年长江流域城市群生产资源利用效率

资料来源：《中国城市统计年鉴（2015）》《中国区域经济统计年鉴（2015）》。

生活资源消费对城市群生态的可持续发展也具有重大影响。在生活资源利用方面，2014年人均生活用电量最高的是黔中城市群，为1093千瓦时，高于长三角城市群的人均用电量水平989千瓦时。长江流域其他城市群的人均生活用电量基本保持在550—950千瓦时。在人均生活用水方面，2014年武汉城市群的人均生活用水70吨，是人均用水量最大的城市群；其次是环长株潭城市群，人均用水量超过了60吨；武汉城市群和环长株潭城市群的人均用水量都远超过其他城市群人均用水量，表明了城市生活用水使用效率相对较低。

根据联合国的相关统计，全球城市虽然仅占用了地球3%的土地资源，一方面生产了80%的GDP，另一方面却产生了50%的全球废物和60%—

80%的全球温室气体，消耗了75%的自然资源。城市和城市群的发展带给人类巨大经济效益的同时，消耗了大量资源并造成了巨大的环境恶劣影响。资源短缺是束缚我国城市发展、城市群发展和经济发展的关键因素。因此，提高资源使用效率对于促进城市群的可持续发展具有重要的意义。在用水方面，应大力发展水资源循环使用，并逐步改善城市居民的用水习惯；在用电方面，应大力发展节能技术，淘汰落后耗能家电，提高建筑节能潜力，并积极挖掘可再生能源和能源替代技术，减少煤电发电量，提高城市群的运行效率和环保程度。

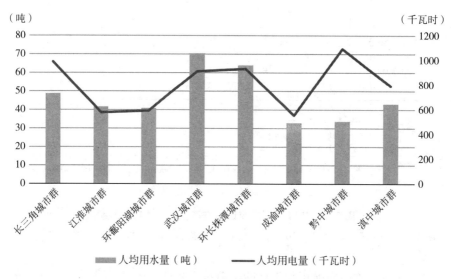

图 7-9　2014 年长江流域城市群生活资源使用状况

资料来源：《中国城市统计年鉴（2015）》《中国区域经济统计年鉴（2015）》。

　　长江流域城市群在经济可持续发展、社会可持续发展、生态可持续发展方面各具区域特色。总的来说，长江流域城市群呈现出上下游强、中游弱的区域发展格局。下游长三角城市群处于遥遥领先地位，上游成渝城市群作为中国经济增长第四极的有力竞争者，在经济规模、经济外向程度等方面也明显优于中游城市群。突破长江经济带已经形成的不平衡区域发展格局，解决产业链上下游联动不足、金融中心与国际港口规划过多、基础设施和信息资源共建共享不够、行政壁垒依然存在和长江流域生态环境形势严峻等一系列问题，充分发挥长江三角洲、长江中游和成渝几大城市群中心城市的辐射作用，提高地级城市与中心城市的经济联系与互动，协同推进长江经济带发展对促进中国经济增长具有重要战略意义。

7.2 长江下游城市群

7.2.1 地理区位

长江下游城市群以长三角城市群为主，位于长江经济带的最东边，是长江内部腹地对外联通的重要窗口，海陆交通十分方便，拥有优越的地理位置、广阔的经济腹地和强劲的经济实力。长江下游城市群包括上海市全部、江苏省南部、浙江省的杭嘉湖平原，简单来说就是由江浙沪的25个地

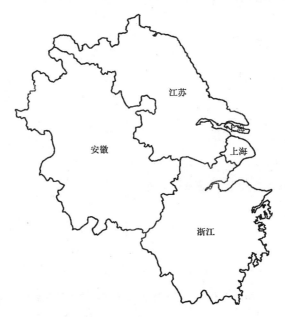

图 7-10 长江下游城市群的空间分布

级市组成，分别是上海、南京、无锡、徐州、常州、苏州、南通、连云港、淮安、盐城、扬州、镇江、泰州、宿迁、杭州、宁波、温州、绍兴、湖州、嘉兴、金华、衢州、舟山、台州、丽水。

7.2.2 长江下游城市群的发展状况分析

长江下游城市群在整个长江经济带起着龙头作用，2014 年经济总量约占全国的 20%，占长江经济带约 56%，GDP 约 13 万亿元。长江下游城市群的发展对于长江经济带的发展具有举足轻重的地位和作用。

长江下游城市群和中、上游城市群之间的差距还是较大的，体现出长江经济带区域发展的不平衡。与国际城市群相比，长三角城市群在发展水平、内涵质量上尚存在差距：存在着要素成本快速上升、人口资源环境压力加大、科技创新能力不强等问题；在城市功能定位和分工合作上，特大城市功能过于集中，中小城市集聚产业和人口不足，小城镇服务功能较弱；城市群总体产业能级不高，区域产业转型升级的压力较大，资源不足和需求增大的结构性矛盾突出，区域内尚未建立有效的生态补偿制度。

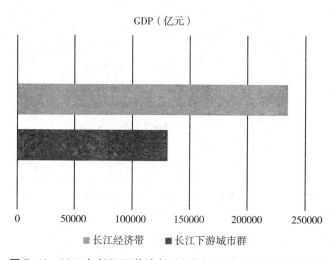

图 7-11 2014 年长江下游城市群和长江经济带经济总量的对比

资料来源：作者根据《中国城市统计年鉴（2015）》《中国区域经济统计年鉴（2015）》制作。

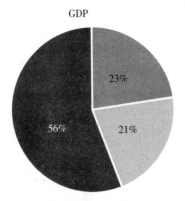

GDP

23%

56%

21%

■ 长江上游城市群   ■ 长江中游城市群   ■ 长江下游城市群

图7-12　2014年长江上中下游城市群经济总量的对比

资料来源：作者根据《中国城市统计年鉴（2015）》《中国区域经济统计年鉴（2015）》制作

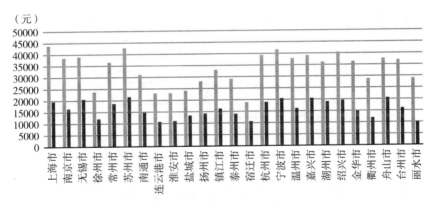

（元）

■ 城镇居民人均可支配收入　　　■ 农村居民人均纯收入

图7-13　2014年长江下游城市群人均可支配收入

资料来源：《中国城市统计年鉴（2015）》《中国区域经济统计年鉴（2015）》。

　　长江下游城市群的人均可支配收入一直排在全国前列，在城市群内部也会有细微的差别，整体上看，城市居民人均可支配收入的平均值为33539元，农村居民人均纯收入平均值为16093元。从城市居民人均可支配收入看，排在前六的城市是上海（43851元）、苏州（42748元）、宁波（41657元）、绍兴（40454元）、杭州（39310元）、嘉兴（39087元）。从农村居民人均纯收入看，排在前六的是苏州（21578元）、无锡（20587元）、舟山

（20573 元）、嘉兴（20556 元）、宁波（20534 元）、绍兴（19618 元）。

值得一提的是，城镇居民人均可支配收入南京市以 385531 元仅排在第八位，农村人均纯收入南京更是无缘前十；上海的城镇居民人均可支配收入排在第一位，然而农村居民人均纯收入却排在第七位，城乡收入差距较大。另外，苏州的经济发展令人惊喜，城镇居民人均可支配收入仅次于上海，而农村人均纯收入跃居长三角的第一位；宁波的经济发展较上年也有较大的提升。

长三角城市群每百人拥有公共图书馆藏书量最多的六个城市为上海、杭州、苏州、嘉兴、温州和舟山。影院、剧场个数最多的是宁波、上海、杭州、南京、台州和无锡。在每万人拥有医生数上，排名前五的是杭州、苏州、宁波、上海和南京。从图 7-14 可以很明显地看到宿迁、徐州和连云港的科教文卫水平相对较低。

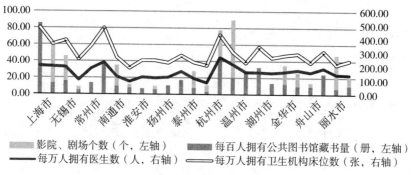

图 7-14　2014 年长江下游城市群的科教文卫状况

资料来源：《中国城市统计年鉴（2015）》《中国区域经济统计年鉴（2015）》。

7.2.3　对推动长江经济带建设的重大意义

第一，推动长江经济带的区域合作机制建立。长三角城市群走过了区域的布局合作和要素合作阶段，目前已经进入到了区域合作的最高层面即制度合作阶段。长三角是我国城市群合作的先行区域，早些年，政府按市场规律设计了一系列合作政策，极大地提高了区域企业的积极性，要素合作提高了劳动生产率，创造了巨大的财政红利，地方政府税收颇丰。由于企业的生产要素需要不断地流动，这样才能不断地产生红利，要加速要素流动，这不是在企业层面上能够推动的，关键是要在政府的制度层面上进行合作。区域合作的对象是政府，合作除了经济以外，还应包括社会、人口、资源等。

第二，加强与长江中游和上游的联动发展。长江下游城市群的经济总量比中游和下游城市群加起来还要多，说明长江经济带各城市的发展受资源、地域、历史等各种因素的影响，发展是不均衡的，为促进长江经济带的健康发展，长三角城市群应引领长江经济带，起到龙头作用，形成长江上中下游发展一盘棋。应基于长江上中下游城市群的资源优势，加强城市群之间的互动合作，战略联动上中下游分散式的区域发展，增强不同地区之间的联动效应。充分发挥长江下游长三角地区的龙头引领作用，有效激活中上游城市群潜在的经济活力，着力培养长江流域不同地区的经济增长极，推动长江经济带经济实现跨区域发展。把加快发展基础较好、潜力较大的地区作为长江流域城市群协同发展重点方向，把支援基础较差、发展困难的地区作为着力点，不断提高长江经济带发展的整体性和联动性，形成上中下游协同发展和可持续发展的新型发展格局。

第三，推动长江经济带的海外市场扩张。长江经济带要建成生态更优美、交通更顺畅、经济更协调、市场更统一、机制更科学的黄金经济带。长三角城市群要成为连接"丝绸之路经济带"和"21世纪海上丝绸之路"的重要纽带，很重要的一项任务就是建设江海联运体系。长三角区域处于长江与东海的交汇处，国家战略布局是以上海港为核心，以江苏省和浙江省的港口为两翼，建设上海国际航运中心。

7.3　长江中游城市群

7.3.1　地理区位

长江中游城市群是以武汉城市群、环长株潭城市群、环鄱阳湖城市群

图 7-15 长江中游城市群的空间分布

为主体形成的特大型城市群，国土面积约 32 万平方公里，在长江经济带中起着承东启西、连南接北的重要作用，在长江经济带的发展格局中占有重要地位。依托沿江、沪昆和京广、京九、二广等重点轴线，形成了多中心、网络化发展格局。

长江中游城市群主要以武汉城市群为核心，而武汉城市群包括武汉、黄石、鄂州、孝感、黄冈、咸宁、仙桃和天门九市，是全国重要的交通枢纽和科技、教育、汽车、钢铁基地，以及区域性的信息产业、新材料、科技创新基地和物流中心。环长株潭城市群是国家资源节约型和环境友好型社会建设示范区，以长沙为核心，包括株洲、湘潭、衡阳、岳阳、常德等城市，是我国重要的交通枢纽以及交通运输、工程机械、节能环保装备制造、文化旅游和商贸物流基地。

7.3.2 长江中游城市群的发展状况分析

长江中游城市群的经济总量约占全国的 8%，占长江经济带的 21%，

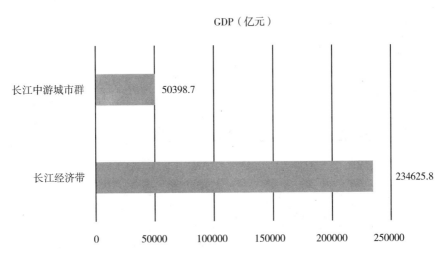

GDP（亿元）

图7-16　2014年长江中游城市群和长江经济带经济总量的对比

资料来源：作者根据《中国城市统计年鉴（2015）》《中国区域经济统计年鉴（2015）》制作。

我国的经济发展正逐步从东部沿海地区向中西部推进，位于长江经济带中部地区的长江中游城市群对打造中国经济发展新的增长极，建设内陆开放合作示范区具有重要作用，长江中游城市群致力于打造中国经济增长第四极。

表7-3　2014年长江中游城市群经济概况

名称	GDP（亿元）	GDP占比（%）	规模以上工业总产值（亿元）	人均GDP（元）
武汉城市群	15752.80	31	21398.37	56947.44
环长株潭城市群	21600.43	43	28388.94	50817.37
环鄱阳湖城市群	13045.50	26	24419.77	34597.01
长江中游城市群	50398.73	100	74207.09	48904.06

资料来源：《中国城市统计年鉴（2015）》《中国区域经济统计年鉴（2015）》。

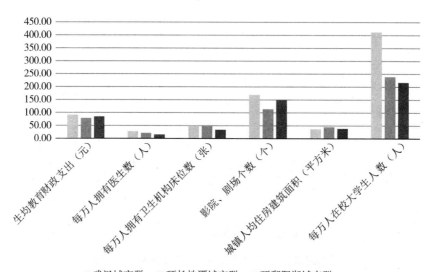

图7-17　2014年长江中游城市群科教文卫状况

资料来源：根据《中国城市统计年鉴（2015）》《中国区域经济统计年鉴（2015）》制作。

从表7-3可以看出，在长江中游城市群中，环长株潭城市群的GDP占比最大，达到了43%，武汉城市群和环鄱阳湖城市群分别占31%和26%，规模以上工业总产值也是环长株潭城市群最高，但是从人均GDP来看，武汉城市群的人均GDP是最高的，武汉城市群和环长株潭城市群的人均GDP都达到了5万元以上，相比较而言，环鄱阳湖城市群的人均GDP就低了很多。在长江中游城市群中，武汉城市群的经济实力最强，以武汉为中心，长沙和南昌为副中心。

长江中游城市群在社会发展方面还算是相对均衡的，教育支出、医疗卫生等差距不是很大。整体来看，武汉城市群的社会发展状况略优于环长株潭城市群和环鄱阳湖城市群，特别是在教育方面，不仅在教育支出方面比其他两个城市群要高，从大学生的数量来看，也是远高于其他两个城市群。长江中游城市群的整体状况属于比较均衡的状态，但是与长江下游城市群之间的差距还是比较大的。

表7-4 2014年长江中游城市群土地资源状况

	人均城市道路面积（平方米）	城镇人均住房建筑面积（平方米）	人均绿地面积（公顷/万人）	建成区绿化覆盖率（%）
武汉城市群	15.56	37.59	32.92	36
环长株潭城市群	13.48	45.30	35.13	40
环鄱阳湖城市群	14.27	39.32	43.12	51

资料来源：《中国城市统计年鉴（2015）》《中国区域经济统计年鉴（2015）》。

长江中游各城市群的土地资源状况还是比较平均的，在人均城市道路面积上，最高的是武汉城市群，人均15.56平方米；其次是环鄱阳湖城市群，为14.27平方米；环长株潭城市群稍低，为13.48平方米。城镇人均住房建筑面积环长株潭城市群最高，为45.3平方米；最低的为武汉城市群，为37.59平方米。人均绿地面积最高的是环鄱阳湖城市群，面积为43.12公顷/万人；最低的是环长株潭城市群，为35.13公顷/万人。

从用水状况来看的话，人均用水量都比较平均，都在100吨以下。但是从人均用电量来看，环鄱阳湖城市群和其他两个城市群相差很大，环鄱阳湖的人均用电量在600千瓦时左右，而武汉城市群和环长株潭城市群在900千瓦时以上，差了足足有300千瓦时，这和城市群的工业发展程度有很大关系。

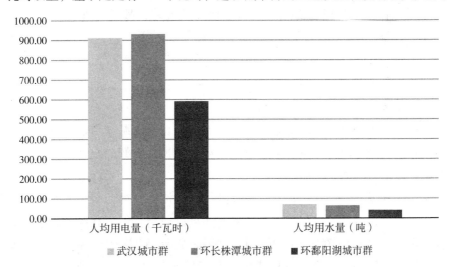

图7-18 2015年长江中游三大城市群生活资源使用对比

资料来源：作者根据《中国城市统计年鉴（2015）》《中国区域经济统计年鉴（2015）》制作。

7.3.3 对推动长江经济带建设的重大意义

第一，发挥自身优势，缩小长江上中下游的区域差距。长江中游城市群发展中，关键是解决如何依托长江黄金水道加快航运中心建设的问题。长江干线航道全长 2838 公里，干支流通航里程约 7.1 万公里，占全国内河通航总里程的 56%，因此被称为我国的"黄金水道"。长江中游城市群应统一发展思路，在一体化进程中明确中心城市在多中心城市群中的定位与分工合作关系；打破地域保护主义，从交通、通讯等基础设施一体化以及旅游、科教、文化、卫生等公共资源共享入手，逐步推动三省市场一体化进程和深化专业化分工；建立健全三地政府间的联系协调机制，发展壮大民间力量的组织协调能力，从政府和社会两个层面构筑地域间的联系纽带。

第二，产业协作，利益共享。长江中游城市群目前还处于区域合作的布局阶段，鄂、湘、赣三省应在区域合作布局上制定统一规划。现阶段长江中游城市群要借助东湖高新开发区作为国家第二个自主创新示范区的机遇以及转变经济增长方式的契机推动产业转型升级、加快人才吸引、实现科技创新。在推动传统产业升级换代的同时，通过人才计划、税收减免、风险共担等措施，吸引留住高端人才，鼓励企业提高自主创新能力。推进核心技术的研发，培育以技术和知识创造为支撑的新兴产业。通过传统产业和新兴产业的"两轮驱动"构建合理的现代产业体系，实现要素的市场重组，提升中部区域综合竞争力，促进长江经济带的均衡发展。

第三，生态互联，打造中国经济第四极。长江中游城市群的生态状况对于长江经济带的生态具有举足轻重的影响，长江中游的水域状况会直接影响下游地区，而中下游地区的人口和城市最为密集。长江中游城市群应注重生态建设和环境保护，不仅发挥其保障长江中下游乃至国家生态安全的重要作用，构筑区域生态安全体系，还可以凭借其得天独厚的自然资源优势和历史文化底蕴，联合开发长江经济带沿线的旅游资源，以科学发展、绿色发展理念为指导，构建国内乃至国际闻名的生态旅游文化胜地。基于长江中游城市群的资源优势，应加强城市群之间的互动合作，战略联

动上中下游分散式的区域发展，增强不同地区之间的联动效应，激活中游
城市群潜在的经济活力，着力打造中国经济第四极。

7.4 长江上游城市群

7.4.1 地理区位

长江上游城市群主要以成渝城市群为主，还包括滇中城市群、黔中城
市群，位于长江经济带的西部，我国的西南地区，以成都和重庆为双
核心。

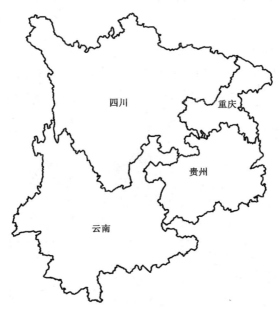

图 7-19 长江上游城市群的空间分布

7.4.2 长江上游城市群的发展状况分析

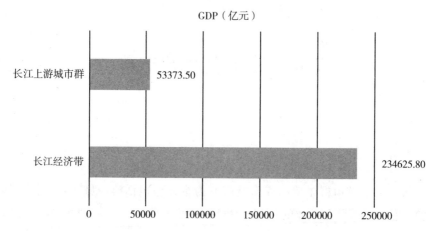

图 7-20　2014 年长江上游城市群和长江经济带经济总量的对比

资料来源：作者根据《中国城市统计年鉴（2015）》《中国区域经济统计年鉴（2015）》制作。

　　长江上游城市群的经济总量约占长江经济带的五分之一，我国的经济发展正逐步从东部沿海地区向中西部推进，位于长江经济带西部地区的长江上游城市群的发展有利于缩小国内的经济差距，带动西部地区经济的发展。

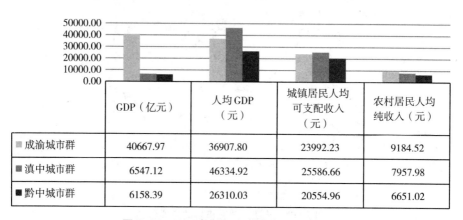

	GDP（亿元）	人均 GDP（元）	城镇居民人均可支配收入（元）	农村居民人均纯收入（元）
成渝城市群	40667.97	36907.80	23992.23	9184.52
滇中城市群	6547.12	46334.92	25586.66	7957.98
黔中城市群	6158.39	26310.03	20554.96	6651.02

图 7-21　2014 年长江上游城市群经济概况

资料来源：《中国城市统计年鉴（2015）》《中国区域经济统计年鉴（2015）》。

长江上游城市群中，成渝城市群的 GDP 为 40667.97 亿，远远高于滇
中城市群的 6547.12 亿元和黔中城市群的 6158.39 亿元。从人均 GDP 看，
比较高的是滇中城市群，为 46334.9 元，而成渝城市群仅有 36907.8 元。
从城镇居民人均可支配收入来看，滇中城市群最高为 25586.7 元，成渝城
市群为 23992.23 元。而从农村居民人均纯收入来看，成渝城市群最高为
9184.52 元，也是城乡收入差距最小的，城乡收入差距最大的是滇中城市
群。长江上游城市群主要是以成渝城市群为中心。

每万人拥有大学生人数滇中城市群最多，而每百人拥有公共图书馆藏
书量则黔中城市群最多，影院、剧场个数最多的是成渝城市群。从医疗方
面看，三个城市群的医疗状况差不多，每万人拥有的医生数和卫生机构床
位数相差都不是很大。在社会和文化方面，长江上游城市群的内部差别并
不是很大。

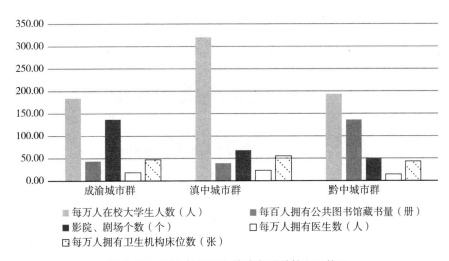

图 7-22 2014 年长江上游城市群科教文卫状况

资料来源：作者根据《中国城市统计年鉴（2015）》《中国区域经济统计年鉴（2015）》制作。

从单位 GDP 工业二氧化硫和工业烟（粉）尘排放量来看，成渝城市
群的排放量是最少的，而滇中和黔中城市群的工业发展较为粗放，排放的
工业二氧化硫和工业废水较多，这和各城市群的产业结构密切相关，长江
上游城市群是典型的"二、三、一"产业结构。

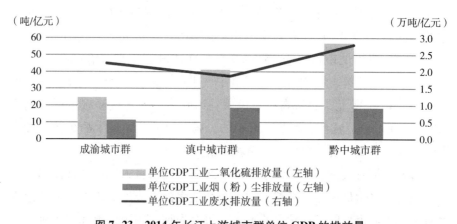

图 7-23　2014 年长江上游城市群单位 GDP 的排放量

资料来源：作者根据《中国城市统计年鉴（2015）》《中国区域经济统计年鉴（2015）》制作。

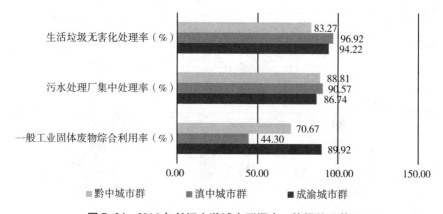

图 7-24　2014 年长江上游城市群污水、垃圾处理状况

资料来源：作者根据《中国城市统计年鉴（2015）》《中国区域经济统计年鉴（2015）》制作。

长江上游城市群的生活垃圾无害化处理率和污水集中处理率均达到了 90% 左右，而在一般工业固体废物综合利用率上，滇中城市群明显低于黔中城市群和成渝城市群，滇中城市群的一般工业固体废物综合利用率仅为 44.3%，成渝城市群最高达到 89.92%，黔中城市群为 70.67%。成渝城市群应打造为长江上游地区内陆开放高地，以信息化带动工业化，走新型工业化道路，增强工业经济的可持续发展能力。滇中城市群和黔中城市群应当发挥水源涵养地和生态屏障作用，发展以旅游业为主的第三产业，减少长江的工业污染。

7.4.3 对推动长江经济带建设的重大意义

第一，可以缩小长江经济带之间的发展差距。长江上游城市群的建设与发展要以国家宏观政策为指引，科学定位，合理布局，并规避其他城市群曾经出现过的问题，方能快速发展，以"新四化"为指针，通盘谋划发展思路。"新四化"要求推动信息化和工业化深度融合、工业化和城镇化良性互动、城镇化和农业现代化相互协调，目标是促进工业化、信息化、城镇化、农业现代化同步发展。长江上游城市群应集约化发展第一产业，加速农业现代化进程；大力发展和合理布局第二产业，提高信息和技术含量；创新发展第三产业，培育知名服务品牌。

第二，推动长江经济带成为横贯东中西、连接南北方的开放合作走廊。长江经济带应对外向东部、西部开放，对内打破跨区域发展的行政壁垒，形成新常态下全方位开放格局。通过自贸区建设深化长江下游长三角地区向东对外开放的同时，应通过"一带一路"建设，努力推动长江上游城市群同周边国家和地区基础设施的互联互通，例如成渝城市群通过渝新欧铁路向中亚、西亚乃至东欧市场开放。

第三，提高长江经济带整体城镇化水平。应以长江下游长三角城市群、中游城市群和上游成渝城市群为跨区域性城市群主体，以黔中和滇中两大区域性城市群为补充，以沿江大中小城市和小城镇为依托，注重规划衔接，促进城市群之间、城市群内部的分工协作，形成城镇布局优化的经济体系，使得各地区在城镇功能定位和产业经济发展方面合作共赢、在公共服务和基础设施体系建设方面共建共享、在资源开发利用和生态环境建设方面统筹协调，充分挖掘城镇化对扩大内需的最大潜力，全面推动沿江城镇化的健康有序发展，提高长江经济带的整体城镇化水平。

7.5　长江上中游城市群的联通：三峡城市群

7.5.1　地理区位

三峡城市群，是指位于长江中上游结合部，包括湖北宜昌市、荆州市、荆门市、恩施土家族苗族自治州、神农架林区和重庆万州在内的城市组群。三峡城市群拥有宜昌、荆州、荆门3座大城市，其中宜昌正快速向现代化特大城市迈进；拥有恩施、宜都、当阳、枝江、钟祥、松滋、洪湖、石首、万州等规划建设中的中等城市。三峡城市群按照地理空间分布构成了一个有机联系的整体，山同脉，水同源，民同俗，经济同质，文化同根，是三峡区域城市化水平的集中体现。三峡城市群狭义的划分主要包括宜昌市、荆门市、荆州市、神农架林区和恩施土家苗族自治州。

图7-25　三峡城市群的空间分布

7.5.2 三峡城市群的发展状况分析

表 7-5 2014 年三峡城市群经济概况

	GDP（亿元）	人均 GDP（元）
宜昌市	3132.21	76369.00
荆州市	686.64	45378.00
荆门市	1310.59	55924.00
恩施土家族苗族自治州	612.01	18463.00
神农架林区	20.24	26400.00

资料来源：《中国城市统计年鉴（2015）》《中国区域经济统计年鉴（2015）》。

三峡城市群中，GDP 最高的城市是宜昌，为 3132.21 亿元；其次是荆门，为 1310.59 亿元；荆州市、恩施自治州和神农架地区的 GDP 较低，在 700 亿元以下。人均 GDP 宜昌达到 76369 元，荆门达到 55924 元，其次的是荆州。

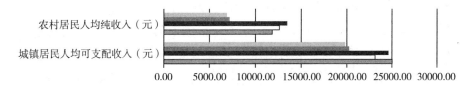

	城镇居民人均可支配收入（元）	农村居民人均纯收入（元）
神农架林区	19810	6920
恩施土家族苗族自治州	20245	7194
荆门市	24627	13481
荆州市	23128	12625
宜昌市	25025	11837

图 7-26 2014 年三峡城市群城乡居民收入状况

资料来源：作者根据《中国城市统计年鉴（2015）》《中国区域经济统计年鉴（2015）》制作。

从人均 GDP 我们也能看出，宜昌作为三峡城市群的龙头城市，无论是城市居民人均可支配收入还是农村居民人均纯收入，都远高于其他地区。宜昌的地理位置也具有得天独厚的条件，是长江中上游区域性现代服务业发展的中心。

三峡地区是我国著名的连片风景名胜区，区域内的旅游资源十分丰富，种类繁多，品味很高，开发较早，取得了明显的经济效益和社会效益，对促进区域内生态环境保护、传统文化的保护和传承、资源的合理利用和开发都具有重要的意义。但长期以来受到行政体制和地域分割的影响，一直很难形成合作互利、共同发展的一体化旅游局面，制约了三峡地区大旅游格局的形成。发展三峡城市群，推进区域旅游一体化是其中重要的环节和内容。

7.5.3　对推动长江经济带建设的重大意义

建设三峡城市群是提升长江经济带城镇化质量的战略举措，在成渝城市群和长江中游城市群之间，应该有三峡城市群作为次级战略支点，三峡城市群对于长江经济带的建设意义重大。

（1）空间联通

三峡城市群主要位于或紧邻长江黄金水道中上游、沪蓉高速的枢纽区域所在，第二级阶梯向第三级阶梯过渡区域，是长江经济带中上游结合部。其中宜昌是三峡工程所在地，著名的水电旅游之都，区域性的交通枢纽中心。溯长江而上到重庆与渝新欧通道衔接，对接陆上丝绸之路经济带。要加快长江黄金水道开发，释放水运运能，构建"三峡枢纽港"；构建以水运为骨干的现代物流体系，强化港区的枢纽作用，拓展港口物流功能。

（2）经济联通

三峡城市群是湖北乃至全国重要的文化旅游资源富集地，是国家重要的农产品生产基地和矿产能源基地。区域内水电资源、旅游资源、矿产资源、农特资源丰富，各具特色，形成了互为补充的产业体系。推进三峡城市群建设，有助于优化地区资源配置，有效放大区域整体优势。从发展的基础看，三峡城市群多数城市经济发展水平不高、经济总量不大、辐射带动作用不强，目前主要是竞争关系，完善竞争是今后的关键。作为城市群发展的产业支撑，要实现工业和服务业双引擎驱动，尤其是加强城市之间的服务业合作，有利于增强城市群内部及与周边城市群的有机联系。

（3）战略意义

三峡城市群具有良好的发展空间，三峡地区的水运能够有效对接国家的"一带一路"战略，即沿长江到下游的上海，实现通江达海，与海上丝绸之路衔接。三峡城市群处于武汉城市群、环长株潭城市群、成渝城市群和中原城市群的合围之中，在提升综合实力、拓展发展空间、转变发展方式、保障改善民生、建设生态文明等方面具有内在的协同性和高度的一致性。

7.6　长江中下游城市群的联通：皖江城市群

图 7-27　皖江城市群的空间分布

7.6.1 地理区位

皇江城市群与中国经济繁荣圈——长三角地区相邻，并有诸多的合作和贸易关系，皖江城市群通过长江与长三角地区直接相连，依靠着京沪高铁等多条国内主要铁路干线以及城际铁路和动车，皖江城市群与长三角地区形成了一个经济发展的整体，并使得皖江城市群成为了沟通西部与东部的重要交通枢纽。皖江城市群是国家规划发展的中部四大城市群之一，包括沿江的合肥、马鞍山、芜湖、铜陵、池州、安庆、宣城、滁州 8 个地级市全境以及六安市的金安区和舒城县。

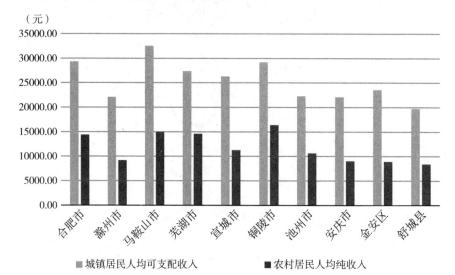

图 7-28　2014 年皖江城市群城乡居民收入状况

资料来源：作者根据《中国城市统计年鉴（2015）》《中国区域经济统计年鉴（2015）》制作。

7.6.2 皖江城市群发展状况分析

表 7-6　2014 年皖江城市群经济概况

	GDP（亿元）	人均 GDP（元）
合肥市	5180.60	67689.00
滁州市	1214.40	30562.00
马鞍山市	1333.10	60091.00
芜湖市	2309.60	64039.00

续表

	GDP（亿元）	人均 GDP（元）
宣城市	917.60	35726.00
铜陵市	716.30	97193.00
池州市	517.20	36267.00
安庆市	1544.30	13245.00
金安区	144.70	15820.00
舒城县	149.50	12980.00
皖江城市群	14027.30	59802.00

资料来源：《中国城市统计年鉴（2015）》《中国区域经济统计年鉴（2015）》。

　　皖江城市群中，GDP 的总量差异也是比较大的，最高的是合肥，达到了 5180.6 亿元；其次是芜湖，有 2309.6 亿元；第三名的是安庆，有 1544.3 亿元。从人均 GDP 来看，人均最高的不是合肥，而是铜陵，铜陵的人均 GDP 达到 97193 元；GDP 总量排名第一的合肥人均 GDP 只有 67689 元，排名第二；高于皖江城市群人均 GDP 的城市有 4 个，分别是马鞍山、合肥、芜湖、铜陵；其余的城市人均 GDP 均在皖江城市群的平均水平之下。

　　从人均收入上看，皖江城市群中各城市城镇居民人均可支配收入在 20000—35000 元，最高的是马鞍山市，最低的是舒城县；农村人均纯收入大部分城市集中在 9000—15000 元之间，最高的是铜陵市，最低的是舒城县。

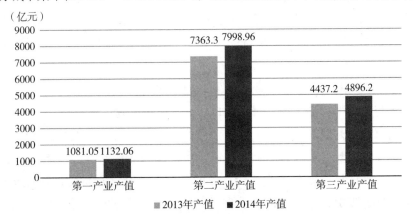

图 7-29　2014 年皖江城市群三大产业产值

资料来源：作者根据《中国城市统计年鉴（2015）》《中国区域经济统计年鉴（2015）》制作。

从皖江城市群的三大产业产值来看，皖江城市群的产值贡献主要以第二产业为主，这与皖江城市群中各城市的资源禀赋有关。2014 年和 2013 年相比，皖江城市群三大产业产值都有不同比例的提高，皖江城市群第二产业的产值占安徽省的第二产业产值的 70% 以上。

皖江城市群具有发展成为现代化区域物流中心的优越条件，物流业的发展能够迅速提升皖江城市群的发展优势，为其他产业的引入创造十分有利的条件。皖江城市群重点承接与发展现代物流产业主要包括港口、码头等物流基础设施建设，现代物流园区建设，引进培育第三方物流企业，多式联运建设，公共物流信息平台建设等。

皖江城市群拥有丰富的休闲资源和旅游资源，具有良好的开发前景，大力发展休闲旅游业对于建设高水平人居环境，提高城市品质，具有十分重要的意义。皖江城市群重点承接与发展旅游产业的方向主要有：以长江岸线、西梁山、境内三条河流为主的自然旅游资源开发，以人文景观、宗教活动区、名人故居、体育保健吸引国内外著名的商贸公司前来投资。

7.6.3 对推动长江经济带建设的重大意义

第一，有利于推动长江经济带中下游区域协作体系的形成。皖江城市群处于长江下游和中游城市群的连接处，靠近三座长江大桥；同时紧邻长三角，属于泛长三角的范围。为促进长江经济带的协调发展，其需要与东西部的长江下游城市群和长江中游城市群进行紧密的合作，努力构建政府、企业和社会团体共同参与的全方位、协作式和多层次的区域协作架构。

第二，有利于实现长江经济带上区域资源的优化配置。皖江城市群可积极参与南京都市圈建设，重点加强与长三角各城市在交通、信息、金融、商贸方面开展深度合作，形成合理的地域分工与协作关系。皖江城市群应抓住国内外产业转移的重大机遇，注重市场配置资源的功能，立足自身产业发展优势，结合产业结构升级的需要，培育合理优化的产业集群，主动引导、吸引长三角地区产业向皖江城市群转移，带动安徽产业升级，把潜在资源优势转化为竞争优势和经济优势。

第三，皖江城市群的生态保护尤其重要。皖江城市群以发展工业为主，工业产生的污染若不慎便会影响长江下游城市群，皖江城市群应充分尊重规律，坚持可持续发展，走绿色发展之路，使用清洁能源，这对于整个长江经济带的生态保护具有重要意义。

7.7 长江流域城市群的协同发展

城市经济实力在一定程度上体现了国家及区域竞争力。城市群经济发展是提高区域竞争力的主导力量，城市群的协同发展更是影响区域整体竞争的关键因素。区域经济一体化发展是城市群形成的前提。城市群的协同发展是指在一定区域范围内不同城市群之间及城市群内部多个城市不断突破行政区划限制和市场分割制约，消除区域内的市场壁垒，推动劳动力、资金、信息等资源要素自由流动并优化配置，依托城市的资源禀赋差异，形成优势互补、共同繁荣的区域整体竞争力。协同发展的本质是经济发展、社会发展、生态发展与资源要素的协调，使得区域内各子系统的发展达到整体效应。

长江经济带的经济发展已经进入"起飞末期、成熟初期"的转型阶段，正在从"工业化主导"向"城市化主导"发展模式过渡。作为我国的经济发展重心，长江流域具有不同的区域经济层次，沿江中心城市也处于不同等级，从东到西，从长江沿线到内陆腹地，资源差异、经济差异、技术差异、管理水平差异明显。因此，应以长江黄金水道为天然纽带，以沿江中心城市为关键节点，以水陆空管道运输为轴线，充分发挥长江上中下游各区域的比较优势，带动中上游腹地发展，促进中西部地区有序承接沿海产业转移，打造中国经济新的支撑带，推动中国区域经济发展由"T"字型战略格局转变为新常态下"H"型战略格局。

7.7.1 长江流域城市群协同发展机制

长江作为货运量位居全球内河第一的黄金水道，是中国区域经济发展重要的东西轴线。长江流域所有城市群的人口和经济总量均超过全国的40%，长江经济带已成为全国综合实力最强、战略支撑作用最大的区域之一。然而，行政分割导致产业同构、重复建设等区域冲突日益凸显，长江流域各个城市群的发展也良莠不一，因此加强长江流域各城市群的区域合作、充分发挥长江经济带的整体优势显得尤为重要。长江经济带的协同发展需要充分考虑长江流域各城市群发展阶段不同、发展程度有别、资源禀赋各异的客观事实，建立城市群的资源共享、优势互补和互联互动机制，充分发挥长江黄金水道的联通作用和沿线港口城市的辐射作用，以市场主导或政府主导的协同模式，全面推进各个城市群之间和城市群内部一体化发展。

长江流域城市群的协同发展是指在长江经济带的发展中不断打破行政分割和市场割裂的限制，着力消除长江经济带内的市场壁垒，充分发挥各城市群的比较优势，推动长江流域资源、要素和产业合理流动与优化配置。协同发展的本质是经济、社会发展与资源、环境要素的协同，是长江流域资源整合的过程。长江经济带的协同需要从全局和整体出发，把城市群以及城市的各种产业和资源要素有效整合，实现整体功能大于部分功能之和的理想效果。在我国经济进入中低速增长的新常态背景下，长江流域内单个城市群很难单独构建经济新优势，需要加强城市群之间的协同发展，通过资源共享、优势互补形成长江流域的整体经济增长效应，增强长江经济带的整体经济实力和国际竞争力。因此，长江流域城市群协同发展机制应以资源共享、优势互补、互联互通为要点，全面整合长江流域资源，打造关键港口城市作为长江经济带的重要增长极，依托长江黄金水道建立高效的物流交通网络，实现资源互联互通，建立要素自由流动的区域大市场。

（1）资源共享机制

随着改革开放的深入发展，长江经济带不同城市群经济社会发展差距不断拉大的同时，城市群内部不同城市的经济发展耦合协调程度不高，不同城市之间的差距也很明显，劳动力、资金、信息和技术等资源不断向中心城市集聚，区域发展不平衡的同时，资源和生态环境压力日益增大。上海是中国经济、金融、科技、工业、科技和航运中心，2014 年上海的地区生产总值为 23567.7 亿元，占长三角市群 25 个城市 GDP 总量的 18%。然而，同为东部沿海城市的南通和舟山 2014 年的地区生产总值分别只有5652.69 亿元和 1015.26 亿元。上海出于自身发展需求，并没有将经济、教育等优势资源共享给周边城市，反而是不断从周边城市集聚人口和各种资源要素。因此，针对长江流域城市群毗邻城市经济发展不协同的情况，长江流域城市群内部应建立资源共享型协同机制，通过整合各种优势资源，变同质竞争为合作，迅速提升区域整体优势。通过建立完善城市之间的沟通协作机制，以产业集群为发展基础，实现经济良性互动、基础设施互联互通和公共服务互助共享。

资源共享机制是以资源共享为方式，整合区域内的各种资源，最优化资源配置，提高资源效率和区域综合优势，增强总体经济效益。由于不同资源在不同城市的稀缺性不同，资源共享机制可能表现为资源替代和资源增进。资源替代是指同类资源相互替代，当某个城市的某种资源存在冗余而系统内另一个城市的该种资源存在不足，或者某个城市某种资源的利用成本小于系统内另一城市时，该种资源在两个城市之间的替代可以提升系统整体效应。资源增进是指非同类或非同质资源的共享效应，主要产生于人力资源、知识技术等非物质资源共享，这类资源在不同城市的共享促使城市群总成本的降低和总效益的提升，并且促进资源本身的增长。

（2）优势互补机制

长江流域横跨我国东中西三大区域，覆盖九省二市，沿江城市群资源优势各异、发展阶段不同，整体来看，长江经济带有巨大发展潜力。1992年"以上海浦东开发开放为龙头，进一步开放长江沿岸城市"的经济发展政策使得以上海为核心的长江流域下游地区经济快速发展。由于空间距离较远、自身基础较差等多方面原因，浦东开发开放对长江中上游地区的带动辐射作用并不明显，长江下游和中上游城市群之间的发展差距不断扩大。虽然长江中上游地区受"西部大开发""中部崛起"等战略支持，经济发展条件逐步改善，近年来成渝城市群已成为长江经济带新的增长极，但长江中上游城市群与下游长三角城市群的差距依然巨大。尽管长江流域经济发展呈现不平衡状态，不同城市群在自然资源、经济要素、社会历史和文化背景上千差万别，但城市群之间的差异正是协同发展的基础。

长江作为长江经济带的天然纽带将沿江城市群联结成一个系统，协同发展需要推动系统内非均质分布的各种资源互补性流动以优化系统整体功能，发挥最大的综合效益。在比较优势基础上，各城市群之间应实现优势互补，合理区域分工，避免产业同构和重复建设，形成资源要素互补、上中下游产业配套的产业布局，促进长江经济带协同发展。优势互补机制的目标是把资源优势、区位优势转化为经济优势，实现长江流域城市群的共同发展。

经济新常态下，长江经济带的资源和环境压力日益加剧，长江流域城市群的优势互补机制不能简单地理解为传统的资源要素互补，而要强调技术创新，走创新发展互助合作之路。实现技术跨区域转移和合作，发挥技术和知识的外部性作用，使长江经济带的经济发展从低水平的要素驱动、投资驱动转向高水平的创新驱动，通过技术创新提高劳动者素质和企业管理能力，促进科技创新成果在长江经济带的共享，推动各城市群的协同发展。

（3）网络辐射机制

长江流域城市群经济发展水平差异较大，与之对应的铁路、公路、航空、水运、管道等运输线路的长度、密度和等级差异大。总的来说，长江流域城市群基本建立起海陆空立体交通体系，但交通体系不完善仍是长江经济带在空间互联互通上的巨大阻碍。海运方面，长江航道开发失衡，下游长三角地区岸线资源基本开发殆尽，中游航道不畅通、下游航道等级低，大部分二、三级支流航运逐渐萎缩；陆运方面，贯通上中下游城市群的铁路、公路尚未建成，长江经济带东西向的运输能力不足，同时，城市群的中心城市和周边城市的城际交通还需加强，轨道交通仍需大力建设；空运方面，机场整体密度较小，覆盖区域不全面；同时，各类交通运输方式之间衔接不畅，地域覆盖度不足。面对协同发展新要求，必须要因地制宜，加快长江经济带的综合交通立体走廊建设，促进长江流域城市群的互联互通。

网络辐射机制是指在多元化交通网络覆盖的基础上，不同城市群的商品、资本、技术、信息和劳动力等经济要素沿着交通网络向外不断流动，产生经济辐射和扩散效应，从而推动城市群的协同发展。以沿江重要港口为节点和枢纽，统筹推进水运、铁路、公路、航空、油气管网集疏运体系建设，打造网络化、标准化、智能化的综合立体交通走廊，使沿江港口城市在南北方向上有力地辐射和带动广阔腹地发展，在东西方向上联通长江流域各个城市群，形成网络辐射的长江流域城市群协同发展格局。

7.7.2 长江流域城市群协同发展格局

长江流域城市群协同发展是一种通过全流域的城市群融合共生实现资源优化配置和经济结构优化调整的发展格局。当前长江经济带在经济发展的空间极化和集聚作用下，已形成了以上海、武汉、重庆为核心的"核心—外围—边缘"条状结构。因此，长江流域城市群的协同发展需要提高长江流域经济空间的整体性，加强城市群之间和城市群内部的空间联系，从而促进长江经济带一体化发展。以长江流域一体化和交通一体化为主线，推进长江流域城市群建设的协同发展。借助长江这一黄金水道，充分发挥黄金水道的联通效应，构建贯通上中下游的航运网、铁路网、公路网、航空网和管道网的综合立体交通网络体系，增强上海、武汉、重庆等核心港口城市的辐射带动效应，推动沿江产业结构和布局优化，培养国际化的产业集群，培育新的经济增长极，促进长江流域城市群联动发展，推进长江流域城市群区域经济一体化、基础设施联通化、产业发展与产业布局合理化、城镇体系成熟化、社会发展与基本公共服务配套化和长江流域环境保护和生态建设整体化，打造具有全球影响力的内河经济带。

一是形成以港口城市为节点的网络辐射格局。在已有的"核心—外围—边缘"结构基础上，以长江黄金水道、沪瑞高速、沪蓉高速等运输通道为主干发展轴线，以城市群为基本发展载体，充分发挥发展轴线节点中心城市或港口城市的辐射、带动、引领作用，不断整合各种社会资源，建设多功能、强辐射的一体化市场交易体系，打造集聚与分异相结合的"点—块—带"产业集群集聚地，促进长江沿线"经济—社会—生态"系统的绿色协调发展。

二是培育长江流域上中下游的三大经济增长极。基于长江上中下游城市群的资源优势，加强城市群之间的互动合作，战略联动上中下游分散式的区域发展，增强不同地区之间的联动效应。充分发挥长江下游长三角地区的龙头引领作用，有效激活中上游城市群潜在的经济活力，着力培养长江流域不同地区的经济增长极，推动长江经济带经济实现跨区域发展。把加快发展基础较好、潜力较大的地区为长江流域城市群协同发展的重点方向，把支援基础较差、发展困难的地区作为着力点，不断提高长江经济带发展的整体性和联动性，形成上中下游协同发展和可持续发展的新型发展格局。

三是打造沿海沿边全面推进的对内对外开放格局。长江流域沿江及沿岸具有海陆双向开放的区位资源。长江经济带对外向东部、西部开放，对内打破跨区域发展的行政壁垒，形成新常态下全方位开放格局。通过自贸区建设深化下游长三角地区向东对外开放的同时，加强"一带一路"建设，努力推动中上游城市群同周边国家和地区基础设施的互联互通，如上游成渝城市群通过渝新欧铁路向中亚、西亚乃至东欧市场开放，使长江经济带成为横贯东中西、连接南北方的开放合作走廊。

图 7-30 长江流域城市群协同发展格局

7.7.3 长江流域城市群协同发展重点

在长江流域城市群协同发展的新格局下，依据国家经济总体发展战略，根据长江流域上中下游城市群的发展现状、资源禀赋、比较优势和发展潜力，确立不同城市群的发展目标和战略重点。长三角城市群作为我国经济发达地区和对外开放的国际门户，对内应发挥对全国经济社会发展的龙头引领作用，对外应寻求更高层次的国际合作和竞争。长江中游城市群和成渝城市群是我国中西部地区经济发展的重要增长极，基于现有城市群发展基础，一方面承接长三角城市群产业转移并借鉴其先进科学技术和管理技能，另一方面推动区域均衡发展，引领中西部经济发展。江淮城市群、滇中城市群、黔中城市群则应基于自身资源禀赋和比较优势，发展农业、林业、旅游业等特色产业，建设具有竞争力的区域性城市群，推动所在区域的新型工业化和城镇化发展。地区差异是长江流域城市群协同发展的驱动力和支撑点，城市群因地制宜分梯度发展的核心是城市群之间的产业分工合作。以《国务院关于依托黄金水道推动长江经济带发展的指导意见》及《长江经济带综合立体交通走廊规划》为指导方针，针对世界级城市群、国家级城市群和地区性城市群在国家区域分工中担任的不同角色和功能，突出长江流域不同城市群的发展特色和战略重点。

长三角城市群是我国面向世界的重要门户，是"一带一路"的总枢纽，更是长江经济带的发展龙头。长三角城市群内部应进一步加强经济、社会联系，突破行政区划限制，充分整合城市群内部资源，推动长三角城市群包括上海、南京、无锡、苏州、杭州、宁波、舟山等12个城市的经济、社会和生态协同发展，减少不同城市产业同构现象，形成长三角城市群内部产业布局一体化、基础设施一体化、城镇一体化水平、公共服务一体化和生态环境一体化的协同发展模式。长三角城市群的协同发展应充分发挥上海的经济、金融、贸易、航运中心和国际大都市的龙头作用，依托沪宁、沪杭甬高新技术产业带打造具有国际竞争力的先进制造业基地，依托现代服务产业发展带打造具有国际影响的现代服务业基地。长三角城市群应成为我国"一带一路"战略的核心枢纽和拉动长江经济带发展和推动长江经济带新型城镇化进程的龙头型城市群。

江淮城市群包括合肥、芜湖、马鞍山、蚌埠、淮南等11个城市，得益于紧邻长三角城市群的地理优势，是承接长三角产业转移的示范区，具有联结长江中游城市群和长三角城市群的重要作用。具有区域竞争力的地区城市群战略定位要求江淮城市群一方面以合肥为发展中心向东延伸，作为长三角城市群向西辐射的"内陆城市群"，深化与长三角城市群的经济合作与社会融合；另一方面依托皖江的天然纽带，重点建设皖江城市群发展轴线，推进"合肥淮南同城化""芜湖马鞍山同城化""铜陵池州一体化"。江淮城市群的建设应鼓励沿江城市跨江发展，加强与周边城市及城市群的合作，重点打造承接东部地区产业转移的门户城市群、长三角城市群延伸发展的优先区和长江经济带龙头型城市群的有机组成部分，成为长江流域城市群协同发展的战略支点。

长江中游城市群覆盖武汉城市群、环长株潭城市群、环鄱阳湖城市群，包括江西、湖北、湖南三省，囊括武汉、襄阳、宜昌、长沙、湘潭、常德、南昌、上饶、抚州等30多个城市，是我国中部地区的核心增长区、长江经济带的重要综合交通枢纽，是长江中游地区经济发展的重要载体。以国务院批准的《长江中游城市群发展规划》为建设指导方针，强化武汉、长沙、南昌三大省会中心城市的辐射带动作用，促进武汉城市群、环长株潭城市群、环鄱阳湖城市群的协同发展和融合共生。通过三个城市群资源共享、优势互补、产业分工协作、城市互联互通，增强长江中游城市群在全国的重要综合交通枢纽作用，打造科技创新、先进制造和现代服务业领先基地，形成引领中部地区崛起的重要引擎，成为支撑长江经济带发展并具有一定国际竞争力的龙腰型国家级城市群。

成渝城市群由人口大省四川省和四大直辖市之一重庆组成，是长江上游区域的重要经济中心和我国西部地区的开放高地。在全国经济转型进入中低速增长的新常态下，成渝城市群依然保持十足的经济活力，是我国西部地区和长江经济带上游地区的重要增长极。将成渝城市群建设成为国家级城市群的战略重点是充分发挥成渝城市群重庆和成都两大核心城市的双引擎带动、双中心辐射作用，深化和增强重庆"两江新区"和四川"天府新区"的产城融合功能，依托沿长江航道、成渝铁路等主要交通干线，建设完善成渝主轴线和"成都—绵阳—乐山"次轴线，建成我国西部地区重要的经济金融中心、对外开放中心、科技教育中心、商贸物流中心和综合交通枢纽，有效联结长江经济带发展与"一带一路"建设，打造内陆开放的示范区和统筹城乡发展的先行区，形成长江经济带上游地区强健发展的龙尾型国家级城市群。

黔中城市群是我国新兴发展的城市群之一，黔中城市群的发展重点是建设具有竞争力的地区性城市群，有力支撑长江经济带上游地区发展。以贵州省会贵阳为中心，以贵安新区为黔中城市群的核心发展区，重点建设贵安一体化试验区，打造黔中城市群的都市核心区，建设"遵义—贵阳—安顺"经济发展主轴线，有序建设"贵阳—毕节"次轴线和"贵阳—都匀—凯里"次轴线，形成黔中城市群"一中心三轴线"的发展格局。尽管黔中城市群在长江经济带中经济实力和社会发展相对落后，但是其巨大的开发潜力、丰富的自然资源奠定了黔中城市群发展的后发优势基础。作为长江流域龙尾型城市群的重要补充和成渝城市群向西辐射延伸的重要区域，黔中城市群应推动自然资源的科学开发利用，建设长江经济带乃至全国的重要能源原材料基地，发展特色轻工业、旅游业和农林业，推动西部地区经济增长、新型城镇健康发展和生态文明建设。

滇中城市群和黔中城市群的发展程度相近，是我国形成型城市群之一，是长江经济带的重要组成部分和辅助发展力量，与此同时，滇中城市群也是我国向西南开放的直接门户。以云南省会昆明市为核心，以滇中新区为产城融合发展平台，重点建设"曲靖—昆明—玉溪""昆明—楚雄"两条发展轴线，深化建设面向中国—东盟自由贸易区开放的区域性国际交通枢纽。以自然资源禀赋的比较优势为基础，大力发展特色资源深加工产业和文化旅游产业，打造中国向西开放的重要门户和高原生态宜居城市群，成为长江经济带协同发展的重要补充部分。

7.7.4　长江流域城市群协同发展路径

以融合共生为目标完善区域合作机制。创新区域协调发展机制，打破行政区划界限和壁垒，推动基础设施互联互通，促进区域经济协同发展，联合保护长江生态环境。一是完善现有合作模式：在国家层面上形成长江流域城市群间的协调联动机制，以长江上中下游城市群为主要平台，深化跨区域城市群联动合作；在城市群层面，构建以决策层为核心，决策层、协调层和执行层三方面共同组成的多层次合作体系。二是统筹规划，平衡区域利益：基于国家顶层设计，做好地方政府规划、各项专题规划和长江经济带发展规划的有效衔接；区域合作以发展基金为主要方式进行利益分享和补偿，增强市场活力。三是实行区域发展项目的市场化运作：基础设施的资金允许吸收社会资本和境外资本投资；合理规划和开发土地，实行土地公开招标、拍卖制度；吸引高技术人才，促进人才有序流动；建立城市群网络体系，构建信息共享平台。四是健全区域合作监督和绩效考核，定期评估跨区域合作项目，并将其纳入绩效考核范围，提高行政区域绩效考核和跨行政区域绩效考核的关联度。

以市场化为手段推进一体化市场建设。行政分割是长江流域城市群协同发展的巨大障碍，同时，长江经济带是以政府引导型为主的经济系统，政府干预力量较强，长江流域城市群选择与培育也具有一定的政府主导性。城市之间应通过合理分工与互助合作，发挥各自的比较优势，以最低的发展成本和最优的资源配置，实现经济和社会效益最大化。随着我国市场化程度的不断加深，在市场机制作用下，资金、技术、信息和人口等要素不断集聚，这种集聚促进了要素自由流动以及资源的优化配置，从而推动了人口的集中、产业的集聚、市场的扩大、基础设施的建设，促使长江流域城市群的功能不断分化与融合，促进长江经济带的全面发展。以市场一体化为手段，着力打破地区封锁和行业垄断，根据城市发展需求和市场需要，推动长江经济带城市群形成规划同编、产业同链、城乡同筹、市场同体、金融同城、信息同享、科技同兴、生态同建、污染同治的经济共同体、市场共同体和环保共同体。

以跨区域发展项目为载体促进要素跨区域流动。在劳动力流动方面，建立长江经济带的劳动力自由流动机制，通过跨区域人才服务、公务员互派交流等方式引导劳动力有序流动；提倡跨区办学、跨校联合培养等促进教育资源协调互补，通过跨区域发展项目产学研管结合，促进科技成果的传播共享；建立长江流域各城市群人才协调机制，特别是高新技术人员和高级管理人员的引进和协调。在资金流动方面，建立长江经济带的公共财政框架，建立科学完善的财政预算，为区域公共设施的优化配置创造良好条件；深化区域内投融资体制改革，积极组建区域性金融中心，鼓励跨区域合作项目引入各类资本实现城市群资本跨行业、跨地区流动；扩展城市基础设施建设项目的融资渠道，合理利用社会资本、私人资本和境外资本投资，加快城市群建设项目的市场化运作。在土地利用方面，需要制定长江经济带土地利用总体规划，防止各城市群土地利用过于分散、利用率低的现象发生，引导各城市群有效合理利用土地资源；控制土地开发面积总量，根据经济社会发展需求、产业发展趋势、开发区潜力等决定各城市群的土地开发量，科学合理地分配开发指标；建立城市群土地市场，实行土地权公开招标、拍卖制度，同时加强城市群土地储备。在信息共享方面，运用互联网信息技术构建长江流域城市群标准统一、功能完善、安全可靠的一体化信息网络系统，打造信息交换共享的技术平台，实现各类信息资源的有效共享和实时共享。

以区域差异为动力深化产业协同发展。受资源禀赋差异和发展基础差异的影响，长江上中下游城市群形成了各自独特的优势产业。下游城市群经济外向度高、服务业发达和上中游城市群资源能源采掘加工、农业、旅游业等优势产业的互补性为上中下游之间的产业协同奠定了基础。沿江城市群应以各自的比较优势为基础，深化区域分工与合作。第一，以上海为"龙头"的长三角城市群应该依靠资金和技术优势，重点发展高端服务业和先进制造业，继续引导制造业向中上游城市群有序转移。第二，以武汉为关键节点城市的长江中游城市群，应该凭借肥沃的土地和丰富的劳动力，以第二产业发展带动第一产业，在不断促进工业增长的同时，重视农业生产，加快现代农业的发展步伐，为长江经济带的发展提供坚实的物质基础。第三，以重庆为代表的成渝城市群应打造为长江上游地区内陆开放高地，以信息化带动工业化，走新型工业化道路，增强工业经济的可持续发展能力。第四，长江上游的滇中城市群和黔中城市群应当发挥水源涵养地和生态屏障作用，发展以旅游业为主的第三产业，减少长江的工业污染。

以创新驱动为引领推动产业转型升级。建立完善吸引创新型人才的相关制度及优惠条件，充分利用长江流域沿线城市的大学、科研机构、大企业以及产业园区等丰富的科教资源，营造科技创新的浓郁氛围和有利环境，积极搭建城市群协同创新平台，促进科技成果产生、转化及共享。充分激发企业的创新主体作用，让国有企业、民营企业和外资企业在科技创新中优势互补。建设长江经济带以先进制造业、高新技术产业和现代服务业为主体的世界级创新型产业集群，提升长江经济带在全球价值链中的地位。新型的创新驱动要从城市群内单个主体的知识、技术、管理创新转向围绕创新主体、创新资源和创新政策展开的产学研管一体化的协同创新，降低创新成本和分散市场风险，实现"1+1>2"的协同创新效应。

以黄金水道为依托建设基础设施网络。加大长江干线航道建设，科学开发高等级航道，建设以上海国际航运中心为龙头、长江干线为轴线、干流支流网络延伸、集疏运体系完善的长江黄金水道。充分利用长江水运成本低、运能大、能耗少的优势，构建起以黄金水道为依托，水路、铁路、公路、民航、管道等多种运输方式整合的横贯东西、联通南北的综合立体交通网络，为长江上中下游城市群协同发展提供基础性保障。以基础设施的互联互通为支撑，推动长江经济带上下游区域联动发展，促进上中下游要素合理流动、产业分工协作，使下游地区资金、技术、人才和管理优势与中上游地区资源丰富、市场广阔的优势有机结合，将长江经济带打造成上中下游良性互动、共同繁荣的经济带。

以城市群为主体统筹城乡一体化发展。以长江下游长三角城市群、中游城市群和上游成渝城市群为跨区域性城市群主体，以黔中和滇中两大区域性城市群为补充，以沿江大中小城市和小城镇为依托，注重规划衔接，促进城市群之间、城市群内部的分工协作，形成城镇布局和形态优化的经济体系，使得各地区在城镇功能定位和产业经济发展方面合作共赢、在公共服务和基础设施体系建设方面共建共享、在资源开发利用和生态环境建设方面统筹协调，充分挖掘城镇化对扩大内需的最大潜力，全面推进沿江城镇化的健康有序发展。

以可持续发展为理念共建绿色生态廊道。树立尊重自然、顺应自然、保护自然的生态可持续发展理念，指导沿江城市群始终坚持绿色发展、循环发展、低碳发展，着力打造生态文明建设的先行示范带。建立健全最严格的生态环境保护和水资源管理制度，统筹江河湖泊丰富多样的生态要素，构建以长江干支流为经脉、以山水林田湖为有机整体，江湖关系和谐、流域水质优良、生态流量充足、水土保持有效、生物种类多样的生态发展格局。在长江全流域建立严格的水资源和生态环境保护制度，构建长江生态保护补偿机制，加强环境污染联防联控，形成区域联动的环境保护格局。以制度建设为核心任务、以可复制可推广为基本要求，全面推动资源节约、环境保护和生态治理工作，探索人与自然和谐发展有效模式。

参考文献

［1］张奕芳：《成渝城市群发展路径探讨》，《经济研究导刊》2015 年第 11 期。

［2］吴传清、万庆：《关于〈长江中游城市群发展规划〉文本内容的若干评议》，《经济学研究》2015 年第 13 期。

［3］胡浩、王业强：《城市群跨省协同发展分析——以三峡城市群的培育为例》，《开发研究》2016 年第 2 期。

［4］鲁楠：《皖江城市群发展战略构想、问题及对策》，《南阳理工学院学报》2012 年第 5 期。

［5］李桢业、金银花：《长江流域城市群经济带城市流——基于长江干流 30 城市外向型服务业统计数据的实证分析》，《社会科学研究》2006 年第 3 期。

［6］彭智敏：《长江经济带综合立体交通走廊的架构》，《改革》2014 年第 6 期。

［7］彭劲松：《长江经济带区域协调发展的体制机制》，《改革》2014 年第 6 期。

［8］黄庆华、周志波、刘晗：《长江经济带产业结构演变及政策取向》，《经济理论与经济管理》2014 年第 6 期。

［9］成长春：《长江经济带协调性均衡发展的战略构想》，《南通大学学报（社会科学版）》2015 年第 1 期。

［10］郁鸿胜：《统筹城乡一体化发展的城市群辐射与带动作用——以长江经济带三大城市群的共管自治为例》，《上海城市管理》2015 第 4 期。

［11］方创琳、周成虎、王振波：《长江经济带城市群可持续发展战略问题与分级梯度发展重点》，《地理科学进展》2015 年第 11 期。

［12］范光明、高洁、孟秀兰：《长三角城市群经济协同发展趋势探究》，《安徽行政学院学报》2016 年第 1 期。

［13］周泓等：《生态优先推动长江经济带绿色发展——〈长江经济带发展规划纲要〉初步解读》，《环境与可持续发展》2016 年第 6 期。

［14］成长春、王曼：《长江经济带世界级产业集群遴选研究》，《南通大学学报（社会科学版）》2016 年第 5 期。

［15］段学军、虞孝感、邹辉：《长江经济带开发构想与发展态势》，《长江流域资源与环境》2015 年第 10 期。

［16］叶彩虹、董新平、庄佩君：《港口群协同发展中的资源整合机制模型》，《物流技术》2016 年第 6 期。

［17］周业付、罗晰：《长江黄金水道建设与流域经济发展协调关系研究》，《华东经济管理》2015 年第 29 卷第 8 期。

［18］刘海明、杨健、王灿雄、林强：《区域经济协同发展研究进展综述——兼论区域经济协同发展机制建立的必要性》，《中国集体经济》2010 年第 3 期。

［19］丁国蕾、刘云啸、王晓光：《长江三角洲主要港口间的协同发展机制》，《城市与区域》2016 年第 23 卷第 3 期。

［20］梁本凡：《长江中游城市群建成世界级智慧城市群的进程与路径研究》，《江淮论坛》2015 年第 3 期。

［21］高丽娜、朱舜、颜姜慧：《长江下游流域城市群集聚区的形成及空间特征》，《学术论坛》2014 年第 4 期。

8

长江经济带建设与城市群发展提升路径

长江经济带横贯我国东中西三大区域，覆盖上海、江苏、浙江、安徽、江西、湖北、湖南、重庆、四川、云南、贵州等11省市，面积约205万平方公里。2015年，长江经济带常住人口5.88亿，占全国总人口的42.8%；地区生产总值30.5万亿元，占全国GDP的44.3%。依托黄金水道推动长江经济带发展、打造中国经济新支撑带，是党中央、国务院审时度势，谋划区域协调发展新格局作出的重大战略决策。而城市群是推动区域经济发展的重要引擎，是当前我国新型城镇化的主体形态，也是长江经济带建设的主要空间载体。因此，推进长江经济带建设，必须以城市群为依托，构建长江经济带上中下游城市群协调发展的体制机制，优化城市群发展路径，推动长江经济带均衡、协调发展。

8.1 长江经济带城市群发展概况及特征

长江经济带城市群包括长江三角洲城市群（以下简称长三角城市群）、长江中游城市群、成渝城市群三大国家级城市群以及孕育形成中的黔中城市群和滇中城市群。根据国务院批复的相关城市群最新规划，各城市群包括的具体城市详见表8-1。

表8-1　长江经济带城市群概览

城市群	次级城市群	省（市）	城　　　市
长三角城市群	—	上海	上海
	—	江苏	南京、无锡、常州、苏州、南通、盐城、扬州、镇江、泰州
	—	浙江	杭州、宁波、嘉兴、湖州、绍兴、金华、舟山、台州
	—	安徽	合肥、芜湖、马鞍山、铜陵、安庆、滁州、池州、宣城

续表

城市群	次级城市群	省（市）	城　　　市
长江中游城市群	武汉城市群	湖北	武汉、黄石、鄂州、黄冈、孝感、咸宁、仙桃、潜江、天门
	襄荆宜城市带	湖北	襄阳、荆门、荆州、宜昌
	环长株潭城市群	湖南	长沙、株洲、湘潭、岳阳、衡阳、益阳、常德、娄底
	环鄱阳湖城市群	江西	南昌、九江、景德镇、上饶、鹰潭、宜春、新余、萍乡等地级市全部行政辖区和抚州市辖区、东乡县、金溪县、崇仁县，吉安的新干县、峡江县
长江下游城市群	成渝城市群	重庆	重庆市的渝中、万州、黔江、涪陵、大渡口、江北、沙坪坝、九龙坡、南岸、北碚、綦江、大足、渝北、巴南、长寿、江津、合川、永川、南川、潼南、铜梁、荣昌、璧山、梁平、丰都、垫江、忠县等27个区（县）以及开州、云阳的部分地区
		四川	成都、自贡、泸州、德阳、绵阳（除北川县、平武县）、遂宁、内江、乐山、南充、眉山、宜宾、广安、达州（除万源市）、雅安（除天全县、宝兴县）、资阳等15个市
	黔中城市群	贵州	贵阳、遵义、安顺、毕节、黔东南州、黔南州6个市（州）及贵安新区
	滇中城市群	云南	昆明、曲靖、玉溪、楚雄四个州市及红河哈尼族彝族自治州北部蒙自、弥勒、开远、个旧、建水、泸西、石屏七个县市

资料来源：根据国务院批复的《长江三角洲城市群发展规划》（2016.5）、《长江中游城市群发展规划》（2015.4）、《成渝城市群发展规划》（2016.4）、《黔中城市群发展规划》（2017.3）、《滇中城市群规划》（2016.12）等资料整理。

8.1.1　长江经济带城市群发展概况

长江经济带城市群国土面积约88万平方公里，占全国的9.3%。2015年，城市群常住人口约4.1亿人，占全国的29.6%；创造地区生产总值25.9万亿元，占全国GDP的37.9%。简言之，长江经济带城市群以不足全国十分之一的面积，集聚了全国十分之三的人口和近五分之二的GDP，在全国经济版图中具有十分重要的战略地位。

表8-2　2015年长江经济带城市群基本指标

	土地面积（万平方公里）	占全国比重（%）	人口（万人）	占全国比重（%）	地区生产总值（万亿元）	占全国比重（%）
长三角城市群	21.17	2.2	1.52	11.1	13.55	19.8

	土地面积（万平方公里）	占全国比重（%）	人口（万人）	占全国比重（%）	地区生产总值（万亿元）	占全国比重（%）
长江中游城市群	31.72	3.3	1.27	9.2	6.65	9.7
—武汉城市群	5.81	0.6	0.31	2.3	1.85	2.7
—襄荆宜城市带	6.73	0.7	0.18	1.3	0.97	1.4
—环长株潭城市群	9.96	1.1	0.41	3.0	2.34	3.4
—环鄱阳湖城市群	9.23	1.0	0.37	2.7	1.49	2.2
长江上游城市群	35.20	3.7	1.28	9.3	5.69	8.3
—成渝城市群	18.50	2.0	0.91	6.6	4.14	6.1
—黔中城市群	5.38	0.6	0.16	1.2	0.71	1.0
—滇中城市群	11.32	1.2	0.21	1.5	0.84	1.2
合计	88.09	9.3	4.07	29.6	25.89	37.9

资料来源：根据《中国统计年鉴（2016）》和相关省市2016年统计年鉴计算整理。

将长江经济带城市群按上、中、下游进行划分，各城市群发展概况如下。

（1）长三角城市群

长三角城市群是我国经济最具活力、开放程度最高、创新能力最强、吸纳外来人口最多的区域之一，区位优势突出，自然禀赋优良，综合经济实力强劲。长三角城市群国土面积21.17万平方公里，2015年常住人口1.52亿人，创造地区生产总值13.55万亿元，以仅占全国2.2%的国土面积和11%的人口，创造了全国20%的经济总量。若以外贸衡量，长三角城市群2015年出口额占全国的35%，在全方位对外开放格局中具有举足轻重的战略地位。

（2）长江中游城市群

长江中游城市群即"中三角"，是以武汉、长沙、南昌三大城市为中心的特大城市群组合，包括武汉城市群、襄荆宜城市带、环长株潭城市群和环鄱阳湖城市群。长江中游城市群拥有广阔的经济腹地，国土面积约31.7万平方公里，2015年常住人口约1.3亿人，创造地区生产总值6.65万亿元，分别约占全国的3.3%、9.2%和9.7%。长江中游城市群资源丰富，农业特别是粮食生产优势明显，工业门类较为齐全，形成了以装备制造、汽车及交通运输设备制造、航空、冶金、石油化工、家电等为主导的现代产业体系。

（2）长江上游城市群

长江上游城市群包括成渝城市群和发育形成中的黔中、滇中城市群。长江上游城市群国土面积约 35 万平方公里，2015 年常住人口约 1.28 亿人，创造地区生产总值约 5.7 万亿元，分别约占全国的 3.7%、9.3% 和 8.3%。

成渝城市群是西部经济基础最好、经济实力最强的城市群，电子信息、装备制造和金融等产业实力雄厚。成渝城市群人力资源丰富，创新创业环境较好，统筹城乡综合配套等改革经验丰富，未来发展空间和潜力巨大。

黔中城市群作为贵州最具发展条件的城市化区域和经济实力最强的板块，是贵州经济快速增长、促进区域协调发展的重要平台，也是贵州建设国家生态文明试验区、大数据综合试验区和内陆开放型经济试验区的重要支撑。城市群内矿产资源分布相对集中，工企业基础较好。2015 年，黔中城市群以占贵州省 20% 的国土面积，聚集了 58.8% 的人口，创造了 71.7% 的地区生产总值，在贵州省生产力布局中居重要战略地位。

滇中城市群国土面积占云南省面积的 29%，人口占全省的 44.02%，2015 年滇中城市群地区生产总值 8397.99 亿元，占全省 GDP 总量的 61%，是云南省经济最发达的地区。该城市群已初步建成以烟草、钢铁、有色、化工、建材、能源、生物医药、绿色食品加工、装备制造为主体的现代工业体系。

8.1.2　长江经济带城市群发展特征

（1）城市群是长江经济带的主要空间载体

长江经济带城市群集聚了经济带主要的经济要素，是经济带的主要空间载体。2015 年，长江经济带城市群以占经济带 43% 的土地面积，集中了 69% 的人口和 85% 的地区生产总值，是长江经济带城镇化和经济密度最高的地区。城市群的人口密度是长江经济带人口密度的 1.6 倍，城市群的经济密度是长江经济带经济密度的 2 倍。

表 8-3　2015 年长江经济带城市群占长江经济带比重

	长江经济带城市群	长江经济带 11 省市	城市群占经济带比重（%）
国土面积（万平方公里）	88.1	205	43.0
人口（亿人）	4.07	5.88	69.2
国内生产总值（万亿元）	25.89	30.5	84.9
人口密度（人/平方公里）	462	287	161.1
经济密度（万元/平方公里）	2939	1488	197.5

资料来源：根据《中国统计年鉴（2016）》和相关省市 2016 年统计年鉴计算整理。

从相关省市来看，城市群集中了相关省市的绝大部分人口和经济产出，也是长江经济带相关省市的主要经济载体。

表 8-4　2015 年长江经济带各城市群基本指标占所在省市比重

单位:%

	所在省市	国土面积	人口	地区生产总值
上海	上海	100.0	100.0	100.0
江苏 9 市	江苏	63.4	71.3	85.0
浙江 8 市	浙江	63.4	75.8	84.3
安徽 8 市	安徽	51.6	42.0	66.5
武汉城市群	湖北	31.2	53.3	62.7
襄荆宜城市带	湖北	36.2	31.3	33.0
环长株潭城市群	湖南	69.7	61.0	80.5
环鄱阳湖城市群	江西	76.4	81.3	89.0
成渝城市群	重庆、四川	49.3	60.7	95.9
黔中城市群	贵州	20.2	58.8	71.7
滇中城市群	云南	29.0	44.0	61.2

资料来源：根据《中国统计年鉴（2016）》和相关省市 2016 年统计年鉴计算整理。

（2）长江上中下游城市群发展差异较大

长江经济带城市群发展程度总体上自东向西呈阶梯状递减状态。其中，长三角城市群最为发达，2015 年其人口密度为 718 人/平方公里，经济密度为 6401 万元/平方公里，城市群内各城市紧密相连，无论人口密度和经济密度，都形成了真正意义上的城市群。长江中游城市群由于武汉、长沙和南昌三个中心城市相距甚远，因此城市群人口密度和经济密度大幅下降，其人口密度和经济发展水平不足长三角城市群的三分之二，经济密度不足长三角的三分之一。而其中的襄荆宜城市带和环鄱阳湖城市群的经济密度仅为 1500 万元/平方公里左右，表明这两个次级城市群内各城市发展水平相对较低，城市布局分散或相距较远。长江上游城市群中的成渝城市群作为国家级城市群，其经济发展水平仅为长三角城市群的二分之一，经济密度仅为长三角城市群的三分之一，要素集聚程度和经济发展水平略低于中游城市群，主要原因是除了重庆和成都两个特大型城市外，该城市群缺少第二梯队的区域性大城市，城镇体系不完善。与长三角城市群相比，长江上游的黔中和滇中两个城市群无论人口密度和经济密度都还算不上真正意义上的城市群，将其作为城市群看待和规划，主要是强化城市间的合作与分工，促进区域协调发展。

表 8-5　2015 年长江经济带城市群发展程度比较

	人口密度 （人/平方公里）	人均地区生产 总值（万元）	地均产值 （万元/平方公里）
长三角城市群	718.00	89145	6401
长江中游城市群	400.38	52362	2096
一武汉城市群	534.00	59677	3187
一襄荆宜城市带	267.53	53889	1442
一环长株潭城市群	411.65	57073	2349
一环鄱阳湖城市群	400.87	40270	1614
长江上游城市群	363.64	44453	1616
一成渝城市群	491.89	45495	2238
一黔中城市群	305.48	43270	1322
一滇中城市群	185.51	40000	742
合计	462.03	63612	2939

资料来源：根据《中国统计年鉴（2016）》和相关省市 2016 年统计年鉴计算整理。

长江上中下游各城市群发展程度的巨大差异表明，不可能存在所有城市群优化发展的统一路径，各城市群应根据自身的发展水平、比较优势和发展条件，寻找符合自身实际的、各具特色的发展提升路径。

（万元/平方公里）

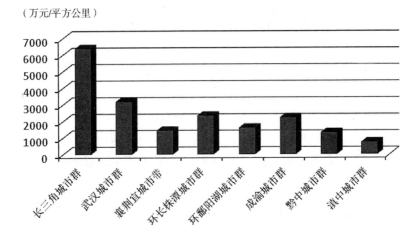

图8-1 长江经济带城市群经济密度示意图

（3）城市群协调发展面临诸多挑战

尽管长江经济带城市群战略地位显要，发展潜力巨大，但城市群一体化协调发展依然面临诸多挑战。其中，长三角城市群主要表现为上海作为全球城市的功能相对较弱，中心城区人口压力大；城市群国际竞争力不强，城市间分工协作不够，低水平同质化竞争严重；城市建设无序蔓延，空间利用效率不高。长江中游城市群主要表现为产业结构和空间布局不尽合理，中心城市辐射带动能力不强，城乡区域发展不够平衡。成渝城市群的现实挑战主要包括：重庆、成都两个核心城市空间发展战略缺乏充分对接；次级城市发育不足，人口经济集聚能力不强；基础设施互联互通程度不高，对外运输通道有待完善；地方保护和市场分割现象严重。滇中和黔中城市群则存在自身发展动力不足、对内对外开放度不高、基础设施网络支撑不足等问题。而对于长江经济带所有城市群，还面临城市群协调发展机制不健全、环境质量趋于恶化等共同挑战。

8.2 长江经济带空间布局与城市群发展思路

8.2.1 长江经济带空间布局

由于长江经济带涉及省份多，区域面积大，上中下游间经济社会发展很不平衡，因此，明确功能定位、优化空间格局是城市群建设的核心任务。2016年3月国务院批复的《长江经济带发展规划纲要》提出了"一轴、两翼、三极、多点"的空间布局。

"一轴"是指以长江黄金水道为依托，发挥上海、武汉、重庆的核心作用，以沿江主要城镇为节点，构建沿江绿色发展轴。突出生态环境保护，统筹推进综合立体交通走廊建设、产业和城镇布局优化、对内对外开放合作，引导人口经济要素向资源环境承载能力较强的地区集聚，推动经济由沿海溯江而上梯度发展，实现上中下游协调发展。

"两翼"是指发挥长江主轴线的辐射带动作用，向南北两侧腹地延伸拓展，提升南北两翼支撑力。南翼以沪瑞运输通道为依托，北翼以沪蓉运输通道为依托，促进交通互联互通，加强长江重要支流保护，增强省会城市、重要节点城市人口和产业集聚能力，夯实长江经济带的发展基础。

"三极"是指以长江三角洲城市群、长江中游城市群、成渝城市群为主体，发挥辐射带动作用，打造长江经济带三大增长极。

"多点"是指发挥三大城市群以外地级城市的支撑作用，以资源环境承载力为基础，不断完善城市功能，发展优势产业，建设特色城市，加强与中心城市的经济联系与互动，带动地区经济发展。

8.2.2 长江经济带城市群发展思路

（1）提升长三角城市群国际竞争力

长三角城市群建设必须坚持世界标准，带头发展新经济，创造联动发展新模式，建设面向全球、辐射亚太、引领全国的世界级城市群，使长三角城市群成为最具活力的资源配置中心、具有全球影响力的科技创新高地和全球重要的现代服务业和先进制造业中心。在空间布局上，要发挥上海龙头带动的核心作用和区域中心城市的辐射带动作用，依托交通运输网络培育形成多级多类发展轴线，推动南京都市圈、杭州都市圈、合肥都市圈、苏锡常都市圈、宁波都市圈的同城化发展，强化沿海发展带、沿江发展带、沪宁合杭甬发展带、沪杭金发展带的聚合发展，构建"一核五圈四带"的网络化空间格局。

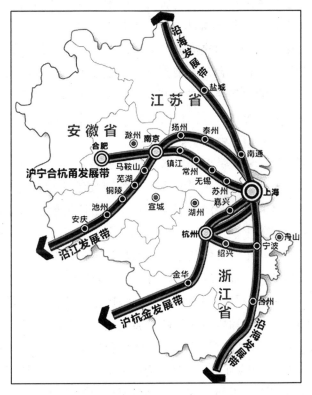

图 8-2　长三角城市群空间布局

第一，按照打造世界级城市群核心城市的要求，加快提升上海国际金融、航运、贸易、科创中心建设，提升上海全球城市功能，推进上海与苏州、无锡、南通、宁波、嘉兴、舟山等周边城市协同发展，引领长三角城市群一体化发展。

第二，促进五个都市圈同城化发展。（1）南京都市圈（南京、镇江、扬州）重点提升南京中心城市功能，加快建设南京江北新区，辐射带动淮安等市发展，促进与合肥都市圈融合发展。（2）杭州都市圈（杭州、嘉兴、湖州、绍兴）要发挥创业创新优势，培育发展信息经济等新业态新引擎，加快建设杭州国家自主创新示范区和跨境电子商务综合试验区、湖州国家生态文明先行示范区，建设全国经济转型升级和改革创新的先行区。（3）合肥都市圈（合肥、芜湖、马鞍山）要发挥在长江经济带中承东启西的区位优势和创新资源富集优势，加快建设承接产业转移示范区，提升合肥辐射带动功能。（4）苏锡常都市圈（苏州、无锡、常州）要全面强化与上海的功能对接与互动，加快推进沪苏通、锡常泰跨江融合发展。（5）宁波都市圈（宁波、舟山、台州）要高起点建设浙江舟山群岛新区和江海联运服务中心、宁波港口经济圈、台州小微企业金融服务改革创新试验区。高效整合三地海港资源和平台，打造全球一流的现代化综合枢纽港、国际航运服务基地和国际贸易物流中心。

第三，促进四条发展带聚合发展。（1）依托沪汉蓉、沪杭甬通道，发挥上海、南京、杭州、合肥、宁波等中心城市要素集聚和综合服务优势，积极发展服务经济和创新经济，成为长三角城市群吸聚最高端要素、实现最高产业发展质量的中枢发展带。（2）依托长江黄金水道，打造沿江综合交通走廊，促进长江岸线有序利用和江海联运港口优化布局，建设长江南京以下江海联运港区，推进皖江城市带承接产业转移示范区建设。（3）坚持陆海统筹，合理开发与保护海洋资源，积极培育临港制造业、海洋高新技术产业、海洋服务业和特色农渔业，加快建设浙江海洋经济示范区和通州湾江海联动开发示范区，打造与生态建设和环境保护相协调的海洋经济发展带。（4）依托沪昆通道，连接上海、嘉兴、杭州、金华等城市，以中国（上海）自由贸易试验区、义乌国际贸易综合改革试验区为重点，打造海陆双向开放高地，建设以高技术产业和商贸物流业为主的综合发展带。

（2）培育发展长江中游城市群

长江中游城市群总体定位于中西部新型城镇化先行区、内陆开放合作示范区和"两型"社会示范区，充分发挥中心城市辐射带动作用，推动三大城市组团优势互补、互动合作，形成多中心、网络化发展格局。

第一，强化武汉、长沙、南昌的中心城市地位，合理控制人口规模和城镇建设用地面积，进一步增强要素集聚、科技创新和服务功能，提升现代化、国际化水平，完善合作工作推进制度和利益协调机制，引领带动武汉城市群、环长株潭城市群、环鄱阳湖城市群协调互动发展。

第二，充分发挥武汉科教优势和产业优势，强化辐射引领作用，全面加快武汉城市群一体化建设。推进武汉与鄂州、孝感、咸宁、黄冈、黄石等同城化发展，加强与汉江生态经济带和鄂西生态文化旅游圈联动发展，把武汉城市群建设成为全国重要的综合交通运输枢纽、先进制造业和高技术产业基地、中部地区现代服务业中心。

第三，促进长沙产业高端化发展，强化科技教育、文化创意、商贸物流等功能，打造中部地区重要的先进制造业基地、综合交通枢纽和现代服务业中心；推动长沙与株洲、湘潭一体化发展，辐射带动衡阳、岳阳、常德、益阳、娄底等城市发展，把环长株潭城市群建设成为全国"两型"社会建设示范区和现代化生态型城市群。

第四，优化南昌要素集聚、科技创新、文化引领和综合交通功能，辐射带动周边地区发展；加快（南）昌九（江）一体化、（南）昌抚（州）一体化发展，推进鄱阳湖生态经济区建设，把环鄱阳湖城市群建设成为大湖流域生态人居环境建设示范区和低碳经济创新发展示范区。

（3）促进成渝城市群一体化发展

成渝城市群总体定位于引领西部开发开放的国家级城市群，建成全国重要的现代产业基地、西部创新驱动先导区、内陆开放型经济战略高地和统筹城乡发展示范区。在空间格局上，成渝城市群重在发挥重庆和成都的双核带动功能，重点建设成渝发展主轴、沿长江和成德绵乐城市带，促进川南、南遂广、达万城镇密集区加快发展，构建"一轴两带、双核三区"空间发展格局。

第一，依托成渝北线、中线和南线综合运输通道，积极推进重庆两江新区和四川天府新区建设，加快推动核心城市功能沿轴带疏解，辐射带动周边沿线城市发展，打造支撑成渝城市群发展的"脊梁"。

第二，依托长江黄金水道及沿江高速公路、铁路，充分发挥重庆的辐射带动作用，促进泸州、宜宾、江津、长寿、涪陵、丰都、忠县、万州等节点城市发展，培育形成沿江生态型城市带。

第三，依托成绵乐城际客运专线、宝成—成昆铁路和成绵、成乐、成雅高速公路等构成的综合运输通道，强化绵阳、德阳、乐山、眉山等城市的节点支撑作用，围绕电子信息、装备制造、航空航天、科技服务、商贸物流等产业，打造创新驱动的特色产业集聚带。

第四，强化重庆大都市区西部开发开放战略支撑和长江经济带西部中心枢纽载体功能，充分发挥长江上游地区经济中心、金融中心、商贸物流中心、科技创新中心、航运中心的作用，联动沿江城市带和四川毗邻城市发展，构筑具有国际影响力的现代化大都市区。

第五，增强成都西部地区重要的经济中心、科技中心、文创中心、对外交往中心和综合交通枢纽功能，加快与德阳、资阳、眉山等周边城市的同城化进程，共同打造带动四川、辐射西南、具有国际影响力的现代化都市圈。

第六，培育川南城镇密集区，促进自贡—内江联合发展、泸州—宜宾沿江协调发展，建设成为成渝城市群南向开放、辐射滇黔的重要门户；培育南遂广城镇密集区，加强与重庆协作配套发展，建设成为成渝城市群跨区域协同发展示范区；培育达万城镇密集区，加快达万综合通道建设，促进万开云一体化融合发展，建设成为成渝城市群向东开放的走廊。

（4）推动黔中和滇中区域性城市群发展

黔中城市群定位于建成西部地区新的经济增长极、山地特色新型城镇化先行示范区、内陆开放型经济新高地和绿色生态宜居城市群。在空间布局方面，遵循以线连点、以点带面、集约高效、疏密有致、组团集聚、串珠相接的山地特色布局理念，重点推进以贵阳市为重点的黔中核心经济圈建设，依托快速交通干线，推进各种要素向辐射区域的重点轴带、主要节点城市适度集聚，构建"一核一圈四带五心多点"的空间结构，形成核心引领、圈层推进、五心支撑、协同联动的发展格局。其中，"一核"即贵阳中心城区和贵安新区，"一圈"即贵阳周边高速公路 1 小时可通达的 16 个城市组成的黔中核心经济圈，"四带"即贵阳—安顺、贵阳—都匀—凯里、贵阳—遵义、贵阳—毕节四条通道经济带，"五心"即遵义、安顺、都匀、凯里、毕节五个区域性中心城市,"多点"即其余县城和小城镇。

滇中城市群作为中国面向西南开放的重要门户,总体定位于打造面向西南开放重要桥头堡的核心区、建成特色资源深加工基地和文化旅游基地,区域性国际综合枢纽和生态宜居的山水城市群。在空间布局上,促进形成"一主四副,轴向对接,点阵联动"的空间格局。"一主四副"是指以昆明为中心1小时通勤圈内城镇为支撑构建昆明都市区,形成滇中城市群发展的核心,分别构建曲靖城镇组团、玉溪城镇组团、楚雄城镇组团、蒙自城镇组团形成滇中城市群次核心,总体形成核心引领互为支撑的空间格局。"轴向对接"是指对接国家及云南省新型城镇化战略,依托交通运输网络培育形成连接珠三角—滇中—南亚的"中国—南亚"发展轴和连接长三角—滇中—东南亚的"中国—东南亚"发展轴。"点阵联动"是指依托公路、轨道、航空三位一体交通网络,在山水格局中有序强化滇中城市群各级城镇点阵联动发展,促进综合交通建设、特色产业发展、生态环境保护等一体化进程。

8.3　长江经济带城市群发展提升路径

8.3.1　优化城镇空间布局,积极推进新型城镇化

长江上中下游城镇化水平和质量差别很大,推进新型城镇化不能搞"一刀切",而是要大中小结合、东中西联动。

(1)优化城镇化空间格局

一是要抓住城市群这个重点,以长江为地域纽带和集聚轴线,以长江三角洲城市群为龙头,以长江中游和成渝城市群为支撑,以黔中和滇中两个区域性城市群为补充,以沿江大中小城市和小城镇为依托,形成区域联动、结构合理、集约高效、绿色低碳的新型城镇化格局。二是要促进各类城市协调发展,发挥上海、武汉、重庆等超大城市和南京、杭州、成都等

特大城市引领作用，发挥合肥、南昌、长沙、贵阳、昆明等大城市对地区发展的核心带动作用，加快发展中小城市和特色小城镇，培育一批基础条件好、发展潜力大的小城镇。

（2）推进农业转移人口市民化

一是要拓宽进城落户渠道。一方面因地施策，根据上中下游城镇综合承载能力和发展潜力，促进有能力在城镇稳定就业和生活的农业转移人口举家进城落户；另一方面因城施策，实施差别化落户政策，超大城市和特大城市要建立完善积分落户制度，统筹推进外来人口落户和控制城市人口规模，其他城市要努力实现符合条件的农业转移人口自由落户。二是创新农业转移人口市民化模式。坚持异地城镇化与就地城镇化相结合，健全有利于人口合理流动的体制机制，统筹推进技术扩散、产业扩散、公共服务扩散、就业扩大四个同步，促进人口流动、产业转移。

（3）加强新型城市建设

一是要提升城市特色品质，将生态文明理念全面融入城市发展，合理确定城市功能布局和空间形态，促进城市发展与山脉水系相融合。推进人文城市建设，延续城市历史文脉，注重保护民族文化风格和传统风貌。二是要增强城市综合承载能力，增强城市经济、基础设施、公共服务和资源环境的承载能力，建设和谐宜居、充满活力的新型城市。三是要创新城市规划管理，统筹规划、建设、管理三大环节，合理确定城市规模、开发边界和开发强度，有效化解各种"城市病"，促进城市发展由规模扩张向内涵提升转变。控制特大城市人口和空间过度扩张，推动特大城市部分功能向周边疏解、产业向中上游转移。

8.3.2 建设立体交通走廊，推动城市群基础设施互联互通

交通作为城市群之间与城市群内部物质与信息交流的基础设施，是城市扩展与城市间相互联系的重要通道，大大加快了城市扩展与城市、城乡间的联系，成为城市群发展的重要驱动力。加快交通基础设施互联互通，是推动长江经济带发展的先手棋。要以打造长江全流域黄金水道为依托，优化港口布局，统筹铁路、公路、航空、管道建设，强化城市群城际交通网络建设，推动城市群基础设施互联互通。

（1）提升黄金水道功能，打造长江黄金水道

当前，长江航运潜能尚未充分发挥，高等级航道比重不高，中上游航道梗阻问题突出。全面推进干线航道系统化治理，重点解决下游"卡脖子"、中游"梗阻"、上游"瓶颈"问题，进一步提升干线航道通航能力。统筹推进支线航道建设，围绕解决支流"不畅"问题，有序推进航道整治和梯级渠化，形成与长江干线有机衔接的支线网络。

（2）优化港口布局，实现枢纽港与铁路、公路运输衔接互通

强化港口分工协作，统筹港口规划布局。加快上海国际航运中心、武汉长江中游航运中心、重庆长江上游航运中心和南京区域性航运物流中心建设，加强三大航运中心合作联运。加强集疏运体系建设，以航运中心和主要港口为重点，加快铁路、高等级公路等与重要港区的连接线建设，提升货物中转能力和效率，有效解决"最后一公里"问题，实现枢纽港与铁路、公路运输衔接互通。

（3）完善交通网络，建设综合立体交通走廊

依托长江黄金水道，统筹铁路、公路、航空、管道建设，加强各种运输方式的衔接和综合交通枢纽建设，加快多式联运发展，建成安全便捷、绿色低碳的综合立体交通走廊，增强对长江经济带发展的战略支撑力。围绕建设长江大动脉，加快铁路建设步伐，优先实施消除铁路"卡脖子"工程，形成与黄金水道功能互补、衔接顺畅的快速大能力铁路通道。加快建设高等级广覆盖公路网，有效延伸黄金水道辐射范围。优化航线网络，提高主要城市间航班密度，培育和拓展国际运输航线，积极发展航空快递。深化低空空域管理改革，大力发展通用航空。统筹规划、合理布局油气管网，加快建设主干管道，配套建设输配体系和储备设施，提高原油、成品油管输比例。

（4）以快速铁路和高速公路为骨干，强化城市群城际交通网络建设

以快速铁路和高速公路为骨干，以国省干线公路为补充，建设长江三角洲、长江中游、成渝、滇中和黔中城市群城际交通网络，实现城市群内中心城市之间、中心城市与周边城市之间的快速通达。长江三角洲城市群打造以上海为中心，南京、杭州、合肥为副中心，城际铁路为主通道的"多三角、放射状"城际交通网络。长江中游城市群建设以武汉、长沙、

南昌为中心，快速铁路为主通道的"三角形"城际交通网。成渝城市群打造以重庆、成都为中心的"一主轴、放射状"城际交通网络。黔中城市群建设以贵阳为中心，连通安顺、遵义、毕节、都匀、凯里的放射状城际交通网络。滇中城市群建设以昆明为中心，连通曲靖、玉溪、楚雄等城市的放射状城际交通网。

8.3.3 促进产业分工与协作，引导产业有序转移

产业是经济发展的动力与源泉。应按照区域资源禀赋条件、生态环境容量和主体功能定位，优化产业布局，促进集聚发展，在省域与城市群之间形成合理分工、衔接配套的产业布局和层次有序的产业链条。下游地区应以发展高科技产业、先进制造业、国际竞争型战略产业及现代金融、国际贸易、综合运输、文化创意等科技、新型服务业为主，积极推进产业提升，不断提高国际核心竞争力和综合实力；中游地区应以发展装备制造、交通运输、冶金机械、电子信息和文化旅游、金融物流、科技创新等产业为主；上游应发展医药化工、纺织机械、产品加工等劳动密集型及特色产业为主。

下游地区在着力推动产业转型升级的同时，要依托中上游地区广阔腹地，引导具有成本优势的资源加工型、劳动密集型产业和具有市场需求的资本、技术密集型产业向中上游地区转移。中上游地区要立足当地资源环境承载能力，因地制宜承接相关产业，促进产业价值链的整体提升。严格禁止污染型产业、企业向中上游地区转移。

积极建设承接产业转移平台，推进安徽皖江城市带、江西赣南、湖北荆州、湖南湘南、重庆沿江、四川广安等国家级承接产业转移示范区建设。搭建区域间产业转移促进服务平台，推动区域间的园区跨省市合作共建，引导长江经济带地区间产业合作和有序转移。综合运用产业政策、土地政策、环境容量和资源配置等手段，加强产业转移的政策引导和宏观调控。

创新产业转移方式，积极探索多种形式的产业转移合作模式，鼓励上海、江苏、浙江到中上游地区共建产业园区，发展"飞地经济"，共同拓展市场和发展空间，实现利益共享。

建立产业转移支持基金，制定长江经济带产业发展鼓励目录，支持长江上游地区增强要素保障，进一步扩大长江上游地区对外开放等。

8.3.4 创新合作机制，开创城市群合作新局面

深化区域合作交流，推动产业转型升级、促进区域协调发展，是城市群融入长江经济带建设的重要任务。积极探索区域合作协同发展体制机制，发挥区域合作整体优势和协同效应，有利于提升城市群竞争力。

（1）建立城市群区域合作组织领导机制

根据区域合作实际情况，建立起不同行政层级的组织领导与工作协调体制机制，如联席会议制度等，统筹中央与地方政府、地方政府之间和上下级政府之间行政资源，共同研究解决区域合作重大事项，打造多种形式、多方参与的问题协商解决平台，为推动区域深度合作提供强大的组织保障。建立引导城市群科学发展的绩效考评机制、动态调整和高效反馈机制，促进城市群健康发展。

（2）建立城市群区域合作政策沟通机制

建立规范引导城市群健康有序发展的政策体系，加强区域发展规划编制中的沟通、协调与衔接，进一步打破行政区划边界，加强规划层面对接。建立政策协调沟通机制，保证政策的针对性和有效性。建立资源保障、能源安全、食品监管、生态环境等关系区域整体利益和长远发展的各种突出问题的协同机制，协作开展相关工作，协调出台相关政策，协同实施相关项目，去把各项重点任务落到实处。

（3）完善城市群合作协调发展机制

以城市群为主要平台，推动跨区域城市间产业分工、基础设施、环境治理等协调联动，实现资源整合、联动发展、优势互补、互利共赢。重点探索建立城市群管理协调、成本共担和利益共享机制，创新城市群要素市场管理机制，破除行政壁垒和垄断，促进生产要素自由流动和优化配置。

8.3.5 构建要素自由流动机制，促进城市群协同发展

促进长江经济带城市群内的要素自由流动，建立开放、统一、公开、透明的长江经济带城市群要素市场十分重要。目前，长江经济带要素市场

尚未得到充分、健全的发展，在相当程度上起作用甚至起支配作用的仍是各种行政控制力量，政府的主导作用仍然明显。只有建成开放、公开、透明的要素市场，使各类生产要素在统一、开放、畅通并具有足够竞争的要素市场上，受市场价格机制的引导而实现充分的流通，各类生产要素才能有效地配置，使区域内各种生产要素得以自由流动。首先，要健全劳动力市场，改革现有户籍制度，调动劳动力要素流动的积极性，完善社会保障体系，为劳动力要素在各城市之间的合理流动免除后顾之忧。其次，健全资本要素市场，建立高效健全的金融体系，降低设置商业银行、非银行金融机构等对资本金、规模等方面的限制，大力促进各类金融机构的发展。同时，要推动建立人才资源、科研机构等多元化创新主体的合作机构，加强区域之间的技术扩散和技术合作，实现人才、技术要素跨区域流动。在基础设施建设、公共服务建设等方面加强区域协作，进一步改善长江经济带城市群的发展环境。最后，要完善以协调区域互动为导向的政府公共服务功能。政府按照公共服务均等化原则，逐步缩小城乡、地区间公共服务的差距，提高公共服务的公平性，提供包括义务教育、公共安全、最低生活保障等方面的均等化，为生产要素跨区域流动与城市群协调发展打下基础。

8.3.6　创造有利于企业跨区域发展的环境和条件

进一步推进长江经济带企业跨区域发展，是使长江经济带城市群形成协调发展局面的重要途径之一。首先，要加强政府的宏观引导，将长江经济带的企业跨地区合作置于长江经济带城市群的产业政策和区域政策的框架之下统筹考虑，通过兼并、收购、参股、控股、合资、合作等方式，促进资产跨地区流动和重组，拓展资源优化配置的空间，引导城市群内的经济合理布局，扶持一批能够充分体现地区比较优势的主导产业中的重点企业，建立起合理的地域分工体系，发展各具特色的区域经济，从而使长江经济带城市群的生产力布局趋于合理化，实现城市群经济协调发展。其次，要加强相关组织机构的建设，进一步健全主管企业跨区域发展的政府部门的职能建设，加强合作、协同作战建立新型的推动企业跨地区合作的中介组织，把各种组织、机构以及企业松散地联合在一起，沟通信息、加强交流，开展具体工作培育资本流动的市场，推动地区间资产流动和重组，建立资产变现交易中心这样的机构，为资产买卖双方提供活动和交易的场所，为跨区域发展企业的活动提供进一步的便利。

参考文献

［1］肖林主编：《长江经济带国家战略——国内智库纵论长江经济带建设》，格致出版社 2016 年版。

［2］曾刚等：《长江经济带协同发展的基础与谋略》，经济科学出版社 2014 年版。

［3］靖学青主编：《长江经济带产业协同与发展研究》，上海交通大学出版社 2016 年版。

［4］徐长乐、朱元秀主编：《长江三角洲城市群转型发展研究》，格致出版社 2016 年版。

［5］秦尊文：《第四增长极：崛起的长江中游城市群》，社会科学文献出版社 2013 年版。

［6］袁莉：《城市群协同发展机理、实现途径及对策研究》，中南大学博士学位论文，2014 年。

第三部分　数据分析

9

中国城市群数据分析

9.1 2014 年中国城市群基本情况

9.1.1 城市群范围

2011 年 12 月，国务院印发《全国主体功能区规划》（以下简称《规划》），《规划》基于不同区域的资源环境承载能力、现有开发强度和未来发展潜力将我国国土空间分为优化开发区域、重点开发区域、限制开发区域和禁止开发区域。优化开发区域是经济比较发达、人口比较密集、开发强度较高、资源环境问题更加突出，从而应该优化进行工业化、城镇化开发的城市化地区。重点开发区域是有一定经济基础、资源环境承载能力较强、发展潜力较大、集聚人口和经济的条件较好，从而应该重点进行工业化、城镇化开发的城市化地区。限制开发区域包括农产品主产区和重点生态功能区。禁止开发区域是依法设立的各级各类自然文化资源保护区域，以及其他禁止进行工业化城镇化开发、需要特殊保护的重点生态功能区。

《规划》将优化开发区域和重点开发区域落实到 24 个城市群，分别为京津冀、辽中南、山东半岛、长三角、珠三角、太原、呼包鄂榆、哈长、东陇海、江淮、海峡西岸、中原、武汉、环长株潭、环鄱阳湖、北部湾、成渝、黔中、滇中、关中—天水、兰州—西宁、宁夏沿黄、天山北坡、藏中南等城市群。按照地理位置，优化开发区域所含城市群分布在我国东部沿海地区，故又称东部城市群；重点开发区域包括的城市群多分布于相对落后的中西部地区，故又称为中西部城市群。表 9-1 为各城市群的划分，各城市群包含的城市均依据已有规划文件得到。

表 9-1　中国主要城市群及其空间范围

区域	城市群名称	空间范围
优化开发区域	京津冀城市群	包括两个直辖市北京、天津以及河北省的石家庄、秦皇岛、唐山、廊坊、保定、沧州、张家口、承德共 10 个城市
	长三角城市群	包括一个直辖市上海以及江苏省的南京、无锡、常州、苏州、南通、扬州、镇江、泰州和浙江省的杭州、宁波、嘉兴、湖州、绍兴、舟山、台州共 16 个城市
	珠三角城市群	包括广东省的深圳、广州、珠海、佛山、江门、肇庆、惠州、东莞、中山共 9 个城市
	辽中南城市群	包括辽宁省的沈阳、大连、鞍山、抚顺、本溪、辽阳、丹东、营口、盘锦、铁岭共 10 个城市
	山东半岛城市群	包括山东省的济南、青岛、烟台、淄博、威海、潍坊、东营、日照共 8 个城市
重点开发区域	哈长城市群	包括黑龙江省的哈尔滨、大庆、齐齐哈尔、牡丹江及吉林省的长春、吉林、松原、延边朝鲜族自治州共 8 个市州
	东陇海城市群	包括江苏省的徐州、连云港和山东省的日照共 3 个城市
	江淮城市群	包括安徽省的合肥、芜湖、马鞍山、铜陵、安庆、滁州、池州、六安、宣城共 9 个城市
	海峡西岸城市群	包括福建省的福州、厦门、莆田、三明、泉州、漳州、南平、龙岩、宁德共 9 个城市
	中原城市群	包括河南省的郑州、济源、开封、洛阳、平顶山、新乡、焦作、许昌、漯河共 9 个城市
	武汉城市群	包括湖北省的武汉、黄石、鄂州、黄冈、孝感、咸宁、仙桃、天门、潜江共 9 个城市
	环长株潭城市群	包括湖南省的长沙、株洲、湘潭、岳阳、衡阳、常德、益阳、娄底共 8 个城市
	环鄱阳湖城市群	包括江西省的南昌、景德镇、鹰潭、九江、新余、抚州、宜春、上饶、吉安共 9 个城市
	成渝城市群	包括一个直辖市重庆以及四川省的成都、德阳、绵阳、眉山、资阳、遂宁、乐山、雅安、自贡、泸州、内江、南充、宜宾、达州、广安共 16 个城市
	关中—天水城市群	包括陕西省的西安、铜川、宝鸡、咸阳、商洛、渭南和甘肃省的天水共 7 个城市
	太原城市群	包括山西省的太原、晋中、阳泉、吕梁、祈州共 5 个城市
	北部湾城市群	包括广西省的南宁、北海、钦州、防城港共 4 个城市
	兰州—西宁城市群	包括甘肃省的兰州、白银、定西、临夏回族自治州和青海省的西宁共 5 个市州
	滇中城市群	包括云南省的昆明、曲靖、玉溪和楚雄彝族自治州共 4 个市州

区域	城市群名称	空间范围
重点开发区域	黔中城市群	包括贵州省的贵阳、遵义、安顺、毕节、黔东南州、黔南州共6个市州
	呼包鄂榆城市群	包括内蒙古的呼和浩特、包头、鄂尔多斯和陕西省的榆林共4个城市
	宁夏沿黄城市群	包括宁夏的银川、石嘴山、吴忠和中卫共4个城市
	天山北坡城市群	包括新疆的乌鲁木齐、克拉玛依、石河子、昌吉回族自治州、伊犁哈萨克自治州、博尔塔拉蒙古自治州、塔城地区、吐鲁番地区、哈密地区共9个市州地区
	藏中南城市群	包括西藏的拉萨、日喀则地区、那曲地区、山南地区、林芝地区

资料来源：《全国主体功能区规划》及各地方政府规划。

9.1.2 城市群在中国经济中的重要作用

随着经济发展，城市群逐渐成为区域竞争的主角。城市群集中了区域的优势资源，带动了区域整体发展。由于数据获得的原因，在计算 2014 年我国城市群合计指标时，排除了天山北坡城市群、藏中南城市群和东陇海城市群。2014 年我国城市群总面积占全国总城市面积的 47.26%，集中了 63.23% 的人口，创造了 79.43% 的 GDP，城市群的经济密度大于全国平均水平。全国 76.2% 的固定资产投资在城市群地区，城市群的工业总产值占全国的 78.66%，货物进出口总额占全国的 94.2%。此外，城市群地区吸引了 90.17% 的外商直接投资实际使用额。

表 9-2　2014 年中国城市群在中国经济发展中的重要地位分析

指标	土地面积 （万 km²）	年末人口 （万人）	GDP （亿元）	全社会固定资产投资 （亿元）	规模以上工业总产值 （亿元）	货物进出口总额 （亿美元）	外商直接投资实际使用额 （亿美元）
21个城市群合计	226.67	81543.9	538804.05	361915.63	864369.00	39182.9	2583.38
占全国比重（%）	47.26	63.23	79.43	76.20	78.66	94.20	90.17

资料来源：《中国城市统计年鉴（2015）》。

9.1.3 城市群功能定位

《规划》依据各城市群的自然条件和经济基础，分别为各城市群进行了功能定位。可以看到，城市群的确定与功能定位与其位置和交通条件有关，东部城市群濒临太平洋，水陆空运输体系发达，《规划》要求东部城市群既要联系内陆，又要扩大对外交流，中西部城市群多分布在重要的交通枢纽附近，或者是与我国北、西、南国家相邻的地区。根据资源的富集程度，太原城市群、呼包鄂榆城市群、哈长城市群、天山北坡城市群等被定位为全国重要的能源基地。近些年来我国高新技术产业发展迅速，一些城市群坚持培育高新技术产业，形成了发展优势。《规划》将山东半岛、冀中南、哈长、江淮、中原、长江中游、成渝、关中—天水等城市群定位为全国高新技术产业基地。依托强大的人力优势与良好的科研基础，东部城市群均被定位为全国重要的科技创新与技术研发基地。

表 9-3　中国城市群的功能定位

城市群	功能定位
京津冀城市群	"三北"地区的重要枢纽和出海通道，全国科技创新与技术研发基地，全国现代服务业、先进制造业、高新技术产业和战略性新兴产业基地，我国北方的经济中心
辽中南城市群	东北地区对外开放的重要门户和陆海交通走廊，全国先进装备制造业和新型原材料基地，重要的科技创新与技术研发基地，辐射带动东北地区发展的龙头
山东半岛城市群	黄河中下游地区对外开放的重要门户和陆海交通走廊，全国重要的先进制造业、高新技术产业基地，全国重要的蓝色经济区
长三角城市群	长江流域对外开放的门户，我国参与经济全球化的主体区域，有全球影响力的先进制造业基地和现代服务业基地，世界级大城市群，全国科技创新与技术研发基地，全国经济发展的重要引擎，辐射带动长江流域发展的龙头，我国人口集聚最多、创新能力最强、综合实力最强的三大区域之一
珠三角城市群	通过粤港澳的经济融合和经济一体化发展，共同构建有全球影响力的先进制造业基地和现代服务业基地，南方地区对外开放的门户，我国参与经济全球化的主体区域，全国科技创新与技术研发基地，全国经济发展的重要引擎，辐射带动华南、中南和西南地区发展的龙头，我国人口集聚最多、创新能力最强、综合实力最强的三大区域之一
冀中南城市群	重要的新能源、装备制造业和高新技术产业基地，区域性物流、旅游、商贸流通、科教文化和金融服务中心

城市群	功能定位
太原城市群	资源型经济转型示范区，全国重要的能源、原材料、煤化工、装备制造业和文化旅游业基地
呼包鄂榆城市群	全国重要的能源、煤化工基地、农畜产品加工基地和稀土新材料产业基地，北方地区重要的冶金和装备制造业基地
哈长城市群	我国面向东北亚地区和俄罗斯对外开放的重要门户，全国重要的能源、装备制造基地，区域性的原材料、石化、生物、高新技术产业和农产品加工基地，带动东北地区发展的重要增长极
东陇海城市群	新亚欧大陆桥东方桥头堡，我国东部地区重要的经济增长极
江淮城市群	承接产业转移的示范区，全国重要的科研教育基地，能源原材料、先进制造业和科技创新基地，区域性的高新技术产业基地
海峡西岸城市群	两岸人民交流合作先行先试区域，服务周边地区发展新的对外开放综合通道，东部沿海地区先进制造业的重要基地，我国重要的自然和文化旅游中心
中原城市群	全国重要的高新技术产业、先进制造业和现代服务业基地，能源原材料基地、综合交通枢纽和物流中心，区域性的科技创新中心，中部地区人口和经济密集区
武汉城市群	全国资源节约型和环境友好型社会建设示范区，全国重要综合交通枢纽、科技教育以及汽车、钢铁基地，区域性的信息产业、新材料、科技创新基地和物流中心
环长株潭城市群	全国资源节约型和环境友好型社会建设的示范区，全国重要的综合交通枢纽以及交通运输设备、工程机械、节能环保装备制造、文化旅游和商贸物流基地，区域性的有色金属和生物医药、新材料、新能源、电子信息等战略性新兴产业基地
环鄱阳湖城市群	全国大湖流域综合开发示范区，长江中下游水生态安全保障区，国际生态经济合作重要平台，区域性的优质农产品、生态旅游、光电、新能源、生物、航空和铜产业基地
北部湾城市群	我国面向东盟国家对外开放的重要门户，中国—东盟自由贸易区的前沿地带和桥头堡，区域性的物流基地、商贸基地、加工制造基地和信息交流中心
成渝城市群	全国统筹城乡发展的示范区，全国重要的高新技术产业、先进制造业和现代服务业基地，科技教育、商贸物流、金融中心和综合交通枢纽，西南地区科技创新基地，西部地区重要的人口和经济密集区
黔中城市群	全国重要的能源原材料基地、以航天航空为重点的装备制造基地、烟草工业基地、绿色食品基地和旅游目的地，区域性商贸物流中心
滇中城市群	我国连接东南亚、南亚国家的陆路交通枢纽，面向东南亚、南亚对外开放的重要门户，全国重要的烟草、旅游、文化、能源和商贸物流基地，以化工、冶金、生物为重点的区域性资源精深加工基地
藏中南城市群	全国重要的农林畜产品生产加工、藏药产业、旅游、文化和矿产资源基地，水电后备基地
关中—天水城市群	西部地区重要的经济中心，全国重要的先进制造业和高新技术产业基地，科技教育、商贸中心和综合交通枢纽，西北地区重要的科技创新基地，全国重要的历史文化基地

续表

城市群	功能定位
兰州—西宁城市群	全国重要的循环经济示范区，新能源和水电、盐化工、石化、有色金属和特色农产品加工产业基地，西北交通枢纽和商贸物流中心，区域性的新材料和生物医药产业基地
宁夏沿黄城市群	全国重要的能源化工、新材料基地，清真食品及穆斯林用品和特色农产品加工基地，区域性商贸物流中心
天山北坡城市群	我国面向中亚、西亚地区对外开放的陆路交通枢纽和重要门户，全国重要的能源基地，我国进口资源的国际大通道，西北地区重要的国际商贸中心、物流中心和对外合作加工基地，石油天然气化工、煤电、煤化工、机电工业及纺织工业基地

资料来源：《全国主体功能区规划》。

9.2 2014 年中国城市群比较分析

9.2.1 经济总量比较分析

选取地区生产总值、工业总产值、固定资产投资、社会消费品零售总额、地方财政一般预算收入、外商直接投资实际使用额作为经济总量的衡量指标（表9-4）。

（1）地区生产总值方面，长三角城市群占据绝对优势，地区生产总值超过 13 万亿元；京津冀、珠三角城市群列第二梯队，地区生产总值超过 5 万亿元；山东半岛城市群、成渝城市群紧随其后；辽中南城市群、海峡西岸城市群、环长株潭城市群、哈长城市群地区生产总值在 2 万亿元以上。中原城市群、武汉城市群、江淮城市群、呼包鄂榆城市群、环鄱阳湖城市群、关中—天水城市群地区生产总值在 1 万亿—2 万亿元之间；兰州—西宁城市群、宁夏沿黄城市群生产规模较小，地区生产总值不足 5000 亿元。

（2）工业总产值方面，长三角城市群工业总产值（239295 亿元）约为排在第二的珠三角城市群（98026 亿元）的 2.5 倍；京津冀城市群和山东半岛城市群的工业总产值均在 8 万亿元以上；辽中南城市群和成渝城市群的工业总产值均超过了 4 万亿元。工业总产值低于 1 万亿元的六个城市群分别为宁夏沿黄城市群、兰州—西宁城市群、黔中城市群、北部湾城市群、滇中城市群和太原城市群。

表 9-4 2014 年中国城市群经济总量分析

城市群	地区生产总值 （亿元）	规模以上 工业总产值 （亿元）	全社会固定 资产投资 总额（亿元）	社会消费 品零售总额 （亿元）	地方财政 一般预算收入 （亿元）	外商直接 投资实际 使用额 （亿美元）
京津冀	60689.42	84504.01	38209.63	23572.29	8064.40	332.89
辽中南	25342.55	43061.83	21641.90	10199.62	2717.88	228.63
山东半岛	37113.24	83295.89	25476.52	15087.16	3189.37	206.10
·长三角	130853.61	239295.50	71098.28	50666.53	15035.40	623.87
珠三角	57650.02	98026.20	17542.28	20580.98	5374.93	248.61
哈长	21209.21	25128.59	14156.65	9148.45	1339.79	106.28
江淮	14828.86	27777.01	15462.50	4948.89	1433.99	86.77
海峡西岸	24035.60	38405.32	18074.42	9346.74	2104.74	70.36
中原	19981.49	39800.97	16701.53	7748.31	1753.83	98.87
武汉	15752.80	21398.37	13088.37	6886.05	1507.26	74.16
环长株潭	21600.43	28388.94	15850.64	7757.76	1508.04	79.57
环鄱阳湖	13045.50	24419.77	12007.50	4124.56	1444.82	78.50
成渝	40667.97	51901.14	32175.95	16766.47	3912.93	207.12
关中—天水	12061.08	13695.91	13351.08	5058.61	897.54	46.88
太原	5970.69	6786.11	5351.85	2856.54	634.84	17.92
北部湾	5448.21	6876.71	4810.12	2197.63	415.19	5.89
兰州—西宁	3804.53	4738.94	3355.25	1609.82	283.75	0.65
滇中	6547.12	5472.41	4814.62	2592.32	707.24	23.72
黔中	6158.39	5066.70	5944.45	1817.16	665.88	11.29
呼包鄂榆	13506.43	12737.36	9996.05	3424.97	1143.78	34.65
宁夏沿黄	2536.89	3591.33	2806.02	617.49	242.66	0.66

资料来源：《中国城市统计年鉴（2015）》。

（3）固定资产投资方面，长三角城市群最高（71098 亿元），其次为京津冀城市群（38209 亿元），再次为成渝城市群（32175 亿元）；辽中南城市群和山东半岛城市群也都超过 2 万亿元，固定资产投资最少的五个城市群分别是宁夏沿黄城市群、兰州—西宁城市群、北部湾城市群、滇中城市群和太原城市群。

（4）社会消费品零售总额方面，长三角城市群最高，达到 50666 亿元；京津冀城市群和珠三角城市群分别为 23572 亿元和 20580 亿元；成渝城市群、山东半岛城市群和辽中南城市群都超过 1 万亿元。社会消费品零售总额最低的五个城市群分别为宁夏沿黄城市群、兰州—西宁城市群、北部湾城市群、滇中城市群和黔中城市群。

（5）地方财政收入方面，长三角城市群最高（15035 亿元），其次京津冀城市群（8064 亿元），排名其后的是珠三角城市群（5374 亿元）；成渝城市群、山东半岛城市群、辽中南城市群和海峡西岸城市群都超过 2000 亿元。宁夏沿黄城市群、兰州—西宁城市群和北部湾城市群的地方财政收入不足 500 亿元。

（6）外商直接投资实际使用额方面，长三角城市群达到 624 亿美元，京津冀城市群、辽中南城市群、山东半岛城市群、成渝城市群和珠三角城市群均超过 200 亿美元。外商直接投资实际使用额最低的五个城市群分别为兰州—西宁城市群、宁夏沿黄城市群、黔中城市群、北部湾城市群和太原城市群。

9.2.2 经济发展水平比较分析

在表 9-5 中，我们选取了人均 GDP、地均 GDP、非农产业比重和第三产业与第二产业产值比来表示经济发展水平。从人均 GDP 来分析，珠三角城市群排名第一，高达 18 万元；呼包鄂榆城市群因其资源丰富，人均 GDP 超过 13 万元；长三角城市群紧随其后为 9.3 万元；之后的山东半岛城市群、京津冀城市群和辽中南城市群，人均 GDP 超过 7.5 万元；接下来是海峡西岸城市群（65038 元）、哈长城市群（59891 元）和武汉城市群（56947 元）。北部湾城市群、成渝城市群、太原城市群、环鄱阳湖城市群、黔中城市群和兰州—西宁城市群 6 个城市群的人均 GDP 低于 4 万元。

表 9-5　2014 年中国城市群经济发展水平分析

城市群	人均 GDP（元）	地均 GDP（万元/平方公里）	非农产业比重（%）	第三产业与第二产业产值比
京津冀	78940.45	3340.53	95.07	184.70
辽中南	81054.66	2621.01	93.29	86.64
山东半岛	90306.45	4972.37	94.27	93.63
长三角	93583.84	6039.67	96.01	115.53
珠三角	180523.01	10493.46	98.14	128.46
哈长	59891.03	942.73	89.83	97.37
江淮	40854.24	1636.32	91.31	62.55
海峡西岸	65038.43	1931.73	91.62	79.40
中原	44290.13	3491.74	92.55	72.37
武汉	56947.44	3097.04	91.64	90.07
环长株潭	50817.37	2213.25	90.74	72.97
环鄱阳湖	34597.01	1051.89	90.25	65.95
成渝	36907.80	1697.84	90.14	84.21
关中—天水	40371.83	1354.52	90.81	94.42
太原	38856.52	803.15	95.20	105.53
北部湾	39049.69	1238.99	85.58	99.73
兰州—西宁	36007.26	618.60	94.21	122.36
滇中	46334.92	1004.13	90.61	97.55
黔中	26310.03	821.98	88.52	115.57
呼包鄂榆	136235.90	770.55	96.51	103.97
宁夏沿黄	47136.54	522.64	93.04	68.63

资料来源：《中国城市统计年鉴（2015）》。

　　从地均 GDP 来分析，排在第一的是珠三角城市群，为 10493 万元/平方公里；排在第二的是长三角城市群，为 6039 万元/平方公里；排在第三的是山东半岛城市群，为 4972 万元/平方公里；中原城市群、京津冀城市群和武汉城市群都超过 3000 万元/平方公里。地均生产总值不及 1000 万元/平方公里的城市群有宁夏沿黄城市群、兰州—西宁城市群、呼包鄂榆城市群、太原城市群、黔中城市群和哈长城市群。

　　产业结构能够较好地反映一个地区在经济发展中所处的阶段。非农产业比重中，珠三角城市群占比高达 98%；呼包鄂榆城市群和珠三角城市群非农产业比重高达96%，和人均 GDP 显示的排名一致；太原城市群非农产业比重达95%，但是人均 GDP 却比较低；京津冀城市群紧随太原城市群，非农产业比重超过 95%；非农产业比重最低的三个城市群为哈长城市群、黔中城市群和北部湾城市群。在第三产业与第二产业产值比方面，京津冀城市群远远高于其他城市群，达到 184%，这可能和北京的首都职能有关；珠三角城市群和兰州—西宁城市群这一比值超过 120%；比值高于 100%的城市群还有呼包鄂榆城市群、太原城市群、长三角城市群和黔中城市群；江淮城市群、环鄱阳湖城市群和宁夏沿黄城市群比值低于 70%，说明这三个城市群服务业相对于工业来说不够发达。

9.2.3 工业化进程比较分析

选取了工业总产值和所有制指标来表示工业化进程（参见表 9-6）。工业总产值最高的是长三角城市群，为 23.9 万亿元，其中内资占 63.92%、外资占 11.94%、港澳台资占 24.15%。珠三角城市群工业总产值排第二位，超过 9 万亿元，与长三角城市群相比，珠三角城市群的内资比重低 14.81%、外资高出 11.37%、港澳台高出 3.44%。

内资比重最高的五个城市群为宁夏沿黄城市群、呼包鄂榆城市群、黔中城市群、滇中城市群、兰州—西宁城市群，这些城市多位于西部地区。外资占比最高的五个城市群为珠三角城市群、长三角城市群、京津冀城市群、海峡西岸城市群和武汉城市群，这些城市群多位于东部沿海地区。港澳台资占比最高的五个城市群为珠三角城市群、海峡西岸城市群、长三角城市群、北部湾城市群和太原城市群，这些城市群与港澳台的距离相对其他城市群较近。

表 9-6　2014 年中国城市群工业化进程分析

城市群	工业总产值（万元）	所有制结构		
		内资企业比重	港澳台商投资企业比重	外商投资企业比重
京津冀	845040080	73.67%	7.69%	18.64%
辽中南	430618318	80.31%	4.59%	15.10%

续表

城市群	工业总产值（万元）	所有制结构		
		内资企业比重	港澳台商投资企业比重	外商投资企业比重
山东半岛	832958949	80.76%	3.91%	15.33%
长三角	2392954950	63.92%	11.94%	24.15%
珠三角	980261986	49.10%	23.31%	27.59%
哈长	251285880	87.85%	3.73%	8.41%
江淮	277770091	83.93%	6.79%	9.28%
海峡西岸	384053245	61.47%	21.66%	16.87%
中原	398009658	88.74%	7.59%	3.67%
武汉	213983692	78.41%	6.09%	15.50%
环长株潭	283889414	92.46%	3.59%	3.96%
环鄱阳湖	244197746	85.69%	7.64%	6.67%
成渝	519011352	80.16%	7.61%	12.23%
关中—天水	136959074	90.03%	1.69%	8.28%
太原	67861058	87.85%	8.31%	3.84%
北部湾	68767116	79.07%	12.22%	8.71%
兰州—西宁.	47389362	96.01%	1.45%	2.54%
滇中	54724096	95.30%	2.60%	2.10%
黔中	50667023	96.18%	1.44%	2.38%
呼包鄂榆	127373629	93.66%	1.23%	5.10%
宁夏沿黄	35913321	93.10%	4.54%	2.36%

资料来源：《中国城市统计年鉴（2015）》。

在表9-7中，我们选取规模以上工业企业数、期末从业人员人数、利润总额、本年应交增值税来反映工业经济效益。可以看到，长三角城市群有将近10万个工业企业，是第二名珠三角城市群的三倍，排在第三的是京津冀城市群（20279个），工业企业数超过1万的有山东半岛城市群、成渝城市群、海峡西岸城市群、辽中南城市群、江淮城市群和中原城市群。期末从业人员数与工业企业数呈现相似的分布。从利润总额和本年应交增值税两个指标考察工业企业经济效益，第一梯队的长三角城市群远远超过其他城市群，第二梯队是京津冀城市群、珠三角城市群和山东半岛城市群。

总体来说，各指标值均由东部沿海向西递减，以长三角城市群为最高；珠三角城市群、京津冀城市群和山东半岛城市群工业经济效益也较好；西部城市群各指标值都较低，也说明发展潜力很大。

表 9-7　2014 年中国城市群工业经济效益

城市群	工业企业数（个）	期末从业人员人数（万人）	利润总额（万元）	本年应交增值税（万元）
京津冀	20279	1555.89	62187576	25200795
辽中南	13177	547.94	18436771	9852471
山东半岛	19761	714.88	53504631	22736805
长三角	98828	3459.17	154211491	72576421
珠三角	31219	1555.45	55934541	26827023
哈长	5480	453.85	21079432	9592454
江淮	11707	336.43	15951118	7124763
海峡西岸	16744	650.85	23442688	10752198
中原	11361	572.79	29374207	11238326
武汉	7215	426.29	9068105	7487472
环长株潭	9964	436.66	14231651	10509474
环鄱阳湖	7000	378.04	16801173	8271441
成渝	17885	1632.80	31861322	17906012
关中—天水	3425	397.97	7419350	4245363
太原	1999	234.48	232506	2483191
北部湾	1583	140.18	3148504	2634701
兰州—西宁	898	136.38	−159392	1057808
滇中	1650	200.61	1813629	1902282
黔中	1852	196.22	5843060	2149274
呼包鄂榆	2019	156.27	18564746	6894006
宁夏沿黄	1149	104.79	983188	967944

资料来源：《中国城市统计年鉴（2015）》。

9.2.4　城市化进程比较分析

选取年末全市人口、市辖区人口、城镇单位从业人员和人均固定资产投资来表示城镇化进程（表 9-8）。不难看出，长三角城市群、成渝城市群、京津冀城市群容纳了最多的人口，三者相加共容纳了 3.2 亿人，中原城市群、环长株潭城市群、山东半岛城市群也各承载了 4000 万以上的人口。

表 9-8　2014 年中国城市群城镇化进程比较

城市群	年末人口（万人）	年末市辖区人口（万人）	城镇单位从业人员（万人）	单位从业人员数（万人）			人均固定资产投资（元/人）
				第一产业	第二产业	第三产业	
京津冀	7688.0	3321.0	1555.89	8.00	539.29	1008.60	49700.36
辽中南	3126.6	1586.5	547.94	21.13	265.30	261.50	69218.65
山东半岛	4109.7	1734.6	714.88	0.63	404.87	309.38	61991.20
长三角	13982.5	6502.6	3459.17	12.46	2053.48	1393.23	50848.05
珠三角	3193.5	2204.8	1555.45	1.29	982.72	571.43	54931.19
哈长	3541.3	1441.1	453.85	20.63	190.89	242.34	39975.87
江淮	3629.7	987.2	336.43	3.67	174.93	157.83	42599.94
海峡西岸	3695.6	971.1	650.85	4.53	411.73	234.59	48907.96
中原	4511.5	1314.2	572.79	1.14	329.72	241.93	37019.91
武汉	2766.2	902.0	426.29	3.57	233.93	188.78	47315.35
环长株潭	4250.6	1041.7	436.66	1.15	205.61	229.90	37290.35
环鄱阳湖	3770.7	789.6	378.04	4.43	208.38	165.23	31844.23
成渝	11018.8	4328.0	1632.80	38.03	738.24	856.53	29200.96
关中—天水	2987.5	1179.0	397.97	2.04	169.27	226.66	44689.80
太原	1536.6	503.1	234.48	0.73	109.92	123.84	34829.20
北部湾	1395.2	551.0	140.18	3.22	56.34	80.62	34476.21
兰州—西宁	1056.6	429.7	136.38	0.57	60.50	75.31	31755.20
滇中	1413.0	393.2	200.61	0.84	92.28	107.49	34073.73
黔中	2340.7	566.9	196.22	0.65	82.79	112.77	25396.02
呼包鄂榆	991.4	357.7	156.27	1.17	68.25	86.84	100827.58
宁夏沿黄	538.2	232.7	104.79	1.97	30.24	72.58	52137.19

资料来源：《中国城市统计年鉴（2015）》。

从三次产业从业人员来看，作为我国发展程度最高的三个城市群，长三角城市群和珠三角城市群均是第二产业就业人数最多，分别为 2053.5 万人和 982.7 万人，第三产业就业人数分别达到 1393 万人和 571.4 万人，长三角城市群从事第一产业的人员只有 12 万人；京津冀城市群从事第三产业的人员最多（1008.6万人），第二产业就业人数只有第三产业就业人数的一半，说明京津冀城市群服务业相当发达，这可能和北京的首都职能相关。第一产业单位从业人员数最高的是成渝城市群、辽中南城市群和哈长城市群，分别为38.03万人、21.13万人和20.63万人。

借助西部大开发与东北振兴契机，2014年呼包鄂榆城市群的人均固定资产投资超过10万元，辽中南城市群以6.9万元紧随其后，其次是山东半岛城市群，为6.1万元，珠三角城市群、宁夏沿黄城市群和长三角城市群的人均固定资产投资也超过5万元。

9.2.5 人民生活水平比较分析

我们选取城镇居民人均可支配收入、农村居民人均纯收入、城镇居民和农村居民人均住房面积来衡量人民生活水平（表9-9）。

从城镇居民人均可支配收入来看，珠三角城市群、长三角城市群无疑排在第一梯队，而山东半岛城市群、海峡西岸城市群和呼包鄂榆城市群也晋升第一梯队，超过3万元；排在末位的是兰州—西宁城市群，城镇居民人均可支配收入仅为17742元。其余城市群人均可支配收入均超过2万元；

城镇居民人均可支配收入与农村居民人均纯收入差距很大，珠三角城市群和长三角城市群超过1.5万元；超过1万元的城市群还有辽中南城市群、山东半岛城市群、京津冀城市群、海峡西岸城市群、环长株潭城市群、呼包鄂榆城市群、中原城市群和哈长城市群。

环长株潭城市群和海峡西岸城市群的城镇人均住房建筑面积超过40平方米，京津冀城市群、太原城市群、兰州—西宁城市群和辽中南城市群的城镇人均住房建筑面积不足30平方米，京津冀城市群城镇人均住房建筑面积如此低可能是由于居高不下的房价。

表9-9　2014年中国城市群居民生活水平比较

城市群	城镇居民人均可支配收入（元）	城镇人均住房建筑面积（平方米）	农村居民人均纯收入（元）	农村人均住房面积（平方米）
京津冀	28587.8	29.0	12448.9	36.1
辽中南	26854.5	27.2	14299.1	29.7

城市群	城镇居民人均可支配收入（元）	城镇人均住房建筑面积（平方米）	农村居民人均纯收入（元）	农村人均住房面积（平方米）
山东半岛	32125.1	31.3	14102.4	38.3
长三角	35400.6	38.0	16813.1	57.5
珠三角	39106.8	33.3	18502.3	42.6
哈长	24440.3	31.6	10523.8	26.7
江淮	24954.8	31.8	9445.3	36.1
海峡西岸	30709.3	40.0	12209.5	50.9
中原	23187.9	38.7	10531.2	44.8
武汉	22756.8	37.6	9893.2	45.8
环长株潭	24019.4	45.3	12192.7	57.2
环鄱阳湖	22639.4	39.3	9070.9	47.7
成渝	23992.2	32.9	9184.5	41.5
关中—天水	27128.8	34.0	8967.2	49.0
太原	22231.9	28.2	8277.7	29.1
北部湾	24325.8	38.4	7911.4	32.8
兰州—西宁	17742.8	28.2	5949.1	27.8
滇中	25586.7	39.3	7958.0	37.3
黔中	20555.0	36.7	6651.0	34.0
呼包鄂榆	30651.9	33.1	10744.2	35.0
宁夏沿黄	21657.9	31.5	8026.8	32.1

资料来源：《中国城市统计年鉴（2015）》。

9.2.6 财政金融比较分析

表 9-10 提供了 2014 年我国城市群金融和财政的收支数据。人均储蓄额能够表明该地区人民的富裕程度，可以看到，珠三角城市群的人均储蓄额高达 130284 元，列各城市群之首，其次是京津冀城市群、长三角城市群，均超过 6 万元。人均储蓄额在 4 万元以上的城市群还有辽中南城市群、太原城市群、呼包鄂榆城市群、山东半岛城市群。人均储蓄额最低的为黔中城市群，人均储蓄额低于 2 万元。

表 9-10 　 2014 年中国城市群地区财政金融比较

城市群	金融机构人民币存款（亿元）	居民储蓄存款（亿元）	人均储蓄额（元）	金融机构人民币贷款（亿元）	财政预算收入（亿元）	财政预算收入占地区生产总值比重（％）	财政预算支出（亿元）	教育支出（亿元）	科学技术支出（亿元）
京津冀	148925	52065	67722	84465	8064	13.29	10438	1838	421
辽中南	36130	17789	56896	27922	2718	10.72	3641	399	90
山东半岛	45996	20088	48880	34936	3189	8.59	3781	740	92
长三角	244763	89243	63824	186055	15035	11.49	17130	2925	748
珠三角	105353	41606	130284	70168	5375	9.32	5973	1100	235
哈长	25302	12175	34381	19340	1340	6.32	2647	392	27
江淮	20618	9152	25214	16627	1434	9.67	2585	415	100
海峡西岸	30990	12650	34231	28785	2105	8.76	2826	574	57
中原	26239	12047	26703	18890	1754	8.78	2625	469	42
武汉	22463	9285	33567	17736	1507	9.57	2195	329	71
环长株潭	22785	11566	27210	16464	1508	6.98	2830	432	40
环鄱阳湖	17951	8656	22956	12926	1445	11.08	2549	480	38
成渝	72697	33448	30355	51007	3913	9.62	7883	1191	97
关中—天水	22519	10573	35390	15062	898	7.44	2046	383	22
太原	16196	7521	48946	11127	635	10.63	1104	203	19
北部湾	9020	3717	26640	8454	415	7.62	813	141	13
兰州—西宁	10893	4057	38399	9777	284	7.46	823	141	7
滇中	13480	4990	35312	12115	707	10.80	1135	194	17
黔中	11137	4232	18078	9297	666	10.81	1379	291	19
呼包鄂榆	12330	5201	52463	11504	1144	8.47	1630	231	16
宁夏沿黄	3905	1901	35314	4391	243	9.57	594	75	7

资料来源：《中国城市统计年鉴（2015）》。

　　财政方面，2014 年各城市群的预算赤字之和超过 2 万亿元。预算赤字最高的成渝城市群超过 3000 亿元，其次是京津冀城市群，长三角城市群的预算赤字也达到 2000 亿元以上。财政预算收入占 GDP 比重最高的城市群为京津冀城市群，达到 13.3％，长三角城市群、环鄱阳湖城市群、黔中城市群、滇中城市群、辽中南城市群和太原城市群都超过 10％。不难看出，总体而言，各城市群的教育支出要高于科学技术支出。其中教育支出排名靠前的有京津冀城市群、长三角城市群、成渝城市群和珠三角城市群，都超过 1000 亿元。而科学技术支出排名靠前的有京津冀城市群、长三角城市群和珠三角城市群，都超过 200 亿元。

9.2.7　城市建设比较分析

我们采用市辖区人口密度、人均城市道路面积、城市建成区面积占城市面积比重、人均生活用水量、人均生活用电量、万人拥有公共汽车数、人均绿地面积、建成区绿化覆盖率、生活垃圾无害化处理率来表示城市建设水平。

市辖区人口密度最高的是中原城市群，达到 2583 人/平方公里；其次是武汉城市群（1398 人/平方公里），辽中南城市群、京津冀城市群、珠三角城市群、长三角城市群和环长株潭城市群的人口密度均超过 1000 人/平方公里。人口密度最低的是宁夏沿黄城市群，人口密度仅为 185 人/平方公里。

人均城市道路面积方面，最高的为呼包鄂榆城市群（24 平方米），滇中城市群、珠三角城市群和山东半岛城市群也较高，超过 20 平方米/人。人均城市道路面积较低的多为中南部的城市群，比如黔中、成渝等城市群。城市建成区面积占城市面积比重最高的为中原城市群（23.2%），远高于京津冀、长三角、珠三角等用地更为紧张的城市群，反映出该地区用地较为粗放。

在城市交通方面，每万人拥有公共汽车数量最高的地区为珠三角城市群（27 辆），其次为滇中城市群（16 辆）、京津冀城市群（15 辆），尽管这三个城市群的公交系统配备较为完善，但是交通堵塞的情况依然很严重。成渝城市群、北部湾城市群和黔中城市群每万人拥有公共汽车数偏低。

人均生活用电量方面，珠三角最高为 2303 千瓦时，高于 1000 千瓦时/人的城市群还有海峡西岸城市群、哈长城市群、呼包鄂榆城市群和黔中城市群。人均生活用水量也是珠三角城市群最多，随后为武汉城市群和环长株潭城市群。

城市绿化方面，珠三角城市群和北部湾城市群人均绿地面积超过 100

公顷/万人，较差的是兰州—西宁城市群、成渝城市群和关中—天水城市群，均不到 30 公顷/万人。京津冀、环鄱阳湖、长三角等城市群的建成区绿化覆盖率较高，分别达到 52%、51%、50%，较差的是武汉城市群和兰州—西宁城市群，建成区绿化覆盖率仅为 36%，这些城市群建设步伐较快，而忽视了环境质量的改善。城市生活垃圾无害化处理率反映出对环境的重视程度，可以看到做得较好的是山东半岛城市群和武汉城市群，而太原、兰州—西宁等城市群生活垃圾无害化处理率较低。

表 9-11   2014 年中国城市群基础设施比较

城市群	市辖区人口密度（人/平方公里）	人均城市道路面积（平方米）	城市建成区面积占城市面积（%）	每万人拥有公共汽车数（辆）	人均生活用电量（千瓦时）	人均生活用水量（吨）	人均绿地面积（公顷/万人）	建成区绿化覆盖率（%）	生活垃圾无害化处理率（%）
京津冀	1159	12	11.24	15	954	42	47	52	89
辽中南	1184	14	12.43	11	691	31	50	43	95
山东半岛	752	20	8.82	12	772	29	59	43	100
长三角	1032	14	7.62	10	989	49	65	50	97
珠三角	1060	21	17.96	27	2303	144	140	43	94
哈长	502	14	5.76	11	1221	28	51	39	83
江淮	680	17	7.24	10	577	42	49	43	92
海峡西岸	651	12	6.91	11	1509	45	48	42	98
中原	2583	10	23.22	11	708	28	31	39	89
武汉	1398	16	13.87	11	911	70	33	36	100
环长株潭	1008	13	9.76	11	931	64	35	40	98
环鄱阳湖	813	14	7.23	7	592	41	43	51	94
成渝	757	8	5.13	6	555	33	27	38	94
关中—天水	591	10	4.03	9	787	32	24	38	90
太原	740	12	7.33	11	794	39	37	42	80
北部湾	362	12	3.17	7	839	48	124	44	93
兰州—西宁	464	9	4.26	12	653	48	28	36	58
滇中	548	22	7.00	16	791	43	47	41	97
黔中	633	7	5.53	7	1093	34	32	37	83
呼包鄂榆	245	24	4.13	12	1118	27	84	41	94
宁夏沿黄	185	19	2.68	11	292	36	84	42	98

资料来源：《中国城市统计年鉴（2015）》。

9.2.8　交通运输设施比较分析

交通运输设施是基础设施的重要方面，我们用铁路、公路、水运、民航等方式运送的客运量和货运量来表示。可以看到，长三角城市群、成渝城市群、珠三角城市群、京津冀城市群和黔中城市群是我国客运量最大的区域；货运方面，公路运输仍然是主要运输方式，货运量最大的城市群为长三角城市群、珠三角城市群、京津冀城市群、江淮城市群和成渝城市群等。

表 9-12　2014 年中国城市群交通设施比较

城市群	客运总量（万人）	铁路客运量（万人）	公路客运量（万人）	水运客运量（万人）	民用航空客运量（万人）	货运总量（万吨）	铁路货运量（万吨）	公路货运量（万吨）	水运货运量（万吨）	民用航空货邮运量（万吨）
京津冀	134069	21520	104064	4	8481	224649	21249	189456	13793	151
辽中南	78843	10767	66561	482	1033	177829	14593	149624	13602	10
山东半岛	39914	4559	31275	1624	2456	133658	13864	110678	9088	28
长三角	315300	42207	253940	6469	12684	477805	13135	274364	190072	234
珠三角	152343	19475	120298	1878	10692	241614	6309	172035	63077	193
哈长	43627	11035	31383	146	1063	56124	6561	48575	979	9
江淮	87776	5026	81784	605	361	219831	1587	148086	70155	3
海峡西岸	59134	5613	48378	1794	3349	111427	2997	82600	25783	47
中原	69198	7377	61313	9	499	106213	8563	97440	200	10
武汉	58872	17091	40538	145	1098	79401	11894	49327	18170	10
环长株潭	98478	6532	90964	155	827	140560	8598	108922	23034	6
环鄱阳湖	50638	5915	43680	191	852	125834	3424	114718	7687	5
成渝	192785	11907	173516	3518	3844	215638	7481	187597	20520	40
关中—天水	61030	3821	54265	15	2929	87240	935	86215	71	19
太原	15647	4386	10459	9	793	66285	24523	41758	0	4
北部湾	14438	1645	11968	232	593	66645	9044	50732	6864	5

续表

城市群	客运总量（万人）	铁路客运量（万人）	公路客运量（万人）	水运客运量（万人）	民用航空客运量（万人）	货运总量（万吨）	铁路货运量（万吨）	公路货运量（万吨）	水运货运量（万吨）	民用航空货邮运量（万吨）
兰州—西宁	17183	1686	14579	58	860	34589	2776	31801	7	5
滇中	22373	2364	16616	170	3223	40469	3820	36554	63	32
黔中	131637	2479	127261	528	1369	57640	2145	54744	743	8
呼包鄂榆	9241	2266	5948	0	1027	136465	59198	77262	0	5
宁夏沿黄	9902	432	9092	155	223	29374	519	28804	50	1

资料来源：《中国城市统计年鉴（2015）》。

9.2.9　信息化水平比较分析

随着信息技术的飞速发展，世界变得越来越小，信息化水平成为决定国家、地区、企业竞争力的决定因素之一。表9-13中，我们选取邮政业务收入、电信业务收入、固定电话年末用户数、移动电话年末用户数和互联网宽带接入用户数表示信息化水平。

反映信息化水平的五个指标分布惊人地相似，长三角城市群、珠三角城市群和京津冀城市群是第一梯队，五个指标均排名前三，远远超出第二梯队，表明这些地区信息交流极其频繁；成渝城市群、山东半岛城市群、海峡西岸城市群、中原城市群和辽中南城市群为第二梯队；滇中城市群、太原城市群、呼包鄂榆城市群、黔中城市群、北部湾城市群、兰州—西宁城市群和宁夏沿黄城市群信息化水平较低。

表 9-13　2014 年中国城市群信息化水平比较

城市群	邮政业务收入（万元）	电信业务收入（万元）	固定电话年末用户数（万户）	移动电话年末用户数（万户）	互联网宽带接入用户数（万户）
京津冀	1553059	10776264	2023	10166	2439
辽中南	531758	3359446	921	3658	624

城市群	邮政业务收入（万元）	电信业务收入（万元）	固定电话年末用户数（万户）	移动电话年末用户数（万户）	互联网宽带接入用户数（万户）
山东半岛	603461	5486817	877	5629	1836
长三角	5486399	22127942	4555	19405	3996
珠三角	5538547	12331223	2164	12465	2234
哈长	426440	2888229	678	3864	540
江淮	433261	2247995	564	2676	428
海峡西岸	1091580	5015802	919	4331	1060
中原	567693	3697756	639	4153	697
武汉	560203	2339107	491	2912	602
环长株潭	450333	3316058	554	3466	531
环鄱阳湖	364292	2144183	440	2423	448
成渝	957494	8342108	1675	8847	1444
关中—天水	351388	2451246	604	3787	537
太原	138623	1484819	295	1778	320
北部湾	80324	1127611	169	1266	248
兰州—西宁	65299	1014815	179	1157	143
滇中	192190	1975041	172	1681	199
黔中	118582	1343971	219	1889	449
呼包鄂榆	124377	1337417	199	1476	150
宁夏沿黄	24143	629415	91	666	76

资料来源：《中国城市统计年鉴（2015）》。

9.2.10 科教文卫事业比较分析

科教文卫事业是基础的公共服务，最能够体现一个地区现代化程度和软实力，我们选取了普通中学师生比、生均财政教育支出、每百人拥有公共图书馆藏书量、影院、剧场个数、每万人拥有医生数和每万人拥有卫生机构床位数来表示科教文卫事业的发展情况。

表 9-14   2014 年中国城市群科教文卫事业比较

城市群	普通中学师生比	生均财政教育支出（元）	每百人拥有公共图书馆藏书量（册）	影院、剧场个数（个）	每万人拥有医生数（人）	每万人拥有卫生机构床位数（张）
京津冀	11.41	17387.66	116.27	414.00	30.69	49.65
辽中南	10.66	11457.40	121.78	122.00	25.11	61.81
山东半岛	11.24	12254.18	86.30	192.00	29.77	56.15
长三角	11.25	16025.61	133.73	708.00	26.79	51.10
珠三角	13.58	13076.91	233.61	190.00	41.11	69.79
哈长	10.25	9483.65	69.59	167.00	25.26	55.73
江淮	12.64	9210.53	33.31	143.00	16.98	37.39
海峡西岸	11.72	11007.09	90.73	131.00	18.73	42.92
中原	13.61	6257.78	30.63	66.00	23.01	49.71
武汉	9.02	9130.12	64.64	170.00	28.68	49.80
环长株潭	12.04	7975.85	40.31	114.00	22.01	48.86
环鄱阳湖	14.65	8531.32	42.89	150.00	15.79	34.52
成渝	13.51	9041.48	43.66	137.00	18.49	47.13
关中—天水	11.73	8933.67	44.25	147.00	19.38	45.81
太原	11.50	8218.69	68.14	66.00	32.34	51.08
北部湾	16.97	6138.50	93.38	35.00	21.98	41.72
兰州—西宁	11.82	8052.10	40.95	46.00	24.54	55.60
滇中	15.68	7605.22	39.18	68.00	23.23	55.16
黔中	16.89	7278.43	136.31	50.00	14.31	43.16
呼包鄂榆	10.71	15707.81	72.70	59.00	33.57	87.43
宁夏沿黄	14.77	8301.16	112.00	33.00	23.98	48.69

资料来源：《中国城市统计年鉴（2015）》。

在教育事业方面，京津冀城市群、长三角城市群、呼包鄂榆城市群、珠三角城市群、山东半岛城市群、辽中南城市群和海峡西岸城市群的生均财政教育支出均超过 1 万元。在普通中学师生比方面，北部湾城市群、黔中城市群和滇中城市群均超过 1∶15，而比较发达的京津冀城市群、长三角城市群和珠三角城市群排名反而不高，这可能是由于发达地区学生人数较多，具有规模效应。

文化事业方面，京津冀城市群、长三角城市群和珠三角城市群排名靠前。每百人拥有公共图书馆藏书量珠三角城市群最多，为 233 册，紧随其后的为黔中城市群和长三角城市群，辽中南城市群、京津冀城市群和宁夏沿黄城市群每百人拥有公共图书馆藏书量也都超过 100 册。长三角城市群拥有的影院、剧场个数最多，为 708 个，京津冀城市群拥有 414 个，其他城市群均没有超过 200 个。

在卫生事业方面，大部分东部城市群每万人拥有医生数在 25 人以上，而中西部城市群则是 14.3—24.5 人不等，差异非常大。呼包鄂榆城市群、珠三角城市群、辽中南城市群和山东半岛城市群等城市群每万人拥有卫生机构床位数较高，环鄱阳湖、海峡西岸、江淮、北部湾等城市群则比较低。

从科教文卫事业的比较中我们发现人均公共设施配置没有明显的东强西弱的划分，一方面原因是单纯从数据上看不到科教文卫配套设施的质量，另一方面大量的人口东南飞也稀释了东部地区的公共服务。

9.2.11　环境污染程度比较分析

在表 9-15 中，我们选取单位 GDP 工业废水排放量、单位 GDP 工业二氧化硫排放量、单位 GDP 工业烟（粉）尘排放量、一般工业固体废物综合利用率、污水处理厂集中处理率和生活垃圾无害化处理率等来表示环境污染情况。

表 9-15　2014 年中国城市群环境污染程度比较

城市群	单位 GDP 工业废水排放量（万吨/亿元）	单位 GDP 工业二氧化硫排放量（吨/亿元）	单位 GDP 工业烟（粉）尘排放量（吨/亿元）	一般工业固体废物综合利用率（%）	污水处理厂集中处理率（%）	生活垃圾无害化处理率（%）
京津冀	1.80	16.59	18.44	88.43	94.77	89.09
辽中南	3.15	26.61	29.48	72.22	91.57	94.83
山东半岛	2.44	17.04	11.23	94.68	95.77	100.00
长三角	3.05	12.12	9.23	95.67	83.09	96.79
珠三角	2.17	6.91	3.10	93.22	94.31	94.21
哈长	1.61	13.29	18.37	94.27	87.55	82.53
江淮	2.94	17.63	31.33	89.15	89.52	91.66

城市群	单位 GDP 工业废水排放量（万吨/亿元）	单位 GDP 工业二氧化硫排放量（吨/亿元）	单位 GDP 工业烟（粉）尘排放量（吨/亿元）	一般工业固体废物综合利用率（%）	污水处理厂集中处理率（%）	生活垃圾无害化处理率（%）
海峡西岸	4.25	14.05	14.46	94.92	88.02	97.57
中原	3.75	26.55	16.77	81.47	93.58	89.39
武汉	2.19	16.60	11.03	89.23	89.86	100.00
环长株潭	2.46	18.94	10.96	89.48	90.57	98.38
环鄱阳湖	3.95	28.98	23.55	78.92	89.08	93.84
成渝	2.25	24.71	11.44	89.92	86.74	94.22
关中—天水	1.95	27.39	12.28	85.05	91.60	89.52
太原	2.46	74.04	63.38	64.76	88.09	80.37
北部湾	3.07	15.51	15.66	97.58	73.42	92.61
兰州—西宁	2.10	63.25	39.46	93.94	78.74	58.03
滇中	1.87	41.19	18.66	44.30	90.57	96.92
黔中	2.79	56.98	18.43	70.67	88.81	83.27
呼包鄂榆	1.46	49.95	39.76	63.28	86.20	94.49
宁夏沿黄	4.79	96.83	74.27	85.73	90.03	98.32

资料来源：《中国城市统计年鉴（2015）》。

可以看到，宁夏沿黄城市群和海峡西岸城市群的单位 GDP 工业废水排放量最多，超过了 4 万吨/亿元。单位 GDP 工业二氧化硫排放量和单位 GDP 工业烟（粉）尘排放量最多的四个城市群是宁夏沿黄城市群、太原城市群、呼包鄂榆城市群和兰州—西宁城市群。

从一般工业固体废物综合利用率来看，中原城市群、环鄱阳湖城市群、辽中南城市群、黔中城市群、太原城市群、呼包鄂榆城市群和滇中城市群的一般工业固体废物综合利用率不足 85%，这提醒了我们在开发落后地区的同时一定要注重环境保护和污染治理；较为发达的京津冀城市群、武汉城市群和成渝城市群一般工业固体废物综合利用率也未能超过 90%。

在污水处理厂集中处理率上，山东半岛城市群超过了 95%，京津冀城市群和珠三角城市群紧随其后。北部湾城市群和兰州—西宁城市群污水处理厂集中处理率不到80%，排名倒数第三的是长三角这个东部发达地区的城市群。生活垃圾无害化处理率山东半岛城市群、武汉城市群、环长株潭城市群、宁夏沿黄城市群、海峡西岸城市群、滇中城市群和长三角城市群都超过95%，但是兰州—西宁城市群生活垃圾无害化处理率只有58%。

9.3 各城市群基本统计 要素的省域比重分析

《全国主体功能区规划》中的城市群覆盖了我国22个省、5个自治区和4个直辖市。接下来介绍一下各城市群在人口、经济、城镇化和产业结构等方面对它所属的省、自治区或直辖市发挥的作用。

表9-16中，从土地面积来看，各城市群占所在省份的比重从14.8%到100%不等，其中海峡西岸城市群为福建省全境，而兰州—西宁城市群面积仅为甘肃省的14.8%。年末全市人口方面，中西部城市群的人口占所在省份的比重较土地面积所占比重大得多，人口集聚更为显著，特别是关中—天水、兰州—西宁、武汉等城市群；而东部城市群如京津冀、山东半岛城市群人口占所在省份比重反而低于土地面积所占比重。其原因在于中西部地区土地广袤，而适宜居住的、基础设施较完善的地区则较为集中。在经济发展方面，除太原、关中—天水城市群外，其他各城市群的地区生产总值占所在省份的比重均高于人口和土地所占比重。

在城镇化水平方面，可以看到东部城市群的城镇化率高于中西部城市群，其中珠三角城市群的城镇化率超过80%，辽中南城市群、长三角城市群和呼包鄂榆城市群的城镇化率均超过60%。仍有一半城市群的城镇化率不到50%，特别是黔中城市群的城镇化率低于40%。除了关中—天水城市群，其他城市群的城镇化率都高于所在省份的城镇化率。

表 9-16　2014 年各城市群土地面积、人口、地区生产总值、

城镇化水平占所在省、自治区或直辖市的比重　　　单位:%

城市群	土地面积	年末人口	地区生产总值	人均 GDP	地均 GDP	城镇化水平	
						城镇化率	与所在省份城镇化率相比
京津冀	84.50	77.32	91.17	117.91	107.89	43.20	118.10
辽中南	65.68	73.67	87.30	118.51	132.92	50.74	112.31
山东半岛	46.98	42.16	62.10	147.28	132.18	42.21	131.27
长三角	100.00	100.00	100.00	100.00	100.00	46.51	100.00
珠三角	30.58	35.99	78.84	219.05	257.81	69.04	150.49
哈长	41.83	57.56	71.81	124.75	171.65	40.69	112.99
江淮	64.76	52.34	69.79	133.34	107.76	27.20	93.90
海峡西岸	100.00	100.00	100.00	100.00	100.00	26.28	100.00
中原	34.80	40.57	57.48	141.69	165.19	29.13	143.70
武汉	33.57	51.95	58.93	113.45	175.53	32.61	108.22
环长株潭	49.47	61.45	78.19	127.23	158.06	24.51	121.66
环鄱阳湖	70.99	76.59	82.81	108.12	111.70	20.94	99.98
成渝	86.93	93.19	95.55	102.53	109.91	39.28	100.35
关中—天水	43.18	76.18	68.82	90.34	159.37	39.46	118.07
太原	47.36	43.12	46.80	108.53	98.82	32.74	115.01
北部湾	18.43	25.48	34.34	134.78	186.35	39.49	147.58
兰州—西宁	14.81	42.23	59.25	140.29	400.03	40.67	119.31
滇中	33.01	49.08	73.38	149.51	222.27	27.83	124.57
黔中	72.85	75.47	78.46	103.96	107.70	24.22	113.60
呼包鄂榆	26.34	45.48	74.56	163.92	283.08	36.08	113.83
宁夏沿黄	78.82	77.82	92.66	119.07	117.56	43.24	107.06

资料来源:《中国城市统计年鉴 (2015)》。

9.4　2014 年中国城市群发育水平分析

　　前面三节简单描述了我国城市群的基本情况,本节用更加合理的综合指标来刻画城市群的发育水平,各指标的名称及计算方法见表 9-17。

表 9-17 城市群发育程度衡量指标

符号	指标名称	计算方法
CFD1	城市群经济发展总体水平指数	该城市群人均 GDP 占所有城市群人均 GDP 比例与该城市群经济密度占所有城市群经济密度比例之积的平方根
CFD2	城市群交通运输条件指数	该城市群人均货运量占所有城市群人均货运量比例与该城市群人均客运量占所有城市群人均客运量比例之积的平方根
CFD3	城市群邮电通讯指数	每 10 万人的邮电局拥有量、每万人的电话机拥有量、邮电业务总量、电信业务总量占所有城市群的比例之积的四次方根
CFD4	城市群内部建成区面积指数	该城市群建成区面积占城市群总面积的比例
CFD5	城市群内部商品流通量指数	该城市群人均批发零售贸易业商品销售额占所有城市群的比例与社会消费品总额所占比例之积的平方根
CFD6	城市群的产业熵指数	第一、二、三产业的区位熵之积的立方根

资料来源：方创林、姚士谋等：《2010 中国城市群发展报告》，科学出版社 2011 年版。

（1）城市群经济发展总体水平指数。珠三角城市群在经济发展总体水平上远远高出其他城市群，排在第二梯队的是长三角城市群、山东半岛城市群、京津冀城市群、辽中南城市群和武汉城市群。其次是中原城市群、海峡西岸城市群、环长株潭城市群和呼包鄂榆城市群。江淮、成渝等城市群排在下一梯队，排在末位的三个城市群是宁夏沿黄城市群、黔中城市群和兰州—西宁城市群。

（2）城市群交通运输条件指数。排在第一梯队的是珠三角城市群，排在第二梯队的是江淮城市群、辽中南城市群、黔中城市群和呼包鄂榆城市群，排在第三梯队的有宁夏沿黄城市群、长三角城市群和环长株潭城市群。本指数排在后五位的城市群为哈长城市群、山东半岛城市群、成渝城市群、中原城市群和太原城市群。

（3）城市群邮电通讯指数。珠三角城市群在这一方面表现最佳，长三角城市群、海峡西岸城市群、京津冀城市群和山东半岛城市群紧随其后，呼包鄂榆城市群、辽中南城市群和武汉城市群排在第三梯队。表现最差的是环鄱阳湖城市群和黔中城市群。

（4）城市群内部建成区面积指数。中原城市群的建成区面积指数最高，珠三角城市群次之，武汉城市群、辽中南城市群和京津冀城市群为第三梯队，兰州—西宁城市群、呼包鄂榆城市群、关中—天水城市群、北部湾城市群和宁夏沿黄城市群得分较低。

（6）城市群内部商品流通量指数。这个指标反映了城市群的商品供需规模。排在最前面的是长三角城市群、京津冀城市群和珠三角城市群，排在第二梯队的是辽中南城市群、山东半岛城市群、海峡西岸城市群和呼包鄂榆城市群。黔中城市群和环鄱阳湖城市群本指数得分最低。

（7）城市群的产业熵指数。一般来说，三次产业比重差异越大，本指数得分也就越小。可以看到京津冀城市群、滇中城市群、兰州—西宁城市群、黔中城市群、太原城市群、环长株潭城市群、中原城市群、山东半岛城市群、长三角城市群和珠三角城市群的产业熵指数低于0.8，这些城市群的第一产业比重比较低，而第二、三产业比重则较高。哈长城市群、辽中南城市群、成渝城市群和北部湾城市群本指数较高，表明第一产业的比重相对较高，三次产业分布较为均衡。

表 9-18　2014 年中国城市群发育水平比较

城市群	CFD1	CFD2	CFD3	CFD4	CFD5	CFD6
京津冀	1.295	0.849	1.119	11.24	1.613	0.800
辽中南	1.162	1.424	0.933	12.43	1.059	1.580
山东半岛	1.690	0.668	1.075	8.82	1.088	0.457
长三角	1.896	1.044	1.351	7.62	1.698	0.725
珠三角	3.471	2.259	3.703	17.96	2.917	0.440
哈长	0.599	0.525	0.706	5.76	0.579	1.653
江淮	0.652	1.439	0.562	7.24	0.400	1.056
海峡西岸	0.894	0.826	1.135	6.91	0.913	0.889
中原	0.992	0.714	0.651	23.22	0.444	0.599
武汉	1.059	0.929	0.829	13.87	0.850	0.966
环长株潭	0.846	1.041	0.573	9.76	0.437	0.661
环鄱阳湖	0.481	0.796	0.487	7.23	0.253	1.077
成渝	0.631	0.696	0.568	5.13	0.437	1.347
关中—天水	0.590	0.918	0.758	4.03	0.501	0.819
太原	0.445	0.788	0.743	7.33	0.740	0.698
北部湾	0.555	0.836	0.552	3.17	0.559	1.330

城市群	CFD1	CFD2	CFD3	CFD4	CFD5	CFD6
兰州—西宁	0.376	0.868	0.609	4.26	0.648	0.766
滇中	0.544	0.801	0.737	7.00	0.687	0.770
黔中	0.371	1.399	0.473	5.53	0.258	0.708
呼包鄂榆	0.817	1.347	0.845	4.13	0.964	0.931
宁夏沿黄	0.396	1.191	0.614	2.68	0.447	1.185

资料来源:《中国城市统计年鉴（2015）》。

图 表 索 引

第四章

第六章

第七章

第八章

第九章

责任编辑：陈　登

图书在版编目(CIP)数据

2016 中国区域经济发展报告：长江经济带建设与中国城市群发展/张学良，
　刘乃全 主编. —北京：人民出版社，2017.10
　ISBN 978－7－01－018211－7

Ⅰ.①2… Ⅱ.①张… ②刘… Ⅲ.①区域经济发展-研究报告-中国-2016
　②长江经济带-区域经济发展-研究报告 ③城市群-区域经济发展-研究报
　告-中国　Ⅳ.①F127②F299.27

中国版本图书馆 CIP 数据核字(2017)第 221081 号

2016 中国区域经济发展报告
2016 ZHONGGUO QUYU JINGJI FAZHAN BAOGAO
——长江经济带建设与中国城市群发展

上海财经大学区域经济研究中心

张学良　刘乃全　主编

人民出版社 出版发行
(100706　北京市东城区隆福寺街 99 号)

环球东方(北京)印务有限公司印刷　新华书店经销

2017 年 10 月第 1 版　2017 年 10 月北京第 1 次印刷
开本：710 毫米×1000 毫米 1/16　印张：28
字数：416 千字

ISBN 978－7－01－018211－7　定价：80.00 元

邮购地址 100706　北京市东城区隆福寺街 99 号
人民东方图书销售中心　电话 (010)65250042　65289539